[제5판]

사 회 복 지 상 담

Social Work Counseling

정 원 철

YANGSEOWON
양서원

머리말

이 땅에 현대적인 사회복지실천이 도입된 지도 대략 70여 년이 흘렀다. 사회문제를 전문적으로 다루고 해결하려는 노력인 사회복지실천은 시대적 상황을 반영하여 그 방법을 다양하게 변화, 발전시켜 왔다. 그럼에도 불구하고 상담을 포괄하는 면접은 사회복지실천의 초석을 이루고 있으며, 방법론으로서 여전히 중요한 비중을 차지하고 있다.

흔히 사회복지사는 관계를 클라이언트 변화의 주요한 무기로 활용한다고 말한다. 관계의 기술을 논리적으로 집약시킨 분야가 바로 상담(counseling)이다. 미시적 접근으로서 상담은 사회복지실천의 기본적 토대를 이루며 클라이언트 변화의 주요한 개입방법으로 자리매김하고 있다. 그럼에도 불구하고 사회복지실천에서 상담은 자체적으로 이론적 기반을 마련하지 못하고 심리학이나 정신의학 또는 최근에 급성장한 상담학에 이론과 기술을 의존하는 경향이 강함을 보게 된다. 인접 분야인 심리학이나 정신의학, 상담학에서도 상담이나 정신치료를 문제해결의 수단으로 활용하지만 이들의 주장이 여과 없이 사회복지상담에 그대로 접목되는 것은 곤란하다.

근래 들어 각 대학에 '사회복지상담론'이라는 과목이 속속 개설되고 있음은 참으로 반가운 일이다. 또한 '사회복지상담학과'라는 명칭을 사용하는 대학도 생겨나고 있음을 볼 때 이전에 비해 사회복지상담의 역할과 비중이 커진 것은 분명하다. 그럼에도 사회복지상담과 관련한 대학의 교재는 국내 전체를 통틀어 봐도 두서너 권 정도여서 사회복지학도들이 다양한 교재를 통해 사회복지상담을 접하는 데 한계가 있는 실정이다. 이러한 현실은 사회복지상담에 매진하는 연구자가 부족하고 연구물도 부족함을 의미한다.

본서는 2005년 국내에서 최초로 '사회복지실천과 상담'이라는 제목으로 발간되었으며, 개정판을 통해 '사회복지상담(social work counseling)'으로 제목을 변경하여 오늘에 이르고 있다. 그간 여러 차례의 개정을 통해 내용을 수정 보완하여 금번에 개정판을 발행하게 되었다. 본 개정판에서는 사회복지상담의 이론적 토대를 중심으로 수정 보완하는 작업을 가하였다. 본서에서도 자세히 언급하고 있듯이 '사회복지상담'은 신조어에 가깝다. 사회복지실천 장면에서 상담을 통해 클라이언트의 사회기능을 향상시키려는 일련의 과정으로 사회복지상담을 정의해 볼 때, 사회복지상담은 구체적으로 어떠한 가치와 이론적 토대를 지녀야 하는지에 관한 과제가 주어져 있다.

이에 본서에서는 사회복지상담이 어떠한 가치와 관점에서 적용되어야 하는지를 고민하고 이를 해결해 보고자 하였다. 더 나아가 필자가 고안하고 한국사회복지상담학회에서 구연한 'SPECT모델'을 통해 사회복지상담가가 지향해야 할 관점과 자세를 구체화하고 이를 실천현장에서 활용할 수 있도록 시도한 점은 본 개정판의 큰 의의라고 할 수 있다. 아울러 각 장별로 심화학습할 수 있도록 토의사항을 추가함으로써 각 장에서 다룬 내용을 보다 체계화할 수 있도록 보완하였다. 그럼에도 향후 손보아야 할 내용이 많을 것이다. 추후 계속 수정 보완할 것을 약속드리고 글의 내용에서 부족한 점은 전적으로 필자의 한계임을 밝힌다.

본 개정판이 나오도록 관심을 가지고 지원해 주신 양서원출판사 박세원 대표님께 감사드리며, 원고를 꼼꼼하게 수정해 주신 편집부 관계자 분들께도 고개 숙여 감사를 전한다.

2022년 5월

백양산 자락 연구실에서 정원철

차 례

제1부 사회복지와 상담

제2부 상담의 이해

제3부 사회복지상담에서 활용하는 주요 상담이론

제 1 부

사회복지와 상담

Chapter 01

사회복지상담의 이해

자선조직협회(COS)의 리더였던 Brackett이 Social Work라는 용어의 사용을 주창한 이래 사회복지사는 사회복지실천을 통해 사회서비스(social service) 영역에서 활동하는 전문직으로 발전하였다. 사회복지사는 클라이언트와의 관계를 통해 클라이언트의 사회기능 향상에 주력한다. 이 과정에서 상담기술은 사회복지실천의 주요한 부분을 차지한다.

사회복지실천은 '환경 속의 개인'을 강조하면서 맥락과 구조 속에서 클라이언트의 문제를 개념화한다. 이는 이중접근, 즉 내부적 접근(inner approach)과 외부적 접근(outer approach)을 통해 구체화될 수 있다. 클라이언트의 문제해결에 대한 내부적 접근에서 강조되는 것은 다름 아닌 관계기술 즉, 상담기술(counseling skill)이다. 본 절에서는 사회복지상담의 정체성과 과제에 대해 살펴보고자 한다.

1. 사회복지실천

본 글의 주요 목적인 사회복지상담을 제대로 이해하려면 사회복지사의 가치와 지식, 실천의 근본적 토대가 되는 사회복지실천(social work practice)[1]에 대해 살펴보아야

1) 사회복지실천(social work practice)은 사회사업실천이라고 하는 것이 더 타당할 것이다. 그럼에도 불구하고 한국에서 'social work practice'를 사회복지실천이라고 명칭하게 된 것은 사회복지사업법과 사회사업학과가 사회복지학과로 개명된 것과 관련이 있다.

한다.

사회사업(Social Work)은 직업으로서의 가치와 훈련, 연구, 지식의 체계를 가진 전문적인 실천체계이다(Payne, 2005). 대개의 경우 사회사업은 법적, 정치적, 사회적 임무와 관련되며, 빈곤, 박탈, 차별, 불행한 환경에 처한 개인을 원조하는 전문활동으로 정의된다. 사회사업은 훈련받은 실천가(이하 사회복지사)에 의해 수행되며 사회서비스(공공부문의 교육, 의료, 건강, 주거, 사회보장 등)의 중요한 축을 담당한다. 사회복지사는 사회복지실천이 지향하는 고유한 가치에 토대하여 사회과학, 이를테면 심리학, 사회정책, 사회학 등의 학문적 배경을 이용하여 사회복지실천 장면에 가담한다.

사회사업은 사회관계나 사회제도에서 개인의 능력과 탄력성을 향상시키며, 개인의 삶의 질을 떨어트리는 문제로부터의 영향력을 줄이고자 하는 데 관심을 가진다. 따라서 사회복지사는 사회적, 관계적, 상호작용 측면에서의 문제해결과 예방에 노력하는 클라이언트를 원조함으로써 그들의 사회적 기능을 향상시키는 데 주력한다(Barker, 1995).

1) 사회복지실천의 이중적 접근

사회복지실천[2)]을 이해하기 위해서는 'social care'나 'social service'(이하 사회복지현장) 부분에 관여하는 타 전문직과 사회복지실천이 어떻게 구별되는지를 이해하는 것이 필요하다. 사회복지현장에는 사회복지사 외에도 다수의 전문직이 사회복지를 위해 활동하고 있다. 예를 들면 사회적 장면에서 활동하는 법률가, 도시계획가, 의사, 교사, 심리사, 간호사 등이 사회복지사와 함께 공적 영역에서 사회복지현장에 가담한다(Zastrow, 2003).

이와 관련하여 Sheafor 등(1997)은 간호, 교육, 심리학, 사회학과 사회사업이 구별되는 유일한 특징으로 사회사업의 이중접근을 제시하고 있다. 즉, 사회사업은 개인의

2) 실천적 측면이 강조되는 사회사업에 비해 제도적·정책적 측면이 강조되는 사회복지의 개념(사회복지실천이라는 용어의 사용)을 채택함으로써 대학교육에서 사회복지실천 영역의 교과목 비중이 축소되는 결과를 초래했고, 인접영역 전문직을 사회복지시장으로 진입시키는 빌미를 주었다는 데 주목할 필요가 있다.

변화(people change)와 개인을 둘러싼 환경의 변화(social change)를 동시에 추구한다는 점이 여타의 전문직과 구별된다고 할 수 있다. 개인과 환경에 대한 이중적 접근은 '환경 속의 개인'이라는 사회사업의 확고한 정체성을 반영하는 것이며, Bracket이 강조한 사회(social)의 속성을 잘 반영한다고 할 수 있다.

사회복지실천에서 발견된 최초의 개입모델인 진단주의학파(diagnostic schools)나 기능주의학파(functional schools), 심리사회모델(psychosocial model)은 클라이언트의 사회적 기능향상을 위해 상담기술(counseling or psychotherapy)을 적극적으로 활용하며, 이는 개별사회사업과 집단사회사업의 형태로 구체화되었다.

2) 직접적 접근

사회복지실천을 설명하는 유용한 방법은 클라이언트 체계의 범주와 크기에 따른 개입을 분류하는 것이다. micro approach(미시접근), mezzo approach(중간접근), macro approach(거시접근)는 클라이언트 체계의 범위에 따라 사회사업의 접근 방식을 분류할 때 전형적으로 활용된다. Zastrow(2003)는 미시접근은 개인과 일대일의 접근을, 중간접근은 가족이나 소집단과의 작업을, 그리고 거시접근은 지역사회적 접근으로 규정하였다. 그는 미시적 접근에 개별사회사업과 사례관리를 포함시켰고, 중간적 접근에 집단사회사업, 집단치료, 가족상담을 포함하였다.

이처럼 직접적 접근을 구성하는 주요한 이론적 토대나 개입방식은 상담적 속성과 상당 부분 일치하거나 유사하다. 물론 직접적 접근을 모두 상담이라고 부를 수는 없다. 왜냐하면 직접적 접근에는 상담서비스 외에도 개인을 위한 옹호, 조종, 연계, 교육, 조사 등이 포함되기 때문이다. 가족치료나 가족상담, 집단상담, 집단사회사업 등의 핵심기술 역시 상담이 개입의 주요 토대가 된다.

2. 임상사회사업과 상담

임상사회사업(Clinical Social Work)은 개인과 가족, 집단을 대상으로 옹호, 자문, 평가와 같은 사회사업의 일반적인 기능을 포괄하면서 사정과 진단, 치료를 개입의 주요 수단으로 활용하고 있다. 여기서 말하는 치료란 상담, 심리치료, 집단치료, 가족상담(치료)을 포함한다. 이처럼 상담, 심리치료, 가족치료, 집단치료 등은 직접적 서비스를 주로 하는 임상사회복지사가 부적응에 처한 개인이나 가족, 소집단을 원조하는 주요한 개입도구로서의 의미를 지닌다.

임상사회복지사의 주요 업무가 심리치료(상담)라고 해서 임상사회사업을 '심리치료' 혹은 '심리상담'으로 칭하지는 않는다. 임상사회사업이 심리치료에 비중을 두는 것은 명백한 사실이나 임상사회사업가는 심리치료 그 이상의 가치와 이념을 가지고 실천을 전개해 나가기 때문이다(Dorfman, 1996).

> 오늘날 미국의 경우 심리학자나 정신과 의사보다 더 많은 약 35,000명의 임상사회복지사가 심리치료(상담) 분야에 종사하고 있으며, 이들은 스스로를 '심리치료를 하는 사회복지사'로 소개하는 데 주저하지 않는다(Clutter, 2017).

임상사회사업에서는 상담과 심리치료의 구분을 그리 강조하지 않는다[3]. 왜냐하면 사회복지사는 학교, 사회복지관, 정신보건센터, 정신병원, 상담기관, 개업 사무실 등에 근무하면서 인간의 성장 및 일상의 부적응과 관련한 문제에서부터 정신장애로 인한 심각한 정신병리에 이르기까지 다양한 문제를 다루기 때문이다.

상담과 심리치료, 그리고 사회사업을 개입 수준과 범위를 기준으로 나열하면 심리치료 < 상담 < 임상사회사업(혹은 사회복지실천)의 순으로 정리할 수 있다.

3) 본서에서는 상담과 심리치료는 약간의 차이가 있다는 것을 인정하면서도 상담과 심리치료를 '상담'이라는 단일한 용어로 통일하여 사용하였다. '상담'이 정신치료라는 용어에 비해 보다 중립적이며 수평성과 비낙인적 요인을 더 많이 내포한다고 보았기 때문이다. 그렇다고 하더라도 경우에 따라서는 '치료', 혹은 '심리치료'라는 용어가 문맥의 흐름에 따라 일부 혼재될 수도 있다.

3. 개인이냐, 환경이냐?

'개인의 문제', '환경의 문제'는 개인의 부적응을 설명하는 준거로 사회복지실천의 오래된 논쟁으로 남아있다. 이러한 이분법적 관점은 설명력이나 타당성을 넘어 사안의 복잡성을 단순한 인과로 귀결시켜 준다는 점에서 매력을 줄 수 있다.

사회복지실천은 '환경 속의 개인'이라는 관점으로 잘 표상된다. 환경은 개인에게 직접 내지 간접으로 영향을 주는 자연적 조건이나 사회적 상황으로 정의된다. 주변(환경)이라는 개념이 성립되기 위해서는 중심(개인)이라는 실체가 전제되어야 한다. 즉, 환경이란 개인과 분리되어 존재하지 않으며, 환경은 개인에게 지각되는 유·무형의 실체이다. 이러한 시각은 최근 사회복지실천의 관심은 개인도 아니고 환경도 아니며, 개인과 환경과의 상호작용에 사회복지실천의 관심이 주어져야 한다는 주장(Zastrow, 2003)에서 잘 드러난다. 사회복지실천에서는 개인이 환경과 상호작용하는 속성을 이해하고, 개인과 환경 간의 상호작용의 지점에 관심과 초점이 모아진다.

개인의 부적응을 초래하는 심리환경으로 낮은 자존감, 인지왜곡, 반복강박, 미해결된 감정, 학습된 무기력, 패자인생각본, 트라우마, 왜곡된 대상관계, 낮은 자아기능 등의 개념을 제시할 수 있다.

4. 사회복지실천에서의 상담

한때 일부 과격한 사회복지사들은 '개인(individual)'에 집중하는 것은 바람직하지 않으며, 상담기술은 더 이상 사회복지실천이 아니라고까지 말하기도 했다.[4] 그러나 이러한 주장은 '개인과 환경을 강조하는 사회복지의 이중접근(two tracks)'을 감안한다면 그야말로 급진적일뿐만 아니라 사실도 아니며 사회복지학의 정체성과 논리성, 효율

4) 사회정의적 시각에서 임상사회복지실천을 재조직하자는 재구조화의 입장과 두 가치의 독자성을 인정하여 실천가가 임상가이면서 행동가로서 동시에 기능하도록 하자는 병합론의 입장, 개인치료와 사회개혁 중 하나의 가치를 선택하자는 선택론의 입장이 공존한다(김인숙, 2006).

성 면에서 큰 문제가 될 수 있다.[5)]

애초에 사회사업은 심리치료를 태동시킨 정신분석이론에 그 기원을 두고 발전하였고, 점차 학습이론(행동주의모델), 생태체계이론으로 이론적 토대를 확장시켜 왔다. 오늘날 사회복지실천에서의 상담은 정신역동이론의 단조로움에서 벗어나 인간중심이론, 행동주의이론, 인지이론, 게슈탈트이론, 교류분석이론을 비롯하여 다양한 이론을 통합하고 절충하는 형태로 진화해 가고 있다.

사회복지실천에서 '직접적인 서비스'와 '상담'의 경계가 모호하다는 것은 아니다. Brearly(1991)는 상담(counseling)은 사회복지사의 중요한 서비스목록이며, 사회복지서비스의 상당 부분이 상담을 포함한다고 주장한다. 또한 상담기술은 사회복지실천의 주성분이자 전반을 떠받치고 있으며, 여타의 접근(이를테면 옹호, 교육, 중재, 연계)과 연합되어 클라이언트에게 전달되며, 사회복지사의 직업을 표상하는 데 활용된다고 지적하였다. 게다가 그녀는 사회복지사의 2가지 주요 활동을 상담(counseling)과 사회보호계획(social care planning)으로 정의하고 다양한 사회복지실천서비스와 상담이 통합되도록 구조화하는 작업을 사회복지사가 당면한 중요한 도전으로 간주하였다.

한국의 상황은 어떠한가? 한국은 미국의 사회복지실천 체계의 토대를 모델링하고 있음에도 불구하고 사회복지실천 현장과 실천의 콘텐츠는 미국의 상황과 큰 차이를 보인다고 할 수 있다. 단적인 예로 미국의 경우는 임상사회복지실천을 중심으로 하는 전문가주의 실천모델이 주를 이루고 있다. 이에 반해 한국은 사회복지실천의 교육모델과 실제가 일반주의 실천모형에 훨씬 더 가깝다고 할 수 있다(김인숙, 2006).

5. 상담과 면접

직접실천 분야의 사회복지사가 갖추어야 할 중요한 기술은 '상담(counseling)'과 '면접

5) 미국의 경우 사회변화보다는 개인변화에 편중된다는 문제의식이 사회변화로의 접근을 촉발시킨 데 반해, 영국의 경우는 사회복지사가 주로 국가주도의 사회서비스에서 활동함에 따라 개인변화를 경시한다는 문제의식으로 인해 상담 등 직접적 서비스의 필요성을 강조하는 추세이다.

(interview)'에 관한 것이다(Zastrow, 1999). Zastrow의 이러한 주장에서 알 수 있듯이 '면접(interview)'이 상담과 유사한 개념으로 함께 사용되고 있음을 알 수 있다. 면접과 상담은 공히 면대면의 작업이자 목적을 가진 절차라는 점에서 공통점을 가진다. 이 둘의 차이와 관련성에 대해 결론부터 말하면, 면접은 상담보다 폭넓은 의미를 가진다고 할 수 있다. 면접이란 '최소한 두 사람 이상이 어떠한 목적을 가지고 면대면의 관계 속에서 함께 이야기를 나눈다'는 것을 의미한다(이상균 외, 2000).

면접은 직접적인 서비스를 제공하는 사회복지사가 가장 많이 사용하는 서비스 절차로서 면접에 참여한 사람의 생각, 태도 및 감정이 교류되는 동안 일어나는 언어적·비언어적 의사소통을 의미하며, 대면적인 상호작용이다. 또한 면접을 구성하는 기술로는 경청, 관찰, 질문, 명료화, 요약, 해석 등이 있다(전재일 외, 1998).

면접은 사회복지실천의 기능과 목적에 따라 다르다. 사회복지면접은 일반적으로 사회조사를 위한 정보 수집의 목적, 서비스를 계획하는 사정의 목적, 변화를 위한 치료의 목적 등이 있다(Kadushin, 1972). 요약해 보면, 사회복지사가 수행하는 면접의 목적은 크게 ① 정보 획득, ② 사정, ③ 치료(treatment)라고 할 수 있다.

이러한 분류는 편의상의 구분이며, 실제로는 하나의 면접과정에서 여러 가지의 목적과 기능이 동시에 일어나는 경우가 많다. 이 3가지 형태의 면접에서 가장 대표적이면서 높은 빈도로 이루어지는 것은 다름 아닌 치료(상담)를 목적으로 하는 면접이다(Zastrow, 1999). 치료(상담)를 위한 면접의 예를 들면, 대인관계에서 수줍음을 지나치게 호소하는 여성의 경우 어떻게 대인관계기술을 획득할 수 있는지에 대해 상담을 적용할 수 있다. 우울하고 외로운 소녀는 그와 같은 문제를 상담과정을 통해 사회복지사에게 논의할 수 있다. 또한 의사소통 문제가 있는 부부의 경우 상담자에게 의사소통을 향상시키는 방법에 대해서 상담을 받을 수 있다.

정리해 보면 면접은 사회복지실천에서 사용되는 클라이언트와 사회복지사의 공식적 만남이며, 목적지향적, 책임적, 의도적, 계획적 과정이라는 점에서 일반적 대화와 구분된다. 따라서 사회복지실천에서의 면접이란 상담보다 넓은 의미의 개입방법이며 상담을 포괄하는 의미를 지닌다. 치료(상담)를 목적으로 면접을 진행할 수는 있지만, 면접이 이루어졌다고 해서 그것을 모두 치료나 상담이라 일컫지는 않는다.

6. 사회복지상담

사회복지상담의 정체성과 관련하여 사안별로 몇 가지를 짚어보고자 한다.

① 사회복지상담 용어의 타당성

학술검색 엔진을 검색해 보면 '사회복지상담'을 연구주제로 설정한 학위논문은 단 한 편도 찾아볼 수 없다. 다만 노혁(2006)이 사회복지상담이라는 용어를 사용하여 심리상담과 비교를 시도한 것이 유일하다. 최근에는 사회복지상담이라는 이름으로 단행본이 일부에서 출판되고 있음을 보게 된다.

② 사회복지상담의 英文?

counseling in social work practice, counseling skills in social work practice는 관련 외국문헌에서도 자주 통용되는 표현이다. 이론과 실제 면에서 counseling in social work practice가 사회복지상담에 가장 부합하는 영문으로 판단된다. 그럼에도 한국사회복지상담학회에서는 사회복지실천과 상담 측면 모두를 부각시킬 수 있다는 점에서 사회복지상담을 social work counseling으로 번역한 바 있다. 이는 간결하면서도 사회복지상담의 국문에 가장 근접해 보인다.

③ 기존 심리상담 접근방식으로 충분한가?

다문화와 같이 문제의 속성이 억압이나 차별, 사회배제 등의 사회적 맥락과 연관된 클라이언트와 작업하는 심리상담사는 전통적 수준의 심리상담 모델에서 탈피하여 비판적 사고(critical thinking)[6]를 상담에 적극 반영해야 한다(Vera & Speight, 2003). 이러한 점은 기존의 일반 심리상담이 빈곤자, 알코올중독자, 재소자, 실직자, 일탈청소년 등에 적용하기에 한계가 있음을 의미한다.

6) '비판적 사고'란 실직자, 다문화가족, 장애인 등 문제를 지닌 내담자의 문제가 심리내적 문제에 한정되지 않는데도, 기존의 심리상담이 주로 개인 내부의 심리에 초점을 둠으로써 체계적인 문제와 맞물려 발생하는 내담자에게는 적용하기 어렵다는 점을 강조한다(Freire, 1990).

④ 어떠한 이론과 모델이 적당한가?

사회복지상담에서는 특별한 상담이론이나 모델을 고수하지 않는다. 사회복지실천의 이념과 가치에 부합하는 상담이론과 모델이라면 사회복지상담에 적용할 수 있으며, 이들 이론과 모델은 온전한 형태로 적용되기도 하며, 경우에 따라 절충과 통합의 형태로 활용되기도 한다.

사회복지실천의 정체성과 속성을 열쇠어(key word)로 드러낼 경우 관계, 임파워먼트, 환경적 맥락, 낮은 해결동기, 효율성, 자기결정, 학습된 존재, 생애주기 과제, 부족한 정보, 자기실현동기, 존중의 욕구, 반복강박, 인지왜곡, 의존과 책임, 스트레스취약성, 탄력성, 사회적 억압과 배제, 이중접근 등의 개념을 고려해 볼 수 있다.

이러한 점을 고려하여 사회복지상담은 다음과 같이 정의된다.

> 사회복지상담이란 사회복지실천 장면에서 사회복지사가 개인과 가족, 집단을 대상으로 상담 절차를 적용함으로써 내담자의 사회적 기능을 향상시키고자 하는 일정 기간의 원조 과정이다(정원철, 2014).

7. 사회복지상담과 심리상담

사회복지상담은 다음의 측면에서 심리상담과 구별된다.

① 개인과 환경을 동시에 강조

심리상담이 내담자의 심리·정서적 문제해결에 비중이 주어지는 데 반해, 사회복지상담은 사회복지가 강조하는 가정 즉, '환경이라는 맥락을 통해야 개인을 제대로 이해할 수 있다'고 전제하기 때문에 내담자의 현실 문제를 둘러싼 환경의 조정 및 중재를 통해 내담자의 사회적 기능 향상에 관심을 둔다.

② 자발성과 비자발성(강제성 포함) 내담자를 포괄

심리상담에서의 내담자는 대체로 자신의 문제를 인지하고, 그 문제를 해결하기 위해 상담을 받는 데 반해, 사회복지상담에서의 내담자 중에는 자신의 문제를 자각하지 못하거나 문제해결에 관한 동기가 없는 개인도 있다. 또한 사회복지상담은 클라이언트가 동의하지 않는 부분에 대해서도 상담을 전개해 나가야 한다. 예를 들면, 아동학대에 관여한 부모가 동의하지 않는다 하더라도 사회복지상담자는 그들의 자녀를 안전한 곳으로 이동시키기 위해 상담을 진행시켜 나간다.

③ 심리상담 접근과 여타의 접근을 혼합

사회복지상담에는 일반 심리상담에서의 요소를 모두 포함하지만 심리상담에 비해 정보제공, 조언, 지시, 옹호, 연계, 조정, 중개 등의 비중도 상당하다.

④ 관심의 초점 차이

심리상담자의 경우 내담자의 문제는 개인이 지닌 심리갈등이나 태도에 의해 발생한다고 보기 때문에 개인을 집중적으로 접촉하려는 데 반해, 사회복지상담은 그러한 환경을 조정하고 개선하는 힘을 부여하는 데 더 많은 초점을 두면서 환경적인 자원(가족, 학교, 이웃, 지역사회)을 문제해결에 적극 활용한다.

또한 심리상담이 전이, 강화, 직면 등의 직접적인 관계를 통한 치료에 주력하는 데 비해, 사회복지상담은 관계적 능력과 힘을 제공(empowerment)함으로써 자신과 환경을 조정하도록 하는 데 주력한다.

⑤ 내담자 문제 측면의 차이

심리상담의 내담자는 주로 심리·정서적인 문제를 가지고 있는 반면, 사회복지상담에서는 여성, 청소년, 노인 빈곤계층 또는 사회구조적 문제로 인한 빈곤, 실업, 소외와 차별 억압 등의 문제를 가진 개인의 비중이 크다.

⑥ 상담참여 경로

일반 심리상담을 이용하는 사람은 자발적인 선택의 경로를 거쳐 서비스에 돌입하는 데 반해, 사회복지상담의 내담자는 대체로 빈곤이나 사회적 불평등과 같은 특별한 문제로 인해 사회적이고 법적인 권한(예, 사회바우처)을 통해 상담장면에 돌입하는 경우가 많다.

이처럼 사회복지상담과 일반 심리상담은 여러 가지 측면에서 유사하면서도 차별성을 드러낸다. 이를 요약해 보면, 사회복지상담은 심리상담의 주요한 절차와 기법을 공유하면서 '환경 속의 개인'이라는 사회복지실천의 핵심 관점을 토대로 하며, 사회복지실천의 가치와 철학이 상담의 과정에서 다양한 절차와 기법으로 스며들도록 한다. 게다가 사회복지상담은 클라이언트 개인의 변화와 아울러 부적응에 영향을 미치는 환경적 문제도 연계와 중재, 옹호를 통해 개입의 대상에 포함시킨다. 이러한 점들은 사회복지상담과 심리상담이 구별되는 주요한 차별점이라 하겠다.

종합적으로 볼 때 심리상담은 대체로 개별적이고 심리적인 면을 강조하는 반면, 사회복지상담은 심리상담에 더하여 개인과 환경을 조정하고 변화시키는 능력까지 관심을 확장시킨다는 점이 차별된다. 그렇다고 해서 사회복지상담이 심리상담보다 우월한 위치에 있다는 것은 아니다.

8. 사회복지상담의 발전과제

한국 사회복지상담의 발전과제에 대해 다음 몇 가지를 제시하고자 한다.

① 사회복지상담의 정체성 견고화

사회복지상담이 사회복지면접이나 사회복지실천기술과 어떻게 유사하며 차이가 나는지, 사회복지상담의 목적과 이념, 가치관, 인간관, 적합한 상담이론과 모델, 기술 등을 탐색해 나가는 작업이 요청된다.

② 사회복지상담 교과과정의 심화

대학의 사회복지 교육과정에 상담을 뒷받침할 조치가 필요하다. '사회복지실천론'과 '실천기술론'에 더하여 개인, 집단 및 가족을 대상으로 하는 상담의 실무를 포괄하는 교과목이 신설될 필요가 있다. 실천기술론에 보다 심화된 형태로 교과과정이 수립될 필요가 있다.

③ 사회복지실천 현장과의 연계

사회복지기관의 심리상담 업무를 보강해야 한다. 국내 사회복지실천 현장에는 심리상담 업무를 아예 취급하지 않는 사회복지기관도 태반인 실정이다. 일반주의 서비스 모형인 탓이라 합리화할 수도 있겠지만 클라이언트 문제의 상당 부분이 심리·정서적 문제와 연관되어 있음을 감안할 때 서비스의 부재 또는 편중의 비난을 면하기 어려운 것이 사실이다.

④ 상담전문가로서의 정체성을 확보

미국의 경우 상담직에 종사하는 단일 전문직으로서 사회복지사의 수가 가장 많다는 것은 그리 놀랄 일이 아니다. 미국의 임상사회복지사는 심리치료사 또는 상담자로 알려져 있음은 한국의 상황에 많은 것을 시사한다. 사회복지상담사 자격증제도는 이러한 사안을 해결하는 데 도움을 줄 수 있을 것이다.

⑤ 사회복지사의 유능성(competence)의 확보

사회복지상담은 사회복지사의 전문적 위상을 공고히 하고 클라이언트의 다양화뿐만 아니라 클라이언트의 욕구를 효과적으로 대응하는 데 기여할 것으로 판단된다. 사회복지상담사의 자격이 사회복지사의 유능성의 보증 장치로 활용되기를 희망한다.

9. 용어에 대한 설명

사회복지실천 영역에서는 다양한 용어들이 혼재되어 사용되고 있다. 이러한 용어들 중에는 타 영역에서 생소해 하는 용어도 있다. 본서는 사회복지실천 영역에서 상담과 심리치료를 위시한 직접적 실천의 이해와 지침을 소개하는 의도를 가지고 있다. 따라서 본서는 상담과 심리치료 분야에서 보편적으로 사용되는 용어를 가능하면 그대로 사용하려고 하였다. 이와 관련하여 몇 가지를 언급하면 다음과 같다.

첫째, 본서에서는 상담과 심리치료는 약간의 차이가 있다는 것을 인정하면서도 상담과 심리치료를 '상담'이라는 단일한 용어로 통일하여 사용하였다. 상담의 이론들에 따라 '상담'과 '치료'라는 용어가 선택적으로 사용되고 있음에도 불구하고 상담이라는 단일한 용어를 사용한 것은, 논의의 편리성 외에도 상담이 심리치료라는 용어에 비해 보다 중립적이며 수평성과 비낙인적 요인을 더 많이 내포한다고 보았기 때문이다. 그렇다고 하더라도 경우에 따라서는 '치료', 혹은 '심리치료'라는 용어가 문맥의 흐름에 따라 일부 혼재될 수도 있다.

둘째, 본서에서 말하는 '상담'이란 일반주의 사회복지사들의 정보제공 중심의 단편이고 일회적인 면접도 포함하지만 치료적 면접의 일환으로 '심리상담' 및 '심리치료'와 같은 심층적인 면접에 보다 더 가까운 개념이다.

셋째, 본서에서는 '분석가', '심리치료자', '행동치료자', '현실치료자', '인지치료자' 등을 '상담자'라는 용어로 통일하였으며, 경우에 따라 의미를 극명히 하고자 상담자 외의 용어를 사용하기도 하였다. 또한 '클라이언트', '환자', '문제를 가진 사람' 등을 '내담자'라는 용어로 통일하여 사용하고자 하였으나 경우에 따라 클라이언트라는 표현도 사용되었다.

토의사항

1. 개인의 환경 부적응에 미치는 개인적 영향과 환경적 영향에 대한 당신의 입장은 어떠하며, 예를 들어 설명해 보시오.
2. 국내에는 그동안 사회복지상담이라는 용어가 부재했었다. 임상사회사업이 유사한 용어로 활용되어 왔는데, '임상사회사업'과 '사회복지상담' 용어 중 어느 것이 더 낫다고 생각하는가, 그 이유도 제시해 보시오.
3. 한국 사회복지상담의 발전에는 제반의 노력이 필요할 것이다. 그동안의 사회복지학 공부를 통해 사회복지상담의 발전 방향에 대한 당신의 의견을 제시해 보시오.

Chapter 02

사회복지상담의 이론적 토대

사회복지실천은 가치, 지식, 기술의 3요소가 유기적으로 결합되어야 성립된다. 이 3요소는 연동되어 서로에게 영향을 미치며 사회복지실천으로 형상화된다. 따라서 이 3가지 요소는 서로를 지지하고 견인하면서 실천으로 형태를 구체화시켜 나간다. 사회복지실천의 한 방법인 사회복지상담도 역시 이들 가치와 지식, 기술에 토대하여 형성되어야 하며, 사회복지상담의 과정과 절차, 평가 역시도 이러한 토대를 지녀야 한다.

한국에서 사회복지상담의 역사가 일천한 탓에 관련된 논의는 매우 제한적인 것이 현실이다. 한국은 아직도 사회복지상담의 정체성과 필요성을 피력하는 데 머물러 있다. 따라서 사회복지상담의 발전을 위해서는 사회복지상담의 관점과 이에 따른 가치를 분명하게 제시하는 노력이 필요하리라 본다.

이에 본 절에서는 사회복지상담의 관점으로 SPECT 모델의 제시를 통해 이 모델과 연관된 사회복지실천의 가치를 살펴보고자 한다.

1. 사회복지상담의 가치

흔히 가치, 지식, 기술을 사회복지실천의 3요소로 부른다. 사회복지실천이 여타 학제와 구별되는 가장 중요한 지점은 사회복지서비스는 가치를 중시하며 가치 지향적 학문이라는 점이다(김기태 외, 2014). 가치와 지식 그리고 기술은 서로를 견인하며 연동되어 사회복지실천으로 구체화된다. 사회복지의 지식은 가치를 기반으로 해야 하며, 사회복지실천기술은 가치와 지식이 구체화된 결과이다(최옥채, 2017). 따라서 사회복지실천 장면에서의 사회복지사는 자신의 실천이 가치에 기반하는지, 이탈되어 있는지에 대한 통찰력과 민감성을 높여야 한다.

사회복지의 가치는 다양하게 제시되어 왔다. 사회복지상담의 가치로 여러 가지를 고려할 수 있으나 자주 거론되는 것은 존중, 공감, 진실성, 역량강화이다.

① 존중

존중(respect)은 상대방의 입장이나 가치, 신념, 욕구 등을 있는 그대로 수용하고 이해하는 태도나 자세를 의미한다. 존중은 사회복지실천 과정에서 시종일관 견지되어야 하며, 사회복지의 직접적 실천은 '인간존중을 구체화하는 과정'이라고 해도 과언이 아니다. 존중은 사회복지실천 과정에서 클라이언트에게 해가 주어져서는 안 됨을 강조한다. 존중은 클라이언트에 대한 성급한 심판을 경계하며, '사회복지사는 클라이언트를 위해 존재한다'는 주장을 잘 반영한다.

② 공감

공감(empathy) 역시도 실천의 중요한 가치이다. 공감은 말 그대로 상대방의 감정을 공유하는 과정이다(Rogers, 1961). 많은 연구에서 공감 그 자체만으로도 클라이언트의 문제가 해결된다고 강조한다. 공감은 관념이나 지식으로서가 아니라 기술과 전달로서 실천과정에서 구체화되어야 한다. 공감을 확장하는 방안으로 클라이언트에 대한 다양성의 이해, 사회복지사 자신의 편견과 맹점의 이해, 하위문화나 집단으로서가 아니라 한 개인으로 클라이언트에 대해 접근하기와 같은 노력이 제안된다.

③ 진실성

진실(congruence)은 일관성, 일치성으로도 불린다. 진실은 '참된 만남'이라는 표현으로 구체화시킬 수 있는데(Rogers, 1957), 사회복지사의 언행이 사회복지사의 이득이 아니라 클라이언트에게 충분한 이득이 되어야 함을 강조한다. 진실은 시종일관성으로 표현되기도 하는데, 사회복지사가 클라이언트를 향한 진정한 존중과 태도, 전인적 관점 등이 서비스의 시작과 끝까지 지속되도록 하는 것을 중요시한다.

④ 역량강화

역량강화(empowerment)란 개인, 집단, 가족, 지역사회가 정치, 사회, 경제 등의 차원에서 강점을 향상시키고 스스로 의사결정하며 선택할 수 있도록 돕는 과정을 의미한다(Adams, 1996). 이는 강점관점과 함께 클라이언트의 잠재력과 능력에 대한 신뢰를 내포하고 있으며, 클라이언트가 자발적으로 자아를 실현할 수 있도록 하고 자아실현을 방해하는 요소를 제거하는 데 주안점을 둔다.

2. 사회복지상담의 전제

사회복지상담은 다음에 제시하는 기본적 가정을 통해 구체화될 수 있다.

① 개인의 심리적 측면 역시 중요하다.

개인의 사회부적응의 원인으로 개인적 측면과 환경적 측면은 사회복지학에서 오랜 동안의 논쟁으로 남아 있다(김인숙, 2005). 사회복지 관점에서는 개인 측면과 환경 측면의 이중 측면을 중시하지만, 사회복지상담에서는 환경적 측면 못지않게 개인의 심리적 측면을 중시한다.

② 모든 내담자는 고유한 내적 세계를 지닌다.

Rogers(1957)의 지적대로 개인에게 있어서의 삶은 주관적 장이자 현상학적 장이다. 현상학적 장이란 개인에게 있어 세계란 사적이고 주관적인 심리적 공간임을 의미한다. 따라서 상담자는 개인의 주관적 세계를 존중하고 이해하는 태도를 지녀야 한다.

③ 인간은 지속적으로 변화와 발달이 가능하다.

사회복지상담은 어떠한 내담자도 변화할 수 있다는 관점을 중시한다. 따라서 내담자의 변화에 대한 동기를 유발하는 데 주력하며 변화를 수월하게 이룰 수 있는 여건 조성에 많은 관심을 둔다.

④ 존중하고 수용하는 관계는 문제해결을 촉진한다.

사회복지상담에서 모든 내담자는 자아실현의 욕구를 지니며, 이러한 자아실현은 존재와 욕구에 대한 존중과 수용이 주어질 때 활성화될 가능성이 높다는 점을 중시한다(김정기 역, 2009).

⑤ 내담자의 강점과 능력은 문제해결의 중요한 동력이다.

사회복지상담에서는 어떠한 내담자도 강점을 지니며 이러한 강점이 상담장면에 충분히 활용된다면 내담자의 문제해결이 촉진될 수 있음을 중시한다(Saleeby, 2002).

⑥ 상담에 대한 동기는 개입의 효과성을 좌우한다.

대부분의 연구에서 상담의 긍정적 예후에 내담자의 동기가 중요한 영향을 미친다고 보고한다(신성만 역, 2017). 사회복지상담은 비자발적 상담도 포함되기 때문에 내담자의 상담에 대한 동기를 평가하고 유발시키는 작업을 매우 중요하게 다룬다.

⑦ 의도된 촉진관계는 문제해결에 효과적이다.

관계는 사회복지사가 클라이언트 변화에 활용하는 주된 무기이며, 의도적이고 촉진적 관계를 조성하는 것은 사회복지상담가의 주요한 과업 중의 하나이다.

⑧ 사태는 여러 사안이 관여하며 형성된 결과이다.

특히 체계적 시각은 문제의 이해와 개입의 성과를 높이는 데 도움을 준다(Seden, 2005). 사회복지에서 맥락(contexture)은 클라이언트의 문제를 사정하고 개입하는 데 중요한 준거를 제공한다. 클라이언트의 문제는 단일요인이 아닌 다양한 맥락이 상호작용한 결과이며, 사회복지상담 역시도 다각적인 수준을 포함한다. 여기에는 대인관계,

직업, 재정, 성격, 심리, 가족관계 등이 포함된다.

⑨ 정보 부족, 억압, 차별, 소외 등은 개인탄력성을 저해한다.

사회복지상담의 내담자는 주로 사회 취약계층일 가능성이 크다. 이들은 심리정서적인 문제 외에도 다양한 배제와 차별, 억압의 문제를 지니고 있다. 배제와 억압 등의 부정적 조건은 개인의 탄력성을 저해한다(Collins, 2007). 따라서 사회복지상담은 이러한 문제도 적극적으로 다루어야 한다.

⑩ 각각의 상담이론은 장점과 한계를 동시에 지닌다.

어떠한 상담이론도 장점만을 지니지 않는다(Nck, Peter, 2016). 사회복지상담은 특정이론에 집착하기보다는 사회복지실천 가치에 부합하고 문제해결에 효과성을 지닌다면 그 이론과 모델을 차별 없이 활용한다. 이는 사회복지상담의 절충적 형태로 구체화된다.

⑪ 효과성의 증거에 기반한 이론과 모델일수록 개입에 유리하다.

개입의 효과성이 검증된 개입일수록 개입의 효과성과 효율성이 향상된다(공계순, 서인혜, 2006). 따라서 사회복지상담은 상담의 효과성이 검증된 이론을 중심으로 이론의 절충을 시도할 필요가 있다. 또한 사회복지상담에 동원된 상담의 이론과 모델의 효과성을 지속적으로 검증해나가는 노력을 지속할 필요가 있다.

3. 사회복지상담의 이론적 토대

사회복지상담은 다수의 상담이론과 모델을 토대로 형성된다. 본서의 후반부에 자세히 언급하겠지만, 대다수의 사회복지상담가는 내담자와 소속기관의 특성에 따라 절충적 형태로 상담을 진행한다. 따라서 사회복지상담가는 단일 이론에 치중하기보다는 다양한 상담이론의 특성을 파악하고 적재적소에 효과적으로 적용하는 유연성을 보여야 한다. 본 절에서는 일반 심리상담과 임상사회복지사가 가장 많이 활용하는 것으로 알려진 상담이론과 모델을 살펴보고자 한다.

1) 정신역동이론

정신역동이론은 Freud에 의해 주창된 정신분석에 영향을 받았으며, 1950~60년대에 큰 발전을 이루었다. 사회복지사는 클라이언트의 과거가 현재에 어떠한 영향을 미치는지, 그리고 내부의 경험이 외부의 경험을 얼마나 통제하는지를 이해하는 데 정신역동적 지식을 활용한다. 정신역동이론은 오래전부터 사회복지실천 모델에 적용되었으며, 이는 1920년의 진단주의 학파(diagnosis schools)로 구체화되었다.

정신역동이론은 심리사회모델(psychosocial model)과 자주 비교된다(Brearly, 1991). 심리사회모델은 정신역동이론과 자아심리학이론에서 파생되었지만 개인과 사회의 통합적 접근을 선호하는 반면, 정신역동모델은 사회적인 측면을 그리 강조하지 않는다. 즉, 외부세계란 클라이언트가 바라보는 관점 내에 주로 존재한다고 본다. 사회복지사는 정신역동이론을 액면 그대로 받아들이지 않는다 하더라도 클라이언트를 이해하는 데 정신역동이론을 적극 활용한다. 특히 정신역동이론은 사회복지사가 변화의 대행자로서 '관계'를 문제해결의 중요한 수단으로 활용하는 데 중요한 이론적 근거를 제공해 준다.

정신역동이론가(Erikson, Fairbairn, Winnicutt, Bowlby 등)는 인간발달을 규명하는 데 많은 기여를 하였으며, 이러한 점은 사회복지상담에도 많은 영향을 주었다. 오늘날 정신역동이론가의 주장은 사회복지실천 관련 서적에 상당 부분 스며들어 있다(Yelloiy, 1980). 정신역동이론은 현재와 과거를 연결해 주는 개념으로서 개인의 성장에 과거의 경험이 어떤 역할을 하며, 가족과의 상호작용이 성격의 형성과 발달에 어떤 영향을 미치는지에 대한 명쾌한 답을 제시해 준다.

2) 학습이론

정신역동이론만큼이나 '학습이론(learning theory)' 역시 사회복지실천에 많은 영향을 주고 있다. 행동적 사회복지실천, 행동치료, 행동교정 등의 개념은 학습이론으로부터 파생하였다. 인간의 행동은 학습의 결과이며, 새로운 행동은 학습될 수 있다고 보는 학습이론은 경험이 어떻게 행동으로 학습되고 유지되는지에 대한 이론적 토대를 제시해 준다(Hudson, 1991). 학습이론은 수많은 실증적인 연구로부터 발전해 오고 있으며, 새로운 연구와 발견을 통해 향후에도 지속적인 발전이 기대된다.

초기의 사회복지실천은 주로 정신역동이론을 중심으로 하는 단조로운 접근이었으나 점차 학습이론을 사회복지실천 영역에 도입함으로써 이론과 실제를 보다 다양화할 수 있었다.

행동적 사회사업(behaviour social work)은 추상적인 것보다는 구체적인 것에, 내면적인 것보다는 행동적인 것에 관심을 가진다. 이러한 특징은 클라이언트 행동의 계량화와 기준선(base line)이라는 개념으로 잘 드러난다. 학습이론에서의 개입은 '조건화', '강화', '관찰', '사고의 교정' 등의 개념에 기초한다. 사회기술훈련, 학대아동교정프로그램, 분노 및 불안조절훈련 등은 사회복지실천 현장에서 활용되고 있는 대표적인 행동치료 프로그램이다. 학습이론은 정신지체인, 정신장애인, 알코올중독증을 가진 클라이언트에게 효과적으로 적용되고 있다.

3) 인본주의 이론

인본주의 이론은 실존주의 철학에 뿌리를 두고 발전하였다. Rogers에 의해 창시된 인본주의 상담은 사회복지의 실천 가치와 상당 부분 맥을 같이한다. 오늘날 많은 사회복지상담가가 인본주의 상담이론을 사회복지상담에 활용하고 적용하는데 주저하지 않는다. Biestek(1957)의 사회복지 실천관계 원리 역시 상당 부분 인본주의 이론에 그 토대를 두고 있다. 인본주의 이론은 정신역동이론과는 달리 자기실현 욕구를 인간의 기본적 욕구로 제시한다. 모든 인간은 태어나면서 자기실현 욕구를 가지고 태어나지만 성장과정에서 자신의 욕구가 있는 그대로 존중 받지 못할 경우 자기실현욕구가 위협에 처해진다고 가정한다. 인본주의 이론은 인간의 고유성과 개별성을 존중하며 있는 그대로 존중되어야 함을 강조한다. 이러한 특징은 사회복지에서 강조하는 존중, 평등, 자기결정의 원리 등과 부합한다고 볼 수 있다.

4) 과제중심모델

과제중심모델(task-centered model)은 1960년대 단기치료 운동에서 비롯되었다. 당시 활용되던 장기치료모델은 정신건강 전문가의 부족, 장기치료 효과의 미비, 위기개입의 필요성, 대기하는 내담자의 증가 등의 문제를 경험하고 있었다. 이 와중에 Reid와 Shine(1969)은 단기치료도 장기치료에 버금가는 치료효과가 있다는 것을 입증하면서 단기치료의 필요성이 더욱 설득력을 얻게 되었다.

이러한 여세를 틈타 과제중심모델은 1970년대 초반 시카고대학의 Reid와 Epstein(1972)에 의해 고안되었으며, 기존 케이스워크의 효율성을 증가시키고자 다양한 실험과 경험을 근거로 등장하였다. 이 모델은 다양한 이론과 기법을 통합할 수 있는 개방적이고 다원적인 실천체계로 구성되어 있으며, 특정한 이론이나 개입을 고집하지 않기 때문에 다른 접근법에 의해 그 방식이나 기법들이 발전될 수 있다는 장점을 지닌다.

과제중심모델은 일반체계이론, 의사소통이론, 역할이론, 심리분석이론, 학습이론에 근거하고 있으며, 그동안 특히 학습이론을 중심으로 하는 행동치료, 인지치료, 구조적 가족치료 접근들과 융합하여 발전되었다. 이 모델은 여타의 모델과는 달리 사회복지실천의 이론적 틀과 더불어 발전하였으며, 경험적인 효과성을 실천의 주요 근거로 한다. 요약하면 과제중심모델은 문제에 초점을 두고 시간 제한을 강조하며 과제중심적인 단기치료모델이다. 다시 말해 클라이언트의 문제를 구체적인 과제를 통해 해결해 가는데, 이 과정에서 계약을 토대로 '클라이언트의 자기결정'을 중시한다.

개입에서 구조적 접근을 강조하는 과제중심모델의 특성을 요약하면 다음과 같다(허남순, 1998; 신원우, 2001).

① 클라이언트의 표현된 욕구를 중시하며 과거보다 현재와 미래를 중시한다. 클라이언트는 자신의 문제와 해결책을 가장 잘 알고 있다고 가정하며, 과거보다는 지금과 미래에 집중하는 것이 문제해결에 더 효과적이라고 주장한다.

② 단기적인 개입을 선호한다. 단기적인 개입이 장기 개입에 비해 효과성에 별 다른 차이가 없음을 수용하며, 대개 6~12회기 내에 개입을 완료하는 계약을 한다.

③ 개입은 초점을 구체적으로 설정한다. 과제중심 접근은 심리 내적인 변화와 행동수정의 중간 지점에의 개입을 선호하며, 단기치료이므로 개입목표는 클라이언트가 인식하고 있는 분명한 내용으로 설정한다.

④ 적극적인 계약체결을 중시한다. 개입 2회차 내에 계약을 완료해야 하며, 표적문제, 목표, 서비스 지속시간, 비용, 각자의 역할 등이 계약을 통해 구체화된다. 계약은 책임성을 높이고 양자의 역할혼란을 줄이는 데 기여한다.

⑤ 클라이언트의 적극적인 참여와 활동을 강조한다. 변화를 위해서는 심리 내적인 과정보다는 행동과 상황의 변화가 더 중요하다고 보기 때문에 사회복지사는 적극적인 지시를 활용하며 클라이언트가 적극적으로 문제에 대응하도록 요구한다. 이 과정에서 '과제'를 적극적으로 활용한다.

⑥ 경험과 근거를 중시한다. 이 모델은 경험을 중심으로 발전하였고 개입의 근거를 토대로 모델을 융통성 있게 운영할 것을 강조한다. 개입을 뒷받침하는 자료들은 추론보다는 객관적이어야 한다.

⑦ 내담자의 자기결정권을 중시한다. 표적문제의 설정에 클라이언트의 입장이나 의견을 우선 반영함으로써 내담자가 주체적으로 문제해결 과정에 참여하도록 한다.

⑧ 절충적 접근을 중시한다. 개입에 있어서 한 가지 모델만 적용하는 것은 효과성에 한계가 있다. 그러므로 클라이언트의 문제 양상과 욕구, 능력에 근거하여 정신역동, 인지행동, 인간중심 등의 접근을 절충하여 활용한다.

⑨ 클라이언트의 문제가 자원 또는 기술 부족의 결과로 발생한다고 이해한다. 따라서 사회복지사는 문제해결에 필요한 자원을 탐색하고자 내담자의 사회환경적 맥락을 탐색하여 필요한 자원을 동원하고자 한다. 또한 부족한 기술을 익히고자 직접적 훈련과 학습을 제공한다.

5) 해결중심모델

해결중심모델(solution focused model)은 미국 중서부에 위치한 밀워키의 단기가족치료센터의 김인수 부부와 de Shazer에 의해 발전되었다. 이 모델은 개입에 있어서 문제나 약점을 다루기보다는 성공했던 경험과 강점, 자원, 능력에 일차적인 초점을 둔다. 게다가 무엇이 잘못되었는지에 관심을 두기보다는 그동안 잘 된 것이 무엇인지, 그 잘 된 것을 어떻게 활용할지에 관심을 둠으로써 문제(problem)가 아닌 해결(solution)에 중점을 두는 것이 가장 큰 특징이다(De Jong & Berg, 1998). 이는 한 부분의 변화는 전체 체계의 변화를 초래한다는 체계론적 입장을 지지하며, 강점과 성공경험을 중시하기 때문에 내담자의 저항을 줄이는 데 효과적이다(김유숙, 1999).

해결중심모델에서 상담자는 클라이언트가 자신의 문제를 이미 알고 있는 해결방법을 통해 스스로 해결하도록 돕는 역할을 한다. 즉, 내담자가 지니고 있는 열쇠를 문제해결에 적극 사용하도록 돕는다. 또한 클라이언트가 목표를 정하고 문제해결에 성공감을 갖도록 하며, 그 성공감이 클라이언트의 능력이 되도록 강점과 자원을 활용한다(송성자 외, 1994). 이 과정에서 상담자는 문제해결 방안을 극대화하기 위해 '예외질문', '기적질문', '척도질문', '대처질문', '관계성 질문' 등을 활용한다.

해결중심모델은 사회구성주의를 중시하는데, 이 개념에 따르면 현실에 대한 보편적인 진리는 존재하지 않고, 실재는 사회적으로 구성되며, 현실은 언어를 통해 조직된다는 원리를 강조한다.

해결중심모델은 단기간의 개입을 중시한다. 이 모델을 활용하는 가족치료의 경우 개입기간을 10회로 제한하는데, 72% 정도가 7회 정도에서 목표가 성취되었다고 한다(송성자 외, 1994). 해결중심의 집단 프로그램 역시도 6~12회기로 제한하는 것이 일반적이다.

해결중심모델의 기본적 철학이나 특성은 다음과 같이 정리될 수 있다(노명숙, 2013, 송성자 외 역, 2014).

① 클라이언트중심 접근을 강조한다. 이는 내담자를 협력자로 상정하고 그의 강점과 능력에 초점을 두고 이를 상담에 적극 활용하는 것이고, 내담자가 원하는

것에 초점을 둔다는 것이다.

② 내담자의 과거보다는 현재와 미래에 관심을 둔다. 내담자가 제시하는 문제의 원인보다는 문제해결에 초점을 둔다. 또한 내담자의 이미 지니고 있는 강점과 능력을 중심으로 문제해결을 시도하며, 과거의 일들에 대한 관심보다는 내담자가 문제해결을 위해 지금-여기서 할 수 있는 능력과 행동을 중시한다.

③ 이전의 문제해결 경험과 그 경험의 '효과'에 초점을 둔다. 이는 내담자가 문제 삼지 않으면 상담자가 먼저 고치려 하지 않고 만일 어떤 것이 효과가 있었다면 그것을 더 많이 시도하도록 한다. 만일 어떤 것이 효과가 없었다고 한다면 그 시도는 더 이상 반복하지 말고 다른 것을 시도하도록 한다.

④ '사회구성주의'에 기초한다. 사회구성주의는 '현실은 사람들에 의해 구성되는 것이며, 이러한 현실의 구성에는 언어가 중요한 역할을 한다고 본다. 이에 근거하여 이 접근에서는 내담자에게 예외상황을 묻는 질문이나 대처질문을 통해 내담자가 처한 현실 상황을 새롭게 재구성하도록 돕는다.

⑤ 긍정심리학에 기초한다. 해결중심상담에서 인간은 화합하는 존재이고 내담자의 작은 긍정적인 변화마저도 문제해결의 단초가 된다고 본다. 또한 내담자가 잘해 온 것을 칭찬하며 상담자는 협력자이자, 코치의 역할로 규정한다.

⑥ 변화는 항상 일어나며 불가피하다고 본다. 어떤 경우라도 문제가 발생할 때가 있고 일어나지 않을 때가 있는데, 내담자는 문제가 일어나는 데 초점을 두는 경향이 있다. 문제가 발생하지 않는 상황 즉, 예외적인 상황을 발생하는 이유를 파악함으로써 클라이언트의 장점을 파악할 수 있다.

⑦ 현실적으로 되어라. 해결중심모델은 작은 것, 할 수 있는 것부터 변화를 시도하라고 요구한다. 없는 것보다 있는 것에 관심을 집중하며, 저절로 되는 것이 없음을 강조하며 구체적이고 명확한 것을 목표로 설정할 것을 권한다.

해결중심 상담에서는 다음 5가지의 질문의 유용성을 강조한다(송성자 외 역, 2014).

① 상담 전 변화 질문: 내담자가 상담을 결정하고부터 이미 변화는 시작된 셈이다. 이를 전제로 하는 질문이다.

> 예 상담을 약속하고 오늘까지 기다리면서 어떤 변화가 있었나요?
> 상담을 정하고 난 뒤 기분이 어떻게 변화하였나요?

② 예외 찾기 질문: 내담자가 성공했었던 경험에 대해 질문함으로써 힘든 정서에서 벗어날 수 있고, 잘 나가던 당시를 떠올려 유능감을 가지도록 유도하는 효과가 있다.

> 예 술을 마시지 않았던 날에 관해 이야기해 주시겠습니까?
> 아내가 당신에게 잘 해주었던 그때의 이야기를 듣고 싶군요?

③ 기적질문: 이 질문은 모든 문제가 갑자기 해결되었다고 가정하게 함으로써 문제해결의 희망과 동기를 유발하는 데 목적이 있다.

> 예 만약 자고 일어났더니 문제가 다 해결되었을 때 당신의 행동은 구체적으로 어떻게 바뀌어 있을까요?
> 배우자가 당신에게 잔소리를 하지 않게 되었을 때 당신은 배우자에게 어떤 말과 행동을 할까요?

④ 척도질문: 내담자의 문제해결에 대한 의지나 태도를 수치로 표시해 달라고 요구함으로써 내담자에 대한 이해의 폭을 증가시킬 수 있다.

> 예 상담을 받기 전 배우자에 대한 원망이 5라면 지금은 얼마인지요?

⑤ 대처방법 질문: 낙담에 빠진 내담자를 격려하고 용기를 주는 데 목적을 둔다.

> 예 술을 안 마실 때는 술 욕구를 어떻게 참고 견디었는지요?
> 힘든 직장 생활을 25년이나 했군요. 어떻게 견디며 다녔나요?

6) 생태체계이론

생물학으로부터 발전한 '생태체계이론'은 사회과학 분야에서 매우 널리 알려진 개념이다. 생태체계이론의 주요 내용을 소개하면 다음과 같다(Allen-Meares et al., 1987).

① 개인과 환경의 관계는 연속적이다.
② 개인과 행동 그리고 환경은 상호의존적이다.
③ 체계이론은 상황 속에 있는 개인의 생태를 분석하는 데 유용하다.
④ 사정과 평가는 개인과 환경체계의 직접적인 관찰을 통해 이루어진다.
⑤ 행동은 개인과 환경 간 교류의 결과이다.
⑥ 행동과학은 이러한 상호작용을 이해하고 탐색하여야 한다.

생태체계이론은 '환경 속의 개인'이라는 관점을 강력히 지지하며 클라이언트의 문제를 다양한 수준에서 파악하고 개입 역시 개인과 환경의 변화를 모두 고려하는 포괄적인 접근을 강조한다는 장점을 지니고 있다.

이처럼 생태체계이론은 '개인'과 '환경', 그리고 '다양한 서비스의 절충'을 강조하는데, 이러한 3가지의 접근은 사회복지사의 대인기술을 바탕으로 조작될 수 있다. 다시 말해 사회복지사는 생태체계이론을 통해 개인과 환경을 변화시키고자 함에 있어서 클라이언트를 서비스에 참여시키고 서비스 참여에 대한 동기를 강화하며 클라이언트가 서비스의 속성을 제대로 이해하도록 하는 데 대인기술을 적극 활용한다.

7) 모델의 적용 사례

다음의 사례를 앞서 소개한 정신역동적 접근, 행동학적 접근, 인본주의적 접근, 과제중심모델과 해결중심모델, 생태체계적 접근에서 상담기술이 어떻게 적용되는지를 살펴볼 수 있다.

현재 부모와 함께 살고 있는 K(18세, 남)는 16세까지 학습장애를 보여 왔지만 일반 학교를 다녔으며, 그 후에는 특수학교로 전학하였다. K는 생후 24개월 무렵까지만 해도 비교적 정상적인 발달과정을 보이는 듯했다. K는 점차 자라면서 산만하고 행동이 통제되지 않는 어려움을 보였다. K의 어머니는 그에게 과도히 밀착할 수밖에 없었고, 이러한 어머니의 태도는 K의 문제를 제대로 파악하고 이해하는 것을 어렵게 만들었다. 사회복지사로부터의 상담은 K의 가족에게 주어진 중요한 서비스의 하나였으며, 상담기술은 사회복지사가 행한 개입의 전반에 걸쳐 적용되었다. K의 가족은 기초생활보장을 받을 자격이 있음에도 불구하고 어떠한 공적부조 서비스도 받고 있지 않았다. 그녀는 공적부조 서비스를 받고 싶은 마음이 적었을 뿐만 아니라, 이에 대해 잘 알지도 못하는 상태였다.

사회복지사는 K의 어머니에게 가족이 공적부조 서비스를 받을 자격이 있기 때문에 필요한 서비스를 신청하라는 것과 K를 특수교육과정에 보내도록 설득하였다. 사회복지사는 K가 주간에 시간을 보낼 곳을 마련해 주고 심화교육프로그램을 알선해 주었다.

사회복지사와의 원조가 진행될수록 K 어머니의 불안과 긴장은 점차 감소되었다. 이 과정에서 사회복지사는 인지적 접근을 활용하여 어머니가 K의 문제와 관련한 감정이나 경험은 정당하며, 이러한 부정적 감정은 점차 감소할 것이라는 것을 알려 주었다. 그리고 부모자조모임을 주선함으로써 학습장애아를 가진 부모가 어떻게 어려움을 극복해 왔는지에 대해서 많은 정보와 공감을 제공받도록 하였다.

K의 가족에 대한 개입이 이루어진 한참 후에 심층적인 상담이 이루어졌다. 상담장면에서 K의 어머니 영순(47세)씨는 K가 이전보다 많이 좋아지고 공적인 원조를 받음으로 인해 가족도 많이 안정되었다고 하였다. 그럼에도 불구하고 영순씨는 긴장성 천식과 불안, 우울의 감정을 호소하였다. 이는 평소 그녀와 불편하고 강압적인 관계에 있던 친정 어머니가 최근에 사망한 것과 관련이 있었다.

정신역동적 접근은 어머니인 영순씨의 아동기와 결혼생활에 대한 정보를 얻는 데 도움을 주었다. 영순씨는 정신역동적 상담과정에 대해 '비밀스럽고 놀랄 만한 상자를 여는 기분'이라고 묘사하였다. 상담과정에서의 중요한 이슈는 수년 전 짧게나마 있었던 영순씨의 외도 경험이다. 그녀는 이에 대해서 많은 죄책감을 가지고 있었는데, 상담자는 인지적 접근을 통해 그녀가 가지고 있는 외도에 대한 왜곡된 사고를 교정하려고 하였다. 상담이 시작된 지 3회 만에 영순씨의 천식은 매우 호전되었고 영순씨의 삶도 매우 안정적으로 변화하였으며, 어느새 사회복지상담사와 영순씨 간에는 돈독한 신뢰관계가 형성되어 있었다.

이 사례를 통해 학습장애와 같은 기질적 문제를 가진 클라이언트의 경우 클라이언트뿐만 아니라 그의 가족(환경)이 처한 상황이 클라이언트의 문제에 영향을 미치며, 가족에 대한 다양한 차원의 지지가 클라이언트의 문제해결에 도움이 된다는 것을 알 수 있다. 특히 이 사례는 클라이언트에 대한 체계적인 지지(생태체계 관점)와 상담(정신역동 및 인지적 접근)이 어떻게 상호 접목되는지를 잘 보여준다.

개입과정에서의 중요한 과업은 원조관계(helping relationship)를 지속적으로 강화, 유지하는 일이다. '공감'과 '경청', '수용'과 '비판단적 태도' 등의 상담기술은 실천 전반에 걸쳐 원조관계를 돈독히 하는 데 도움을 주는 상담기술이다.

4. 사회복지상담의 SPECT모델

본 절에서는 SPECT모델(정원철, 2019)을 통해 사회복지상담의 정체성을 구체화해 보고자 한다. 이 모델은 사회복지상담이 견지해야 하는 관점과 이와 연관된 가치를 제시하는 데 용이하다. SPECT모델은 주관성(Subjectivity), 촉진관계성(Precipitate), 절충성(Eclectic), 맥락성(Context), 가변성(Treatable)으로 구체화된다.

1) 주관성(Subjectivity)

모든 인간은 독특하며 고유한 주관적 세계를 지니기 때문에 개별적인 특성으로 수용되고 존중된다면 개인의 자아가 실현될 가능성은 더욱 커지게 된다(Rogers, 1961). 개인 주관성의 존중은 사회복지실천의 개별화의 원리(individualization)에서 잘 드러난다. 사회복지상담은 '모든 개인은 고유한 내적 세계를 지니며 독특하고 차별적이다'라는 주장을 강조한다. 이는 사회복지의 주요 이념인 '인간존중의 원리'와 '자기결정의 원리'와 맥을 같이한다.

개인의 주관성을 반영하기 위해서는 공감의 자세가 특히 필요하다. 공감을 받은 개인은 개인의 내적 경험의 표현이 수월해진다. 또한 개인의 경험을 외부로 드러내는 데는 '진정한 만남'이 요구된다(김정기 역, 2009). '진정한 만남'은 대화를 매개로 하는 상담모델이 추구하는 중요한 원조관계이다. 진정한 만남은 상담자의 수용과 진실성을 토대로 하며, 시종일관된 자세로 진정한 만남을 견지할 때 진정한 만남의 재료인 진실성이 담보될 수 있다.

2) 촉진관계성(Precipitate)

'관계의 경험'은 상담에서 클라이언트를 변화시키는 데 중요한 도구로 활용된다. 상담자의 유능성은 상담자가 내담자와 어떠한 관계를 형성하고 유지하는가에 달렸다고 해도 과언이 아니다. 사회복지상담자 역시 내담자와의 관계를 문제해결에 중요한 도구로 활용한다(Kadushin, 1972).

사회복지실천 장면의 내담자는 스스로 문제를 해결하려는 동기가 낮은 특징을 지니고 있다. 사회복지상담자는 다양한 태도와 기술을 통해 내담자가 자신의 변화를 꾀하는 데 적극성을 드러내도록 지원해야 한다. 촉진적 관계란, 의도적인 관계를 통해 내담자가 자신의 잠재력을 활용하여 문제해결에 자발성과 책임성을 지니도록 하는 다양한 방안을 포함한다. 이를 테면 동기유발을 위한 개입, 변화가능성에 대한 신뢰, 잠재력을 발견하고 강화하는 노력, 문제해결 경험에 대한 관심을 거론할 수 있다.

3) 절충성(Eclectic)

절충이란 각 이론이 가진 장점을 혼합하여 하나의 개입모델로 활용하는 방식을 일컫는다. 오늘날 대부분의 상담장면에서는 단일 이론을 시종 적용하기보다는 여러 이론을 내담자의 특성에 따라 절충하거나 혼용하는 형태를 취한다(이인숙, 하정미, 2009). 이는 어떠한 이론이라도 장점을 지닌 반면 단점도 수반하기 때문이다. 사회복지상담 역시도 특정한 이론을 고집하지는 않는다. 사회복지실천의 가치와 부합하면서 효과성이 입증된(evidence based) 이론이라면 사회복지상담 장면에 적극 활용한다. 이는 사회복지실천이 강조하는 효과성과 효율성의 측면과 연관이 있다(공계순, 2006).

20세기 초기에 Flexner(1866-1959)가 '사회복지사는 과연 전문가인가?'라는 문제 제기를 한 이후부터 사회복지사는 전문성을 추구하기 위한 다양한 노력을 기울여 왔다(Austin, 1983). 사회복지실천 영역에서도 실천결과가 전문성을 담보할 수 있도록 다양한 노력을 경주하고 있다. 사회복지상담이 절충성을 고려하는 것도 개입의 효율성과 효과성을 통해 사회복지실천의 전문성을 강화하려는 노력의 일환이라 할 수 있다.

4) 맥락성(Context)

'환경 속의 개인', '맥락 속의 개인'은 사회복지실천이 강조하는 주요한 구호이다(Green & Fiona, 2010). 맥락이란 사물 따위가 서로 이어져 있는 관계나 연관을 일컫는다. 다시 말해 어떤 사태나 상황이 발생함에 있어서 그 발생의 배경이 복잡하게 얽혀 있음을 의미한다. 맥락적 관점은 사태의 발생은 단일 요인을 넘어 다수의 요인이 상호작용한 결과이므로 개입이나 해결 역시도 다양한 요소를 통해 시도되어야 함을 강조한다. 맥락의 강조는 사회복지실천이 강조하는 '환경 속의 개인' 관점을 반영한다.

예를 들어 사회복지상담 장면에서 클라이언트가 우울한 문제를 호소한다고 할 경우, 일반심리상담은 우울의 원인을 주로 개인의 심리정서적 측면에서 조망하는 반면, 맥락을 강조하는 사회복지상담의 경우는 개인의 심리적 측면 외에도 가족, 대인관계, 직장동료, 경제적 측면 등도 문제와 관련지어 조망하려고 시도한다. 이러한 측면은 사회복지가 강조하는 이중적 접근(two tracks approaches), 자원활용성의 가치와 궤를 같이한다고 할 수 있다.

5) 가변성(Treatable)

사회복지상담은 모든 클라이언트가 변화할 수 있는 잠재력을 지닌다고 가정한다. 이들 클라이언트는 변화에 대해 저항도 하지만 근본적으로는 변화할 내적 역량을 충분히 지니고 있기 때문에 상담자는 클라이언트가 보다 나은 방향으로 변화하는 데 다양한 자극과 원조를 제공해야 한다.

사회복지상담자는 내담자의 변화를 꾀함에 있어 변화를 방해하는 내외적 요인을 제거하는 데 주안점을 둔다. 또한 내담자가 가진 강점이 문제해결에 충분히 활용될 수 있는 상담적 개입을 시도한다. 강점관점(Saleeby, 2002)을 통해 내담자의 잠재력이 문제해결에 동원되도록 하는 것은 사회복지상담의 차별성이라 할 수 있다. 사회복지상담자는 내담자가 변화에 대한 책임을 지도록 하면서 내담자의 변화는 궁극적으로 내담자의 자기결정에 기초한다는 것을 강조한다.

이러한 접근은 사회복지상담이 강조하는 상담자와 클라이언트 간의 친밀감이나 치료동맹을 확립하는 데 용이하다. 또한 내담자의 능력에 대한 신뢰와 인간에 대한 존중을 드러내는 데 효과적이다.

지금까지 사회복지상담의 관점으로 SPECT모델을 제시하였고, 이의 개념과 연관된 사회복지실천의 가치를 연결지어 살펴보았다. SPECT모델은 사회복지상담의 정체성을 구체화하고 타 상담이론과 차별성을 구체화하는 데 용이하다. SPECT모델을 사회복지실천 가치와 연결 지어 보면 〈표 2-1〉과 같다.

표 2-1 사회복지상담의 SPECT모델과 사회복지실천의 가치

SPECT모델	사회복지실천의 가치
주관성(Subjectivity)	인간존중, 개별화, 공감, 의도적 감정표현, 수용, 진실성
촉진관계성(Precipitate)	레질리언스, 동기유발, 관계중시, 변화가능성, 잠재력
절충성(Eclectic)	증거기반, 효과성과 효율성, 과학적 토대, 전문성 강화
맥락성(Context)	환경 속의 개인, 자원동원, 체계적 실천, 이중접근,
가변성(Treatable)	강점관점, 능력의 신뢰, 자기결정, 책임성, 존중

5. 사례를 통한 이해

1) 사회복지상담 사례

26세 여성인 내담자 A는 전문대학을 졸업하고 중소기업에 다니다가 최근 자살사고와 무기력을 포함하는 우울증을 호소하여 사회복지기관을 방문하여 상담을 받게 되었다.

내담자 A는 3년째 평사원으로서 직장생활을 이어가고 있으며 부서장과의 갈등이 있다고 호소하였는데, 그 부서장이 A를 무시하고 막말과 비난이 잦아 직장생활에 긴장이 높아졌고 급기야는 직장을 그만두고 싶지만 그러지 못하는 입장이라고 하였다.

A는 2남 1녀 중 막내로서 어머니는 어릴 때 질병으로 사망했고, 50대 초반인 아버지는 5급 지체장애인으로서 일자리를 구하는 중이며, 지적장애를 지닌 3살 어린 남동생과 함께 전셋집에서 생활하고 있다. 남동생은 집에서 하는 일 없이 지내면서 짜증을 부리고 휴대전화에 빠져 지낸다고 한다. A의 아버지는 비교적 성실하고 가정에 대한 책임이 강하지만 지체장애로 취업이 잘 안되어 괴로워하고 있으며, A에게 미안한 감정을 자주 드러내고 있는 편이다.

A는 비교적 소극적이고 차분하며, 조용한 성격이고 대인관계의 폭은 좁은 편이고, 아버지를 대신해서 가정에 경제적 도움을 주고자 노력하는 편이며, 직장에서 힘들어도 최대한 내색하지 않고 있는 상황이다. A는 우울한 기분과 답답함, 긴장에서 벗어나고 싶다고 하면서 상담을 요청하였다.

A는 12회의 개별적 사회복지상담에 참여하였고, 사회복지상담가는 다음의 접근에 초점을 두고 상담을 진행하였다.

첫째, A에 대한 심리적 접근이다.

A의 우울과 불안은 직장을 그만두게 될 경우 가정의 경제적 책임을 질 수 없다는 부담감에 기인하는 듯 보였고, 부서장과의 마찰과 부당함을 계속 견딜만한 내적인 힘의 부족은 긴장과 불안을 가중시키는 요인이 되는 듯했다. A가 직장에서 벌어지는 부당함에 대응할 수 있는 사회기술훈련을 제공하였고, '직장 내 갑질' 등에 대응할 수 있는 정보를 제공하였다.

오래 전 병사한 어머니를 대신하여 가정살림을 챙기는 A의 헌신적 태도와 희생에 충분한 지지와 공감을 전달하여 고립감과 억울함, 내적 결핍감을 보완하고자 하였다. 특히 A는 어머니를 일찍 여의었는데, 아버지의 지체장애로 인해 내적인 열등감이 아주 강한 인물이었다. 내적 수치심과 대인회피, 지나친 억압 등은 A의 주요 심리적 특징이었다. 이는 직장에서의 대인관계를 위축시켰고, 불필요한 긴장을 부르는 요인으로 작용했다.

사회복지상담가는 A가 스스로와 타인을 제대로 이해하고 바라볼 수 있도록 기본적인 통찰과 이해를 제공하고자 하였으며, 공감과 지지, 수용을 통해 감정을 충분히 정화하고 용기를 불어 넣어줌으로써 부정적 정서를 다루고자 하였다.

둘째, A에 대한 환경적 접근이다.

사회복지상담가는 A가 직면한 직장 내 갑질 문제에 대한 노동법적 정보 제공을 통해 A가 부당함에 대응할 수 있는 힘을 제공하고자 하였다. 또한 A아버지의 취업 가능성을 높일 수 있도록 장애인고용촉진공단과 직업자활센터와 연계하여 구직 가능성을 높일 수 있도록 하였다. 아울러 지적장애를 가진 A의 남동생이 직업재활과 주간돌봄을 겸할 수 있는 사회복지기관을 알선하여 남동생의 사회적응력을 높일 수 있는 방안을 A와 함께 강구하고자 하였다. 이러한 환경적 개입을 통해 A는 점차 심리적 안정을 찾을 수 있었고, 타 부서로 이동하여 직장생활을 지속해 나갈 수 있었다. 또한 아버지와 남동생에 대한 직업적 · 재활적 접근을 통해 가정을 지원함으로써 A가 보다 안정적으로 직장생활을 할 수 있게 되었고 탄력성을 회복함으로써 심리적 여유를 회복할 수 있었다.

이처럼 사회복지상담은 개인과 환경에 동시에 접근하는데, 이는 일반 심리상담과 사회복지상담이 구별되는 점이다. 이는 사회복지실천이 지향하는 '환경 속의 인간'의 관점을 반영하는 것이며, 사회복지실천이 중시하는 맥락적 구조적 · 체계적 접근에 토대하는 것이다.

2) 사회복지상담의 차별성

앞선 A사례를 통해 환경 속의 개인의 관점을 반영하는 사회복지상담의 접근 예를 확인해 보았다. 사회복지상담과 일반심리상담은 유사점과 차이점을 보이는데, 이를 정리하면 다음과 같다.

첫째, 내담자를 바라보는 관점에 차이가 날 수 있다. 먼저 일반심리상담에서는 A의 문제를 심리 내면의 긴장과 갈등 및 어린 시절 결핍감과 좌절이 재경험되어 초래되거나 부정적 전이와 인지왜곡 등이 관여하여 발생한다고 가정할 수 있다.

이에 반해 사회복지상담에서는 내담자의 문제를 '환경 속 개인'의 관점으로 이해하고자 한다. 이를 위해 내담자 A의 가정과 직장, 기타의 맥락 속에서 A의 문제를 바라보고 환경적 문제를 조정하고 변화시킬 필요를 상담에 적극 반영한다.

둘째, 문제를 해결하는 수단과 도구에서 큰 차이를 드러낸다. 일반 심리상담은 내담자와의 상호작용을 통해 심리문제의 해결을 시도하고, 내담자의 심리기능이 문제해결에 활용될 수 있도록 상황을 주도하려 할 것이다. 이에 반해 사회복지상담은 내담자가 심리적 기능을 문제해결에 활용하도록 함과 더불어 불리한 상황에 처한 내담자를 옹호하고 보호할 수 있는 제반의 사회적 조치를 강구하는 것도 상담의 범주에 적극 포함한다.

셋째, 문제해결의 공간에서 차이를 드러낸다. 일반 심리상담은 문제해결의 공간을 상담실로 한정한다. 즉시성(immediacy)은 일반 심리상담이 중시하는 상담의 주요 기술 중의 하나이다. 즉 문제해결을 상담실 내에서의 상호작용에 한정한다. 이에 반해 사회복지상담은 상담실에서 문제해결을 시도하는 것을 넘어서 상담실 밖에서도 적극적인 문제해결을 시도한다. 이를테면 앞서 살펴본 내담자 A의 아버지에게 새로운 일자리를 알선하거나 A가 부서장의 부당함에 맞설 수 있는 법적 정보를 제공하거나 지적장애를 가진 남동생의 사회적·직업적 재활의 연계 역시도 사회복지상담에서 적극 다루어야 할 대상이다. 이러한 점은 사회복지상담이 일반상담과 구별되는 명확한 차이점이라 할 수 있다.

넷째, 내담자를 바라보는 관점에서 차이를 보인다. 심리상담은 결핍과 질병의 관점을 견지할 가능성이 크다. 병리심리학이나 진단기술(diagnostic description)에 토대한 이해와 접근이 일반심리상담의 특징이라면, 사회복지상담은 탄력성과 정상성, 체계성, 긍정심리학적 관점을 중시한다. 따라서 적절한 지원과 환경변화가 주어진다면 내담자의 심리정서적 문제가 해결되고 보다 나은 사회적응이 가능하다는 시각을 견지한다.

토의사항

1. 사회복지상담이 일반상담과 가장 차별되는 특징은 무엇이며, 사회복지상담을 일반상담과 비교할 때의 장점 2가지는 무엇인지 제시해 보시오.
2. 사회복지상담이 활성화되어야 하는 이유는 무엇이며, 특히 어느 실천영역에서 사회복지상담이 더 많이 요구된다고 보는가?
3. 사회복지실천의 주요 토대인 '환경 속의 개인'의 관점이 사회복지상담에서 어떻게 구체화될 수 있다고 생각하는가? 예를 들어 설명하시오.

Chapter 03

사회복지상담의 기술

상담이란 상담자와 내담자 간 목적을 가진 상호작용이다. 상담기술은 이러한 상호작용을 효과적으로 안내하고 촉진하는 데 기여한다. 뿐만 아니라 상담기술은 상담의 결과를 좌우하는 중요한 토대이다. 따라서 유능한 상담자가 되기 위해서는 유능한 상담기술을 적재적소에 활용하는 능력을 지녀야 한다.

상담기술은 Rogers의 주장대로 무조건수용과 존중, 진실성의 토대 위에서 적용되어야 한다. 사회복지상담 역시도 사회복지실천의 가치에 부합하는 다양한 상담기술을 상담장면에 적극 활용하고자 한다.

1. 사회복지상담의 기술

사회복지실천 장면에서 주로 활용되는 상담기술은 대략 다음과 같이 요약될 수 있다(Seden, 2006).

- 관심주기: 적극적 경청과 충분한 수용
- 바꾸어 말하기: 요약, 확인하기
- 다른 방식으로 질문하는 능력: 최소한의 촉구, 대안적 질문
- 공감의 전달, 명료화
- 즉시성 다루기

- 도전과 직면: 방어를 다루기
- 목표형성
- 문제해결에 집중하는 기술
- 신체적 언어에 관한 지식
- 판단 및 도덕방어의 회피
- 경계의 자각; 구조화 기법: 어려운 것을 건설적으로 말하는 능력
- 피드백 능력: 적대감을 관리하고 감소시키는 능력

사회복지상담 장면에는 다양한 상담모델이 독자적이거나 절충의 형태로 적용된다. 사회복지상담에서 특히 사회복지사의 온정과 존중의 정도가 가장 중요하다는 Seden (2006)의 주장은 사회복지상담가의 태도에 많은 것을 시사해 준다. 인본주의 상담가인 Rogers(1961)는 이를 일치성, 정확한 공감, 무조건 긍정적 존중으로 제시하였다. 이와 더불어 상담(혹은 social casework)장면에서는 제반의 상담모델 못지않게 내담자가 인지한 인간관계(personal relationship)와 문제해결에 대한 실천가의 촉진적인 노력이 매우 중요시된다(Hardiker & Barker, 1994).

정신병원, 종합병원, 각종 임상기관에 종사하는 사회복지사를 대상으로 그들이 활용하는 상담기술을 조사한 결과(Seden, 2006)는 〈표 3-1〉에 제시하였다.

표 3-1 사회복지사가 일상적인 서비스에서 활용하는 상담기술

기술의 종류	기술의 사용비율			
	항상	종종	가끔	사용하지 않음
관심주기	71	29	0	0
경청	93	7	0	0
적극적 경청	57	43	0	0
공감	28	64	8	0
수용	57	28	15	0
진실성	28	57	15	0

기술의 종류	기술의 사용비율			
	항상	종종	가끔	사용하지 않음
바꾸어 말하기	30	35	35	0
반영	30	34	36	0
요약	38	38	24	0
질문/탐색	20	60	20	0
가벼운 촉구	21	54	25	0
도전	7	43	50	0
직면	0	56	44	0
연계	7	50	43	0
즉시성	7	53	40	0
방어의 처리	7	40	53	0
목표 정하기	28	36	36	0
문제해결	36	64	0	0

출처: Seden(2006)

한편 김기태 등(2005)은 한국의 경우 통합방법론에 근거하여 '사회복지실천론'과 '실천기술론'의 교과목이 운영되고 있는데, 이는 전문적인 사회복지실천을 가로막는 요인이 된다고 주장한다. 이를 보완하는 방안으로 기존의 실천론과 실천기술론의 교과목을 보다 세분화하고 '개인', '집단', '가족'을 대상으로 각각의 실천에 대한 이론과 실무를 다루는 교육과정(예를 들면, 개별실천, 집단상담)을 제안하였다.

영국의 '사회복지사교육훈련중앙협의회(CCETSW)'는 사회복지사가 실천장면에서 갖추어야 할 능력으로 의사소통과 참여, 촉진과 조력, 계획과 개입과 관련된 기술의 중요성을 강조하였다. 이를 구체적으로 살펴보면 다음과 같다.

2. 의사소통과 상담기술

의사소통이란 생각과 느낌, 개념이 상호 교환될 뿐만 아니라 서로에게 충분히 이해된다는 의미를 지닌다. 의사소통은 내담자와 사회복지사가 함께 어떠한 일에 착수하는 계기를 만들며 상호 간 이해의 수준을 제고하고 집중을 높이며 어떤 하나의 목적을 달성하는 데 필요한 계약을 가능하게 한다. 의사소통의 목적을 보다 구체화하면 다음과 같다(Seden, 1999).

① 정보를 교환하고 공유한다.
② 관계를 확립한다.
③ 개념과 인식을 공유한다.
④ 변화를 유발한다.
⑤ 태도와 가치, 믿음을 교환한다.
⑥ 사회복지사와 클라이언트의 목표를 달성한다.

다음은 의사소통에 도움이 되는 대표적인 상담기술이다.

1) 경청

경청이란 적극적인 의미를 지닌다. 만일 사회복지사가 클라이언트에게 '음 음'이라고만 한다면 클라이언트는 적대감이나 조급함을 느낄지 모른다. 경청이란 상대방의 경험을 충분히 듣고 제대로 이해하려는 노력으로서 다음의 내용을 포함한다.

① 클라이언트의 말을 개방된 자세로 수용한다.
② 클라이언트의 말을 끝까지 듣고 이를 반영하여 반응한다.
③ 클라이언트의 말을 편견 없이 듣는다.
④ 클라이언트가 요구하지 않는 한 조언하지 않는다.
⑤ 클라이언트가 자신의 느낌을 분명히 표현할 수 있는 여지를 충분히 제공한다.
⑥ 자극적이거나 도전적인 멘트의 사용을 금한다.

다음은 경청에 대한 보다 구체적인 지침이다(Jacobs, 1985).

① 방해하지 않고 끊임없는 집중력을 가지고 경청하라.
② 클라이언트가 한 말을 정확하게 기억하라.
③ 직접적으로 언급되지 않았다 해도 감지될 만한 것도 경청하라.
④ 클라이언트를 이해하는 데 도움이 되는 비언어적 단서에 주목하라.
⑤ 상담자 자신의 느낌에 귀를 기울이도록 한다.
⑥ 대화의 중단을 견뎌야 하며, 중단된 대화를 지속하려는 질문은 신중하라.

2) 반응

사회복지상담에서 반응은 클라이언트의 문제와 욕구를 상담자가 정확히 이해했는지를 점검하고 제공된 서비스가 클라이언트의 욕구에 부합했는지를 체크하는 데 효과적이다. 다음은 반응과 관련한 간단한 지침이다(Jacob, 1985).

① 내담자로부터 얻어낸 느낌과 생각은 가능하면 정확하고 구체적이어야 한다.
② 이러한 정확성을 높이는 데 '공감적 이해'를 활용하라.
③ '왜'라는 질문은 피하고, 정보가 더 필요하지 않다면 질문은 최소화하라.
④ '바꾸어 말하기', '요약', '반영'의 기법을 통해 경청내용이 정확한지 점검한다.
⑤ 판단이 가미되는 뉘앙스의 언급은 최대한 자제한다.
⑥ 클라이언트가 마음대로 표현하도록 가능하면 중간에 방해하지 마라.

3) 질문

사회복지상담 과정에서는 클라이언트로부터 획득한 자료가 얼마나 정확한지에 대해 질문을 통해 지속적으로 점검해야 한다. 클라이언트로부터 자료를 수집함에 있어서 '개방적 질문'과 '폐쇄적 질문'의 차이를 활용할 필요가 있다.

폐쇄적 질문은 구체적인 정보를 모으는 데 도움을 준다. 예를 들면 "현재 기초생활수급권자이십니까?"는 "어떻게 생계를 이어갑니까?"보다 훨씬 폐쇄적인 질문이다.

이에 반해 개방적인 질문은 클라이언트로부터 보다 포괄적인 정보를 수집하는 데 도움을 준다.

질문 중에서 '왜...'는 사회복지사가 무심코 사용하기 쉬운 질문방식이다. 이러한 질문은 클라이언트에게 권위감과 위압감을 주기 때문에 클라이언트가 적절하게 응답하는 데 어려움을 초래한다. 따라서 클라이언트의 행동동기를 탐색하고자 한다면 이보다 덜 강압적인 멘트를 빌어 질문하도록 해야 한다. 예를 들면 '왜 그렇게 행동하셨나요?'보다는 '그 일이 있었던 그날에 대해서 듣고 싶습니다'라는 질문이 보다 바람직하다.

클라이언트에 대한 사회복지사의 질문은 도덕적인 편견이 배제된 질문이어야 한다. 만일 사회복지사의 질문이 저돌적이고 강압적이라면, 클라이언트는 사회복지사에게 방어적인 태도를 취할 가능성이 높다.

3. 촉진 및 조력과 상담기술

사회복지상담은 여타의 모델에 비해 클라이언트가 문제해결에 대한 능력을 기르는 데 많은 초점을 둔다. 이러한 경향은 상담과정에서 클라이언트를 의존적이고 수동적으로 만드는 경향을 지닌 전통적인 방식과 뚜렷한 차이를 지닌다.

사회복지상담은 클라이언트의 능력의 발휘를 방해하는 장애물이 무엇인지 분석하고 이를 이해하는 데 관심을 가진다. 이를 위해 사회복지상담자는 최선의 방법으로 낙인을 최소화하면서 클라이언트의 능력이 최고조로 발휘될 수 있도록 노력한다. 유능한 사회복지상담가는 클라이언트 스스로가 자신의 강점과 전문성을 통해 책임성을 유지하며, 안전과 변화를 이룰 수 있는 기회를 가지도록 조장한다.

1) 강점관점

클라이언트의 강점에 기초하는 접근은 'The Strengths Perspectives in Social Work'

(Saleeby, 1977)에서 잘 나타나고 있다. Saleeby에 따르면 '강점관점(strength perspective)'은 하나의 이론이라기보다는 사물을 바라보고 이해하는 사고방식이며, 현상을 바라보는 관점이 현상을 이해하고 해석하는 데 많은 영향을 미친다는 입장에 그 기초를 두고 있다.

다음에 제안하는 강점관점의 원리(Saleeby, 1997)는 사회복지상담 과정에서 클라이언트를 대하는 상담자의 태도이자 원리로 활용할 가치가 있다.

① 클라이언트의 강점을 탐색하고 존중한다.
② 클라이언트의 문제해결의 동기는 그가 가진 강점을 지지할 때 강화된다.
③ 상담자는 클라이언트의 협력자이다.
④ 클라이언트를 동정하는 태도나 생각은 최대한 자제한다.
⑤ 클라이언트의 환경은 문제해결의 중요한 자원이다.

위에서 열거한 원리들은 '강점철학'에 잘 부합할 뿐만 아니라 Rogers(1961)의 '인본주의' 철학과도 일치한다. 인본주의 상담에서 강조하는 '공감', '진실성', '일관성' 등의 상담 자세를 사회복지상담에 적극 활용할 필요가 있다.

2) 임파워먼트

클라이언트의 능력은 사회복지상담에서 클라이언트의 문제해결을 위해 중요하게 고려하는 자원이다. 클라이언트의 임파워먼트는 클라이언트 스스로가 문제해결 과정의 중요한 주체이자 통제자라는 것을 인식시키는 데 도움을 준다. 임파워먼트 모델에서 사회복지사는 문제해결에 필요한 자원을 조달하고 연결해 주는 상담자와 훈련자의 역할이 기대된다.

다음은 사회복지상담에서 클라이언트 임파워먼트의 실천지침이다.

① 클라이언트는 능동적인 존재이며 스스로의 문제해결 능력을 지닌 것으로 간주되어야 한다.

② 클라이언트의 문제해결에 환경의 조정을 더할 경우 문제해결의 가능성이 훨씬 향상된다.
③ 상담자는 클라이언트 능력과 잠재력이 문제해결에 적극 활용될 수 있도록 하는 다양한 기술을 적극 구사해야 한다.
④ 지지적 분위기 속에서 클라이언트의 능력 배가를 위해 경청, 공감, 요약, 촉구, 명료화, 모델링, 개방된 질문, 수용 등의 기술을 적극 활용한다.

3) 옹호

'옹호(advocacy)'는 클라이언트의 입장에 서서 클라이언트가 요구하는 것을 이해하고 이러한 욕구와 기대가 충족될 수 있도록 환경을 조정하고 중재하며 클라이언트의 역량을 강화하는 적극적인 활동이다. 옹호는 일반 심리상담에서는 비중 있게 다루지 않는 영역이다. 앞서 기술하였듯이 사회복지상담은 내담자가 부적응에 처해지는 것은 내담자가 자신의 문제를 해결할 정보나 기술의 부족 외에도 부정적인 환경적 억압도 연관이 있다고 가정한다. 따라서 사회복지상담에서는 내담자가 자신의 능력을 극대화하고 주변 환경과의 관계에서 불이익에 처해지지 않도록 내담자를 대변하거나 내담자의 생존에 유리한 자원을 개발 연결함으로써 내담자의 적응력 향상을 도모한다.

옹호는 직접적 옹호(예: 정보제공 등), 간접적 옹호(연계, 조정, 자원연결 등)로 구분해 볼 수 있다. 사회복지상담이 옹호를 중시한다는 것은 사회복지상담자의 관심이 상담실 내에 한정되지 않음을 의미한다. 사회복지상담은 상담실의 범주를 넘어 클라이언트의 생활의 장에서 직면하는 문제를 직접적 간접적으로 다루는 데 필요한 다양한 활동을 전개하며, 이러한 대표적인 활동이 바로 옹호이다. 클라이언트에 대한 옹호활동은 사회복지상담의 주요한 차별성이라 할 수 있다.

다음은 상담장면에서 Bateman(1995)이 제시한 옹호의 지침이다.

① 클라이언트에게 희망을 고취하고, 그의 관심을 문제해결에 최대한 활용하라.
② 클라이언트가 문제해결에 동원할 수 있도록 충분한 정보를 주어라.

③ 클라이언트의 문제해결에 필요한 교육과 정보제공에 충실하라.
④ 클라이언트에 대한 조언은 정직하고 구체적으로 하라.
⑤ 클라이언트의 비밀보장에 관심을 가져라.

4) 연계

연계(linkage)란 내담자의 문제해결에 필요한 자원이 클라이언트의 문제해결에 동원될 수 있도록 자원을 연결하는 조치를 의미한다. 취약계층이 내담자의 다수를 이루는 사회복지상담에서 연계는 클라이언트의 문제해결에 다양한 자원을 연결시킴으로써 자원의 접근성을 높인다는 점에서 효과적이다.

사회복지상담자는 내담자의 내면을 임파워시킴으로써 문제해결에 필요한 능력을 향상시키고자 한다. 아울러 내담자의 문제에 연관되는 다양한 자원이 연결되도록 함으로써 다수의 사회복지기관이 내담자의 문제해결에 관여되도록 한다. 이러한 특성은 전체성과 체계성을 강조하는 사회복지실천의 가치에 매우 부합한다고 볼 수 있으며, 옹호와 더불어 사회복지상담이 여타의 상담과 차별되는 특징이라고 할 수 있다.

다음은 사회복지상담에서 고려해야 할 연계의 지침이다.

① 클라이언트의 문제를 포괄적으로 사정하고 개입을 계획한다.
② 클라이언트의 개입을 상담실 내로 한정하지 않는다.
③ 상담실 밖에서도 중재, 의뢰, 옹호, 점검 등의 간접기술을 클라이언트 문제해결에 적극 활용한다.
④ 클라이언트에게 주어지는 압력과 배제, 차별을 구체화하고 이를 문제해결의 목록에 포함한다.
⑤ 클라이언트의 문제해결에 필요한 기관 목록을 주기적으로 보완하고 이들 기관과 긴밀한 협조관계를 통해 서비스 연계의 효율성을 높인다.

4. 사회복지상담의 사정과 계획

1) 사정과 계획

사회복지상담에서 사정은 상담에 대한 계획을 수립하는 데 필요한 초석을 놓는 과정이다. 사회복지상담에서 활용할 수 있는 사정의 기본 지침을 소개하면 다음과 같다(Seden, 1999).

① 사정은 다양한 연구 결과로부터 나온 이론에 기초해야 한다.
② 사정의 토대는 인간발달의 검증된 이론에 토대해야 한다.
③ 클라이언트의 문제와 서비스욕구를 중심으로 사정한다.
④ 욕구의 사정은 인간중심적이며 통합적이어야 한다.
⑤ 사정은 법적인 원칙과 테두리 내에서 이루어진다.
⑥ 사정에 사용된 모델이나 방법은 분명한 것이어야 한다.
⑦ 실시된 사정은 평가될 수 있어야 한다.

사회복지상담은 사정과 개입, 그리고 평가의 사이클을 통해 목표가 설정되며, 이에 따라 개입방법과 문제해결에 동원될 자원이 구체화된다. 이러한 실천과정은 법적이고 윤리적이며 조직적인 테두리 내에서 이루어진다. 사정은 사회복지상담의 중요한 초기단계이며, 그 자체가 목적이 되기도 한다.

사회복지상담 과정에서 사정과 관련된 단계와 절차는 다음과 같다(Curnock, 1979).

① 클라이언트의 상담 참여 배경과 상담에 대한 기대를 구체화한다.
② 클라이언트가 처한 문제와 상황, 심리상태를 파악한다.
③ 클라이언트가 지닌 문제를 구체화하고 이를 개념화한다.
④ 클라이언트의 문제에 영향을 미치는 요인을 체계적으로 규명한다.
⑤ 장·단기 목표와 직접적 전략(위기개입, 문제해결)과 간접적 전략(연계, 조정 중재, 옹호)에 따라 개입한다.

2) 사정의 예시

다음은 사정과정에 상담기술이 어떻게 활용되는지를 보여 주는 사례이다.

영혜(13세, 여)는 2년 전부터 거식증(anorexia nervosa)을 앓아 오고 있다. 영혜의 문제가 가정환경과 관련이 있다는 정신건강 전문가의 판단에 따라 사회복지상담가에게 의뢰되어 왔다. 그녀의 부모는 영혜가 정신과를 퇴원한 이후 영혜의 섭식장애를 다룰 만한 능력이 부족했다. 사회복지상담가는 가족이 함께 참여하는 상담에서 영혜의 부모가 영혜를 제대로 보호할 수 있을지? 영혜가 어떠한 가족관계 속에 놓여 있는지에 초점을 두고 사정을 전개하였다. 사정 결과 영혜는 4살 아래의 여동생과 경쟁관계에 놓여 있음이 밝혀졌다. 초기의 사정 작업은 가족력을 모으는 것이었다. 이러한 작업에는 많은 시간과 인내가 요구된다. 영혜의 부모는 영혜가 병이 난 것이 자신들과 관련이 있지 않을까 하는 염려를 가지고 인테이크에 임하는 듯했다. 영혜 부모의 이러한 염려는 사회복지사에게 수용되고 이해받을 필요가 있었다.

긴장하고 방어적인 영혜의 부모를 위하여 사회복지상담가는 '적극적인 경청'과 '바꾸어 말하기', '요약', '적절한 개방적(폐쇄적) 질문'과 같은 상담기술을 동원하여 가족의 불필요한 긴장을 줄여 주려고 하였다. 만일 사회복지상담가가 조사과정에서 특정한 정보에 집착하거나 편견을 가지고 인테이크 작업을 진행해 나간다면 가족으로부터의 중요한 정보를 놓치게 될지 모른다.

'바꾸어 말하기', '요약' 등의 상담기술은 가족의 중복된 진술을 막아 주고 이야기의 줄거리를 잡아줌으로써 사정에 걸리는 시간을 단축시키는 역할을 했다. 사정을 위한 면담에서 사회복지사는 영혜 부모의 진술을 있는 그대로 받아들이면서 '비판단적인 공감적 태도'를 견지하고 이를 가족에게 전달하는 데 많은 노력을 기울였다. 왜냐하면 영혜의 부모가 사정면담에서 자신의 진술이 심판된다고 인식한다면, 사회복지상담가의 질문에 방어적인 태도를 보일지 모르기 때문이다. 사정면담이 진행되면서 사회복지상담가는 점차 가족들을 영혜의 거식증 문제로 안내하고, 영혜의 부모가 영혜를 어떻게 양육하였으며, 영혜와 여동생 간 라이벌 관계가 어떻게 섭식의 문제로 발전하게 되는지를 조심스럽게 연결시키고자 하였다.

이 사례에서 사정을 위한 면담과정에는 '공감', '경청', '직면'이나 '요약', '명료화', '해석', '직면'과 같은 다양한 상담기술이 활용되었다는 것을 알 수 있다. 이러한 상담기술은 가족이 면담에 불필요하게 긴장하거나 저항하는 것을 막아 주며, 가족이 클라이언트의 문제를 다양한 맥락 속에서 이해할 수 있도록 하는 데 도움을 준다.

3) 사회복지상담의 경로

사회복지기관을 방문하는 모든 클라이언트가 사회복지상담의 대상은 아니다. 클라이언트는 다양한 문제와 욕구를 가지고 사회복지기관의 서비스를 이용한다. 따라서 사회복지사는 클라이언트가 사회복지상담 서비스가 필요한지에 대한 사정을 실시하고 필요한 경우 사회복지상담에 돌입한다.

사회복지상담이 필요한 경우를 다음과 같이 요약해 볼 수 있다.

첫째, 내담자의 문제가 심리정서적 측면과 연관이 있다.
둘째, 내담자가 상담에 대한 동기가 있고 관련한 욕구를 표현한다.
셋째, 내담자가 위축되어 있어 능력을 부여받을 필요가 있다.
넷째, 내담자의 문제가 환경과의 왜곡된 상호작용에 기인한다.
다섯째, 내담자가 주어진 자원을 활용하는 데 내적인 장애물이 많다.
여섯째, 내담자가 자기와 타인, 환경에 대한 왜곡으로 인해 문제가 심화되고 있다.
일곱째, 내담자의 문제해결에 체계적인 정보제공이 요구된다.

〈그림 3-1〉에는 사회복지상담의 흐름도를 간략히 제시하였다. 그림에서 보듯이 클라이언트의 문제가 정보제공이나 단순 위기개입을 요하는 문제일 경우 기본적인 사회복지상담을 적용할 수 있다. 더 나아가서 내담자의 문제가 심리정서적 문제와 얽혀 있고 자기감의 손상, 대인관계 갈등, 성격적인 측면과 연관된다고 판단될 경우는 심층적 사회복지상담의 적용을 고려해 볼 수 있다.

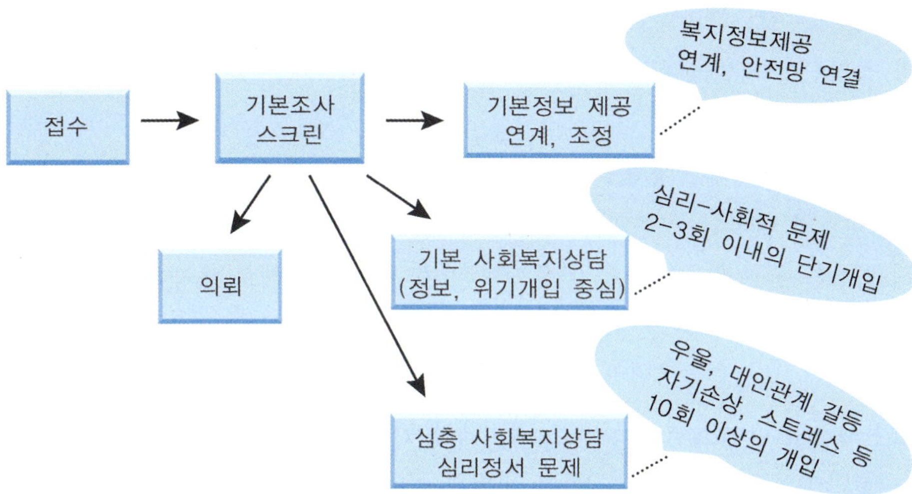

그림 3-1 사회복지상담의 흐름도

5. 사례관리와 사회복지상담

오늘날 사례관리는 사회복지실천의 통합방법론으로서 가장 빠르게 발전하고 있다. 흔히 사례관리를 일반주의 사회복지실천(generalist social work)으로 분류하곤 한다. 하지만 사례관리는 통합방법으로서 기술(skills)의 절충과 범위(scopes)의 절충을 동시에 꾀하기 때문에 단순히 일반주의 실천으로 분류되는 것은 부적절하다.

사례관리가 성공적으로 이루어지기 위해서는 반드시 일반적 개입과 임상적 개입의 절충이 이루어져야 한다. 이런 맥락에서 사회복지상담은 사례관리에서 내담자의 심리사회적 문제를 해결하는 데 매우 중요한 기능을 한다.

사례관리는 개별사회사업과 같은 전통적 방식의 접근과 유사하면서도 다음과 같은 점에서 차이를 보인다.

첫째, 서비스의 통합성이다. 기존 개별사회사업(casework) 등의 단편적 접근의 한계를 보완하고자 등장한 사례관리는 클라이언트의 문제와 욕구에 기반하는 포괄적 서비스의 제공을 강조한다. 통합서비스인 사례관리는 클라이언트의 물질적 지원뿐만 아니라 심리정서 지원을 함께 제공해야 하며, 이 과정에서 사회복지상담이 적극적으로 활용될 필요가 있다.

둘째, 클라이언트의 문제해결에 자원을 활용한다는 점이다. 자원활용은 사례관리가 타 서비스와 구별되는 주요한 차이점이다. 자원이란 클라이언트의 문제와 욕구의 해결에 필요한 원료로서 대부분 은폐되어 있거나 다른 형태로 존재하기 때문에 발굴해 내려는 노력이 필요하다. 사례관리자는 일반주의 실천가가 주로 담당하기 때문에 상담에 정통하지 않을 수 있다. 이럴 경우 사례관리자는 자원으로 기능하는 사회복지상담가에게 클라이언트의 상담을 의뢰해야 한다. 사례관리에서 사회복지상담가가 다루는 클라이언트의 문제로는 심리 내면의 문제, 대인관계, 환경과의 상호작용, 자원 활용에 대한 방애물 제거 등이다.

토의사항

1. 사회복지상담과 일반심리상담은 유사한 상담기술을 활용한다. 사회복지상담의 차별성을 부각하는데 사회복지상담가가 특히 견지해야 할 상담의 자세를 제시해 보시오.
2. 사회복지상담에서 옹호, 연계 등의 기술이 어떻게 상담 장면에 활용되어진다고 생각하는가? 이에 대한 예를 들어 설명해 보시오.
3. 통합방법론으로서 각광받고 있는 사례관리에서 사회복지상담의 적용방안은 무엇이고, 이를 예를 들어 설명해 보시오.

제 2 부

상담의 이해

Chapter 04

상담의 구조

지금까지 개발된 상담의 이론은 다양한 학자에 의해 경쟁적으로 제시되어 왔으며, 그 수는 대략 400여 개에 이르는 것으로 파악되고 있다(Karasu, 1986). 일반적으로 볼 때, 사회복지사가 활용하는 개입 방안의 상당 부분은 인접 분야에서 개발된 것으로서 사회복지상담도 예외가 아니다. 따라서 이 장에서는 상담의 구조를 살펴봄으로써 사회복지상담의 이해를 보다 용이하도록 하고자 한다.

1. 상담의 의미

앞서도 언급하였듯이 상담(counseling)과 심리치료(psychotherapy)를 구별하는 데는 이견이 분분하다. 이 둘은 활용과 목적, 대상 면에서 차이를 보인다고 주장하는 학자도 있지만, 정작 실제 장면에서 양자 간에는 뚜렷한 차이가 발견되지 않으며, 설령 미묘한 차이가 있다 하더라도 그 차이는 양적인 차이일 뿐, 질적인 면에서는 차이가 없다고 주장하기도 한다. 즉 상담자와 심리치료자는 경청, 질문, 해석, 조언, 정보제공, 평가, 지지, 지시 등에서 동일하게 행동한다. 또한 정신분석, 인간중심치료, 형태치료, 교류분석이론, 행동치료, 합리적 정서치료, 인지적 행동치료, 현실치료 등의 이론은 심리치료자와 상담자가 실무에서 공통적으로 채택하는 이론들이다. 이와 같이 상담과 심리치료는 상당한 이론과 절차를 공유하고 있으며, 다루는 대상이 중복되는 특성으로 인해 양자의 차이를 구별한다는 것은 그리 간단하지가 않다(김계현, 1997).

상담에 대한 제반의 정의를 종합해 보면 상담이란 '도움을 필요로 하는 사람(내담자)이 전문적 훈련을 받은 사람(상담자)과의 관계(상담관계)를 통해 생활과제의 해결과 사고, 행동 및 감정측면의 인간적 성장을 위해 노력하는 제반의 과정'으로 볼 수 있다.

이러한 정의에 기초할 때 상담이란 상담을 주도하는 상담자가 변화를 기대하는 내담자의 현실 부적응적인 요인을 파악하여 새로운 방식으로 생각하며 느끼고 행동하도록 함으로써 보다 더 나은 방향으로의 변화를 가져오려는 데 목적이 있다. 이러한 변화가 일어나기 위해서는 일정한 시간이 필요하다. 따라서 상담은 경우에 따라 일회기에 끝나는 때도 있지만 단기상담이라 하여도 7~8회 이상의 회기가 소요되며, 정신분석과 같은 장기적인 상담의 경우는 50회나 100회 이상이 소요되기도 한다.

2. 상담의 형태와 유형

오늘날 심리상담(혹은 심리치료)은 과거에 비해 다양한 영역에서 다양한 방법으로 이루어지고 있다. 이러한 경향성은 향후에도 계속될 것으로 보인다. 특히 사회복지사들은 사회복지관이나 사회복지시설 등과 같은 일차적 사회복지기관에서 다양한 상담활동을 수행할 뿐만 아니라 학교, 병원, 청소년상담실과 같은 2차적 사회복지기관에서도 상담 관련 활동을 전개하고 있다. 상담의 형태와 유형은 크게 상담기관과 상담방법으로 분류될 수 있다. 이를 자세히 살펴보면 다음과 같다(김계현, 1999).

1) 상담기관별 분류

① 사회복지기관 상담

사회복지기관의 상담은 사회복지관, 아동복지관, 장애인복지관, 노인복지관 등에서 수행하는 상담을 말한다. 과거에는 주로 소득지원과 관련된 상담, 정보제공상담 등이 주류를 이루어 오다가 최근에는 가족치료, 알코올중독상담, 청소년상담, 일반심리상담 등 다양한 상담이 이루어지고 있다.

② 학교상담

학교는 상담과 불가분의 관계라 할 만큼 상담과 밀접한 연관을 가진다. 주로 다루어지는 문제는 학교 부적응, 비행, 교우관계, 집단따돌림, 성격문제, 진로문제 등이다. 학교상담은 주로 상담교사에 의해 이루어지지만 '학교복지사업'이 실시되면서 학교사회복지사들도 상담을 통해 학교 부적응 청소년에게 개입하고 있다. 학교사회사업은 학교 부적응 등의 문제를 생태체계론적인 관점으로 접근한다는 점이 교사와 같은 타 전문직과 차별된다고 할 수 있다.

③ 청소년기관 상담

청소년기는 성인과 아동의 과도기로서 많은 문제를 드러낸다. 우리나라의 경우 대표적인 청소년상담기관은 광역시·도 단위에 설치되어 있는 청소년종합상담실이나 청소년종합지원센터 등이 있다. 이 기관의 주요 업무는 비행청소년상담, 각종 심리검사, 진로상담, 약물중독상담, 청소년심리상담 등이다.

④ 정신과 상담

정신과 상담은 정신과의원, 정신병원 등에서 행해지는 상담으로서 약물치료와 병행하는 경우가 많다. 정신과 상담은 주로 정신증, 신경증, 알코올중독증, 성격장애자 등을 대상으로 하며, 정신과 의사가 상담을 진행하는 경우가 많고, 정신보건사회복지사, 임상심리사 등도 정신과 팀의 일원으로서 상담활동을 수행한다. 정신병원에서의 상담은 정신치료라는 용어로 불린다.

⑤ 개업상담기관 상담

최근 우리나라도 상담기관을 개업하는 경우가 증가하고 있다. 개업 상담기관은 주로 사회복지사, 심리사 등에 의해 운영되며, 유료상담으로 진행된다는 특징이 있다. 상담이 유료로 진행되는 관계로 상담자는 상담의 효과성을 입증하는 데 주력하게 된다. 이러한 특성은 상담의 저변 확대에 기여할 것으로 보인다. 개업 상담이 발달한 미국의 경우에 비해 국내에는 개업상담자의 자격요건이나 설립기준이 법적으로 규정되지 않아 '상담의 질관리(quality insurance)'라는 문제가 발생될 소지를 안고 있다.

⑥ 기타 상담기관 상담

급증하는 사회문제를 해결하기 위한 방안으로 다양한 상담기관이 법적인 지원 하에 설립되고 있다. 성폭력상담소, 가정폭력상담소, 정신보건센터, 알코올센터 등이 그 예이다. 이들 기관은 기관의 목적에 맞는 다양한 상담프로그램과 교육프로그램을 운영하고 있다.

2) 상담방법별 분류

(1) 참여인원별 분류

① 개인상담

개별상담 혹은 일대일상담이라고 불린다. 심리상담이나 심리치료가 개별상담을 가정하고 이론이 개발되었을 만큼 개인상담은 상담의 근간을 이룬다고 할 수 있다. 다양한 장점 외에도 비용문제가 발생할 수 있다는 단점이 있다.

② 집단상담

10명 내외의 내담자를 한 집단으로 이루어지는 상담을 말한다. 집단상담자는 '집단리더', '치료자', 혹은 '촉진자'로 불리기도 한다. 의도적인 집단 경험을 통한 집단역동을 문제해결의 수단으로 활용하는 집단상담은 개인상담에 비해 비용이 저렴하다는 장점이 있다.

③ 가족상담

가족을 대상으로 운영되는 상담방식으로서 가족치료라고도 불린다. 가족치료는 반드시 가족 전체를 모두 참여시키는 경우와 치료장면에 오는 사람만 참여시키는 경우 등 다양하다.

(2) 의사소통 경로별 상담유형

① 면접상담

상담자와 내담자가 마주 앉아 직접적인 대면 상태에서 면담 위주의 의사소통을 통해 상담을 진행한다. 면접상담을 가정한다는 점에서 가장 전형적인 상담방법이라고 볼 수 있다. 대부분의 개인상담이나 집단상담은 면접상담으로 이루어진다.

② 예술요법

예술적인 표현을 통해 마음속의 감정을 표현하거나 남의 표현을 감상함으로써 공감을 경험하는 새로운 상담/치료방법이다. 음악, 그림, 조형, 드라마, 동작 등이 주요 수단으로 활용된다. 음악치료, 미술치료, 심리극, 작문요법 등이 대표적이다.

③ 놀이치료

놀이를 문제해결의 주요 수단으로 활용하는 상담 방식이다. 주로 아동을 대상으로 하는 놀이치료는 정서적 표현이 어려운 아동이 놀이를 통해 정서를 표현하고 성취감을 얻게 함으로써 정서순화에 도움을 준다는 특징이 있다. 상담자는 아동과 함께 놀이를 하면서 대화를 하기도 한다.

④ 서신상담

내담자는 자신의 어려움을 서신(글)으로 상담자에게 전달하고 상담자 역시 서신으로 내담자에게 상담을 해주는 형태를 말한다. 서신상담은 전문가와 상담자가 지리적으로 많이 떨어져 있어도 큰 문제가 되지 않는다는 접근성의 장점을 가진다. 서신은 내담자의 감정을 제대로 담지 못한다는 측면에서 한계가 있다.

⑤ 전화상담

전화상담은 대개 사회단체에서 주관하며 무료로 이루어지는 경우가 많다. 전화상담의 특성은 익명성이 보장된다는 것과 일부러 상담자를 방문할 필요가 없다는 즉시성의 장점을 가진다는 것이다. 외국의 경우 자살 등의 위기상황을 다루기 위해 등장하였으며, '생명의 전화', '사랑의 전화'와 같이 특정 영역을 지정하지 않는 상담에서부터 노인상담, 청소년상담, 성폭력과 같이 문제 영역별로 상담이 이루어지기도 한다.

⑥ 전자통신상담

전자통신상담의 가장 대표적인 형태는 인터넷을 통한 상담이다. 인터넷은 전자통신상담이 다양하게 발전하는 데 기여하였다. 화상상담은 내담자와 상담자가 음성이나 화상을 통해 상담을 진행하는 형태로 접근성의 장점을 가진다. 대표적인 전자통신상담인 이메일 상담은 서신상담의 장점과 전화상담의 장점을 동시에 가지고 있는 것으로 평가된다.

(3) 상담의 길이별 상담방법

내담자와 상담자가 만나는 회기를 기준으로 단기상담과 장기상담으로 분류한다. 단기상담은 정신분석과 같은 장기상담의 경제성과 효과성을 보완하기 위하여 등장하였다. 단기상담과 장기상담의 기준을 명확하게 하는 데는 많은 이견이 있지만 흔히 단기상담이라 하면 12회 미만을 일컫는다. 단기상담과 장기상담을 언급할 때 고려해야 할 점은 전체 기간을 중심으로 볼 것인가 아니면 전체 회기로 볼 것인가 하는 점이다. 5회기의 상담이라 하더라도 5개월에 걸쳐 이루어질 수도 있는 반면에 20회의 상담이라도 4개월에 걸쳐 이루어질 수도 있기 때문이다.

3. 상담의 문제해결 기전

상담은 과연 내담자에게 어떤 작용을 하며, 이러한 작용이 내담자가 가진 문제를 해결하는 데 어떠한 영향을 미칠까? 하는 것은 임상가의 중요한 관심사이다. 이를 상담의 문제해결 기전(problem solving mechanism)이라고 한다. 상담자는 상담의 문제해결 기전을 체계적으로 이해할 필요가 있다. 만일 상담자가 이러한 문제해결 기전을 제대로 이해하지 못하거나 왜곡되어 이해한 채 상담에 임한다면, 이는 나침반 없이 항해하는 선장과 다를 바 없을 것이다.

Corsini 등(2000)은 상담의 문제해결 기전을 알아내기 위하여 300편 이상의 논문을 검토한 결과 크게 3가지, 전체 9가지 요인을 제시하였다.

① 보편화(universality)

많은 경우에서 "나만 왜 이렇게 불행할까? 나는 되는 일이 없어"라고 불평하는 내담자를 본다. 현재 자신에게 닥친 문제를 자신만의 문제라고 바라보게 될 경우, 문제는 보다 심각하게 인식될 가능성이 많다. 내담자는 상담을 통해 현재 자신이 처한 문제가 자신만의 문제가 아니라는 것을 깨닫게 되며, 이는 내담자를 안정시키고 문제를 개선하는 데 많은 도움을 준다.

② 통찰(insight)

대개의 내담자는 자신의 문제와 관련된 무의식적이고 내적인 동기를 제대로 이해하지 못한다. 상담을 통해 내담자가 점차적으로 자신과 타인을 이해하게 될 때, 그리고 자신의 동기와 행동에 관한 다른 관점을 가지게 될 때, 내담자는 성장하게 된다.

③ 모델링(modeling)

"행동은 학습의 결과이다"라는 말에서 알 수 있듯이 내담자는 자신의 문제 상황을 해결할 만한 정보나 기술을 가지지 못하였기 때문에 문제 상황에 직면하였다고 볼 수 있다. 상담자는 내담자에게 문제해결에 대한 모델이 됨으로써 내담자의 문제해결을 도울 수 있다.

④ 수용(acceptance)

수용이란 타인으로부터 인정을 얻게 됨으로써 스스로에 대해서 긍정적인 느낌을 가지게 되는 것을 말한다. 불행이란 수용받지 못한 결과로 나타날 수 있다. 내담자는 상담자로부터 존중받음으로써 자존감을 회복하거나 향상시킬 수 있다.

⑤ 이타성(altruism)

도움을 준다는 것은 경우에 따라 보다 우월한 감정을 가질 수 있게 만든다. 도움을 받는 데 익숙한 내담자가 집단치료 등의 장면에서 도움을 주는 역할을 한다면 내담자의 감정은 상당 부분 회복될 수 있다.

⑥ 전이(transference)

내담자는 상담자와의 유대관계를 통해 이전에 있었던 부정적인 대인 이미지를 개선할 수 있다. 상담자는 온화한 중립적 이미지를 통해 내담자의 과거 부정적인 대인적 경험을 교정할 수 있다. 이러한 전이는 정신역동상담의 중요한 치료기전이다.

⑦ 현실검증(reality testing)

현실검증이란 외부를 객관적으로 이해하고 자신을 외부에 적응하게 하는 기능으로서 내담자는 상담장면에서 상담자와의 상호작용을 통해 자신과 타인을 발견하게 되며, 자신의 사고와 행동에 대한 객관성을 확보할 수 있다.

⑧ 환기(ventilation)

분노나 억울함과 같은 부적절한 감정이 제대로 표출되지 못할 경우 개인의 감정과 행동이 부적절해질 가능성이 있다. 만일 이러한 상태가 지속된다면 개인은 신경증이나 신체질환으로 반응할 것이다. 내담자는 상담자의 노련한 리드를 통해 자신의 감정을 안전하게 표출할 수 있게 된다.

⑨ 상호작용(interaction)

내담자는 상담장면(개인, 집단)에서 상담자와의 상호작용을 통해 보다 진전되려는 노력을 보이며 문제해결에 대한 다양한 상호작용에 집중함으로써 향상될 가능성이 증가한다. 상호작용은 상담의 기본적 속성이며, 이는 여타의 문제해결 기전을 유발하는 촉매제로 작용한다.

4. 상담자

일반적으로 상담자는 내담자에게 영향을 주어 행동을 변화시킴으로써 내담자가 보다 더 생산적이고 만족스러운 삶을 살아갈 수 있도록 하는 데 관여하며, 상담을 구조적으로 진행해 나가는 데 일차적인 책임을 진다. 따라서 상담자의 성품과 상담에 대한 경험 및 훈련은 실제 상담장면에서 내담자에게 많은 영향을 미칠 뿐만 아니라 상담의 성패를 좌우하기도 한다.

참고로 미국의 경우 임상사회복지사(clinical social worker)의 자격은 주정부에서 규정하고 있다. 주마다 약간의 차이는 있지만 일반적인 자격 조건은 석사학위 이상의 학력에 더하여 최소 2년의 지도감독을 받은 실무경험으로 규정하고 있다.

> 미국의 경우 대학원 2년 과정 동안 1주일에 3일, 하루에 8시간 임상실습에 임해야 한다. 이 과정에서 일주일에 1회 이상 슈퍼바이저의 임상지도를 받으며, 한 달에 한 번 현장실습을 담당하는 대학원 교수와 학생과 슈퍼바이저 3인이 한자리에 모여 임상평가회를 갖는다. 임상평가회는 이론과 실기가 어떻게 융화를 이룬 상담을 가르치고 있는가를 면밀하게 조사하고 이에 대해 엄정히 평가하는 과정을 거친다. 대학원 졸업 후에도 만 2년 동안 슈퍼바이저 밑에서 일주일에 한 번 이상의 슈퍼비전을 받고 2년의 수련과정을 성공적으로 마쳤을 때 비로소 임상사회사업가(clinical social worker)로서 주정부에서 실시하는 면허시험에 응시할 수 있는 자격이 부여되고, 면허시험에 합격한 연후에야 비로소 면허증 소유 임상사회사업가가 된다(임종렬, 1999).

오늘날 우리 사회는 우울증을 포함하여 각종 중독문제와 청소년문제, 가정해체 등 심각한 정신건강문제에 직면해 있다. 따라서 급증하는 현대인들의 정신건강문제를 합리적이고 효과적으로 다룰 전문 인력에 대한 수요가 꽤나 높다고 할 수 있다. 문제는 얼마나 능률적이고 효과적인 상담 전문인력을 배출해 낼 수 있느냐 하는 것이다.

오늘날 사회복지실천 현장에도 상담을 받아야 할 클라이언트의 수가 상당하다. 얼마 전부터 사회바우처 프로그램을 통해 국가가 상담에 대한 비용을 클라이언트의 소득에 따라 일정 부분 부담해 줌으로써 취약계층이 상담을 받을 수 있는 가능성이 증가한 것은 다행한 일이다. 하지만 이들 바우처 서비스를 제공하는 상담인력의 상당 부분이 사회복지사가 아니라는 점에 주목할 필요가 있다. 사회복지실천 현장에서 상담을 외부 전문가들에게 의뢰함으로써 '상담의 외주화'라는 용어도 나도는 실정이다. 하루 빨리 사회복지실천 현장에 상담을 전문적으로 수행하는 사회복지사가 더 많이 양성되기를 기대한다.

1) 상담자의 기본자질

흔히 상담자의 요건으로 '든 사람'보다 '된 사람'이 강조된다. 이는 상담이 단순히 문제해결에 대한 지식을 주고받는 과정이 아니라 문제를 가진 내담자와 성숙한 인격체인 상담자가 전인적인 만남을 통해 성격을 재구조화하고, 인간적 발달과 성숙을 이루어 나가는 성장과정을 의미하기 때문이다. 상담자가 갖추어야 할 인격적 특성은 다음과 같이 설명될 수 있다.

① 상담자 자신의 가치관과 의식에 대해 자각하고 있어야 하며, 상담자로서 자신의 가치관과 의식이 상담과정에 미치는 영향에 대해서도 자각하여야 한다.
② 상담자는 자신의 욕구와 감정에 대해 잘 인식하고 있고 역전이가 일어날 수 있는 상황에 대비하고 있어야 한다.
③ 상담자는 내담자에게 문제해결의 모델이 되고 있다는 것을 의식하여 개인적으로 만족스런 사생활을 영위하고 있어야 한다.
④ 상담자는 인간에 대해 관심이 있고 인간의 긍정적인 변화에 흥미를 느껴야 한다.
⑤ 상담자는 내담자에게 인간적인 신뢰감을 주며, 내담자를 이해하고 존중하며, 배려하는 인간적인 태도를 끊임없이 발휘해야 한다.
⑥ 내담자는 상담자의 정서적, 지적, 인간적 측면을 담보로 변화한다는 것을 인식하고, 상담자 스스로가 효율적인 변화의 도구가 되도록 해야 한다.

Corey(1986)는 상담자의 덕목으로 다음을 제시하였다.

• 상담자는 자신의 삶에 대한 정체성이 뚜렷하다.

- 자기를 존중하며 안정감을 가지고 있다.
- 강한 사람이 될 수 있고 자신의 힘을 인식하고 수용할 줄 안다.
- 변화에 개방적이고 자아를 유지하며 모험을 주저하지 않는다.
- 자신과 타인을 객관적으로 인식한다.
- 불확실성에 대한 인내력이 강하다.
- 상대방을 있는 그대로 수용할 수 있다.
- 활력이 있으며 생활 지향적이다.
- 진솔하며 일관성이 있다.
- 사랑을 주고받을 수 있다.
- '지금 그리고 여기'에 산다.
- 실수를 기꺼이 인정한다.
- 자신의 일을 사랑하며 창조적 과제에 몰입한다.
- 타인의 복지에 관심을 가지며 자신을 기꺼이 드러낸다.
- 비합리적인 신념에 기꺼이 도전한다.

2) 상담자의 지식

유능한 상담자가 되려면 원만한 품성에 더하여 상담에 대한 풍부한 이론과 지식을 겸비하여야 한다. 상담자가 기본적으로 구비해야 할 지식은 다음과 같다.

① 내담자가 제시하는 문제를 객관적인 용어로 전환하는 능력

내담자가 부적응을 초래하게 되는 기전(mechanism)을 자신이 채택하고 있는 상담의 이론적 준거틀을 통해 객관적으로 파악할 수 있어야 한다.

② 내담자에 대한 역전이(counter transference)를 최소화할 수 있는 지식과 기술

상담자는 상담과정에서 빈번히 발생하는 역전이를 최소화하고 중립적인 자세로 상담과정을 진행해 나갈 수 있는 능력이 필요하다.

③ 상담이 가진 문제해결 기전(problem solving mechanism)을 이해하는 능력

상담자는 상담이 가지고 있는 문제해결 기전(예: 표현과 환기, 해석의 효과)을 객관적으로 이해하고, 문제해결 기전의 효과와 한계를 구체적으로 파악하고 있어야 한다.

④ 상담자에 대한 이론적 준거틀

이론적 준거틀(reference framework)이 없다면 상담은 '나침반 없는 항해'에 비유될 수 있다. 상담자의 입장에 가장 부합하는 이론적 준거틀을 확보하고 이를 통해 내담자를 이해하고 문제해결을 시도하는 것이 효과적인 결과를 도출할 수 있다.

⑤ 문제를 체계적 관점에서 이해할 수 있는 지식

내담자의 문제는 진공 상태에서 발생하는 것이 아니라 다양한 체계와의 상호작용에서 발생한다. 따라서 내담자의 문제를 유발하는 요인을 심리적, 사회환경적, 생리적 측면에서 이해하려는 노력은 문제를 보다 객관적으로 이해하고, 문제해결에 대한 다양한 방안을 강구하는 데 도움을 준다.

⑥ 공감(empathy)과 존중을 전달하는 능력

상담은 '내담자에 대한 고도의 존중과정'이다. 존중과 공감은 하나의 이론으로서만 존재하는 것이 아니라 이러한 것들이 내담자에게 제대로 전달될 때 그 효과가 구체화될 수 있다.

5. 내담자

내담자란 문제해결을 이유로 상담기관을 방문했거나 계약을 통해 상담관계에 돌입한 사람을 말한다. 내담자는 상담자가 종사하는 기관에 따라 다양한 문제를 호소한다. 내담자의 상당수는 자신의 문제를 스스로 인식함으로써 자발적으로 사회복지기관이나 일반상담기관을 방문하기도 하지만 경우에 따라서는 부모나 교사, 법적인

문제로 인해 상담기관을 방문하기도 한다. 또한 상담과 직접적으로 관련이 없어 보이는 문제를 해결하기 위한 과정에서 상담자에게 의뢰되어 상담관계에 돌입할 수도 있다.

내담자의 문제는 다양한 형태를 띠게 되는데, 이를 크게 5가지로 구분해 보면 다음과 같다.

① 대인관계 갈등에 관련된 문제

사소한 일에도 심한 부부싸움을 하는 부부나 고부간의 갈등을 호소하는 여성이 그 예이다.

② 내적인 심리·정서적 문제

예를 들면 교통사고를 당한 후 외출을 두려워하는 여성, 의처증을 가진 남편으로 인해 우울증을 호소하는 여성, 거식증을 호소하는 여성, 심한 망상을 보이는 정신증 환자가 그 예이다.

③ 자신이나 타인을 객관적으로 이해하는 문제

주위로부터 관심을 끄는 데 지나치게 집착하는 여성, 실수를 하지 않을까 두려워 자신의 능력을 제대로 발휘하지 못하고 매사 긴장하는 직장인이 그 예이다.

④ 삶에 대한 방식이나 환경에 대한 적응을 요구하는 문제

실직 후 알코올중독으로 발전한 40대 남성, 가출청소년이나 가출한 가장(노숙자), 타지역으로 유학을 온 후 부적응을 보이는 20세의 남자대학생이 그 예이다.

⑤ 기술 부족으로 인한 문제

직장 상사 앞에서 말을 잘 못하는 22세의 남성, 친구를 사귀고 싶으나 외톨이로 지내는 17세의 여학생이 그 예이다.

6. 상담자와 내담자와의 관계

상담관계는 하나의 가치로서 존재할 뿐만 아니라 상담기술로서 보다 구체화되는 것이 바람직하다. 우선 내담자의 욕구를 파악해 보면 상담관계를 이해하는 데 도움이 될 것이다.

1) 내담자의 욕구

Biestek(1957)이 제시한 사회복지실천 관계의 원리를 토대로 내담자의 욕구를 제시하면 다음과 같다.

① 개별화되고자 하는 욕구

내담자는 자신이 가지고 있는 문제가 어떤 사례나 범주로 취급받기보다는 독특한 개인으로 처우되기를 바라는 욕구를 지니고 있다. 이를 위하여 상담자는 편견 없는 경청과 관찰로써 내담자를 대하고, 상담에 대한 비밀을 보장하며, 내담자가 상담에 적극적으로 참여하도록 한다.

② 표현하고자 하는 욕구

내담자는 자신이 가지고 있는 감정을 표현하고자 하는 욕구를 가지고 있다. 특히 상담에서의 표현(expression)은 개인의 심리·정서적 안정과 대단히 밀접한 관계를 가진다. 상담자는 적절한 반응과 민감성으로 내담자가 자신의 감정을 자유롭게 표현할 수 있도록 격려하며 내담자의 긴장 완화에 주력하고 허용적인 태도를 견지할 필요가 있다.

③ 수용되고 싶은 욕구

내담자는 상담장면에서 자신의 장점과 단점, 부정적인 생각이나 감정, 행동이 상담자에게 있는 그대로 수용되기를 기대한다. 상담자는 내담자를 있는 그대로 수용함으로써 상담관계를 진전시켜 나간다.

④ 심판받지 않으려는 욕구

내담자는 자신이 처한 어려움이나 문제상황에 대하여 상담자로부터 비난이나 심판을 받지 않으려는 욕구를 가지고 있다. 여기서 심판하지 않는다는 것은 내담자가 처한 현실이나 문제, 감정들에 대해 가치를 부여하지 않으면서 공감적인 태도를 견지하는 것이다.

⑤ 자기결정의 욕구

내담자는 상담자로부터 문제해결에 대한 원조를 기대하면서도 자신의 삶과 생활에 관한 선택과 결정을 스스로 내리고 싶은 욕구가 있다. 따라서 상담자는 문제해결에 대한 내담자의 결정을 최대한 존중하면서 긍정적이고 생산적으로 내담자가 문제를 해결해 나갈 수 있는 다양한 결정들을 제시할 수 있어야 한다.

⑥ 비밀보장의 욕구

내담자는 상담장면에서 있었던 일들이 타인이나 외부에 알려지는 것에 심한 거부감을 보이며 상담이 최대한 비밀로 유지되기를 바란다. 내담자에 대한 비밀보장은 상담자가 지켜야 할 절대적인 윤리사항으로서 내담자는 자신에 대한 비밀이 잘 지켜진다는 것을 확신할 때 자유롭게 자신의 감정을 표현할 수 있게 된다.

2) 상담관계

상담은 내담자와 면 대 면(face to face)을 통한 심리적, 정서적 대화를 주 특징으로 하며, 상담에서 강조하는 상담관계는 상담이 일상의 대화와 어떻게 다른지를 잘 보여준다(이현림 외, 1995).

① 특수한 조력관계

상담은 내담자의 문제해결을 위한 특수한 조력관계이며, 상담자는 자기중심적인 입장을 떠나 내담자중심의 입장에서 관계를 맺는다.

② 역동적인 상호작용의 관계

상담관계는 내담자에게 일반적으로 충고하거나 지시하는 관계가 아니라, 쌍방이 상담에 대한 책임을 공유하면서 상담목표에 도달하도록 하는 관계이다.

③ 전문가의 상호작용에 의한 조력관계

상담자는 상호작용에 대한 전문적인 지식을 갖춘 인물로서 상담에 대한 가치와 이론, 기법을 터득하고 이를 상담과정에 활용한다.

④ 비밀이 보장되는 관계

상담자는 내담자와의 상담관계에서 알게 된 사실을 철저하게 비밀로 하는 능력을 갖추어야 한다.

⑤ 참 만남의 관계

상담장면에서 다루어지는 문제는 내담자라는 한 인간의 실존을 통해서만 취급될 수 있는 것으로 이해된다.

상담이론이 다양한 만큼 각 이론에 따라 상담관계에 대한 강조점이나 시각에는 차이가 있을 것이다. 관계와 관련하여 Freud는 전이와 역전이 문제를 해결하고자 익명성과 중립성을 강조한 바 있다. 인지치료를 창안한 Beck는 내담자가 바람직한 인지를 습득하도록 하기 위해 상담자와의 치료동맹(therapeutic collaboration)관계를 강조한다.

Rogers(1942)만큼이나 상담관계의 중요성을 강조한 학자도 드물 것이다. "내담자를 변화시키는 것은 상담자의 전문기술이 아니라 내담자를 향한 상담자의 태도이다"라는 그의 지적은 상담관계의 중요성을 단적으로 보여 주고 있다. 특히 Rogers가 지적한 상담관계는 오늘날 상담과 심리치료 분야에서 금언으로 받아들여지고 있을 뿐만 아니라 상담이론을 초월하여 널리 채택되고 있다. 그가 강조한 상담관계의 특징을 4가지로 요약해 보면 다음과 같다.

① 상담자의 따뜻함과 반응성(warmth & responsiveness)
② 내담자의 반응에 대한 허용성(permissiveness)
③ 상담에서의 한계 설정
④ 어떠한 종류의 억압이나 강제로부터의 해방(freedom)

7. 상담의 과정

상담과정이 원만하게 진행되기 위해서는 상담자의 측면, 내담자의 측면, 물리적 측면, 관계적 측면 등 다양한 요인이 관여한다. 효과적인 상담이란 다음의 가정에 기초한다.

① 내담자는 상담과정에 자발적이어야 하며 일정한 지적 능력, 신체적 조건, 변화에 대한 동기와 같이 상담관계를 수행할 수 있는 기본적인 능력이 필요하다.
② 상담자는 상담자로서의 기능을 효율적으로 수행할 수 있는 적절한 훈련과 인성적 태도 등을 소유하고 있어야 한다.
③ 상담의 비밀보장, 상담자의 심사숙고하는 자세, 상담실의 적절한 물리적 공간, 상담과 관련한 적절한 환경이 보장되어야 한다.
④ 내담자의 상담에 대한 욕구를 직면할 수 있는 상담관계가 형성되어야 한다.

사회복지 영역에서 면접과정을 살펴보면, Johnson과 Yajna(2001)는 ① 사정, ② 계획, ③ 실행, ④ 평가, ⑤ 종결의 과정을, Compton과 Gallantly(1999)는 ① 자료 수집과 사정, ② 업무동의, ③ 개입, ④ 평가, ⑤ 종결의 과정을 제안하였다. 또한 Delaney(1971)는 상담과정을 ① 최초면담, ② 촉진적 관계형성, ③ 목표설정, ④ 상담전략의 적용, ⑤ 상담종결과 추수지도의 5단계를 제시하였다.

전반적으로 볼 때 상담과정은 크게 초기단계, 개입단계, 종결단계로 나누어 볼 수 있으며 이를 구체적으로 살펴보면 다음과 같다(이현림 외, 1999).

1) 초기단계

"첫 단추가 잘 끼워져야 한다"는 속담처럼 초기단계는 상담자와 내담자가 처음 만나 상담과정에 돌입하게 되는 단계로서 상담관계를 형성하는 중요한 단계이다. 이 단계의 중요한 과업은 내담자가 상담에 대해 신뢰할 수 있도록 하고, 내담자의 문제가 무엇인지를 객관적으로 관찰하는 것이다. 초기단계의 주요 목표는 다음과 같다.

① 내담자의 요구 파악

"상담을 통해 무엇을 얻고자 하십니까?", "상담자인 저에게 바라는 것이 무엇입니까?"라는 질문이 전형적이다.

② 상담에 대한 희망

초기단계를 고려한다면 무겁고 힘든 주제를 다루기보다는 가벼운 주제를 다루면서 무거운 주제에 내포되어 있는 긍정적인 측면을 부각시키는 것이 좋다.

③ 상호 신뢰관계 형성

"이번 상담의 목적은 당신이 보다 더 나은 삶을 살 수 있도록 하는 것입니다", "상담자인 저는 당신이 긍정적으로 변화될 수 있도록 하는 데 최선을 다할 것입니다"와 같은 표현이 전형적이다. 또한 비밀보장, 수용적 태도, 존중의 자세 등이 신뢰관계 형성에 도움이 된다.

④ 상담에 대한 동기 격려

상담결과에 대한 지나친 보증은 삼가야겠지만, 이번 상담이 내담자의 문제해결에 중요한 계기가 될 수 있다는 점을 부각시킨다.

⑤ 내담자의 문제에 대한 판단

내담자가 제시하는 문제가 기관의 정체성과 부합하는지를 판단하고 내담자의 문제와 관련된 다양한 정보를 살핀다. 내담자의 문제가 기관의 정체성과 부합되지 않는다고 판단될 경우 정중하게 타 기관에 의뢰하도록 한다.

⑥ 상담의 구조화

구조화는 상담의 효과를 최대 한도로 높이기 위해 상담의 기본 성격, 상담자 및 내담자의 역할 한계, 바람직한 태도, 상담시간 및 회기, 비용 등을 설명하고 인식시켜 주는 작업이다. 구조화는 상담 초기에 주로 이루어지지만 추후에도 구조화할 필요성이 있다면 그때그때 다시 밝혀 내담자가 이해하고 실천하도록 한다.

2) 개입단계

상담의 개입단계란 초기단계의 끝 무렵부터 시작해서 상담의 목표가 어느 정도 달성되기까지의 전체 과정을 말한다. 이 단계에서 적용되는 상담기법은 상담자의 이론적 배경이나 내담자가 호소하는 문제의 성격에 따라 다양해진다. 다음은 개입단계에서 고려될 사항들이다.

- 문제를 명확히 정의한다.
- 문제해결을 위한 방향과 가능한 방안을 정한다.
- 문제해결 방안에 관련된 정보를 수집한다.
- 수집된 자료를 바탕으로 대처행동을 의논한다.
- 검사와 심리진단 자료 등을 참고로 바람직한 행동절차 및 의사소통의 실제 계획을 수립한다.
- 계획된 것을 실제생활에서 실천해 본다.
- 실천결과를 평가하고 행동계획을 수정, 보완한다.

3) 종결단계

'끝이 좋아야 한다'는 말처럼 상담의 종결단계는 초기단계와 개입단계를 평가하고 상황에 따라 상담을 종결하는 과정이다. 바람직한 종결은 내담자가 기대하는 문제가 적절하게 해결되었다는 믿음과 문제가 어느 정도 해결되었다는 상담자의 판단에 의해 이루어진다. 다음은 종결단계에서 다루어야 할 사항들이다.

① 상담종결에 대한 준비

종결은 한꺼번에 갑자기 이루어지는 것이 아니라 서서히 이루어지며, 종결 이전의 회기부터 내담자에게 상담의 종결이 임박해 옴을 알려 내담자가 상담의 종결을 준비하도록 한다.

② 의존관계의 해결

많은 경우 내담자는 상담과정에서 형성된 의존관계로 인해 상담의 종결을 부담스러워한다. 내담자의 독립을 격려하고 상담이 종결된 후라도 내담자의 필요에 의해 상담관계가 다시 성립될 수 있다는 것을 알려주는 것은 내담자의 의존관계를 해결하는 데 도움을 준다.

③ 변화의 일반화

상담과정에서 내담자가 획득한 문제해결 기술이 상담 이후의 삶에서도 일반화될 수 있도록 하는 다양한 정보와 방안들을 제시한다.

8. 상담의 구조화

상담의 구조화란, 상담과정이 안정되고 문제해결의 방향으로 진행되도록 하는 데 필요한 상담자와 내담자의 역할과 이에 따른 부수적인 기본적 사항들을 규정하고 이에 대한 동의를 구하는 과정이라고 할 수 있다. 이러한 상담의 구조화는 주로 상담 초기에 많은 비중을 두고 이루어진다. 상담의 구조화에는 다음이 포함된다.

① 상담에 대한 책임소재

상담은 내담자와 상담자가 함께 문제를 해결해 나가는 공동의 작업이라는 것을 분명히 하면서 상담에 내담자가 적극적으로 임하는 것의 중요성을 내담자에게 충분히 알려야 한다.

② 상담시간의 관리

상담이 어느 정도의 시간과 회기로 진행될 것인가를 분명히 하고 내담자가 상담시간을 준수하도록 한다. 특히 내담자가 상담 시간에 늦게 오는 문제는 상담의 주요 주제로 다룰 필요가 있다.

③ 내담자의 행동 제한

상담에서 내담자의 감정표현은 전반적으로 지지되지만, 내담자의 행동이 상담관계를 위협할 만하다고 판단되는 행동은 제한한다.

9. 상담을 위한 물리적 조건

상담실은 내담자가 상담에 몰두할 수 있을 만큼의 물리적인 조건을 구비하고 있어야 한다. 상담의 물리적 조건을 살펴보면 다음과 같다(노안영 역, 1997).

① 상담자의 옷차림

상담자의 옷차림이 상담장면에서 내담자의 주의를 끌거나 하는 것은 문제가 된다. 타 동료들과 어울리는 복장이거나 상담자로서의 품위를 잃지 않을 정도의 복장이면 무난할 것이다. 흔히 상담자는 넥타이를 착용할 것으로 기대된다.

② 상담실의 물리적 공간

상담실은 조용하고 타인에게 방해받지 않아야 하며 적당한 온도와 조명, 쾌적한 실내공간일 필요가 있다. 또한 편안한 느낌과 일정한 거리를 유지하는 데 도움이 되는 테이블을 갖추고 있어야 한다. 상담자에 따라 직각으로 앉는 것이 바람직하다고 제안하기도 하지만 마주보고 앉는 것이 선호되는 편이다.

③ 방해와 주의산만

상담자는 상담 도중 전화를 받거나 커피를 마시는 일, 귀를 후비는 등의 행동을 하지 않아야 한다. 상담회기 동안 상담자의 모든 주의는 오직 내담자에게 집중되어야 한다.

④ 시간관리

상담자 역시 내담자 못지않게 상담시간을 준수해야 한다. 상담시간을 준수하는 것은 상담관계가 안정되게 유지되도록 하는 데 매우 중요한 요소가 된다. 내담자는 상담회기가 매주 같은 요일, 같은 시간에 이루어지는 것에 대해 상담자가 내담자 자신에게 전념한다는 것으로 해석하기도 한다.

⑤ 화장지를 준비한다.

상담장면에서 내담자는 슬픈 감정과 기쁜 감정을 수시로 드러낸다. 내담자의 울음은 감정 표현으로서 중요한 의미를 지닌다. 내담자가 울고 있는 상황에서 내담자에게 크리넥스를 전달하는 것은 "이제 그만 우세요"라는 것을 함축할 수 있다. 따라서 필요할 경우 내담자가 화장지를 직접 사용하도록 하는 것이 바람직하다.

토의사항

1. 유능한 사회복지상담가의 양성에 필요한 조건이 있다면 무엇이라고 생각하는가? 별도의 사회복지상담가 양성 교육과정이 필요하다고 생각하는가? 그렇다면 그 이유를 제시해 보시오.
2. 사회복지상담에서 특히 관계촉진 기술이 중요한 이유가 무엇이라고 생각하는가? 그리고 당신이 일상에서 구사하는 대인관계의 수준은 어떠한가?
3. 당신이 사회복지상담을 수행하는 데 있어서 강점과 약점이 있다면 무엇이라고 생각하며, 그 약점을 보완하기 위한 노력 3가지를 제시해 보시오.

Chapter 05

상담의 주요 기법

이 장에서는 사회복지상담에서 자주 활용되는 상담기법에 대해 다룰 것이다. 다양한 상담이론이 제시되는 현 시점에서 하나의 이론으로 내담자의 문제를 해결한다는 것은 현실적으로 불가능하다. 따라서 사회복지상담가는 상담의 일반에서 다루는 다양한 상담기술을 충분히 습득하고 있어야 한다.

예를 들어 '정신분석이론'은 내담자의 내면적 역동관계를 다루고 이를 변화시키는 데 장점을 지니지만, 내담자의 행동적 측면은 소홀하게 다룬다는 측면에서 한계를 지닌다. Rogers의 인본주의 상담이론은 인간의 실존적 욕구를 다룬다는 점에서는 강점을 지니지만, 내담자에 대한 지도와 조언에 대해서는 약점을 지니고 있다(이장호, 2002). 이처럼 각각의 이론은 이론마다의 장단점이 있기 때문에 오늘날의 상담은 기법의 절충적 적용을 강조한다.

1. 상담자의 기본자세

상담에서 상담자의 태도(자세)는 상담자의 기술(상담기법)을 능가할 정도로 중요한 요소로 간주되고 있다. 본 절에서는 인본주의 상담을 창안한 Rogers(1974)의 주장을 주로 하여 상담자의 기본자세를 살펴보고자 한다. 이러한 상담자의 태도(자세)는 내담자와의 촉진적 관계를 형성하는 데 매우 중요한 재료가 된다.

1) 공감

공감(empathy)은 상담자가 갖추어야 할 가장 기본적인 상담 자세이다. 공감은 내담자와의 관계를 좋게 할 뿐만 아니라 내담자의 자기효율성을 높여 주며, 지지받고 있다는 느낌을 줌으로써 내담자가 자신의 문제해결에 보다 긍정적인 감정을 가지게 된다.

(1) 공감의 과정

(a) 핵심감정, (b) 환경적 압력, (c) 성장 동기라는 공식을 적용하면 쉽게 공감에 이를 수 있다. "(c) 하고 싶은데 (b) 때문에 (a) 하다는 거군요, 제가 바르게 이해하였는지요?"

> 예 아내와 잘 지내고 싶은데 장모님과의 갈등으로 인해 사이가 틀어져 속상하다는 거군요. 제가 잘 이해했는지요?

(2) 공감의 연습

① 핵심감정 포착방법(감정을 파악하는 차원)

• 내담자의 정서를 파악한다.
  두려움, 불안, 기쁨, 분노, 성공감, 좌절감, 자부심, 불안, 증오, 사랑, 질투, 시기심
• 우선적인 단서에 주의를 기울인다('화가 나요', '무서워요', '짜증나요', '슬퍼요').
• 비언어적 단서를 파악한다(몸 동작, 목소리, 자세, 표정, 손발의 움직임).

② 포착한 감정을 전달하는 방법

• 주요한 감정이 무엇인지를 파악한다(기분이 좋다(나쁘다), 화가 난다, 잘못한 것 같다).
• 감정의 강도를 파악한다(매우 강한 감정인가, 보통의 감정인가, 약간 그런가).
• 내담자가 사용한 감정의 용어와 유사한 의미의 단어를 선택하여 표현한다.

③ 성장의 동기를 파악하는 방법

• 내담자가 바라는 것이 무엇인데 그렇지가 못하다는 것인가?

예 1. "남편과 같이 있으면 자꾸 신경질이 나요."
성장 동기: 남편과 다정하게 지내고 싶다.

예 2. "우리 부장님은 저에게 일을 맡겼음에도 불구하고 수시로 간섭하고, 이래라 저래라, 도대체 일할 맛이 안 나요."
성장 동기: 소신껏 해보고 싶다. 창의적으로 잘 하고 싶다.

(3) 공감에서의 주의사항

- 말을 너무 많이 하지 않는다.
- 적재적소에 말한다.
- 일부만 듣고 성급히 판단하지 않는다.
- 말하는 도중에 끼어들지 않는다.
- 질문을 너무 많이 하지 않는다.
- 공감반응은 가능한 짧게 한다.
- 판에 박힌 듯이 공감하지 않는다.
- 사건중심이 아니라 사람을 중심으로 본다.
- 이야기의 초점을 상담자중심으로 맞추지 않는다.
- 지나치게 자기노출을 하지 않는다.
- 상담자로서 필요한 존재가 되어야 한다는 욕구를 버린다.

내담자: 저는 어머니와 자꾸 마찰이 생깁니다.
상담자: 어머니와 잘 지내고 싶은데 막상 현실은 그렇지 못하여 기분이 언짢으시군요.

내담자: 선생님 저는 공부를 억지로 하는 것 같아요.
상담자: 스스로 공부를 해야 한다고 느끼는데 공부하고픈 마음이 잘 안 생겨 괴로우시군요.

내담자: 제 할 일을 다 해놓고 친구가 왔기에 잠깐 나갔다 왔는데도 엄마는 제가 끈기가 없다고 막 야단하시는 거예요.
상담자: 자기 할 일을 잘하고 있는데도 엄마가 오해를 하고 있어서 답답하시군요.

2) 무조건적인 존중

'무조건적 존중(unconditioned award)'이란 내담자의 독특한 개성과 자질, 노력하고 있는 모습, 잠재능력 등을 사심 없이 있는 그대로 받아들임으로써 내담자의 실존적인 존재를 존중한다는 의미이다. 내담자는 무조건 존중받음으로써 상담자를 신뢰할 수 있으며 상담자가 자신을 위해 최선을 다한다는 느낌을 받게 된다. 무조건적인 존중은 존경(동의)과 구별되어야 한다.

① 내담자의 의견에는 동의하더라도 내담자를 하나의 인격체로 존중한다.

② 무조건적으로 존중한다는 것은 내담자의 말과 행동을 덮어놓고 받아들인다는 것은 아니다.

③ 내담자의 말과 행동에 대한 반대 의견은 부드러운 음성이나 비언어적인 단서로써 내담자를 인격적으로 수용하고 있다는 느낌과 함께 전달되어야 한다.

④ 만일 상담자가 내담자에게 반대 의견을 전달하는 과정에서 강압적이고 지시적이었다면 내담자는 자신을 방어하려고 할 것이다.

⑤ 상담자는 반대 의견의 표현과 인격적인 거부는 서로 다르다는 것을 내담자가 알도록 할 필요가 있다. 즉 반대 의견을 피력할 때는 조심스러워야 하며, 신뢰관계가 성숙된 상황에서도 위의 절차를 통해 세심하게 이루어져야 한다.

내담자: 취업준비를 하고 있지만 영 자신이 안 생깁니다.
상담자: 취업은 해야 하는데 자신이 없어 고민이 많이 된다는 말씀이군요.

내담자: 도대체 그 학교는 우리 아이에게 뭘 가르치는지 모르겠어요!
상담자: 얼마나 답답했으면, 그렇게 말씀하실까요.

내담자: 시어머니만 보면 화가 치밀어 오릅니다.
상담자: 시어머니와 지내는 것이 매우 힘이 드는군요.

3) 진정성

흔히 일상생활에서 우리는 남을 배려한다는 마음에서 부정적인 반응을 초래하리라고 예측되는 감정표현을 자제하거나 회피하며, 심지어는 말을 둘러대기도 한다. 이러한 비솔직성은 때때로 솔직하게 말하는 것보다 더 나쁜 부정적인 결과를 가져오기도 한다.

진정성은 신뢰성(trustiness), 일치성(congruence), 투명성(transparency), 진실성(realness), 성실성(sincerity)의 의미로도 사용된다. 이를 상담관계에 활용해 보면 상담자는 자신의 느낌에 대해 개방된 태도를 취하고, 거짓 없이 솔직하게 자신을 드러내며 상대방이 믿고 의지할 수 있는 신뢰감을 심어 주도록 해야 한다.

상담자는 겉으로 드러난 마음과 속으로 숨기고 있는 마음이 일치하도록 노력해야 한다. 상담에서의 진정성이란 상담자가 진솔하고 정직하게 내담자를 만나야 한다는 것을 강조하는 것이다. 이를 위해서 상담자는 가능하면 상담자라는 역할에서 자유로워야 하며 상담에 대해 자발성을 가져야 하고 말과 행동이 일치하도록 노력하며 얼굴 표정이 마음과 일치되도록 하고 자기를 나타내는 데 주저하지 않아야 한다. 다음은 진실성의 정도를 나타내고 있다.

내담자: 상담가 선생님 기분이 안 좋으신 것 같네요. 혹시 제가 잘못한 것이라도 있나요?
상담자: 내 기분이 어떻든 상관하지 않아도 됩니다.
상담자: 별일 아니니 신경 쓰지 마십시오.
상담자: 그럴 만한 일이 있습니다.
상담자: 저를 보니 신경이 쓰이시지요.
상담자: 저의 기분이 좋아지기를 바라는 마음에서 걱정이 되시는지요.

내담자: 도대체 집이라고 마음에 드는 구석이 하나도 없어요?
상담자: 무엇인들 마음에 들겠습니까?
상담자: 꼭 그렇게까지 말씀해야 하겠습니까?
상담자: 그래도 집에 정을 붙이려 애써야 하지 않을까요?
상담자: 집에 정을 못 붙인다니 걱정이 됩니다.
상담자: 집이 편안했으면 하는데 그렇지 못해 걱정을 하시는군요.

2. 상담의 주요 기법

다음에 소개할 상담의 기술은 각각의 상담이론에 따라 약간의 차이가 있을 수 있지만 전반적으로 상담이론을 초월하여 가장 보편적으로 활용되는 상담의 기법들이다. 또한 다음에 제시될 상담의 기법은 내담자가 자신의 문제를 이해하고 새로운 조망을 가지는 데 도움이 된다. 앞서도 언급하였듯이 이러한 기법은 상호 간 어느 정도는 중복될 수도 있다.

1) 반영

'반영(reflection)'은 상담의 초기단계에 주로 많이 활용되는 기법으로서 내담자의 말과 행동에서 표현된 기본적인 감정이나 생각, 태도를 상담자가 참신한 다른 말로 부연해 주는 것이다. 반영은 내담자로 하여금 상담자가 자신의 말과 행동에 대해 집중하고 있으며, 자신을 있는 그대로 이해해 준다는 느낌을 준다는 점에서 효과적이다.

반영에서 중요한 점은 내담자가 표현한 말과 행동 저변에 깔려 있는 기저를 이해하고 이를 제대로 포착하여 반영하는 것이다. 상담자는 내담자의 표현을 내면적인 감정과 연결 짓는 데 필요한 다양한 지식을 구비할 필요가 있다.

(1) 반영해야 할 내담자의 주요 감정

반영해야 할 내담자의 주요 감정은 크게 3가지로 나누어질 수 있다.

① 정적인 감정: 문제해결과 관련하여 개성을 발휘하는 표현

> 내담자: 가끔씩 저의 능력을 사장시키고 있다는 생각이 들 때 속이 상합니다.
> 상담자: 그동안 자신의 능력을 제대로 평가하지 못해 안타깝다는 말씀이군요.

② 부적인 감정: 내담자의 개성을 구속하거나 자기 파괴적인 성질의 표현

> 내담자: 저는 형을 보면 괜히 짜증이 나요.
> 상담자: 형에 대해 열등감을 느끼는가 보군요.

③ 양가적 감정: 같은 시간, 같은 대상에 대해 둘 혹은 그 이상의 상반된 감정이 동시에 병존하는 양가적 감정

> 내담자: 남편을 보면 불쌍하기도 하고 밉기도 합니다.
> 상담자: 남편의 어쩔 수 없는 처지가 안타깝지만 그러한 처지를 개선하지 못하는 남편이 원망스럽다는 말씀이군요.

(2) 반영에서 주의할 점

① 내담자가 표현한 수준 이상으로 깊게 들어가서는 안 된다. 내담자의 표현의 범위 내에서 반영이 이루어지도록 해야 한다.

② 내담자가 한 말을 그대로 다시 반복하는 식의 반영은 금한다. 이는 내담자가 반영에 식상해지기 때문이다.

> 내담자: 저는 형을 보면 괜히 짜증이 나요.
> 상담자: 형에 대해 짜증이 나는군요.

③ 내담자의 감정을 잘 파악하고 이를 반영의 주요 초점으로 한다.

④ 일상적이고 구체적인 용어를 사용한다.

> 내담자: 저는 남학생들 앞에 서면 말을 잘 할 수가 없어요. 친하게 이야기하는 남학생이 하나도 없거든요.
> 상담자: 이성 관계에서 특히 열등감을 느끼는 모양이군요.

⑤ 내담자의 표현 도중에 말을 중단하고 반영을 할 수도 있으나 이럴 경우 표현을 저해할 수 있기 때문에 주의를 요한다.

2) 경청

'경청(listening)'이란 상담자가 갖추어야 할 가장 기본적 태도이자 가치이다. 기울여(傾) 듣는다(聽)는 의미의 경청은 '목적을 가지고 세밀하게 듣는다'는 의미이다. 흔히 상

담자는 내담자와 '7대 3의 비율'로 경청할 것이 요구된다. 경청은 내담자로 하여금 생각이나 감정을 자유롭게 표현할 수 있도록 북돋아 준다는 데 가장 큰 의미가 있을 것이다. 아울러 경청은 상담자가 내담자의 표현에 적극적인 관심이 있다는 것을 전달하는 수단이 된다.

다음은 경청과 관련하여 고려되어야 할 사항이다.

첫째, 적당한 주목과 시선을 유지하도록 한다. 특히 서구와 달리 우리나라의 경우는 상대방과 눈을 강하게 맞출 경우 내담자가 긴장할 수 있기 때문에 시선을 내담자에게 너무 집중시키지 않도록 주의해야 한다.

둘째, 상담자는 적극적으로 듣는 것으로 그치는 것이 아니라 내담자의 표현에 대해 선택적으로 경청하고 있다는 느낌을 줌으로써 상담에서 다루어져야 할 내용의 우선순위를 내담자에게 알릴 수 있다.

셋째, 상담과정에서 발생하는 침묵에 대해 상담자는 허용적인 태도를 보여야 한다. 내담자의 침묵은 상담에 대한 '저항'의 의미로 받아들일 것이 아니라 중요한 것을 이야기하려는 내담자의 '준비'로 받아들일 필요가 있다. 만일 상담자가 침묵을 견뎌내지 못할 경우 상담의 주도권은 자칫 내담자에게로 넘어갈 수 있다.

3) 바꾸어 말하기

'바꾸어 말하기(rephrasing)'란 내담자의 말을 간략히 정리함으로써 내담자의 생각을 구체화시키는 상담기법이다. 이는 내담자의 생각을 상담자 자신이 정확히 이해하는지를 확인할 수 있게 도와준다는 점에서 효과적이다. '반영'은 주로 내담자의 말과 행동의 정서적인 측면(affective)에 초점을 두는 반면, '바꾸어 말하기'는 인지적인 측면(cognitive)을 강조한다는 점에서 차이가 난다.

내담자: 나로서는 그 의사선생님을 제대로 판단하지 못하겠습니다. 어떨 때는 한없이 좋아 보이다가도 어떤 때는 형편이 없어 보이거든요.
상담자: 그 의사선생님이 변덕스럽고 일관성이 없다는 말씀이군요.
내담자: 그 의사선생님은 형편이 없어요, 치료능력도 떨어지는 것 같고, 환자들에게도 인기가 없거든요.
상담자: 그 의사선생님이 무능하다고 느끼시는군요.

4) 명료화

'명료화(clarification)'란 내담자의 말 중에서 모호한 점을 내담자가 확실하게 알도록 해주는 것으로서, 내담자가 말하고자 하는 의미를 상담자가 해석하고 이를 다시 내담자에게 말해 준다는 점에서 단순한 진술과는 다르다. 즉 명료화란 내담자의 감정을 밀어붙이지 않고 그의 갈등이나 흩어진 반응 등을 단순화시켜 줌으로써 내담자의 통찰을 촉진시켜 주려는 작업으로 정의할 수 있다.

상담자는 내담자가 이야기한 것을 잘 이해하지 못했거나 내담자가 모호한 표현을 하였다면, 이를 다시 재진술해 줄 것을 부탁할 수 있다. 명료화하는 과정에서 내담자가 비판적인 인상을 받지 않도록 배려해야 한다. 다음은 명료화 과정에서 고려해야 할 사항이다.

① 상담자는 내담자의 말이 모호하거나 잘 이해되지 않았음을 밝혀야 한다.

> 내담자: 저는 그러한 말을 들으면 반드시 그러한 상황이 떠오릅니다.
> 상담자: 그러한 말이 어떤 말인지, 그리고 그러한 상황이란 어떠한 상황인지 자세하게 말씀해 주시겠습니까?

② 가능하면 구체적인 예를 들어 명확히 해줄 것을 요청한다.

③ 상담자의 반응이 개인적인 반응이 되지 않도록 해야 하며, 직면과 같이 직접적이고 강렬하지 않도록 해야 한다.

5) 해석

'해석(interpretation)'이란 겉으로 나타내는 문제가 내부적 정신작용과 관련이 있는데도 내담자가 이를 의식하지 못하거나 깨닫지 못할 때 그 관련성을 설명해서 이해시키는 상담기법의 일종이다. 해석의 궁극적인 목적은 내담자로 하여금 과거의 생각과는 다른 각도에서 자신의 생각과 행동의 내면세계를 파악하게 하는 것이다.

정통 정신분석가는 여타의 상담자에 비해 해석하기를 선호하며, 반영과 명료화도 해석의 범주에 포함하는 경향인 반면, 인간중심 상담가는 가능하면 해석을 피하는 대신 명료화나 반영을 더 선호한다. Rogers학파에 따르면 해석은 내담자에게 저항을 불러일으킬 뿐만 아니라 내담자에게 치료에 대한 과도한 책임을 불러일으킨다고 본다.

내담자의 내면세계에 접근하는 깊이의 정도는 반영 → 명료화 → 직면 → 해석의 순이라고 할 수 있다. 즉 반영이 상대적으로 얕은 수준을 다룬다면, 해석은 가장 깊은 내면세계까지 접근하는 방식이다. 정신분석적인 관점에서 발달해 온 해석과 관련하여 명료화는 방어기제를 분명히 인식시키는 것이고, 직면은 방어기제의 원인적 불안을 내담자에게 자각시키는 작업이다.

만일 내담자와 상담자 간에 라포가 성립되어 있지 않거나 내담자의 정신구조가 취약할 경우 해석은 내담자를 힘들게 할 뿐만 아니라 치료적인 저항을 불러오는 요인이 될 수 있음에 유의해야 한다.

(1) 해석에서의 고려사항

① 해석은 내담자의 심리상태와 상담관계의 발달 정도를 고려해서 이루어져야 한다.

취약한 내담자의 경우, 무리한 해석은 내담자의 방어를 강화하는 결과를 낳을 것이다. 또한 상담 초기의 해석은 자칫 치료관계를 저해할 수 있다.

② 해석의 남용을 피하라.

잦은 해석은 해석의 효과를 떨어트릴 뿐만 아니라 내담자가 상담과정에 방어적으로 반응하도록 하는 요인이 된다.

③ 불확실한 자료나 판단에 의한 해석은 금물이다.

해석은 많은 자료와 확실성에 기초하여 이루어져야 한다. 또한 직접적인 해석보다는 암시적인 해석이 선호된다.

④ 내담자의 준비 정도를 파악한다.

내담자가 해석을 받아들일 준비가 되어 있는지를 면밀하게 따져봐야 한다. 가장 좋은 해석은 내담자가 스스로 내리는 해석이다.

⑤ 해석에 대한 근거가 정확해야 한다.

상담자의 입장에서는 일견 타당하다고 받아들여지는 해석이 내담자에게 거부되거나 저항에 부딪힐 경우, 상담자는 다른 부수적인 증거를 제시하면서 해석의 수준을 변화시켜야 한다.

(2) 해석과 관련한 바람직한 표현과 질문의 형태

해석은 자칫 내담자를 몰아붙이는 형태로 이루어질 수 있다. 따라서 해석이 부드럽고 간접적인 표현으로 이루어진다면 내담자는 해석의 수용도가 높아질 것이다. 예를 들어보자.

상담자: 당신은 --- 한 생각을 하는 것이 문제이군요.
상담자: --- 한 생각을 하시고 계시지는 않는지요. (대안)
상담자: 당신은 --- 한 생각을 하기 때문에 화가 나는 것입니다.
상담자: 당신이 화가 나는 것은 --- 한 생각과 관련이 있어 보입니다. (대안)
상담자: 내가 당신이라면 --- 하겠습니다.
상담자: ---한 행동을 한다면 어떨까요? (대안)

해석은 관찰을 통한 가설검증의 작업이기 때문에 가능하면 질문의 형태로 이루어지는 것이 바람직하다. 해석과 관련한 몇 가지 질문유형을 알아보자.

선도적 질문: 조금 전에 말한 그 사람과의 관계에 대해 이야기해 주시겠습니까?
그 사람에 대해서 말하기가 곤란한가요?
의미 탐색적 질문: 그것은 어떤 의미이지요?
그것의 의미를 알고 싶은데요?
해석적 질문: 어머니와 관계가 안 좋은 것은 어머니가 형과 당신을 차별 대우한 결과라고 생각하십니까?
직면적 질문: 당신이 힘들 때면, 술을 마셔도 된다고 생각하는지요?

6) 요약

'요약(summarization)'이란 상담과정에서 나온 대화의 내용과 감정의 요체, 그리고 일반적인 줄거리를 잡는 작업이다. 요약은 내담자에게 상담자가 문제에 대해 주목하고 있다는 것을 알려주는 계기가 되기 때문에 내담자가 상담에 참여하는 동기를 강화할 수 있다. 또한 요약은 내담자가 미처 의식하지 못한 면을 학습시키고 문제해결의 과정을 밝히며 자신의 생각과 느낌을 탐색하도록 할 뿐만 아니라 새로운 해결책을 강구하는 데 도움을 준다.

> 상담자: 당신은 지금까지 시어머니와 사이가 좋지 않은 이유와 이에 대한 남편의 입장을 말씀하였습니다. 또한 시어머니와의 관계개선에 대한 희망에 대해 이야기하였습니다.
> 상담자: 지금까지의 이야기를 요약해 보면 당신이 술을 마시는 이유가 직장동료와의 갈등에 따른 스트레스를 풀고, 불면증을 해결하기 위해서라고 말씀하셨습니다. 그 외에 음주해야 하는 다른 이유가 있으면 말씀해 주시지요.

다음은 요약을 하는 과정에서 고려할 사항이다.

① 주기적으로 요약한다.

면접초기와 각 회기의 끝 무렵에는 가능하면 이전 회기나 금번 회기 면담내용을 간략하게 요약하도록 한다.

② 초기의 섣부른 요약은 내담자의 표현을 방해할 수 있다.

상담 초기의 섣부른 요약은 내담자가 급하다고 느끼는 화제의 표현을 막을 수 있다는 점에서 주의가 필요하다.

③ 핵심을 요약한다.

요약은 상담의 전체 줄거리를 잡는 작업이지만, 요약의 주요 대상은 내담자의 표현 중에서 중요하다고 판단되는 내용과 감정이다. 말 그대로 요약이어야 한다.

④ 상담자의 새로운 견해를 추가하지 않는다.

내담자와 논의하지 않았음에도 상담자가 이론적인 추측으로 요약하는 것은 금물이다. 요약은 내담자가 표현한 범위 내에서 이루어지도록 해야 한다.

⑤ 내담자가 요약하는 것도 효과적이다.

내담자에 의한 요약은 내담자가 문제를 어느 정도 이해하고 있는지를 알게 해주며 상담에 대한 참여 정도를 향상시킬 수 있다는 점에서 권장된다.

7) 수용

'수용(acceptance)'이란 '예 예', '으음', '그래서요'와 같이 짧은 문구로 표현되는 상담자의 반응을 말한다. 상담자의 이러한 반응은 상담자가 내담자에게 주의를 기울이고 있으며 내담자의 말을 받아들이고 있다는 것을 의미하기 때문에 상담에 대한 내담자의 참여를 증진시켜 준다. 수용은 상담 전반에 걸쳐서 이루어지지만 상담관계를 고려할 때 상담 초기에 보다 강하게 이루어질 필요가 있다. 수용의 구성은 다음과 같다.

① 시선 맞추기

시선을 맞춤으로써 내담자는 상담자가 자신에게 집중하고 주의를 가지고 있음을 알게 된다.

② 고개 끄덕이기

중요한 표현에 대해 선별적으로 고개를 끄덕임은 상담자가 내담자의 새로운 표현에 공감하고 있다는 의미를 전달하는 효과가 있다. 기계적인 끄덕임은 곤란하다.

③ 어조와 억양

수용에서 중요한 것은 내담자의 반응에 따라 적절한 어조와 억양을 보이며 내담자와 눈높이를 맞추고 이에 따른 억양과 어조를 선택하도록 한다.

8) 안심시키기

'안심시키기'란 내담자가 제시하는 문제의 의미를 내담자가 생각하는 것보다 축소시키거나 보편적인 것으로 재의미시킴으로써 내담자의 심리를 안정시키는 상담기법이다. 따라서 안심이란 넓은 의미에서 보면 지지기법이라 할 수 있다. 특히 내담자의 부정적인 감정 속에는 상담자로부터 긍정적인 피드백을 기대하는 표현이 많다는 것을 유념할 필요가 있다. 그렇다고 해서 지나치게 보증하라는 의미는 아니다.

내담자: 그러한 상황에서 화가 안 날 수 있겠습니까?
상담자: 그 상황에서 화가 나지 않는다면 오히려 이상하겠지요.
내담자: 지금의 상황이 보다 더 개선될 것 같지가 않습니다.
상담자: 상황이란 계속 변화하기 마련이므로 상황이 개선되지 않을 것이라는 속단은 너무 이른 판단인 것 같습니다.
내담자: 지금과 같은 노력으로도 문제를 해결할 수 있을지 걱정입니다.
상담자: 현재의 노력으로도 문제는 충분히 해결될 수 있다고 봅니다.

9) 직면

'직면(confrontation)'이란 내담자의 판단과 행동의 원인을 압축하여 제시함으로써 내담자가 이를 받아들이도록 하는 상담기법의 일종이다. 적당한 직면은 내담자의 생각을 명료화하고 변화에 대한 동기를 부여할 수 있다. 상담자는 내담자가 직면을 받아들일 수 있는 수준에 이르렀는지, 이러한 직면을 어떠한 의미로 받아들일지를 고려하면서 직면하게 할 필요가 있다. 직면은 분명하고 간결하게 시도되어야 한다.

한편으로는 ---- 하나 다른 한편은 --- 하군요.
당신은 ---- 하다고 이야기하지만, 또 ----- 하다는 이야기도 하는군요.
당신은 ----- 이야기하지만, 비언어적으로는 -----처럼 보이는군요.
당신은 --- 하다고 말하지만, 행동은 그렇지 않은 것 같군요.

(1) 직면시켜야 하는 상황

내담자 스스로 깨닫지 못하고 있지만 말이나 행동에서 어떠한 불일치가 발견될 때이거나 내담자로 하여금 자신의 욕구에 의해서만 상황을 바라볼 것이 아니라 상황을 있는 그대로 바라보게 해야 할 때 직면이 필요하다. 그렇다 하더라도 직면의 남용은 위험하다. 또한 내담자가 상담에서 어떤 주제나 화제를 피하거나 다른 사람의 의견이나 생각과 느낌 등을 받아들이려 하지 않을 때에도 직면이 필요하다.

(2) 직면 시 주의사항

앞서 언급대로 직면은 상담관계를 저해할 수 있기 때문에 최대한 자제되어야 한다. 따라서 직면 시 다음을 염두에 둘 필요가 있다.

① 자칫하면 내담자가 코너에 몰린다는 느낌을 주기 때문에 신중하고 조심스럽게 적용해야 한다.
② 상담관계를 고려할 때 상담 초기에는 자제하는 것이 바람직하다.
③ 내담자와 상담자와의 신뢰관계를 토대로 적용해야 한다.
④ 직면은 내담자의 부정적인 측면에 초점을 맞추거나, 내담자 자신의 한계를 깨닫도록 하는 것이 목적의 전부는 아니다.
⑤ 내담자에 대한 상담자의 분노와 좌절을 표현하는 수단으로 사용되어서는 안 된다.

> 내담자: 노력은 하는데 잘 되지 않는 것 같습니다.
> 상담자: 노력을 제대로 하는지 아니면 해결이 안 될 만큼만 노력하는지요?
> 내담자: 시어머니는 사사건건 트집을 잡는 것 같습니다.
> 상담자: 시어머니가 트집을 잡는 건지, 혹 트집을 잡힐 행동을 스스로 만드는지요?

10) 즉시성

'즉시성(immediacy)'이란 내담자가 대인관계 장면에서 보이는 문제나 대인관계 유형이 상담장면에서 상담자와의 관계에서도 그대로 재현된다는 것을 전제로 상담장면에서의 관계성을 내담자에게 조망하게 하는 상담기법의 일종이다. 예를 들어 내담자가 상담장면에서 일상에 대한 불평을 털어놓는다면, 이는 상담장면에 대한 불평일 수도 있다. 또한 권위적인 인물과 관계형성에 어려움이 있다고 호소한다면, 이는 상담자와의 관계형성에 어려움을 느낀다는 것일 수도 있다. 즉시성은 통찰을 촉진하고 치료적 관계에서의 문제를 다룬다는 점에서 통찰단계에 주로 이루어진다.

즉시성 반응이 요구되는 상황은 대략 다음과 같다.

(1) 즉시성 반응이 요구되는 상황

① 상담자와 내담자가 긴장을 느낄 때

예민한 문제를 장기간 다루다 보니 서로 신경이 날카로워지는 것 같군요. 잠시 다른 주제를 이야기해 보는 것이 좋을 것 같습니다.

② 신뢰성이 상담의 주요 소재가 될 경우

자신의 문제를 다 털어놓지 못하는 것 같습니다. 상담자인 저에 대해서 아직 확실히 신뢰하지 못해서 그런 것은 아닌지요?

③ 상담자와 내담자 간에 일상의 방식이나 대인관계 유형에서 거리감을 느낄 때

혹시 제가 상담자이기 때문에 바른말만 한다고 느끼지는 않는지요?

④ 상담이 일정한 주제 없이 우왕좌왕할 때

제가 생각할 때 우리의 대화 내용이 일정하지 않고 우왕좌왕하는 것 같습니다. 어디서부터 대화가 꼬이기 시작했는지 실마리를 찾아보는 것이 좋을 듯합니다. 당신의 생각은 어떻습니까?

⑤ 내담자의 의존성이 상담을 방해할 때

당신은 입장을 살피면서 자신의 의견을 말하려 하는 것 같습니다. 혹시 제가 그런 이야기를 하면 싫어한다고 느끼는지요? 그리고 이러한 경향이 다른 사람과의 관계에서도 재현되는지요?

(2) 즉시성 반응의 3요소

① 자각

상담자가 상담관계에서 무슨 일이 일어나고 있는지를 파악하는 것을 의미한다. 즉 상담자가 화가 난다든지, 내담자가 회피하려 한다든지, 상담이 미궁으로 빠져 간다는 것을 알아차리는 것이다.

② 기술적인 면

상담관계에서 무엇인가를 감지하였다면 이를 어떻게 다룰지를 결정하는 것을 말한다.

③ 상담자의 주장성

상담관계에서 인지된 것들을 내담자에게 알리고 이를 변화의 주요 소재로 전환하는 것을 의미한다. 이는 공감반응, 자기공개, 직면 등의 기술을 조합함으로써 가능하다.

내담자: 선생님, 저 같은 문제를 가진 사람이 상담하러 오는지 알고 싶습니다.
상담자: 그런 생각은 별로 중요하지가 않을 것 같군요.
상담자: 누구나 문제가 있는 법이지요.
상담자: 상담이 처음이라 그런 것이 궁금할 만합니다. 다른 사람들도 그런 문제를 가지고 있는지 알고 싶으시군요.
상담자: 다른 사람도 이런 문제가 있는지, 이런 문제가 나 혼자만의 문제가 아닌지 궁금하시군요.
상담자: 다른 사람도 당신과 같은 문제가 있는지 궁금하시군요. 그리고 혹시 제가 이런 문제를 다루어 보았는지도 궁금할 수 있겠습니다.

내담자: 선생님이 저를 무시한다는 생각이 들곤 합니다.
상담자: 무슨 말씀인지 잘 모르겠습니다. 제가 언제 당신을 무시했다는 건지요?
상담자: 제가 당신을 무시한 적이 많다는 말씀이지요?
상담자: 저는 당신의 의견을 늘 존중했다고 생각했는데, 제가 당신을 무시했다니 어찌된 일이지요.
상담자: 저는 당신을 존중하려고 애썼는데, 그렇지 못했다는 말을 들으니 무언가 잘못된 것 같습니다. 어떤 상황에서 그러한 생각이 들었는지 궁금합니다. 말씀을 해주시겠습니까?

내담자: 선생님 이제 상담을 그만둘까 합니다. 이젠 지쳤습니다.
상담자: 상담을 하다보면 그만두고 싶을 때가 있지요.
상담자: 상담을 그만두고 싶을 만큼 현재 힘이 드시군요.
상담자: 상담이 별로 도움이 안 된다는 소리로 들립니다. 무엇이 그렇게 당신을 힘들게 하는지 알고 싶습니다. 이야기해 주시겠습니까?
상담자: 상담을 통해 보다 편안해졌으면 좋았을 텐데 그러지가 못했던 것 같군요. 당신을 지치게 하는 요인들이 무엇인지 우리 함께 이야기해 보았으면 좋겠습니다.

내담자: 저는 요즘 상담을 하면 마치 회사의 부장님과 있을 때처럼 갑갑하다는 생각이 들어요.
상담자: 상담을 한다고 해서 늘 편한 것은 아니지요?
상담자: 회사의 부장님과 함께 있으면 답답함을 느끼십니까?

상담자: 이 상담이 회사의 부장님과 있을 때처럼 무엇인가 당신을 꽉 조인다고 느끼시는군요?
상담자: 저는 잘 의식하지 못했는데, 혹시 제가 회사의 부장님처럼 당신에게 권위적이지 않았는지 모르겠군요. 저의 말에 대해 어떻게 느끼시는지요?

11) 정보제공

'정보제공'이란 내담자에게 특정한 자료, 사실, 자원, 질문에 대한 대답, 의견을 제공하는 것으로 정의할 수 있다. 상담에서 정보를 제공하는 목적은 내담자가 자신의 행동과 사고, 감정을 변화시킬 수 있도록 교육하고, 가르치고 지시하는 것이다. 정보의 제공은 ① 내담자가 정보를 필요로 한다거나, ② 정보를 받아들일 준비가 되어 있거나, ③ 상담자에 대한 내담자의 질문이 현실적으로 타당하다고 판단될 경우, 상담자는 세심한 배려 속에서 문제해결과 관련된 정보를 제공한다. 정보제공은 주로 실행단계(문제해결 단계)에 이루어진다.

흥미로운 사실은 상담장면에서 정보를 제공하는 일은 대단히 빈번하게 일어나며, 내담자들이 문제해결과 관련하여 다양한 정보를 상담자들로부터 제공받고자 하는 욕구가 대단히 높음에도 불구하고, 상담자는 이런 사실을 별로 중요하지 않은 것으로 치부하는 경향이 많다는 것이다. 내담자의 내면세계를 파악하는 일에 지나치게 많은 관심을 기울인다면 내담자는 지치기 쉬우며, 이는 상담관계를 저해하는 요인이 될 수도 있다. 정보의 제공은 상담이 추구하는 중요한 문제해결의 기전이다. 따라서 상담자는 내담자가 원하는 다양한 정보를 제공하는 데 숙달된 능력을 구비할 필요가 있다.

상담에서 다루어지는 정보는 다음의 2가지 유형으로 분류될 수 있다.

① 사실, 자료, 의견

상담자는 종종 자신의 지식이나 경험, 의견, 전문적 기술을 통해 내담자를 교육한다. 심리검사 결과를 해석해 주는 것, 정신집중을 도모하는 방법, 스트레스 대응법, 문제해결에 대한 직접적 방안, 정신성 약물의 효과, 상담관계에서 전이와 역전이의 영향 등에 대한 정보들이 여기에 해당한다.

내담자: 선생님 정신과 약을 먹으니 많이 졸립습니다. 그래도 약을 먹어야 하는지요?
상담자: 예 그렇습니다. 정신과 약은 졸리게 하는 특징이 있지만, 그것이 약 복용의 중단사유가 되기는 어려울 것 같군요. 그렇다고 해서 약을 중단한다면 잠들기가 더 어려워질 수도 있습니다.

내담자: 저도 향후 상담자가 되고 싶습니다. 어느 학과에 지원하면 되는지 알고 싶습니다.
상담자: 예, 그렇군요. 상담자가 되려면 사회복지학과나 심리학과 등에 지원하면 됩니다.

② 내담자에 대한 피드백

피드백이란 내담자의 행위나 사고, 감정에 있어서 상담자의 입장을 전달하는 것이다. 이러한 피드백은 내담자의 자기인식을 증가시키고 행동의 변화를 유발한다는 점에서 효과적이다.

내담자: 선생님이 보시기에 조금 전의 역할극은 어떠했습니까?
상담자: 자기주장은 어느 정도 이루어지는 것 같은데, 새로운 대안을 제시하는 부분에서는 약간 주저하시는 것 같았습니다.

내담자: 선생님, 제가 제대로 상담에 참여하고 있는지 알고 싶습니다.
상담자: 자신의 문제를 해결하려는 데 많은 의지를 보이는 것 같습니다. 그리고 상담에 대한 책임도 높아 보입니다. 아쉬운 것은 변화를 주저하는 것 같더군요.

12) 자기개방화

'자기개방화(self-discloser)'는 상담자가 자신의 개인적인 어떤 것을 드러내는 것으로서, 이는 내담자가 사전에 알지 못했던 것에 대해 현실감을 얻도록 하기 위하여 상담자가 자신을 드러내는 것을 말한다(Hill & O'Brien, 1999).

상담자는 자기개방화를 통해 내담자에게 상담자가 경험했었던 감정이나 경험을 들려줌으로써 내담자 자신이 겪고 있는 감정에 대해 더 이해하기를 기대한다. 자기개방화는 내담자의 참여를 유도한다는 점에서 효과적인데, 이를 일명 '본보기 효과'라고 한다.

자기개방화와 관련하여 정신분석이론은 상담에서 중립성(neutralization)과 익명성(anonymous)을 강조하지만, 자기개방화는 상담자의 솔직하고 실제적이며 치료적 관계를 중시한다. 따라서 자기개방화는 통찰을 목적으로 하지만 한편으로는 인본주의이론에 더 가깝다고 볼 수 있다.

상담자의 개방화는 상담자의 중립성을 저해할 뿐만 아니라 상담자의 약점이나 나약함을 드러내기 때문에 상담자에 대한 내담자의 믿음을 떨어뜨리며 전이유발을 방해한다고 지적되기도 한다. 상담자 역시 내담자가 자신을 약한 존재나 약점이 있는 존재로 보지 않을까? 하는 이유로 자기개방화를 꺼리는 경향이 있다.

자기개방화의 유용성에 대한 실험 연구에서 적당한 자기개방화(한 회기당 5회 미만)를 가미한 상담은 그렇지 않은 상담에 비해 상담자에 대한 내담자의 신뢰를 향상시키고 내담자의 자기표현 수준을 증가시킨다고 한다. 이 연구는 자기개방화의 유용성을 보여 준다고 할 수 있다.

상담자의 자기개방화가 상담에서 전이와 저항 면에서 비효과적이라는 일방적인 관점은 자기개방화의 기능을 과소평가하는 것이다. 상담자가 객관적인 자세로 내담자에게 초점을 맞추고 내담자의 반응을 관찰하면서 자기개방화를 한다면, 이는 새로운 통찰과 관점을 제시하기에 유용하다고 볼 수 있다. 또한 자기개방화는 치료관계를 향상시키고 내담자가 스스로를 보다 더 정상적으로 느끼고 안심하도록 만들며 상담자를 더 신뢰할 수 있도록 하는 데 기여할 것으로 본다.

다음은 상담자의 자기개방화와 관련하여 고려해야 할 사안들이다(Hill & O'Brien, 1999).

① 잦은 개방화는 이 기법의 효과를 반감시킬 수 있다. 따라서 최대한 짧고 간결하게 적용하라.

② 내담자의 입장이 상담자의 경험과 유사하다고 판단될 때 개방화를 시도한다.

③ 상담자는 자기의 개방에 정직해야 하고 개방을 가장하거나 꾸며서는 안 된다. 이는 진실성을 저해하는 요인이 된다.

④ 상담자의 개방화는 과거에 이미 해결된 경험이어야 하고, 내담자가 공격당하는 느낌이 들지 않도록 이루어져야 한다.

⑤ 자기개방화가 상담자의 문제를 해결하거나 자신의 경험을 과시하는 것으로 이용되어서는 곤란하다.

⑥ 자기개방화는 상담자가 아니라 내담자의 문제해결에 초점이 맞추어진 것이어야 한다. 그러므로 상담자는 자기개방화 이후 곧장 내담자의 반응에 초점을 두어야 한다.

⑦ 자기개방화는 내담자가 자신을 통찰할 준비가 된 후에 적용되어야 한다. 그렇지 않다면 내용상 적당한 자기개방화라 하더라도 내담자를 당황스럽게 하거나 저항하게 할 수 있다.

내담자: 저는 정신병리론에 대해서 공부할 때면 교과서에 있는 내용이 마치 저에 대한 이야기인 것 같아서 불안해지고, 그것 때문에 학교에 가기 싫을 때가 많았습니다.
상담자: 음... 저의 경우도 행동과학에 대해 관심이 아주 많았지만 처음에는 교과서의 내용과 저의 입장이 비슷한 것 같아서 힘들 때가 많았습니다. 그 당시 저는 저에게 어떤 문제가 있지는 않는지 걱정할 때였거든요. 혹시 당신도 그런지 궁금하군요.

내담자: 집에 있을 때면 가끔씩 긴장이 되곤 합니다. 특히 아버지가 퇴근하실 무렵이면 더 심해지는 것 같아요. 제가 너무 예민한지, 그런 모습을 아버지에게 들킬까봐 걱정이 됩니다.
상담자: 아버지와 있을 때 힘이 든다면 집에서 지내는 것이 대부분 힘이 든다는 이야기인데요. 많은 경우에 아버지와의 관계가 어려운 것 같습니다. 궁금한 것이 있는데, 저의 경우도 아버지와 단둘이 있으면 어머니와 있는 것에 비해 힘이 든 적이 있었는데, 그 당시 아버지의 의견과 저의 의견이 많이 달랐을 때였습니다. 당신은 어떤지요.

13) 직접적 안내

'직접적 안내(direct guidance)'란 상담자가 제안하는 것, 지시를 주는 것, 혹은 내담자가 해야 한다고 그들이 생각하는 것에 대하여 충고를 제공하는 것으로 정의할 수 있다(Hill & O'Brien, 1999). 이는 상담의 실행단계에서 주로 활용되는 기술이며, 여타의 상담기법보다 직접적이고 상담자의 적극적 개입이 강조된다는 특징이 있다.

직접적 안내는 상담장면에서 상담자가 가치중립적인 입장을 견지하는 정신분석의 한계를 보완할 수 있으며, 내담자중심상담의 단점으로 지적되는 비지시적 상담의 한계를 극복하는 데 효과적이라고 할 수 있다.

정보제공은 상담자의 의견 전달에 초점을 두고 내담자가 취할 행동을 직접적으로 제안하지 않는 데 반해, 직접적 안내는 내담자를 위한 행동을 구체적으로 제안한다는 점에서 구별된다. 예를 들면 "부모님과 관계를 개선하려면 지지적 의사소통이 좋습니다"(정보제공)와 "당신이 부모님과의 관계를 개선하려면 지지적으로 의사소통을 하세요"(직접적 안내)로 표현될 수 있다.

직접적 안내의 효과성에 비해 실제로 상담자는 직접적 안내기법을 전체 상담기법에서 5% 정도만 활용한다고 보고(Barkham & Shapiro, 1986)하는 것으로 볼 때 이 기법을 그리 선호하지 않는 것으로 보인다. 이러한 이유는 직접적 안내가 상담자에 대한 내담자의 의존성을 부추길 수 있고 내담자의 실질적인 욕구를 반영하지 못할지도 모른다는 생각과 관련 있는 것으로 보인다. 따라서 매우 조심스럽게 적용되도록 할 필요가 있다. 다음은 직접적 안내를 활용함에 있어서 고려해야 할 사안들이다.

① 직접적 안내는 전문적 의견이 확고한 지식과 경험에 기초한 신뢰받는 상담자에 의해 이루어지는 것이 유용하다.

② 직접적 안내는 상담자와의 동맹관계가 확보된 후에 이루어지는 것이 바람직하며, 내담자가 상담자로부터 직접적인 정보와 지시, 또는 제안을 수용할 태세가 되어 있는지를 파악한 후 적용하도록 한다.

③ 직접적 안내를 통하여 도움을 줄 수는 있으나 내담자가 그것을 따르도록 강요할 수는 없으며, 내담자가 다양한 대안을 선택하도록 최대한 유도해야 한다.

④ 상담자가 제시하는 대안은 내담자의 욕구와 어느 정도 일치해야 하며, 내담자의 장점(혹은 강점)이 반영되도록 한다.

⑤ 상담자가 제시하는 대안들이 타당한 논리를 가질 수 있도록 하여, 내담자가 쉽게 동의하도록 한다.

⑥ 상담자가 제시한 대안들에 대해 내담자가 동의하지 않는다면 그 사유를 세밀하게 경청하고 이를 공감하도록 하며, 다른 대처기술을 발달시키도록 돕는다.

내담자: 최근에는 남편과 같이 있게 되면 수시로 다투게 됩니다. 저 역시 우리 부부가 다투는 것 때문에 괴롭지만 우리 아이들이 우리의 다툼에 의해 상처를 받지 않을까 두렵거든요.
상담자: 부부싸움이 잦아서 많이 고민하시는군요. 부부싸움을 막는 효과적인 기술을 배워 보면 어떨까요, 특히 부부싸움을 줄일 수 있는 사회기술훈련을 배워보면 어떨까 합니다. 많은 부부들이 이 훈련으로 도움을 받았답니다.

내담자: 오후 업무를 시작하려고 하면 저도 모르게 긴장이 됩니다. 긴장을 하면 업무 능력이 떨어져 회사에 가기가 싫어요. 특별히 긴장될 이유도 없다고 생각합니다.
상담자: 적절한 긴장은 도움이 될 수 있지만 너무 긴장이 된다면 힘이 들겠군요. 음... 긴장이완훈련을 배워보면 어떨까요? 저도 마음이 불편할 때 많은 효험을 보았거든요.

14) 칭찬하기

상담에서 '칭찬(praise)'은 아무리 강조해도 지나치지 않으리라 본다. 칭찬은 상대방의 존재를 긍정적으로 인정하는 수단이며, 내담자는 칭찬을 통해 긍정적인 자기 이미지를 획득하게 된다.

심리학적인 관점에서 볼 때 칭찬은 내담자의 자아를 강화하는 수단이며, 상황을 능동적으로 대응해 나갈 수 있는 능력을 배가시켜 준다. 전이관계를 중시하는 상담에서의 칭찬은 역전이 문제와 관련되기 때문에 최대한 자제되는 경향이 있다. 하지만 적시에 이루어지는 칭찬은 상담관계를 개선시켜 줄 뿐만 아니라 상담에 대한 동기를 부여해 준다. 다음은 칭찬의 원리이다.

① 칭찬은 구체적이어야 한다.

"오늘 멋지십니다!"보다는 "의상이 오늘 날씨와 잘 어울리는 것 같습니다."

② 솔직하고 진지하게 표현한다.

만일 상담자가 칭찬을 무성의하게 하거나 건성으로 하는 것 같다고 내담자가 느꼈다면 칭찬의 효력은 거의 없을 뿐만 아니라 다음 칭찬 역시 먹혀들지 않을 것이다.

③ 칭찬은 간결하게 하라.

모호한 칭찬은 효력이 약하다. 오히려 효과가 반감된다.

④ 상담자는 내담자의 장점을 파악하는 데 익숙해야 한다.

상담자는 일상에서 상대방의 장점을 부각하는 기술을 몸에 익힐 필요가 있다.

3. 질문하기

상담을 흔히 '치료적인 대화' 혹은 '문제해결을 위한 대화'라고도 한다. 질문은 상담에서 절대적인 비중을 차지한다. 상담에서 질문이 중요하다고 하여 모든 질문이 상담에서 유용한 것은 아니다. 너무 많은 질문, 대답이 곤란한 질문, 의미 없는 질문 등은 질문으로서 가치가 없다. 질문의 내용이 마치 권력관계를 의미하게 하는 질문(예를 들면 권위적인 질문)이라면, 이 역시 상담에서는 배제되어야 한다.

본 절에서는 질문의 효과성과 효율성을 높이는 방안에 대해 살펴보도록 한다.

1) 개방적 질문

길을 터주는 질문이라고도 불리는 '개방적 질문'은 내담자에게 답변할 수 있는 가능성을 최대한 열어 주는 데 반해, 폐쇄적 질문은 특정한 답변만을 하도록 유도한다. 또한 개방적 질문은 내담자의 관점과 의견, 사고, 감정까지도 끌어내는 데 반하여 폐쇄적 질문은 오로지 명백한 사실만을 요구한다. 다음은 폐쇄적 질문과 개방적 질문의 예이다.

예 휴가가 끝나고 기분이 어떠한지요? (개방적 질문)
휴가가 끝나서 기분이 섭섭하지 않으신지요? (폐쇄적 질문)

당신과 다툰 후 그녀와 어떤 일이 있었나요? (개방적 질문)
당신과 다툰 후 그녀가 자살하려 했나요? (폐쇄적 질문)

상담을 받으니 기분이 어떤지요? (개방적 질문)
상담을 받으니 기분이 어떻게 좋아졌는지요? (폐쇄적 질문)

2) 간접질문

질문방법에는 '직접질문'과 '간접질문'이 있다. 말 그대로 직접질문이란 '직선적으로 물어 보는 것'임에 비해 간접질문은 '넌지시 물어 보는 것'이다. 직접적 질문은 물음표가 붙으며 내담자의 분명한 답변을 요구하는 질문이다. 반면에 간접질문은 말끝에 물음표가 없는데도 불구하고, 상대방은 질문에 답변하도록 요구받는 형태의 질문이다. 간접질문은 질문을 하면서도 질문 같은 느낌을 주지 않는다는 면에서 의의가 있다.

예 당신은 그런 상황에 대해 어떻게 생각하십니까? (직접질문)
그런 상황이 당신에게 어떠한 생각을 나게 하는지 궁금하군요. (간접질문)

그 다음에 무슨 일이 있었지요?
그 다음에 무슨 일이 일어났는지 궁금하군요.

아버지가 한 말을 어떻게 생각하십니까?
아버지의 그런 말에 대해 여러 가지 생각이 나실지도 모르겠군요.

3) 이중질문

'이중질문'은 내담자가 양자택일해야 하거나 최악의 경우에는 어느 질문에도 답을 하지 못하게 만드는 형식의 질문방식이다. 또한 상담자 쪽에서도 내담자의 답변이 어느 질문에 대한 것인지를 잘 알지 못하게 만든다. 만일 두 개의 질문이 동시에 주어진다면 두 개의 질문은 충족되기 어려울 것이다.

상담자: 저와의 상담이 도움이 된다고 생각합니까? 그리고 자신에게 언제 문제가 있다는 것을 느꼈습니까?
내담자: 뭐라고 말씀드려야 할지 모르겠습니다.

4) 질문은 구체적으로

내담자는 모호한 질문에 대하여 난감해 하거나 모호하게 답변할 수 있다.

> 예 당신은 어렸을 때 죄책감을 느꼈나요?
> 아버지가 그 말을 한 후 당신은 죄책감을 느꼈나요?
> 당신의 어머니는 겁이 많으신가요?
> 당신의 어머니는 낯선 사람에게 접근하는 것을 싫어하나요?

5) '왜'라는 질문

상담에서 흔히 왜곡되어 사용되는 의미가 바로 '왜'라는 표현이다. '왜'라는 질문은 정보를 구하거나 사건의 행동과 원인을 탐색하는 경우에 사용하는 것이 마땅하지만 불쾌감이나 반대의 의미까지 함축하여 사용되는 경우가 허다하다. 따라서 상담자가 내담자에게 '왜'라고 질문한다면 내담자는 상담자가 자신을 비난하거나 자신의 행동을 이해할 수 없는 것으로 이해하였다고 받아들일 가능성이 많다. '왜'라는 질문은 일상에서 너무나 흔히 사용되기 때문에 상담자 역시 '왜'라는 질문을 부지불식간에 사용하게 될지 모른다.

> 예 왜 그렇게 생각하십니까?
> 그렇게 생각하게 된 이유가 있는지요?(대안)
> 왜 그 사람이 바보라고 생각하는지요?
> 그 사람이 바보라고 생각될 만한 이유가 있는지요?(대안)

6) 질문을 해야 하는 상황

앞서 언급하였듯이 질문은 적재적소에 적당하게 이루어져야 한다. 또한 질문은 상담과정을 부드럽고 문제해결의 과정으로 유도하는 기능을 해야 한다. 다음은 질문이 이루어져야 할 상황이다.

① 내담자의 말을 잘 못 알아들었을 때
② 내담자가 상담자의 말을 이해했는지 확인해야 할 때
③ 내담자의 생각이나 감정을 보다 명확하게 탐색하도록 할 때
④ 내담자를 이해할 수 있는 더 많은 정보가 필요할 때

7) 당황스러운 상황의 반응

"내담자는 항상 옳다(the patients is always right)"는 말이 있다. 이는 내담자의 어떠한 말과 행동도 상담에 저촉되지 않는다는 의미를 담고 있다. 즉 상담자는 내담자가 보이는 반응들을 최대한 수용하고 이를 상담의 자료로 활용하여야 한다. 그러나 상담을 진행하다 보면 내담자가 보이는 의외의 반응들이 상담자를 난처하게 만들기도 한다. 본 절에서는 몇 가지 예들을 소개함으로써 당황스러운 상황에 대응할 수 있는 방법을 모색해 보고자 한다.

(1) 상담의 동기가 없거나 떨어졌을 때

내담자: 결국 내 문제는 제가 해결하는 것 아니겠어요, 문제가 있는 것도 그런데 해결까지 남에게 도움 받는 것이 영 마음에 걸려요.
상담자: 남에게 도움을 받는 것이 못난이라고 느껴지시는군요! 상담하러 오는 발걸음이 무거우실 것 같군요.
상담자: 남에게 도움을 받는 것이 마음에 걸린다는 말이죠, 어떤 것이 마음에 걸린다는 말이죠.
상담자: 그렇게 생각하는 것이 당연할지 모릅니다. 하지만 그런 문제를 보다 빨리 해결하기 위해 다른 사람의 도움을 구하는 것도 현명한 일이라고 생각해요.
상담자: 빨리 변화하고 싶은데 그렇지 않다고 느끼시는군요. 구체적으로 어떤 변화를 원하시는지 자세히 듣고 싶습니다.

내담자: 상담을 얼마나 해야 하나요, 몇 번이나 와야 제 문제가 해결될까요?
상담자: 당신은 얼마만큼 필요하다고 생각하십니까?
상담자: 글쎄요, 상담을 해봐야 알겠지만 1주일에 한 번씩 1학기 정도는 해봐야 할 것 같습니다. 우리가 어떻게 하느냐에 따라서 더 빨리 끝날 수도 있을 겁니다.

내담자: (침묵 후 갑자기) 지금 몇 시나 되었지요?
상담자: 3시 10분입니다. 시간이 궁금하셨나 봅니다. 혹시 상담시간이 힘들다고 느껴지지는 않는지요.

내담자: 선생님 결혼하셨습니까?
상담자: 예, 결혼 (안)했습니다. 그런데 갑자기 그것이 알고 싶은 이유가 있는지요?

(2) 대답이 어렵거나 난처한 질문의 경우

내담자: 선생님 우리는 왜 밥을 먹어야만 하나요?
상담자: 보통은 살려고 먹는다고 하지요, 당신은 어떻게 생각하십니까?
상담자: 글쎄 쉽지가 않군요. 그것보다, 어떻게 그런 질문을 하게 되었는지가 궁금하군요?
상담자: 살기 위해서지요, 그런 질문을 하는 걸 보니 마치 '왜 살아야 하나'를 묻는 것처럼 들리는데 맞는지요?

내담자: 선생님을 뵈면 마음이 푸근해져 형님(언니)이라고 부르고 싶은데요?
상담자: 제가 형님처럼 푸근하게 느껴져 그렇게 부르고 싶은 모양인데, 그렇게 부르는 것이 우리에게 어떤 도움을 줄 것 같습니까?
상담자: 그렇게 느낀다니 기분은 좋군요. 형님처럼 느낀다면 이야기하기가 곤란한 점도 있을 것 같은데요, 지금처럼 선생님이라는 호칭이 더 나을 듯합니다.
상담자: 그 마음은 잘 알겠습니다. 저는 선생님이라고 불러주시는 것이 더 좋을 것 같습니다.

내담자: 저의 어머니를 만나 보셨지요, 어머니는 틀림없이 저에 대한 이야기를 많이 하셨을 겁니다. 뭐라고 하던가요?
상담자: 어머니께서 저에게 뭐라고 이야기했을 것 같습니까?
상담자: 그것이 궁금하시군요, 뭐라고 하셨을 것 같습니까?
상담자: 어머니께서는 당신을 --게 이야기하셨어요. 거기에 대해 어떻게 생각하세요?
상담자: 어머니께서는 나에게 한 이야기를 비밀로 하라고 하시더군요. 이 점에 대해서 당신은 어떻게 생각하시는지요?

내담자: 선생님은 참 좋은 분인 것 같아요. 혹시 저의 태도가 선생님에게 거슬리지는 않는지요?
상담자: 저에게 당신의 태도가 거슬릴까봐 걱정이 되는군요.
상담자: 그래요! 어떤 점에서 내가 거슬려할까 생각하시는지요?
상담자: 당신이 가끔 --한 대목에서 애로를 느낄 것이라고 생각되는데요. 맞는지요?

내담자: 선생님은 가난에 대해 어떻게 생각하시는지요?
상담자: 글쎄요, 대답하기가 어렵군요. 당신은 가난에 대해 어떤 생각을 가지고 있는지 궁금한데요?
상담자: ○○씨는 그것에 대해 어떻게 느끼시는지요?
상담자: 물질적으로 심리적으로 결핍된 상태라고 봅니다. OO씨가 가난에 대해 궁금해 하는 이유를 듣고 싶습니다.

(3) 침묵하는 내담자

상담자: 지금 무슨 생각을 하시는지요?
상담자: 힘든 말을 시작한다는 것은 언제나 어려운 일이지요.
상담자: 말로 표현할 수 있을 때까지 기다릴 테니까 안심하고 천천히 말하셔도 됩니다.
상담자: 당신이 하고 싶은 말을 표현하기가 힘든 것 같은데 그렇습니까?
상담자: 지금은 말하고 싶지 않으신 모양이군요. 이야기하기 어려운 이유라도 있는지요?

토의사항

1. 공감과 이해는 상담자와 내담자 간 상담의 동맹을 강화하는 중요한 요인으로 알려져 있다. 내담자의 공감과 이해를 방해하는 요인 3가지를 제시해 보시오.

2. 개방질문과 닫힌(폐쇄)질문의 용도가 상황에 따라 각각 다르다고 학습했을 것이다. 개방질문이 필요한데 폐쇄질문을 한다거나, 그 반대로 폐쇄질문 상황에서 개방질문을 할 경우 발생하는 문제를 각각 기술해 보시오.

3. '무조건 긍정적 존중'이 내담자의 문제해결에 중요시되고 있다. 내담자를 무조건 존중한다는 의미는 무엇이며, 이것이 내담자에게 일으키는 변화의 기제를 3가지 이상 제시해 보시오.

제 3 부

사회복지상담에서 활용하는 주요 상담이론

지금까지 우리는 사회복지상담의 이해를 견고히 하고자 상담의 구조와 상담기술에 대해 살펴보았다. 앞서도 언급하였듯이 상담은 다양한 이론으로부터 발전해 온 원조기술이다. 사회복지상담 역시도 내담자와 상담자의 관계를 토대로 문제를 해결하는 작업이므로 상담에서 활용되는 주요 이론을 충분히 숙지하고 있어야 한다.

상담자는 흔히 나무만 보고 숲을 보지 못하는 우를 범하는 경우가 있다. 또한 숲만 보고 나무를 보지 못하는 경우도 있다. 이는 결국 내담자의 문제를 논리적으로 이해하지 못하는 결과를 초래한다. 따라서 상담자는 내담자의 문제를 체계적으로 이해하고 문제의 발생과 경과와 관련되는 다양한 이론들을 습득하는 데 부단히 노력할 필요가 있다.

오늘날은 상담초심자들이 혼란스러울 만큼 상담에 대한 이론들이 홍수처럼 쏟아져 나오고 있다. 이러한 상담이론은 상호 중첩되기도 하고 완전히 독자적인 관점을 가진 것도 있다. 상담자로서 상담과 관련한 이론들을 다 알기란 현실적으로 어려운 일이다. 그렇다고 해서 상담자가 한두 가지의 이론만을 고집할 일도 아니다.

상담자가 단일이론에만 집착하는 것은 '목수가 마음에 드는 특정 연장에 너무 집착한 나머지 다른 연장을 건축에 활용하지 않는 것'에 비유될 수 있다. 내담자의 지위나 삶의 주기, 처한 환경, 문제의 속성과 원인이 다양하듯 내담자가 가지는 문제를 단 하나의 이론이나 모델로 설명하는 것은 논리적으로 부적절하다.

3부에서는 먼저 진단주의모델의 모태가 된 정신역동이론을 살펴볼 것이다. 연이어 학습이론을 응용한 행동주의 상담이론과 사회복지실천에 큰 영향을 미친 인본주의 상담이론을 다룰 것이며 최근 각광받고 있는 인지이론과 현실치료이론을 살펴볼 것이다. 또한 특히 임상사회사업의 핵심인 집단상담과 가족상담에 대해 살펴볼 것이다. 이러한 이론은 독자적인 형태로 상담이론과 기법을 각각 구축하고 있으며, 추후 등장하는 상담이론의 모체가 될 뿐만 아니라 사회복지상담 장면에서도 매우 빈번하게 적용되고 있다.

Chapter 06

정신역동 상담

1. 개관

정신역동이론은 인간의 내면을 심층적으로 이해하고자 등장한 접근으로서 Freud (1856~1339)에 의해 최초로 제안되었다. 정신역동이론(psycho dynamic theory)은 정신역동 이론, 역동정신의학, 심층심리학, 정신분석적 심리치료이론 등의 다양한 이름으로 불리어 지고 있으며, 다양한 이론의 집합으로서 오늘날은 표현치료(expressive therapy)와 지지치료(supportive therapy)를 양 축으로 하여 사회복지상담을 포함한 일반적 심리치료 영역에서 적극 활용되고 있다. 정신역동이론을 토대로 하는 정신치료는 다양한 이름으로 불리어지는데, 이를테면 표현적 정신치료, 역동정신치료, 정신분석지향적 정신치료, 통찰지향적 정신치료, 탐구적 정신치료, 집중적 정신치료 등이 있다.

정신역동이론은 주로 과거 어린시절에 초점을 두면서 전이(transference)와 저항(resistance)을 문제해결의 주요 수단으로 활용하는 정신분석(psycho analysis)을 필두로 대상관계이론(object relation theory), 자기심리학(self psychology), 애착이론(attachment theory)을 주요 구성으로 한다(Gabbard, 2016). 이들 이론은 독자적으로 상담 장면에 적용되기도 하고 경우에 따라 이론의 절충을 통해 활용되기도 한다. 정신역동이론을 이해하기 위해서는 먼저 정신분석에 대한 이해가 필수적이다. 왜냐하면 정신역동이론은 정신분석을 토대로 분파되어 나온 이론들의 집합체이기 때문이다.

정신분석은 인간이 가진 마음의 병을 과학적으로 규명하는 접근을 가능하게 하였으며, 특히 많은 심리치료 관련 이론들이 정신분석과 비교되어 논의될 만큼 차후 등장한 제반 심리접근의 원형으로 기여하고 있다. 오늘날 정신분석에 대한 이해가 없이는 심리현상에 대해 적절하게 이해하기 어려울 만큼 정신분석이론은 심리상담(치료)을 포함한 전반적인 심리학 발전에 막대한 기여를 한 것으로 평가된다(Arlow, 1979).

오늘날의 정신역동가들은 Freud의 개념을 기본 바탕으로 하면서도 Freud의 가르침을 초월하여 필요하다면 내담자의 행동적인 부분까지도 다룬다. 또한 상담자는 Freud의 방식인 수동성에만 머무르지 않고 능동적인 역할도 수행하며 과제를 활용하는 적극적인 훈습(working through)을 통해 내담자의 행동적인 측면까지 문제해결에 적용한다(장혁표 외, 1993). 따라서 지지(support)와 수용(acceptance), 공감(empathy)까지도 문제해결에 적극적으로 동원하고 있다.

특히 정신분석 개념을 토대로 하는 다양한 학파(대상관계학파, 자기심리학파, 애착이론 등)들은 애초 신경증에만 적용되던 정신분석적 개념을 성격장애, 정신증에 이르기까지 개입의 범위를 확대해오고 있다.

정신역동이론의 토대라 할 수 있는 정신분석의 특징은 다음과 같이 요약된다.

① 내담자(환자)에 대한 실증적인 사례연구를 통해 발전하였다.

② 내담자가 겪는 심리적 문제의 원인과 의미를 보다 체계적이고 근본적이며 심층적으로 이해하게 해준다는 점에서 '가장 기본적이다'는 장점을 가진다.

③ 내담자가 걸어온 거의 모든 삶을 고려하기 때문에 '뿌리치료'로 불리기도 한다.

④ 정신분석이론은 차후 등장한 이론들의 모태가 된다.

2. 주요 이론

본 절에서는 정신역동이론의 토대가 되는 프로이트의 주장을 중심으로 정신역동이론의 주요한 개념을 살펴보고자 한다. 여기에는 정신결정론, 지정학모델, 구조모델이 포함된다.

1) 정신결정론

초기 아동기의 경험은 인격형성의 기초가 되며, 인격장애나 여타 신경증의 발생에 핵심적 요소가 된다는 것은 심리학이나 정신의학 분야에서 널리 받아들여지고 있는 사실이다(이근후 외, 1988). 정신역동학에서는 외적인 행동이나 감정 그리고 생각은 정신 내적인 원인에 의해 결정된다고 본다. 바람이 불면 나뭇잎이 흔들리다가 바람이 멈추면 나뭇잎도 조용해지는 이치와 같다. 즉 인간의 감정과 행동은 아무런 이유 없이 나타나는 것이 아니라 어떤 원인에 의한 결과이기 때문에 행동의 원인이 사라지면 행동도 변화한다고 할 수 있다.

'정신결정론(psychic determinism)'이란 정신분석의 주요 가설로서 인간행동의 원인은 외적인 환경 조건보다는 내적인 과정에 의해 결정되며, 특히 정신의 중요한 구성인 성격은 생후 60개월 정도에 대략 형성된다는 것을 강조하는 의미로 사용된다. 그 이후의 시기가 성격 형성에 중요하지 않다고 보지는 않지만, 상대적으로 60개월이 인격형성에 결정적인 영향을 미치는 시기라고 본다(Brenner, 1972).

생후 60개월은 대략 외디푸스갈등기(oedipus complex)가 끝이 나는 시기로서 이 시기를 거치면서 유아는 나름대로 독자적인 성격을 형성하고 이를 평생 지속시킨다. 따라서 정신분석의 목표는 초기아동기에 형성된 갈등을 현재의 문제와 관련지어 이해하고 이를 내담자가 이해(통찰)하도록 하는 것이다. 즉 정신분석은 분석적인 작업을 통해 '아동기의 경험에 고착된 어린이'를 의식의 세계로 데리고 나오는 것이고, 현재의 신경증적인 갈등이 시대착오적이라는 것을 깨닫게 하여 갈등을 풀도록 돕는 작업이다.

무의식에 갈등이 억압되어 있다는 것을 거의 인식하지 못하는 내담자에게 상담자는 치료적 관계를 통해 내담자가 안전하게 무의식적인 것을 의식화하도록 돕는다. 상담자는 정신결정론에 근거하여 내담자가 경험한 어린시절의 경험이 현재의 문제에 어떠한 관련성을 가지는지 탐색하게 된다.

예 가난에 찌든 어린 시절을 보낸 이가 열심히 노력한 끝에 큰 부자가 되었지만, 그의 마음은 여전히 불안하고 자신이 무능력하다는 사고에서 벗어나지 못하고 있다.

예 5살 경에 길을 잃어 3일간을 보호시설에 지낸 경험이 있는 32세의 김씨는 낯선 지역을 방문할 때면 왠지 모르게 가슴이 두근거리고 주위를 살피는 경향이 있다.

2) 지정학모델

'지정학모델(topographic model)'은 인간의 마음을 무의식(unconscious, 비합리적)과 전의식(preconscious), 그리고 의식(conscious, 합리적)으로 분류한다. 우리가 모르는 세계가 우리의 마음 속에 있다는 것이다. 수치심, 죄악감, 열등감, 상처받은 경험, 성적이거나 공격적인 욕구 등은 억압되어 무의식 속에 저장된다. 이들이 무의식 속에 저장되는 이유는 의식화될 경우 불쾌하거나 두렵기 때문이다(쾌락원칙). 이를 무의식이라고 한다. 무의식은 의식을 지배하지만 개인은 무의식의 존재를 제대로 인식하지 못한다(Brenner, 1972).

정신분석이란 내담자의 무의식을 탐구하고 필요할 경우 이를 안전하게 의식화시키는 작업이다. 무의식이 존재한다는 근거는 꿈이나 실수, 체면 등에서 잘 나타난다.

> 처칠에 대한 유명한 일화가 있다. 처칠은 2차 대전 중에 의회를 소집하여, 영국이 전쟁에 참전해야 한다는 주장하기 어려운 연설을 하여야 했다. 의회에서 처칠은 개회 인사를 한다는 것이 "그만 지금부터 의회를 폐회하겠습니다."라고 하여 좌중을 당황하게 하는 실수를 저질렀다. 이번 의회가 빨리 끝났으면 하는 처칠의 무의식적인 소망이 이러한 실수를 저지르게 되는 것으로 보인다.

주로 생의 초기 수년 동안의 경험에 뿌리를 두고 있는 무의식의 본능적 욕망들은 가만히 정체되어 있는 것이 아니고 기회가 되면 의식으로 올라오려는 속성(무의식의 의식화)이 있는 반면, 자아는 도덕적 이유나 수치심, 존재의 위험을 이유로 무의식이 의식화되는 것을 필사적으로 막으려 한다(억압). 무의식을 억압하는 과정에서 자아는 많은 에너지를 소모하게 되는데, 이는 긴장이나 불안의 형태로 인지된다. 억압된 무의식의 내용들은 그 모양을 바꾸거나 적당한 대치물로 바꾸어서 문지기(자아 검열관)의 허락을 받고 그 모양을 바꾸거나 조각난 파편의 형태로 전의식에 떠오르기도 한다. 내담자의 꿈이나 공상, 증상 등은 모두 무의식의 파생물이라고 할 수 있다. 만일 용납될 수 없는 요소가 있을 때는 감독을 피할 수 있을 정도로 충분히 위장시켜 의식 수준으로 올라오게 된다. 따라서 위장된 수준이 높을수록 그 출처를 확인하는 데 어려움이 따른다.

전의식(preconscious)이란, 어떤 내용이 현재의 의식수준에는 없지만 주의를 기울이면 쉽게 의식으로 떠오르는 의식의 저장고이다. 전의식은 의식 밖에 있지만 의식처럼 합리적 사고의 영역에 있다.

다음은 무의식의 주요한 특징들이다(이무석, 1995).

① 전치(displacement)

하나의 이미지에서 다른 이미지로 이동하는 특징이 있다. 전부에서 부분으로, 일부에서 전부로 이동하기도 한다. 제주도 여성에게 버림받은 경험이 있는 남성은 부지불식간에 제주도 자체를 싫어할지 모른다. 이 경우 제주도 여성에 대한 감정이 제주도 자체로 전치되었다고 할 수 있다. 이러한 전치에는 합리성이나 규칙이 존재하지 않으며, 유사성만 있으면 얼마든지 옮겨 다닌다.

② 압축(condensation)

압축이란 한 아이디어에 둘 이상의 아이디어가 합병된 것을 의미한다. 예를 들어 '꿈속에서 여인을 보았는데 애인 같기도 하고 어머니 같기도 했다'고 한다면 이는 압축과 관련이 있다. 이러한 꿈은 어머니에 대한 소유욕과 이에 대한 내적인 처벌이 관여하여 형성되는 것으로 보인다.

무의식을 이해하는 데는 일차적, 이차적 사고과정에 대한 이해가 도움이 된다(이병윤, 1990). '이차사고과정(secondary process thinking)'이란 자아와 현실원칙의 조정 하에 진행되는 의식적인 정신활동을 의미한다. 이차적 사고과정은 문제해결, 판단, 그리고 체계적 사고를 포함하며, 유기체가 외부환경에 합리적으로 적응하도록 해준다.

이에 반해 '일차적 사고과정(primary process thinking)'이란 현실과 논리에 구속을 받지 않고 자유분방한 본능적 충동의 발산이 일어나는 무의식적 활동을 말한다. 일차적 사고과정은 꿈이나 망상 등이 그 예이다. 다음은 일차적 사고과정의 주요 특징이다.

① 시간에 구애되지 않음(timelessness)

시간 개념이란 의식과 전의식 수준에서 이루어지는 고도의 인지기능이다. 무의식에는 시간의 개념이 없기 때문에 현재와 과거를 구별하지 않는다. 무의식에서는 과거에 있었던 일들을 현재 지금 일어나는 일처럼 받아들이다. 까마득하게 잊은 듯 보이는 어린 시절의 외상(trauma)경험으로 인해 괴로워하는 것이나, K(35세)는 최근에 만난 P와 초등학교 때 한 반이 되어 소풍간 꿈을 꾸는 것이 그 예이다.

② 현실을 무시(disregard of reality)

무의식은 욕구가 현실에서 어떻게 충족되는지에 대해서는 관심이 없다. 무의식의 이러한 특징은 유아나 성인 모두에게 공통적으로 일어난다. 무의식의 집요한 충족욕구는 자아의 검열에 의해 상당 부분 저지되지만, 무의식은 집요하게 id(원초아)의 욕구를 충족하고자 함으로써 자아를 힘들게 한다.

③ 심리적 현실(psychic reality)

무의식은 현실과 실제를 구별하는 능력이 결여되어 있다. 즉 현실과 상상에 대한 구별능력이 결여되기 때문에 상상마저도 실제로 경험된다. 어떤 일은 단지 상상만 했을 뿐인데도 마치 실제로 경험한 것처럼 기억되는 것이다. 정신분열증 환자의 경우 그들이 두려워하는 중대한 사건들의 상당부분은 상상 속에서 만들어진 것들이다. 그러나 그들은 이것이 상상 속에서 이루어진 것이라는 것을 잘 알지 못한다.

④ 모순이 없음(absence of contradiction)

논리적 불일치나 비합리성을 인식한다는 것은 고도의 사고기능을 요구한다. 무의식에서는 상호모순되는 내용들이 충돌되지 않고 잘 공존하고 있다. 따라서 '작은 것'과 '큰 것'이 공존하며, 어머니에 대한 '적개심'과 '사랑의 감정'이 함께 자리잡고 있다. 이는 다음에 설명할 부정이나 반대의 개념이 무의식에 존재하지 않기 때문이다.

⑤ 부정이나 반대개념이 없음(absence of negation)

한 개념에 대해 부정하거나 반대한다는 것은 합리적으로 사고할 때만 가능하다. 전술한 바와 같이 무의식에는 합리적 사고의 기능이 부재하기 때문에 부정이나 반대의 개념 역시 존재하지 않는다. 한 내담자가 '꿈속에서 어떤 여인을 만났는데, 그녀는 엄마가 아니었다'라고 말을 했다면, 이는 어머니에 대한 애정의 감정이 무의식 속에 저장되어 있다가 이것이 의식화되면서 비로소 부정(변형)되기 때문에 나타나는 현상으로 볼 수 있다.

⑥ 실체로서의 말(words as thing)

의식과 전의식이 말(言)을 상징으로 활용하는 반면, 무의식은 그렇지 않다. 무의식에서는 실제 사건에 대한 기억과 심리적 상상 속의 경험이 구분되지 않는다. 억압으로 인하여 상징도 역시 구체적인 실체처럼 취급되어진다. 무의식에는 추상적인 개념이 존재하지 않기 때문이다. 무의식에서는 추상적인 언어나 말이 구체적이고 절대적인 것으로 취급된다. 이는 꿈이나 정신분열병 환자의 사고장애에서 잘 나타난다.

이처럼 일차적 사고과정인 무의식은 억압되어 있으면서 지속적인 의식화를 시도한다. 이 과정에서 무의식은 본능적인 것으로부터 위장되고 변형된다. 증상은 무의식이 의식화되면서 변형된 것으로 이해된다. 따라서 상담자는 내담자의 다양한 표현들을 분석하여 무의식적인 것이 의식화 과정에서 어떻게 변형되었는지를 파악하는 데 관심을 가진다.

3) 성격의 구조론

Freud는 자신이 치료한 내담자들에게서 무의식적인 죄악감이 작용하고 있다는 것을 발견하였다. 그는 지정학적인 개념만으로는 이러한 것들을 설명하기가 어렵다는 것을 알게 되었고, 내적인 죄책감을 설명할 수 있는 모델로서 많은 고민과 연구 끝에 성격은 3가지의 구조로 이루어져 있다는 것을 주장하게 되었다. 이는 1923년 'The Ego and the Id(Freud, 1923)'의 서문에서 '구조론'이라는 용어로 제시되었다.

구조론(structural theory)은 정신분석의 주요 가설로서 인격은 전체 3개의 부분(기능)으로 구분된다는 것이다. 즉 본능적인 욕동을 대표하는 이드(id)와 이드의 본능적 욕동을 조절하고 외부현실과의 사이에서 중재 역할을 하는 자아(ego), 그리고 도덕적인 교훈과 이상(ideal)으로 이루어지는 초자아(super-ego)가 그것이다(Brenner, 1972).

구조론에 따르면 인간의 성격은 3개의 구조물을 가지고 있다. 출생 시 인간은 이드와 자아의 흔적을 가지고 태어난다. 이드는 본능적 욕구로 이루어져 있다. 현실과 접촉하면서 점차 자아가 자라게 되고, 현실적응, 불안의 방어, 마음의 평형, 유지 등의 기능을 하는 자아가 성장하게 된다. 그 후 점차 4~5세가 되면 초자아가 발생한다. 이 3가지의 구조는 상호관계가 병적일 때 이상성격 혹은 병적으로 된다(이무석, 1995).

(1) 원초아

원초아(id)는 독일어의 3인칭 대명사 es(그것, 거시기)에서 유래되었다. 원초아는 본능적인 욕망들과 욕구로 구성되며 가지고 태어난다. 즉 출생 당시 신생아는 거의 원초아 상태라고 해도 무방할 것이다. 먹고 싶은 욕구, 성적욕구, 공격욕구, 의존욕구 등은 모두 원초아의 속성이다. 원초아는 즉각적인 만족을 추구하고 불쾌감을 회피하는 '쾌락 원칙'에 의해 움직이기 때문에 자제력이 없으며 현실을 무시한다. 또한 현실 회피적이고 자기중심적이다. 원초아는 욕망 실현을 위한 사고능력이 없으며, 단지 욕망의 충족을 소망하고 그것을 위해 움직일 뿐이다. 원초아는 무의식적이고 일차 과정 사고로 이루어진다.

만족감과 즐거움의 원천이 되는 원초아는 유기체를 안락한 상태로 유지하는 기능을 한다. 발달상으로 볼 때 유아기는 미약한 자아를 가진 원초아의 덩어리 상태이기 때문에 유아의 행동은 현실을 거의 고려하지 못하고 자기중심의 원시적인 행동을 하게 된다. 성장과정에서 유아는 원초아의 욕구충족이 좌절되는 경험을 하면서 점차 현실을 인식해 나간다. 유아에게 지나친 욕구좌절은 발달상 부정적인 영향을 미치지만, 한편으로는 욕구의 좌절경험을 통해 유아는 보다 원만하게 욕구를 충족할 수 있는 방법들을 경험적으로 학습하게 된다. 이러한 일련의 과정은 자아(ego)의 출현과 성장에 지대한 영향을 미친다.

만일 원초아의 욕구가 지나치게 억압된다면 어떻게 될까? 이 경우 개인은 무기력하거나 즐겁지 않을 것이다. 욕구의 억압은 욕구충족이 제대로 이루어지지 않는 경험과 욕구충족에 대한 내적인 불안의 작용 등 다양한 요인에 기인한다. 욕구가 적절하게 충족될 때 개인은 삶에 활력과 즐거움을 느끼게 되며, 신체적인 건강도 보장될 수 있다. 우리의 몸과 정신은 욕구가 지속적으로 충족되기를 기대한다. 반대로 현실원리보다 욕구충족원리에 너무 집착해 있는 개인이 있다면 주위로부터 게으른 사람 혹은 무절제한 사람, 난폭한 사람으로 불릴 수 있다.

이처럼 개인은 유기체의 보존과 유지에 중요한 기능을 하는 원초아의 욕구들이 현실적인 기반 위에서 최대한 합리적으로 충족되도록 해야 할 과제를 안고 있다. 원초아가 현실에서 제대로 충족될 수 있도록 해주는 정신기제가 바로 곧이어 논의하게 될 자아(Ego)라는 정신기제이다.

(2) 자아

Freud에 의해 처음 사용된 자아(ego)라는 개념은 점차 그 범위가 확대되어 지각, 사고, 감정 및 행동 등의 정신기능을 관장하는 인격의 중추기관으로 인식될 만큼 그 개념이 확장되었다. 현실원칙에 의해 움직이는 자아의 주된 개념적 특징은 원초아의 욕구가 현실의 범위 내에서 충족될 수 있도록 욕구의 충족을 보유하고, 만족을 지연시키는 능력이 있다는 것이다.

원초아와 초자아를 조절하고 지배하며 외부 세계와 상호작용을 유지하는 자아는 '성격의 집행자'라고 불리기도 한다. 이런 맥락에서 볼 때 자아가 위축된다면 자아는 원초아의 욕구가 현실적인 기반 위에서 충족되도록 하는 데 실패하게 되며 초자아의 강한 기준에 압도됨으로써 일상에서 많은 제약을 받게 될 것이다. 이 경우 개인은 난폭하거나 어린아이와 같은 자기중심적인 행동을 보일 수 있으며 심한 죄책감에 시달리거나 불안해지는 감정 상태를 보일 수 있다.

자아는 후천적인 것으로 이해되지만 아주 미약한 수준이나마 가지고 태어난다. 자아는 욕구충족이 좌절되는 경험을 통해 조금씩 발달하게 되며, 자아가 견고하게 발달된 경우 외부와 현실적인 거래를 원만하게 해나갈 수 있게 된다.

자아의 발달과정은 환경과의 상호작용에 의해 많은 영향을 받지만 유전적인 부분 역시 배제하기 어렵다. 정신분석은 자아의 존재나 개념, 역할 등에 대해 구체적으로 언급하고 있다. 하지만 자아의 발달과 확장 등에 대해서는 언급이 미약하다. 단지 자아는 스트레스나 신체적 조건이 취약해질 때 위축된다고 언급하는 정도이다. 개인별로 자아의 양은 일정량 유지되며 주변의 여건이나 내적인 조건들에 따라 일정 부분 위축되기도 하고 확장되기도 한다.

자아가 가진 다양한 기능을 요약해 보면 다음과 같다(Bellack et al., 1973).

① 현실검증(reality testing)
② 판단(judgement)
③ 자신과 세상에 대한 현실감(sense of reality of the world and of the self)
④ 사고과정(thought process)
⑤ 방어기제의 사용(defensive function)
⑥ 통합기능(synthetic-integrative functioning)
⑦ 좌절방벽(stimulus barrier)
⑧ 적응적 퇴행(adaptive regression in the services of the ego)
⑨ 충동, 욕동, 정동의 조절(regulation and control of drives, affects, and impulses)
⑩ 대상관계(object relations)
⑪ 통제력(mastery-competency)
⑫ 자율기능(autonomous functioning)

(3) 초자아

상위 자아로도 불리는 초자아(super ego)는 사회의 기준과 옳고 그름에 대한 자신의 기준을 결정해 주는 마음의 지침이다. 이는 양심(conscience)과 삶의 목표와 야심을 결정해 주는 자아이상(ego Ideal)으로 구성되어 있다. 양심은 충동이 바람직한 형태로 표출되도록 유도하고 본능적인 욕구충족을 억제하는 기능을 하며, 이러한 것이 실패했을 때 자아를 처벌하는 역할을 한다. 자아이상은 행동규범을 제시하는 역할을 하며 성실성이나 충실성과 같은 부모의 목표와 가치관을 동일시함으로써 형성된다.

초자아는 무의식적인 과정으로서 대략 4~5세경부터 발달하기 시작한다. 또한 초자아는 욕구충족 과정에서 주위로부터의 부정적 자극을 학습한 결과로 형성되고, 외디푸스컴플렉스를 종결하는 과정에서 이성의 부모를 동일시함으로써 완성되는 것으로 이해되고 있다. 외부현실과 타협하면서 내적인 욕구들을 충족시키고, 성격의 집행자로 불리는 자아는 근본적으로 부모의 요구와 금지로부터 연유해 나온 초자아의 법칙과 원칙에 의거하여 기능한다. 따라서 자아가 효율적으로 기능하기 위해서는 초자아의 기능이 매우 중요한 역할을 한다고 할 수 있다.

초자아는 부모에 대한 이미지가 마음속에서 내재화되어 형성된다. 그러므로 부모의 양육방식이 비합리적이고 지나치게 엄하거나 포악할 경우 아동의 초자아도 포악하고 가학적인 것으로 형성되기 쉽다. 엄한 초자아를 가진 개인은 엄한 부모가 내재화되어 있어 매사에 죄책감과 우울, 열등감에 빠져 살게 될 가능성이 높다. 또한 가혹한 초자아는 자학적인 성격을 형성하기 쉽다. 비록 탄탄하게 형성된 초자아라 할지라도 그 내용이 바람직하지 않게 형성되어 있다면, 이 역시 문제가 된다. 병리적인 부모의 초자아를 내재화하는 것이 이 경우에 해당한다.

(4) 원초아, 자아, 초자아의 관계

성격형성의 중요한 요소인 원초아, 자아, 초자아의 3가지 구조는 각자 고정되어 있는 것이 아니라 어느 것이 강해지면 다른 것이 약해지는 관계에 있다. 이 3가지의 관계가 상호 조화될 때, 즉 자아가 원초아와 초자아를 잘 조화시키고 상황에 맞게 욕구를 제대로 충족시킨다면 건강한 정신상태가 유지될 수 있지만, 그렇지 못하다면 성격에 문제가 생길 가능성이 높다.

세 구조는 연령이나 외부조건, 약물사용 등에 의해 각각 영향을 받는다. 예를 들면 상대적으로 원초아가 활성화되는 청소년기 때는 보다 반항적이고 충동적인 경향을 띤다. 알코올이나 불법약물, 향정신성 약물을 사용한 경우, 초자아의 검열이 약해져 원초아가 기승을 부리게 되면 평소의 상황과 맞지 않는 판단과 행동을 할 수도 있다.

이 3가지 구조의 집행자는 물론 자아이다. 초자아, 원초아는 결국 자아를 통해 힘을 발휘한다. 자아는 우선 원초아의 물 불 안 가리는 요구들을 상대하여 즉각적 긴장해소를 미루고 개체의 안전을 도모한다. 여기서 자아는 이드의 욕구와 초자아의 감시 사이에서 최상의 방법을 택한다.

자아는 원초아와 초자아의 요구들을 한꺼번에 감당하기 어려울 때 불안으로 반응한다. 이러한 불안은 위험의 출처에 따라 이드불안(신경증적 불안), 초자아불안(죄책감), 현실불안(공포)으로 나누어진다. 불안은 위험이 있으므로 대책을 찾아야 한다는 신호로 받아들여진다.

소원 ➡ 위험 ➡ 불안 ➡ 방어 ➡ 증상형성

그림 6-1 불안과 증상의 형성(Brenner, 1976)

(5) 자아방어

자아의 중요한 기능 중의 하나가 바로 방어기전이다. 방어기전이란 불안, 죄의식, 받아들일 수 없는 충동, 내적 갈등 또는 자아에 대한 위협으로부터 개인을 방어하기 위한 목적에 이바지하는 대개의 무의식적인 자아의 반응 양상이다. 따라서 인간의 모든 행동이 자아방어의 산물처럼 보이기도 한다(방어기전의 다양한 종류들은 '적응과 스트레스'편을 참조하기 바람). 다음의 예를 보자.

> 예 아버지의 자상함이 공격성에 대한 방어인가?
> 헌신적인 어머니의 사랑은 미움에 대한 반동형성인가?

인간의 행동이 자아방어와 상당 부분 관련이 있다는 것을 부정하기 어렵다. 그렇다고 해서 인간의 모든 행동을 자아방어의 산물로 치부한다는 것은 방어기제라는 개념을 문제해결에 활용하는 것을 어렵게 한다. 개인이 사용하는 방어가 상황에 부적절하거나 지나치게 사용될 경우 관심이 주어질 필요가 있다.

상황에 적절하고 문제해결에 효과적인 방어를 적응기전(coping mechanisms)이라 하고, 문제해결에 도움이 되지 못하고 정서적인 어려움을 지속적으로 드러내는 방어를 방어기전(defense mechanisms)이라고 한다. 부적절하게 방어하는 사람은 자신이 방어하고 있다는 것을 전혀 의식하지 못하며, 이들의 방어 역시 문제해결에 그다지 도움이 되지 못한다. 부적절한 방어는 과도한 방어를 사용하게 하며, 이러한 과정에서 개인은 현실을 왜곡할 수 있고 상황에 부자연스러운 감정과 사고를 획득하게 됨으로써 갈등의 정도가 심화될 수 있다(Freud, 1923).

방어기전과 관련한 상담의 과업은 다음과 같다.

첫째, 내담자가 사용하는 방어의 원인이 무엇인지를 파악한다.

둘째, 내담자가 보다 효과적인 방어를 사용하도록 유도한다.

셋째, 내담자로 하여금 방어의 원인을 통찰하게 함으로써 방어의 지나친 사용을 자제하도록 한다.

논리적으로 볼 때 방어를 다루는 효과적 방법은 두려운 충동이나 욕구를 인정하게 하여 자아가 불필요하게 방어하지 않도록 하는 것이다.

다음의 예를 보자.

김씨(여, 32)는 미혼모로서 철수(남, 10)라는 아이를 두고 있다. 그녀는 한때 행정직 공무원으로서 뜻하지 않게 미혼모가 되어 아이를 낳게 되었고, 공직을 떠나 현재는 중소기업을 다니면서 빠듯한 생활을 하고 있다. 그녀는 임신 당시 아이를 낳지 말라는 부모님의 만류를 거절하고 철수를 낳았다. 최근 철수는 오줌을 자주 싸고, 자주 놀라는 바람에 소아과를 경유하여 소아정신과를 방문하게 되었다. 종합검진에서 별다른 이상을 발견하지 못한 의료진은 철수의 문제가 심리적인 것과 관련이 있다고 결론내리고 철수의 어머니에게 심리상담을 권유하였다. 김씨를 상담한 정신보건사회복지사는 김씨가 자신이 받은 급여의 70% 이상을 철수의 과외비로 지출한다는 것을 알게 되었다. 김씨는 아버지 없이 자란 철수를 잘 키우려고 온갖 과외공부를 다 시키고 있다는 것이다. 보다 심층적인 분석을 통해 김씨는 철수에 대해 미운 감정이 많다는 것이 드러났다. 김씨는 무의식적으로 철수가 태어난데 대해 분노의 감정을 가지고 있었고, 철수로 인해 자신의 인생이 망가졌다고 느끼는 듯했다. 이러한 김씨의 감정은 철저히 부정되고 무의식 속에 억압되어 있었다. 철수에 대한 이러한 부정적인 감정들은 반동형성의 방어와 함께 철수에 대한 과잉양육('과외를 해서라도 잘 키워야 한다')으로 나타났다. 이로 인해 철수는 쉴 틈 없이 과외를 받느라 심신이 지치고 어머니의 강압적인 교육태도로 인해 과도한 스트레스에 시달리게 되었으며, 이러한 양상들은 결국 오줌싸개와 불안공포반응을 초래하였다. 김씨를 상담한 정신건강사회복지사는 김씨가 철수를 무의식적으로 매우 미워하고 있으며, 이러한 미움은 무의식적인 죄책감을 유발하여 철수에 대한 과잉교육(반동형성: '나는 우리 아들 철수를 위해 최선을 다하고 있으며, 나의 급여 70%를 과외비로 지출하는 것을 볼 때 나는 철수를 매우 사랑하고 있다.')으로 나타난다는 것을 지적해 주었다. 그리고 철수에 대해 미운 마음이 드는 것이 어찌 보면 당연하다는 것을 지적해 주었고, '미워하는 만큼 바람직한 방식으로 사랑도 함께 주어라'고 일러주었다. 그 후 김씨의 내적인 갈등들은 많이 완화되었으며, 과잉교육도 줄게 되었다. 철수 역시 더 이상 이불에 오줌을 싸지 않았다.

4) 대상관계이론

(1) 주요 이론가

정신분석의 주요 이론의 하나인 대상관계이론(object relation theory)은 오늘날 정신분석 장면에서 가장 많이 활용되고 있으며, 기존의 Freud 이론을 보다 확장하는 데 지대한 공헌을 한 것으로 평가되고 있다. 대상관계이론이 정통적인 정신분석이론과 차별되는 점은 정신분석이론이 개인의 내적인 심리과정을 중시한 반면, 대상관계이론은 대상관계, 즉 어린 시절 대상(대개 양육자)과의 관계를 어떻게 내면화하였는가에 대해 많은 관심을 가진다는 것이다(임종렬, 1999). 대상관계이론은 Klein에 의해 개발되었으며, Mahler, Winnicott, Fairbain, Kernberg와 같은 여러 학자들이 이 이론의 발전에 기여하였다.

(2) 주요 개념

유아는 어린 시절 중요한 인물(주로 양육자)과 기본적인 관계를 형성하게 되는데, 이 과정에서 유아는 대상과의 관계를 내재화하고 차후의 삶에서 관계를 반복하려고 하며, 이러한 특징은 분석장면에서 전이의 형태로 외형화된다. 따라서 상담자는 내담자가 상담자와 어떠한 관계를 맺으려고 하는지에 대해 관심을 가지며, 이를 통해 내담자의 대상관계를 분석한다. 어린 시절에 양육자와 맺게 되는 관계는 인간의 심리적 활동을 선택하고 결정하는 심리구조로 확정되고, 이 심리구조는 차후에 맺게 되는 여타의 관계를 지배하게 된다. 따라서 아동기 때 양육자와의 대상관계는 차후 성인이 된 후에도 지속된다고 본다.

요약하면 개인이 현재 거래하는 대상관계는 어린 시절 자신이 양육자와 맺은 관계라 고 볼 수 있고, 이러한 관계의 내재화는 현재 자신이 거래하는 인물과의 관계틀 속에서 그대로 재현된다. 개인은 현재의 인물을 어린 시절에 형성된 대상관계의 틀 속에서 이해하고 거래하기 때문에 어린 시절에 부정적인 대상관계가 형성된 개인이라면 차후의 삶에서 상당한 문제를 보일 수 있다.

대상관계이론은 다음 3가지로 구분된다.

첫째, 내적 대상관계의 중요성을 강조하는 이론(Klein, Fairbairn 등)

둘째, 현실적인 대상의 역할을 강조하는 이론(Gunderson, Winnicott 등)

셋째, 분리개별화를 강조하는 이론(Mahler, Masterson 등)

다음의 상담사례는 대상관계이론을 보다 잘 보여준다.

43세의 K부인은 과거의 남편과 이혼하고 현재의 남편과 재혼한 상태이다. 현재의 남편은 간섭이 심하고 자기중심적인 인물이다. 현재의 남편과 살면서 K부인은 남편의 전횡에 대해 심한 불만을 가지고 있으며, 남편이 자신을 힘들게 하기 때문에 말다툼이 잦다는 문제를 주로 호소하였다. K부인은 3살 위의 재능 있는 언니를 두고 자랐으며, 어머니가 언니를 편애했다고 진술했다. K부인은 언니에 대한 경쟁심과 심한 무능감을 기억하고 있었다. K부인의 어머니는 K부인의 능력을 인정해 주지 않았고, 이를 불평하는 K를 호되게 나무랬다고 한다. 분석과정에서 K부인은 상담자에게 자신의 약점을 마치 동정하듯이 호소하면서도 상담자가 자신을 무시하지 않을까 조바심을 냈다. 이러한 양상은 남편과의 관계에서도 잘 드러나는데, K부인은 남편이 자신의 입장을 무시한다고 호소하지만 정작, 부부싸움은 대부분 K부인의 일방적인 불평으로 시작되었다. K부인은 전남편이 무덤덤하고 재미가 없는 인물이며, 자신과는 성격이 잘 맞지 않아서 이혼했다고 했다.

추후의 분석에서 K부인은 자학적이고 비난하는 대상관계를 유지하고 있다는 것이 드러났는데, 이러한 경향들은 경쟁적인 언니를 어머니에게 고발하거나 자신의 무능을 드러냄으로써 어머니로부터 관심과 인정을 끌어내려는 수단이 된다고 분석되었다. 현재 K부인이 보이는 비난과 자책의 대인관계 패턴은 이러한 성장과정에 기인하는 것으로 보인다. K부인은 현재의 남편이 자신의 불평과 비난에 대해 도발적인 반응을 보이는 것에 과도하게 불평하였으나, 남편의 도발적인 반응은 K부인이 어쩌면 기대하는 반응인 것처럼 보였다. K부인은 남편을 집요하게 자극하면서도 남편의 흥분반응을 남편의 이상성격 탓이라고 했다. 전 남편은 K부인의 태도에 대해 비교적 얌전한 반응을 보였는데, K부인은 이러한 남편과의 관계에 대해 흥미를 잃었을지 모르며, 이러한 특징이 이혼의 이유가 될 수도 있을 것이다.

요약하면 K부인은 성장과정에서 보였던 비난하고 자책하는 대상관계를 내재화하였으며, 이러한 경향은 '나는 비난하고 자책하는 사람', '상대방은 나의 비난에 과도히 반응하고 나를 비난해 주어야 하는 사람'이라는 내적인 대상관계를 형성하게 된 것으로 보인다. 따라서 K부인은 상대방의 장점보다는 약점을 발견하는 데 관심이 많고, 협력관계보다는 경쟁관계를 설정하려고 하며, 상대가 나를 비난하지 않을까? 과도히 조바심 내는 성격구조를 가졌다고 할 수 있다. K부인은 한마디로 '비난하고 비난받아야 하는 사람'인 것이다.

어린 시절 양육자와의 관계에 많은 관심을 두는 대상관계이론은 양육자-자녀관계를 조명하기 위하여 다음 3가지 측면의 접근을 중요시한다(Scharff, 1989).

① 해당 부모와 자녀들이 가지고 있는 내적 대상관계를 파악하는 일

대상관계이론에서는 문제를 가진 양육자가 자녀에게 왜곡된 대상관계를 형성한다고 보기 때문에, 상담자는 양육자의 대상관계가 어떠한지를 파악하는 데 주력한다. 즉 성장과정에서 '거부하는 대상(rejecting object)' 또는 '흥분하는 대상(exciting object)'이 내재화된 양육자는 자녀를 '거부하는 대상'이나 '흥분시키는 대상'으로 인식하기가 쉬우며, 이 과정에서 양육자의 대상관계를 내재화한 자녀는 무의식적으로 '나는 거부하고 거부당하는 사람' 또는 '나는 흥분시키고 흥분하는 사람'이라는 내적 대상관계를 형성하게 된다.

② 그들이 실재로 경험했던 초기의 부모와의 관계

대상관계의 내재화는 주관적인 과정이기 때문에 부모가 자녀를 비교적 원만하게 대하였다고 해도 자녀가 이를 어떻게 인식하고 내재화했느냐에 따라 내적 대상관계가 설정된다. 양육자가 어떻게 자녀를 양육하였는가 보다는 자녀가 부모를 어떻게

내재화하였는지가 더 중요한 관심 대상이 된다.

③ 공생과 분리개별화의 관계

대상관계의 주요 이론가인 Mahler(1975)는 인간의 발달단계를 실증적으로 제시함으로써 대상관계이론을 보다 객관적이고 실증적인 것으로 발전시켰다는 평을 받고 있다. 그녀의 이론에 따르면 인간의 발달은 자폐기, 공생기, 분리기, 외디푸스 갈등기, 잠재기, 성인기로 분류할 수 있다. 각 단계 중에서도 특히 공생기와 분리개별화기는 인간발달에 중요한 의미를 가진다. 공생기(생후 약 1개월~7개월)에서 분리기(약 7개월~36개월)로 전환하는 과정에서 원만한 발달을 이루지 못한 개인은 향후 의존적이고 독립적으로 되는 데 많은 어려움을 가지게 된다. 극단적으로 볼 때 미숙한 개인은 분리기(독립적)로의 원만한 발달을 이루지 못하고 공생기(의존적)에 머무른 결과로 이해된다. 따라서 상담가는 내담자가 공생기를 원만하게 극복하고 분리를 이루어 독립된 개인으로서 일상에 적응할 수 있도록 도와야 한다.

5) 자기심리학이론

(1) Kohut

자기심리학(self psychology)은 유대인으로 오스트리아 빈에서 태어난 Kohut(1913~1981)에 의해서 만들어진 정신분석이론이다. 정신분석의 주제는 복잡한 정신 상태이기 때문에 정신분석의 방법론은 완전히 객관적인 것이 될 수 없고 내담자의 경험 이상일 수 있다고 판단한 Kohut는 그가 상담한 내담자와의 경험을 명확히 하고 활발한 개입을 통해 얻어낸 자료를 체계적으로 설명하고자 자기심리학이론을 발전시켜 나갔다.

자기애적성격장애(narcissistic personality disorder)를 가진 내담자와의 분석을 주로 하여 자신의 이론을 발전시킨 Kohut는 애초에는 정통 정신분석가였지만 여기서 이탈하여 '자기'(self)라는 개념을 통해 정신분석이론을 펼쳐나갔다. 또한 외디푸스컴플렉스를 더 이상 정신분석의 핵이 아니라고 보고, 이를 분석의 핵심에서 몰아내는 데 큰 기여를 한 점은 정신분석사에서 높이 평가되고 있다(Clair, 1986).

Freud는 자기애(narcissism)를 가진 사람은 관심이 자기 자신에게 쏠리기 때문에 분석과정에서 전이발달에 어려움을 겪게 되는 것으로 본 반면, Kohut는 자기애를 정상적인 발달과정의 성격발달 요인으로 보았으며, 자기애가 고착될 경우 자기애적 인격구조를 가지게 된다고 제안했다. 1965년까지 미국정신분석학회 회장을 지낸 Kohut는 '공감'을 강조하는 Rogers의 인본주의심리학에 정신분석학을 접목시켜 자기심리학을 완성하였다는 평가를 받고 있다.

(2) 주요 개념

① 자기(self)

Freud는 성격의 발달에서 중요한 개념을 자아(ego)로 본 반면, Kohut는 '자기'(self)라는 개념을 통해 자기심리학의 이론을 다듬어 나갔다. Kohut에 따르면 자기는 정신의 핵심으로 발달과정에서 얼마나 강하게 응집(cohesion)되느냐가 성격의 구조를 결정한다고 한다. 즉 건강한 사람은 자기가 잘 응집되고 통합되는 반면, 그렇지 못한 사람은 자기의 강도가 약하다고 보았다(Clare, 1986).

자기에 대해서는 이론가들마다 다양한 주장을 하고 있다. 초기에는 자기를 주로 환경이나 대상과 구별되는 자기 자신(me)의 의미로서 자아(ego)로부터 발달하고 자아 내에 스며들어 있는 심리 내적구조로 이해하였다. 그러나 Kohut는 자기는 하나의 개념이 아니라 공간과 시간을 통한 응집력 있는 하나의 단위로 경험되고 인지되는 것으로 정의하고, 이는 감수성과 창의성의 중심이 된다고 보았다(Kohut, 1977). 따라서 Kohut는 전통적으로 중요시되어 온 자아(ego)를 대신하여 자기(self)를 통해 성격발달을 설명하였다. Kohut의 이론은 자기가 어떻게 타인과의 관계로부터 발아하여 당당한 자기로 발전하는가에 관심을 두었다.

② 자기의 발달

원초적인 수준의 자기는 양육자와의 상호작용에 의해 응집되어 간다. 원초적 자기는 점차 과장된 자기('나는 완벽해')와 이상화된 자기('너(부모)는 완벽해, 너는 나의 일부이다')로 발전한다. 이 과정에서 유아는 자기대상(selfobject)을 필요로 하며, 자기대상을 통해 자신의 욕구를 지속적으로 잘 충족시켜 줄 것(반사욕구)과 그를 더 이상화하고 싶은 욕구를 드러낸다. 왜냐하면 자기대상을 이상화하여 동일시할수록(이상화 욕구) 자신의 전능감이 커지기 때문이다.

자기대상이란 유아의 필요에 반응하여 그러한 역할을 실행하는 사람이나 대상을 의미한다. 유아는 어머니와 자신이 분리된 존재라는 것을 알지 못하며, 어머니가 즉각적으로 유아가 요구하는 것을 충족시켜 주는 자기대상인 어머니와 자신을 하나라고 느낀다. 이러한 느낌은 2~3세에 절정에 이르게 된다.

점차 유아는 양육자의 능력에 비해 자신의 능력이 형편없다는 것을 알게 되고, 양육자로부터의 이상화욕구나 반사욕구가 적절히(non-traumatic level) 좌절하는 경험을 함으로써 욕구의 충족을 지연시키고, 충동의 발산을 참고 견디는 것을 학습하게 되면서 '내가 최고다'라고 하는 과대자기는 감소하여 '현실적 자기'를 형성하게 된다.

양육자와 자신이 분리된 존재라는 것과 자신이 무력하다는 것을 안 유아는 부모를 더 이상화하고 이렇게 이상화된 이미지를 함께 공유하려고 한다. 이 과정에서 자기대상은 '자기(나)'와 '대상(너, 어머니)'으로 변환되며 이로써 유아는 자신과 상대를 제대로 구분하고 알아 가게 된다. 3~5세의 과정을 거치면서 자기는 보다 더 통합되기 시작한다. 이 무렵 유아는 양육자가 힘이 세고 뛰어난 존재라는 것을 경험하면서 양육자를 '이상화'하며, 양육자로부터의 처벌경험과 금기를 경험하면서 초자아를 형성한다. 자긍심이란 초자아의 현실적 자기와 야심, 그리고 이상이 하나로 통합된 것을 의미한다.

유아의 자기가 적절하게 발달하려면 '견딜 수 있는 수준의 적절한 좌절'을 경험해야 한다. 부적절한 좌절이란 양육자가 유아의 욕구를 무시하거나 박탈하며 과잉보호하는 것 등이다. 만일 유아가 부적절한 수준에서 반사욕구나 이상화욕구를 좌절당했다면 유아의 자기는 조각나고 미숙한 자기로 변화하며 활력을 잃게 된다. 이처럼 아동기의 외상과 박탈이 자기가 응집되는 것을 방해한다면 과대한 자기와 이상화된 자기는 성숙한 형태의 자기로 변화하지 않게 된다.

Kohut가 주로 연구한 자기애성인격장애(narcissistic self disorder)는 자기의 구조적장애로서 과대한 자기(grandiose self)와 이상화된 대상(idealized object)이 현실지향적인 자기조직으로 통합되는 과정에서 발생한 장애이다. 만일 성인이 이와 같이 통합되지 못한 미숙한 자기를 가졌다면, 그는 일상에서 미숙한 자기의 특징인 지속적인 반사열망과 이상화된 자기대상과의 융해와 공유에 대한 욕구를 왕성하게 드러내게 될 것이며, 이는 성숙한 성인으로서의 처신을 방해하는 요인이 된다(Clair, 1986).

다음의 예는 자기의 장애를 가진 사례를 잘 보여준다.

> 40살의 K는 우울하고 심적으로 고갈된 상태에서 상담자를 찾아왔다. K는 상담자에 대해 이상화전이(상담자 당신은 매우 훌륭합니다)를 보인 후 과대한 자기(나는 훌륭합니다)를 드러냈다. K는 상담자에 대해 반사전이를 드러내며, 상담자와 제휴함으로써 자신이 괜찮은 사람이라는 느낌을 가지고 싶었다. 그러나 이러한 과정에서 상담자가 휴가를 떠나자 K는 심한 우울감과 슬픔에 빠졌다. 얼마 후 K는 어린 시절에 즐겨 타던 자전거와 관련된 꿈을 꾸었다. 어린 시절에 K는 동생이 태어나고 이로 인해 K가 어머니의 관심 영역으로부터 멀어지자 아버지에게 관심을 받으려 하였으며, 아버지 역시 K에게 적절한 관심을 주지 못하자 K는 좌절하게 되었다. K는 결국 자기애적인 균형과 자긍심을 회복하기 위해 정상적인 자기발달 과정을 멈추고 과대한 자기를 추구할 수 있도록 퇴행하는 모습을 보이기도 하였다. 그러나 이 역시 K의 어머니나 아버지에게 제대로 받아들여지지 못했다. 상담 장면에서 드러난 K의 '과대자기' 양상은 이상화전이('상담자는 훌륭하십니다')와 반사욕구(상담자가 K의 존재를 인정해 줄 것을 기대)의 형태로 나타났다. 이는 K가 발달상에 보인 것과 동일하다. K가 최근에 운동에 탐닉하려는 것은 초기 아동기 때의 좌절된 자기욕구를 운동을 통해 보상받으려는 시도로 보인다. 따라서 아동기의 장난감이나 자전거 등은 자기애적이고 자가-성적(self erotic)인 욕구의 충족수단으로 이해되며, 상담 장면에서 상담자가 휴가를 떠나자 장난감과 관련된 꿈을 꾼 것 역시 아동기 때 K가 경험했던 자기좌절감을 장난감을 통해 보상받으려고 했던 시도와 유사하다. K는 부모의 관심 밖으로 밀려남으로써 경험한 손상된 자기감을 비행기조종사가 되거나 운동 등을 통해 보완하려고 하였다. 아마 동생의 출생이 K로 하여금 자기애성성격장애를 유발하는 데 영향을 미쳤을 것이다. 그러나 만일 K의 동생이 출생하지 않았다면 어머니는 K를 과잉보호했을지도 모를 일이다.

3. 정신역동이론과 상담

1) 정신역동상담의 철학적 가정

전반적으로 정신역동상담은 다음의 철학적 가정에 기초한다(이현림, 2000; Gabbard, 2016).

① 인간은 생물학적 욕구를 충족하는 데 일차적인 중요성을 둔다. 이와 관련하여 유전과 환경적 요인의 중요성도 인정한다.
② 인간의 행동은 목적을 가지고 있으며, 이는 무의식적인 동기에 의해 크게 좌우된다.
③ 정신역동상담가는 내담자의 욕구를 역동적으로 파헤치는 것만 아니라 충분한 지지를 통해 덮어주는 것도 중요함을 안다.
④ 정신역동상담가는 생물학, 문화, 제도 등이 인간행동에 미치는 영향을 이해해야 하며, 정신분석의 기본가정을 잘 이해하고 있어야 한다.
⑤ 상담의 목표는 내담자가 자신의 무의식적인 동기를 이해하고 내재된 잠재력을 활용하여 일상에서 조화로운 생활이 가능하도록 하는 것이다.

2) 목표

적절한 조건 하에서 적당히 사용될 때 정신분석은 지금까지 고안된 치료 중에서 효과적이라는 평을 받고 있지만, 정작 정신분석의 대략적 치유율은 30~60% 정도이다.

정신역동상담의 목표는 소크라테스의 '너 자신을 알아라!'에서 잘 드러난다. 즉 정신역동상담자는 내담자에게 상담의 다양한 기법과 절차를 통하여 내담자가 자신을 잘 이해하고 내적 능력을 통해 상황을 통제하고 스트레스를 이겨낼 수 있도록 지원한다. 이에 대해 Freud는 "정신분석의 목적은 내담자를 완벽한 인간 혹은 갈등이 없는 인간으로 만들려는 것이 아니라, 내담자를 괴롭히는 신경증의 고통(neurotic misery)을 인생살이 중에 누구나 부딪힐 수 있는 현실적인 불행(common unhappiness)으로 받아들이게 하는 과정이다"라고 언급한 바 있다.

정신역동상담의 궁극적 목적은 내담자에게 자신의 심리적 문제에 대해 통찰과 이해를 획득하고 주변 상황에 대한 적응력을 높이도록 돕는 것이다. 이에 대해 Gabbard(2016)는 모든 정신치료는 항상 표현적이면서 지지적이어야 한다고 주장한바 있다. 이는 단지 현 시점에서 표현적 접근이 더 필요하다면 표현적 접근을, 지지가 현 시점에 더 필요하다면 지지적 접근을 선택해야 한다는 것을 의미한다. 다시 말해 정신역동상담은 항상 표현과 지지가 교차되고 혼합되는 장면이다. 따라서 정신역동상담가는 표현과 지지 중 어느 접근이 더 유효할지를 적절하게 판단하는 능력을 구비하고 있어야 한다. 이에 대해 Gabbard(2016)는 가능하면 표현적 접근이 되도록 해야 하고 이것이 불가능하면 지지적 접근을 선택하라고 제안하였다. 통상 자아수준(ego function)이 높을수록 표현치료를 선택하며, 그 반대일 경우 지지적 접근을 우선시한다. 상담의 실제에서는 표현과 지지가 혼합되어 적용된다.

정신역동상담에서는 아래를 염두에 두고 개입 지점을 설정한다. 이는 다음과 같이 정리할 수 있다.

- 정서와 감정을 표현하도록 하기
- 회피하려는 경험을 파헤치기
- 반복되는 상황이나 패턴 찾기
- 과거의 경험 논의하기
- 대인관계의 패턴을 알아내기
- 긍정적 상담관계의 내재화
- 소망이나 꿈 파헤치기
- 암시의 잠재적/명시적 사용
- 역기능적 신념을 직면시키고 교정하기
- 문제해결 방법 검토시키기
- 내담자의 경험을 긍정적으로 공감하고 지지하기
- 문제해결을 위한 내담자의 노력을 지지하고 격려하기

정신역동 측면에서 볼 때 대부분의 내담자는 어린 시절 양육자와의 관계에서 부적절한 경험을 한 것으로 본다. 즉, 내담자는 양육자로부터 과잉보호 당함으로써 성장에 필요한 자율성이 박탈당했거나 유기나 방치됨으로써 성장에 필요한 애정이나 인정 등에서 결핍을 경험했을 수 있고, 심한 신체적 혹은 성적 학대를 당했을 수도 있다. 경우에 따라 내담자는 양육자의 불완전한 성격구조로 인해 발달에 불리한 자기이미지(self-image)를 형성했을 수도 있으며, 가족성원의 힘겨루기에 희생양이 된 사람일 수도 있다(이장호, 1985).

정신분석의 핵심은 현재 내담자에게 증상 유발의 원인으로 받아들여지고 있는 무의식적 갈등을 의식화시키고 아동기 때 있었던 양육과정에서의 부정적 경험을 교육과정을 통해 교정하는 과정을 포함한다. 이 이론에 따르면 내담자의 무의식 속에 잠재되어 있는 갈등들이 적절하게 해소되지 않으면 심리적 긴장이 발생하고 심한 경우에는 신경증적인 증상을 유발하게 된다. 내담자는 억압된 무의식적인 갈등을 거의 인식하지 못하고 있으며, 이 갈등들은 억압된 채 현실거래에 필요한 자아의 기능을 속박한다. 만일 자아가 억압된 갈등의 의식화를 막는 데 과도하게 동원된다면, 자아는 현실 거래에 무능해지는 결과를 초래하게 된다.

정신역동상담가는 내담자의 합리적인 의식적 자아와 동맹을 맺고 통찰(insight)과 이해(understanding)를 통해 아동기 양상의 지배로부터 내담자를 자유롭게 해주고, 훈습을 통해 이를 일상에서 일반화하도록 돕는다. 이를 위해 상담자는 내담자의 과거경험(주관적 혹은 객관적)을 공감적 수준에서 경청하고 발달경험과 현재의 상황을 연계지어 분석해 줌으로써 어린 시절의 경험이나 사건을 마치 현재의 일로 착각하는 내담자가 현실과 맞서도록 도와준다. 물론 이 과정에서 자아가 약한 내담자에게는 충분한 수준의 공감 제공을 중시한다. 따라서 통찰과 이해, 충분한 공감과 지지는 정신역동상담의 중요한 개입 도구가 된다.

> 개인은 아동기 때 가족구성원에 대해서 취했던 태도를 후에 타인에게도 반복하는 경향이 있고 타인을 가족성원의 일부와 동일시하는 경향이 있으며 아동기 동안 자신에게 행해졌던 것을 타인들로부터 받으려는 경향이 있다(Saul, 1975).

Saul의 지적처럼 정신역동상담은 내담자가 지금까지 깨닫지 못했던 방법으로 마음의 문을 열게 해주며, 성숙한 기능과 적응을 방해하는 뒤떨어진 아동기 양상의 지배로부터 마음을 자유롭게 해주어 내담자의 현실적인 적응을 강화하고자 한다.

정신역동상담은 내담자의 문제유발 원인을 이해, 통찰시키는 데 머무르지 않고 더 나아가 내담자가 통찰을 통해 새로운 일상을 경험하고 이러한 경험을 통해서 보다 효과적인 방법으로 일상에 적응하도록 하는 데 초점을 둔다. 정신분석의 효과가 보다 일반화되도록 하기 위해서는 분석과정에서의 경험을 내담자가 일상에서 지속적으로 연습할 것이 요구된다. 이는 훈습(working through)을 통해 획득되도록 한다.

'일하고 사랑하는 능력'이 정신건강의 지표라는 Freud의 견해와 오락참여 역시 정신건강의 중요한 지표라는 Saul(1972)의 견해를 종합할 경우, 정신역동상담자는 내담자가 사랑하고, 사랑받을 줄 알며, 책임감 있는 일에 참여하고 해롭지 않는 오락을 즐길 수 있는 능력을 가지도록 돕는 역할을 수행한다고 할 수 있다. 정신역동상담의 시제가 주로 과거에 위치하는 것은 내담자의 어려움이 아동기에 그 뿌리를 두기 때문이다.

요약하면, 정신역동상담은 내담자의 무의식적인 내면세계를 의식화시키고 내담자에게 무의식적인 갈등이 현재의 증상을 일으킨다는 것을 이해(통찰)시키며, 위축된 자아를 지지와 공감을 통해 활성화시킴으로써 당면한 문제와 스트레스에 대응할 수 있는 능력을 향상시켜 현실에 대한 적응력을 높이도록 하는 것을 목적으로 한다.

3) 내담자와의 관계

모든 상담이 그러하듯이 정신역동상담 역시 내담자와의 치료관계를 중요시한다. 왜냐하면 관계가 제대로 되지 않을 경우, 상담자의 해석과 직면에 내담자가 불필요하게 저항할 수 있기 때문이다. 물론 저항은 정신역동에서 다루어야 할 중요한 상담의 과제 중의 하나이다. 정신역동이 전이를 강조한다고 해서 상담자의 태도가 여타의 접근에 비해 경직되고 완고하다는 느낌을 주기도 하지만 정신역동상담자 역시도 시종일관 신뢰와 온정적인 태도를 견지해야 한다.

Frank(1971)는 정신역동치료에서의 관계에 대해 다음의 6가지를 제안하였다.

① 내담자와 감정적으로 충만한 믿음의 관계를 수립
② 상담자에 대한 내담자의 신뢰감을 강화하기
③ 내담자의 문제에 대한 형태와 근원, 그리고 그들을 처리해 나가는 가능한 대안과 관련된 새로운 정보를 제공하기
④ 내담자로 하여금 상담에 대한 기대를 높이기
⑤ 내담자의 희망 고조 및 숙달감과 대인간의 능력 증가시키기
⑥ 정서적 각성을 촉진하기

(1) 상담자 측면

정신역동상담자의 태도와 접근은 지적으로는 과학적이어야 하며, 정서적으로는 성숙해야 한다. 또한 상담자는 상담과정에 대해 책임감을 인식해야 한다. 숙달된 기술이 부족한 채 열정만으로는 상담을 진행하기가 어렵다. 역으로 열정과 헌신이 부족한 상담기술 역시 위험하기는 마찬가지다. 내담자에 대해 상담자가 취할 가장 바람직한 태도는 이해(understanding)와 공감(empathy)이다. 내담자는 상담자가 자신을 정확하고 타당하게 이해하고 그의 편에 서서 내담자를 이해하고 공감하려는 노력을 토대로 통찰과 이해를 제공하려는 확신이 들 때 정서적 안정과 문제에 대한 이해를 확장시켜 갈 수 있다.

다음은 정신분석에서 중시하는 상담자의 태도를 몇 가지 제시하였다(이무석, 1995).

① 상담자는 성숙해야 하고 진실하며 내담자를 돕는 데 흥미를 갖추어야 한다.
② 내담자는 상담자를 과거 어린 시절의 부모로 인식하는 경우가 많기 때문에, 상담자는 어린이와 함께 있을 때처럼 지지적이고 관용적이어야 하며 동시에 현실적이면서도 성인 대 성인의 관계를 유지하려고 노력해야 한다.
③ 내담자의 자아가 성장할 수 있도록 상담자는 내담자에게 존경심과 신뢰를 보여 주어야 한다.

④ 내담자의 성숙한 사회관계 확립을 위하여 상담자는 내담자와의 동등한 성인 대 성인의 가치를 가질 수 있도록 한다. 상담료를 제대로 지불하게 하는 것은 이러한 측면과 관련이 있다.

⑤ 내담자는 상담자를 현명한 부모로 인식하고 두려워하는 경향이 있는데, 상담자의 내면에 있는 어린이가 이러한 유혹에 넘어가지 않도록 유의해야 한다.

⑥ 상담자는 상담시간과 비용, 사례수 등에 대해 현실적인 감각을 유지하고 있어야 하지만, 이것이 상담자의 합리적인 운신을 통제하지 않도록 노력해야 한다.

⑦ 내담자의 욕구를 충족시켜 주지 않는 욕구의 절제 하에서 실시되는 상담관계와 내담자의 조건에 의해 내담자를 차별하지 않는 중립적 자세가 요구된다.

⑧ 상담자는 상담과 무관한 자신의 정보를 주지 않는 익명성(annonymouty) 관계를 중시한다.

(2) 내담자 측면

정신역동상담이 반드시 장기적 상담을 전제로 하는 것은 아니지만 대체로 장기상담의 형태를 띤다는 점에서 정신역동상담은 상대적으로 비용의 문제와 더불어 상담자가 일정한 조건을 갖추어야 함을 중시한다(이무석, 1995).

한편 Gabbard(2016)는 내담자와 상담자의 동맹은 다음의 조건, 이를테면 상담에 대한 동기가 높고 문제해결에 대한 애착이 강할수록, 내담자가 가진 문제를 상담을 통해 해결가능하다고 확신하는 정도가 클수록 동맹이 견고해진다고 보았다. 또한 정신역동 상담의 효과는 내담자가 상담자와 형성하는 동맹의 수준이 높을수록 효과가 커진다고 주장하였다.

Nicholi(1988)는 정신분석 상담이 가능한 내담자의 조건을 다음과 같이 제시하였다.

① 치료동맹이 가능한 내담자여야 한다: 이러한 치료동맹(therapeutic alliance)은 분석과정에서 발생하는 방해물의 제거와 치료동기 유발에 도움을 준다. 만일 자아강도가 허약할 경우 지지적 접근을 통해 동맹의 수준을 높여가야 한다.

② 분석과 통찰이 요구될 경우 치료적 퇴행을 견딜 수 있는 내담자여야 한다. 만

일 자아강도가 허약하거나 스트레스 수준이 높을 경우 표현적 접근보다는 지지적 접근을 선택하는 것이 바람직하다.

③ 분석적 접근을 할 경우 전이신경증을 형성할 수 있는 능력 있는 내담자여야 한다: 내담자는 어린 시절 중요한 인물과 경험했던 갈등을 현재의 상담자와 재경험하게 되는데, 이 과정에서 발생하는 다양한 압박들을 견딜 수 있어야 한다.

④ 적절한 자아기능을 가져야 한다. 만일 내담자에게 자아기능이 결여되어 있다면 상담과정에서 다루게 될 어린 시절의 외상경험이나 좌절에 대해서 혼란스러운 반응을 보일 수 있다. 만일 자아기능이 약하다고 판단될 경우 지지적 접근을 주로 활용해야 한다.

⑤ 사고와 감정을 행동보다는 말로 표현할 수 있어야 한다: 내담자는 분석과정에서 상담자와 논리적인 대화를 수행할 수 있고, 자신의 감정을 행동화하지 않을 수 있어야 한다. 또한 상담자와의 대화를 제대로 이해할 수 있는 기본적인 지적 능력을 지녀야 한다.

정신역동상담에서 긍정적 성과를 거둔 내담자의 조건에 대해 Gabbard(2016)는 다음의 조건을 제시한 바 있다.

① 치료종결 시점에 상담자와 긍정적인 관계를 가진 내담자
② 내담자가 지닌 갈등의 주제와 상담자의 해석이 일치하는 경우
③ 상담초기에 치료동맹과 지지동맹을 형성할 수 있는 내담자

(3) 관계형성 방해요인

앞서 언급한 대로 상담은 관계를 이용한 심리정서적 문제를 교정하고 치유하는 작업이다. 따라서 상담의 관계는 상담자가 시종일관 상담자와 생산적인 관계를 형성하도록 노력해야 한다. 이를 위해 상담자는 내담자가 편안히 자기이야기를 하도록 배려하고, 충분한 공감과 격려를 통해 힘든 이야기를 드러낸 내담자에게 격려를 표현하고 상담에서 클라이언트가 연약한 존재가 되지 않도록 배려해야 한다.

상담자의 입장에서 관계를 방해하는 요인을 살펴보면 다음과 같다(Gabbard, 2016).

① 내담자가 표현하는 부정적 문제를 상담자가 견디지 못하는 경우
② 지지가 부족한 채 내담자를 과도하게 직면시키려고 하는 경우
③ 병력의 청취에 몰입하여 과도히 과거사를 말하도록 요구하는 경우
④ 내담자의 표현을 기록하는 데 집중함으로써 내담자의 감정과 정서를 사물화하는 경우
⑤ 네.. 네.. 등의 기계적인 말투를 지속하는 경우

4) 단기적 정신역동상담

정신역동상담은 통상 장기적 상담으로 인식되는 경향이 강하다. 하지만 내담자의 50%가 3회기 이내에 상담을 종결하고 심지어 1회 상담에 참석하고 그만두는 경우도 전체 상담자의 35%이고, 대다수가 6~8회기의 상담을 넘기지 않고 중단한다는 점에서 단기상담이 더 많이 권장되는 추세이다(Cabaniss, 2015).

흔히 단기상담을 10회기 이하로 정의하기도 하며, 경우에 따라서는 24회기 까지도 단기상담으로 정의하기도 한다. 기간으로 볼 때 2~3개월을 의미하며, 길어도 6개월 이내로 종결되는 경우를 일컫는다. 기존 연구들에 따르면 내담자의 역동적 변화에는 35회기의 정신역동상담이 요구된다고 본다. 단기상담이 권장되는 또 다른 이유는 치료기간을 정하고 상담을 진행할 경우 중도탈락률이 1/2로 감소하기 때문이다.

Gabbard(2016)가 제시한 단기상담에 부합하는 내담자의 조건은 다음과 같다.

① 문제가 비교적 집중적이고 덜 광범위한 내담자
② 초기 2~3회기의 면담에서 역동성이 확인이 되는 내담자
③ 내담자의 문제가 인격적 결함에 기인하는 정도가 약한 경우
④ 강박증이나 공포증 등의 불안을 호소하는 경우
⑤ 적응장애(adjustment disorder)의 문제를 가진 경우
⑥ 성숙한 대상관계가 가능한 경우

4. 상담의 기술

1) 치료계약

정신역동상담에 돌입하기 전에 상담자는 내담자가 상담에 대해 어느 정도 알고 있는지, 이전에 유사한 치료경험이 있는지를 알아보고 심리상담의 원리와 기대효과를 현실적으로 설명해야 한다. 정신치료의 효과를 지나치게 재보증하는 것은 상담과정에 내담자를 의존하게 하거나 중도에 좌절하게 하는 요인이 된다. 내담자의 참여 여부와 내담자가 제시하는 문제의 성격에 따라 치료의 효과도 다양해진다는 것을 알려야 한다.

다음은 정신역동상담에서 상담료와 상담 시간을 포함하는 제반의 치료계약에서 고려되어야 할 지침들이다(이무석, 1995).

① 상담료

대부분의 사회복지상담은 상담료를 국가가 부담하는 경우가 허다하지만 사설로 운영되는 개업사회복지상담의 경우 내담자가 상담료를 자가부담해야 한다.

많은 경우의 상담자는 상담료와 관련한 이야기를 내담자와 직접 공개적으로 논의하기를 주저하는 편이다. 하지만 상담료는 상담에 필수적인 조건이므로 애매하게 처리되어서는 곤란하다. 상담자 자신이 직업 언급하는 것이 필요하며 불가피한 경우라면 행정지원 부서의 담당자가 직접 정확히 언급하는 것이 바람직하다. 왜냐하면 상담료에 대해 내담자와 직접 의견을 나누는 과정에서 내담자가 상담에 대해 어떠한 입장을 견지하는지에 대한 정보나 역동을 파악할 수 있기 때문이다. 또한 상담자가 상담료에 대한 직접적인 언급을 주저하는 경우라면 이에 내재된 상담자의 역동을 살펴보아야 할 것이다. 이러한 점은 상담의 이론을 초월하여 모든 상담 장면에 공통적으로 적용되는 사항이다.

흔히 상담료는 내담자에게 부담이 될 정도가 되도록 하는 것이 상담의 효과를 제고하는 데 도움이 된다고 한다. 만일 상담료가 지나치게 적을 경우, 내담자는 상담에 소홀해지거나 싼 상담료로 인해 상담자에게 부담을 느끼게 된다. 또한 부정적인 사고, 이를테면 "상담자가 나에게 다른 요구를 해올지 몰라"라고 생각할 수도 있다. 상담자 또한 '내담자에게 봉사한다는 생각'을 하게 되어 관계 자체가 치료적으로 작용하는 것을 방해할 수도 있다.

역으로 상담료가 지나치게 비싸다면 내담자는 상담에 대해 현실적인 부담을 가질 수 있으며 상담에 대해 마술적인 기대를 보일지도 모른다. 경우에 따라 내담자는 비싼 상담료를 통해 상담을 자학하는 수단으로 활용하기도 한다. 상담자 역시 비싼 상담료에 대한 죄책감과 조기에 상담효과를 내야 한다는 압박감에 시달릴 수도 있다. 상담자는 시간과 상담의 가치에 대한 합리적이고 알맞은 치료비의 상한 범위를 설정해 놓고 내담자의 조건에 따라 이를 적용할 수 있다. 상담료의 결정에 내담자를 참여시키는 것은 내담자가 상담에 대한 현실감을 가지도록 하는 데 도움이 된다. 사설 상담소의 경우 상담이 상담자의 생계와 관련된 측면도 있다는 것을 부정하기 어렵다. 경우에 따라 상담자가 지역사회의 관행이나 비용의 경제학적인 측면을 무시하고 비현실적인 수준(너무 높거나, 낮거나)에서 상담료를 결정하려는 경우가 있는데, 이러한 경우 상담자는 이와 관련한 자신의 역동이 무엇인지를 검토해 보는 것이 바람직하다.

② 상담시간

상담자는 상담의 전체 기간과 주당 빈도, 그리고 일회기의 상담시간 등을 고려하되, 상담의 전체 기간을 미리 정하는 것은 바람직하지 않다. 왜냐하면 정해진 상담기간과 문제의 해결과정이 일치되지 않는 경우가 많으며, 정해진 기간을 초월하여 상담이 이루어질 경우 내담자에게 부당한 전이가 발생할 수 있기 때문이다.

주당 회기는 4~5회 정도에서 1회 정도로 다양하게 정할 수 있다. 상담은 대개 45분에서 50분 정도로 이루어지도록 계약하는 것이 원칙이며, 분석과정에서의 자료나 분석 상황에 따라 상담시간을 단축하거나 연장하는 것은 바람직하지 않다. 이럴 경우 내담자는 자신이 제시하는 자료들에 의해 상담자가 분석시간을 조절한다고 믿음으로써 자유연상에 많은 방해를 받을 수 있기 때문이다. 또한 상담 시간을 일정하게 정해 놓을 경우 내담자는 분석과정에서 다루어진 하나의 주제가 빨리 끝날 경우 무의식 속에 남겨 놓았던 재료들을 신속하게 끄집어 올리려는 동기를 가질 수 있기 때문이다.

2) 저항 다루기

"정신분석은 전이(transference)와 저항(resistance)의 작업이다"라고 할 만큼 저항 다루기는 정신역동상담의 중요한 작업이다. 저항이란 분석과정에서 내담자가 자신의 무의식이 상담자에 의해 의식화되지 않도록 방해하려는 내담자의 모든 태도를 말한다.

또 하나의 방어인 저항은 상담과정에서 내담자가 왜 그러한 방식으로 행동하는가에 대한 단서를 준다. 즉 분석을 방해하려는 내담자의 무의식적 소망과 회피하려는 갈등이 무엇이었는지를 알게 해준다는 점에서 저항은 의미가 있다. 다시 말해 내담자가 어떤 상황에서, 그리고 어떠한 내용의 해석에 대해 저항하는지를 파악하는 것은 내담자의 무의식을 이해하고 갈등의 본질을 파악하는 데 중요한 단서가 된다.

상담에서 저항은 다양한 형태로 나타난다. 문제를 해결하고자 상담실을 방문한 내담자가 상담자의 다양한 처방을 그럴싸한 핑계로 거부하는 것, 상담자로부터의 직면이나 해석에 대해 과도하게 반응하는 것 역시 저항으로 볼 수 있다. 좀 더 자세히 보면 내담자의 긴 침묵, 상담시간에 까닭 없이 혹은 그럴싸한 핑계로 수시로 늦는 것, 치료비를 제때 지불하지 않는 것, 어느 시점에 이르러 자유연상이 제대로 이루어지지 않는 것, 자신에 대해 이야기하면서 남의 말하듯 하는 것 등은 저항의 한 형태로 볼 수 있다.

저항의 원인을 네 가지로 나누어 보면 다음과 같다(이무석, 1995).

상담자는 저항을 체계적으로 다룰 수 있어야 한다. '왜 내담자가 특정 시점에서 그러한 방식으로 행동하는가?', '내담자가 회피하려는 갈등은 무엇일까?'와 같은 질문을 스스로 계속 던져야 한다. "내담자의 저항에 직면한 상담자의 태도는 항상 분석적으로 유지되어야 한다"는 것은 저항을 다루는 중요한 지침이다.

상담자는 저항이 발생하는 기전을 다양한 측면에서 파악하고 이를 해석하여 내담자가 수월하고 안전하게 본질적인 갈등에 직면할 수 있도록 도와주도록 한다.

3) 전이

'전이(transference)' 역시 저항만큼이나 정신역동상담에서 중요하게 다루어지는 주제이다. "분석과정에서 내담자는 상담자를 마치 유년시절의 중요한 인물(대개 부모) 대하듯 한다"는 말은 전이현상을 잘 설명해 준다. 내담자는 자신에게 전이가 일어나고 있다는 것을 상담자가 개입하기 전에는 거의 알지 못하기 때문에 이러한 특수 착각은 개선되지 않고 계속 유지된다.

전이란 '상담과정에서 상담자를 과거 중요한 인물로 느끼는 것'에 한정하는 개념이지만 엄밀하게 보면 일상에서의 보편적인 현상이다. 즉 현재의 인물에게서 느끼는 이미지들은 과거 인물에 대한 이미지의 연속물이며 과거에서의 경험이 부정적일수록, 특히 유년시절의 부정적인 대인 경험은 현재 생활에서 부정적인 전이로 나타날 가능성이 크다.

상담과정에서 전이는 종종 전이저항의 형태로 나타난다. 상담자는 이러한 전이저항을 분석함으로써 내담자가 자신의 행동에 대한 통찰을 가지도록 한다. 전이는 상담과정에서 중요한 비중을 가지는 만큼, 상담자는 전이를 잘 다룰 수 있어야 하며 내담자의 부정적 전이에 차분하고 합리적으로 대응할 수 있어야 한다.

흔히 상담자의 '중립적인 태도'와 '자신을 드러내지 않는 익명성'은 내담자의 전이를 다루고 전이를 유발하는 데 효과적인 것으로 간주된다. '내담자의 내면 속의 나(상담자)는 누구일까? 아버지일까, 어머니일까 혹은 그 다른 누구일까?'라는 질문을 던져 봄으로써 상담자는 내담자의 전이에 접근할 수 있다. 하지만 전이에 대응한다고 해서 중립성과 익명성을 지나치게 행사해서는 자칫 상담관계를 붕괴시킬 수 있으므로 매우 조심해야 한다.

전이와는 반대 의미로 사용되는 역전이(counter transference) 역시 전이만큼이나 중요하게 다루어져야 한다. '나는 지금 이 내담자를 누구로 느끼는가'라는 질문은 역전이를 다루는 데 효과적이다. 어떤 반응이 전이반응으로 평가될 수 있으려면 그 반응이 과거의 그 무엇과 반복적인 성격을 띠고 있어야 하고, 현재의 상황에 부적절한 것이어야 한다. 만일 내담자의 반응이 상황에 납득할 만한 것이라면, 이를 전이로 보기는 어렵다(Greenson, 1967).

긍정적인 전이는 치료에 도움을 주고 증상의 호전을 빠르게 한다. 그러나 반듯한 상담자라면 내담자의 긍정적인 전이반응에 중립적으로 반응하기 때문에, 긍정적 전이는 곧장 부정적 전이로 변질될 수도 있으므로 주의해야 한다. 긍정적 전이는 내담자의 변화를 부르는 단초가 되기 때문이다.

역전이는 다양한 형태로 나타난다. 내담자에게 필요한 사람이 되고 싶다거나 상담자 자신이 전능하다는 평가를 받고 싶거나, 특정한 장애나 성별의 내담자를 피하고 싶어진다면, 이는 역전이로 볼 수 있다.

다음은 긍정적 전이와 부정적 전이의 양상이다(이무석, 1985).

다음은 긍정적 전이의 양상이다.

① 상담자를 긍정적인 인물로 바라본다.
② 상담 시간에 일찍 도착하고 상담자의 능력을 높게 평가한다.
③ 상담자의 신상에 관심을 표하며, 치료실이 아늑하게 느껴진다고 말한다.
④ 상담자에 대한 꿈이 늘어난다.

이에 반해 부정적인 전이의 징후는 다음과 같다.

① 치료의 효과에 대해 의문을 가진다.
② 치료실의 조건이 마음에 들지 않는다고 말한다.
③ 치료비 지불을 미루거나 상담자의 안색이 안 좋다고 걱정하는 경우가 잦다.

4) 통찰

내담자가 '통찰(insight)'을 가지게 하는 것은 상담자의 주요한 과제이다. 대개의 통찰은 주로 치료 중기에 다루어진다. 통찰이란 이전에는 이해하지 못했던 개인의 정신적, 감정적 갈등의 요소들을 자각하여 알게 되는 것을 말한다. Freud는 참된 통찰은 개인을 내적 갈등으로부터 자유롭게 하는 효과를 가지고 있다고 하여 통찰의 중요성을 강조한 바 있다. 상담자의 분석방식은 내담자의 통찰에 많은 영향을 미친다. 그 외에도 내담자가 통찰에 이를 수 있는 능력, 예를 들면 높은 지능, 감수성, 낮은 저항, 내성 등의 요인 역시 통찰에 많은 영향을 미친다.

통찰은 크게 '지적 통찰'과 '정서적 통찰'로 나누어진다(이무석, 1995). 지적 통찰이란 상담자로부터의 해석을 단지 해석으로 받아들이는 수준의 통찰로서 피상적인 통찰일 가능성이 높은 반면, 정서적 통찰이란 확신과 감정반응이 동반된 수준의 통찰로서 상담자의 해석이 개인적인 체험과 함께 받아들여지는 수준의 통찰을 의미한다.

정서적 통찰은 내담자에게 매우 큰 치료적인 경험을 제공한다. 이러한 통찰의 경험은 무의식적인 갈등을 자각하는 데 대한 저항이 감소함으로써 획득될 수 있기 때문에, 통찰의 획득은 상담자와 내담자의 강한 치료동맹을 필요로 한다.

내담자가 통찰에 이를 경우 대개 '아하', '그래요 바로 그겁니다', '이제야 알겠습니다', '명료해지는 것 같습니다'라는 반응을 보인다. 섣부르게 얻은 통찰은 섣부르게 사라지는 법이다. 통찰을 얻도록 하는 데는 상당한 시간이 소요되며, 지적인 수준에서 이루어지는 통찰은 치료적이지 못하다. 이런 경우 통찰을 얻었다 하더라도 증상의 소멸로 이어지지 않는다.

내담자의 통찰이 내담자의 행동변화로 연결되도록, 그리고 임상장면에서의 변화가 일상에서 일반화되도록 하려면 변화를 일상에서 일반화시키는 노력이 필요하다. 이러한 측면에서 지속적인 훈습과정은 통찰이 일상에서 일반화되도록 도와준다.

5) 훈습

'훈습(working-through)'이란 상담과정에서 획득한 긍정적인 변화가 일반화되도록 하는 작업이다. 제대로 된 훈습의 과정을 거치게 될 경우 내담자의 분석은 종결로 향할 수 있다. 훈습이 필요한 이유는 내담자가 변화를 바란다고 하지만 무의식적으로는 이에 저항하기 때문이다. 내담자는 자신이 없애고자 희망했던 증상들에 익숙해져 있을 뿐만 아니라 증상이 사라진 새로운 방식의 삶에 적응해야 하는 과제를 가지게 된다. 내담자의 증상은 내담자가 현실에 적응하는 과정에서 타협한 산물이기 때문에 증상을 제거하려면 새로운 타협을 해야 하고 이렇게 하기 위해서는 많은 시간과 시행착오가 필요한 법이다. 그래서 훈습은 '지속적이고 반복적인 해석' 과정을 포함한다.

해석이란 내담자로 하여금 근본 갈등에 도달하게 하여 근본 갈등을 알도록 교육하는 것이다. 따라서 극적인 해석을 꾀하기보다는 느리고 꾸준한, 그리고 계속적인 해석이 문제해결에 도움이 된다.

훈습의 과정에서 상담자는 끈질기며 반복적으로 해석할 필요가 있다. 그렇다고 해서 해석이 상투적이어서는 곤란하다. 즉 상담자는 해석에 있어 새롭고 변화 있는 해석을 모색하여야 한다. 내담자가 문제를 다른 각도에서 바라보게 하며 사용하는 용어를 바꾸어서 해석하고 새로운 예를 들어 내담자를 납득시키는 노력이 필요하다.

훈습은 내담자를 키우는 과정이다. 이를 위해서 상담자는 통찰을 바탕으로 변화를 시도하는 내담자를 격려하고 다양한 시행착오들을 지지하며 과거로 회귀하려는 내담자의 시도를 차단하고 내담자가 변화를 위해 더 많이 노력하도록 유도해야 한다. 이러한 노력은 상담과 일상의 장면에서 일관되게 나타나도록 하는 것이 바람직하다.

6) 종결지침

'많은 상담이 종결된다기보다는 중단된다'고 할 정도로 제대로 된 종결을 맞이하기가 어렵다(Novick, 1982). 이는 종결에 대해 많은 관심을 가져야 함을 시사한다. 정신역동상담에서 종결에 대한 기준은 상담의 초기에 세운 목적이 달성된 경우이다. 앞서 언급하였지만 정신역동상담의 목적이 새로운 사람을 만들어내려 한다거나 완벽성에 초점을 두는 것이 아니기 때문에 시작시점부터 종결을 염두에 두고 상담계획을 수립하는 것이 효율적인 종결에 도움이 된다.

내담자의 문제가 다양하고 상담자의 관점이 다양하기 때문에 종결지침을 일반화하기란 쉬운 일이 아니다. 종결에 대한 기준은 내담자 스스로가 문제를 해결할 수 있는 능력이 생겼느냐 하는 것이다.

종결에 대한 보다 구체적인 기준은 다음과 같다.

첫째, 내담자의 성격구조가 변화할 때, 즉 자아기능이 부정적 방어에 동원되는 경향이 줄고 통찰이 증가하며, 자기성찰이 이어져 자기성찰과 문제에 대한 이해가 이루어진다고 판단되는 경우이다.

둘째, 초자아의 가학성이나 경직된 도덕성이 줄고 자율적인 가치체계에 의해 스스로 결정할 수 있을 경우이다.

셋째, 갈등의 원천에 대해서 자각하고 이해하는 능력이 보일 경우 종결을 고려할 수 있다.

내담자들은 종결에 대해 다양한 반응을 보인다. 상담의 효과가 좋았거나 상담자와 의존관계가 형성되어 있거나 평소 분리불안의 문제를 가진 내담자의 경우라면 종결을 대상상실로 받아들일 가능성이 높다. 따라서 종결도 철저하게 훈습되어야 한다. 내담자는 경우에 따라 종결을 성취감으로 반응하는 경우도 있다. 이는 종결 이후의 변화될 삶에 대한 기대, 상담료와 시간적 부담으로부터 벗어날 수 있다는 판단이 내담자를 후련하게 만들기 때문이다.

때때로 내담자는 상담자와 헤어짐을 견디기 어려워하기 때문에 종결에 앞서 일방적으로 상담을 중단(drop out)하는 경우도 있다. 또한 종결을 막기 위해 문제를 악화시키는 경우도 있다. 물론 이러한 필요성은 무의식적인 수준에서 일어나기 때문에 내담자는 이를 제대로 인식하지 못한다. 종결에 대한 감정은 상담자에게도 일어난다. 역전이로 인해 상담자는 종결을 알리지 못하고 질질 끌기도 한다(이무석, 1995).

정해진 규칙은 없으나 종결에 대해 운을 띄우고 내담자의 반응을 살피는 것이 바람직하다. 종결에 대해 운을 띄운 후 보통 한두 달 후에 날짜를 정한다. 물론 종결된 후에도 추후의 상담이 더 필요한 경우 다시 상담에 돌입할 수 있다는 것을 충분하게 알려야 한다. 끝으로 종결과정에서의 전형적인 멘트이다.

> "자, 이제 상담을 끝낼 때가 되었습니다. 그런데 마지막 만나는 날짜를 정하는 것은 이별의 문제 때문에 중요한 과정입니다. 잘 생각하시어 편하고 적당한 날짜를 잡아보심이 좋을 것 같습니다."

5. 평가와 사회복지실천

1) 평가

정신분석이 출현하기 이전만 해도 심리적인 문제를 가진 사람들은 '꾀병쟁이'로 받아들여졌다. 인간을 포괄적으로 이해하고 사정할 수 있는 도구를 제시하였다는 점에서 Freud의 공적은 실로 혁명적이라고 할 수 있다. Freud가 정신분석이론을 제시할 그 당시에는 심리, 정서적인 문제를 가진 개인을 원조하는 데 관심이 적었으며, 방법도 잘 모르는 상태였다. Freud는 '대화(talk)'가 문제를 해결할 수 있다는 것을 입증하였으며 상담(또는 심리치료)의 기술을 풍부하게 하도록 기여한 다른 이론가들의 출현을 자극하였다. Freud의 이론이 완벽하지는 않더라도 인간을 이해하고 심리적인 문제를 해결하는 전형을 제시했다는 점에서 그의 업적은 그 누구와도 비교되기 어려울 것이다.

프로이트의 욕동이론의 한계를 극복하고자 다양한 이론가들이 연이어 출현하였고, 정신역동상담은 프로이트의 이론과 이들 다양한 이론을 중심으로 하여 발전해 오고 있다. 정신역동이론이 분석지향적 접근만 고수하지 않는다(Gabbard, 2016). 분석과 통찰지향적 접근에 더하여 지지적 접근까지 폭 넓은 스펙트럼을 가지고 내담자에게 접근한다는 점에서 매우 절충적인 형태로 발전해 오고 있으며 최근에는 공감과 정서적 지지에 기반하면서 상담관계 형성을 중시하는 경향이 강하다.

본 절에서는 정신역동의 주요 접근 방식의 하나로서 통찰과 이해를 주로 하는 정신분석적 접근의 한계[1]를 제시하고자 한다(Zastrow, 1999).

① Freud가 제안한 개념들을 검증하기가 어렵다.

예를 들면 거세불안, 남근선망, 죽음의 본능, 외디푸스컴플렉스, 무의식적 갈등, 리

1) 앞서 언급하였듯이 정신역동접근은 상담(표현치료)에서부터 지지적 접근(지지치료)까지 접근의 스펙트럼이 매우 넓다. 내담자의 자아수준과 상담에 대한 동기 및 참여수준을 고려하여 상담적 접근과 지지적 접근이 선택된다. 어떤 정신역동상담가도 상담과 지지 중 하나만 선택하여 접근하지는 않는다. 상황에 따라 상담과 지지를 선택적으로 사용한다는 것을 이해할 필요가 있다. 여기서는 통찰과 분석에 치우쳐 진행되는 정통 정신분석의 한계를 제시한 것임에 유의하기 바란다.

비도 등의 여러 개념들이 실제로 존재하는지에 대해 과학적으로 검증하기가 어렵다.

② 정신분석을 받은 사람들의 회복률이 그리 높지가 않다.

정신분석을 받은 사람이 그렇지 않은 사람들에 비해서 호전율이 그리 높지 않다는 충격적인 조사는 다양한 연구들에서 드러났다. 이러한 원인으로 우울증과 같은 문제를 가진 내담자가 정신분석에 참여했다는 점과 정신분석이 내담자의 직접적인 문제의 해결에 무관심했다는 점이 거론된다.

③ Freud의 이론은 사춘기 이후의 성격발달에 대해 무관심하다.

에릭슨을 포함한 다수의 이론가들은 인생 전반에 걸쳐 성격이 발달한다고 주장하지만 Freud는 사춘기 이후의 성격발달에 대해 전혀 언급하지 않는다.

④ Freud의 정신분석은 성을 성격발달의 핵심으로 본다.

이러한 측면은 성을 억압하던 당시의 시대상을 반영하는 것으로 보이지만 성이 성격발달을 전부 설명한다고 보기에는 무리가 있다는 지적을 제기하게 한다.

⑤ 정신분석은 고비용과 장기간의 회기를 요구한다.

정신분석은 통상 주 2회의 회기와 수년간의 상담기간을 요구한다는 점에서 고비용과 저효율의 문제를 가지고 있다는 비판을 받고 있다.

2) 정신역동과 사회복지실천

정신역동이론은 사회복지실천과 오랜 역사를 공유하고 있다. 초기의 사회사업은 전문직으로서 마땅한 개입도구를 구비하지 못하였기 때문에 전문직으로 평가받는데 한계가 있었다(Zastrow, 1999). 이러한 상황에서 등장한 정신분석이론은 사회복지사들을 매료시키기에 충분했다. 이는 추후 진단주의 사회복지실천모델로 구체화되었다. 지금의 정신분석은 추후 등장한 다양한 이론들을 절충하여 정신역동상담의 형태로 발전하고 있다. 오늘날 정신치료(psychotherapy)라면 통상 정신역동치료를 의미할 정도로 심리치료와 상담분야에서 정신역동치료는 매우 큰 비중을 차지한다.

앞서 언급하였지만 오늘날 상담은 대부분 특정한 한 가지 모델에 치우쳐 접근하기보다는 다양한 상담이론을 절중하는 경향이 강하다. 이러한 절충과정에서 정신역동상담은 내면의 무의식을 이해하고 어린 시절이 현재의 행동과 정서, 사고에 미치는 영향을 이해하는 준거를 제공한다는 점에서 사회복지상담에 기여하는 바가 매우 크다고 할 수 있다.

한때 정신분석을 통한 전문화의 시도는 사회복지실천의 정체성을 모호하게 한다는 비난을 낳기도 하였다. 즉 심리내면의 역동적 접근을 통한 개인의 변화는 빈곤의 원인으로 지목된 바 있는 '사회의 구조적 모순'을 방치함으로써 결과적으로 사회구조적 모순을 옹호하는 결과를 낳는다는 비난이 그것이다. 이러한 비난은 1970년 이후에 등장하는 미시(micro)와 거시(macro)접근의 '통합적 접근'에 의해 어느 정도 해결될 수 있었다.

정신분석이론은 사회복지실천에 있어서 다음의 의미를 가진다(최옥채, 2003).

첫째, 정신분석이론은 '대화가 내담자를 변화시킬 수 있다'는 토대를 제공해 주었다. 정신역동상담 이론은 사회복지사들에게 개인이 어떻게 행동하고 왜 그러한 행동을 하는지에 대한 이해의 틀을 제시해 주었다. 또한 심리사회적 문제나 여러 가지 성격상의 문제를 보이는 클라이언트의 행동을 설명해 줄 수 있을 뿐만 아니라 그들 스스로가 자신들의 문제를 인식할 수 있도록 돕는 방법을 제공해 주었다.

둘째, 정신분석에 근거하는 정신역동적 이론들은 사회복지사에게 개인을 사정하는 객관적인 준거틀(reference framework)을 제시해 주었다. 사정은 사회복지사의 핵심적 기능으로서 클라이언트의 문제를 다양한 측면에서 규명하는데, 이 과정에서 정신분석이론은 사회복지사에게 클라이언트의 심리적·가족적 요인이 내담자의 현재 문제에 어떠한 영향을 주고 있는지를 규명할 수 있도록 도와준다.

정신역동모델은 개인과 사회변화를 중시하는 사회복지의 이중적 접근에서 개인의 변화를 지지하는 중요한 이론적 배경이 된다.

본 장에서 정신역동이론에 많은 지면을 할애한 것은 상담영역에서 정신역동이론이 가지는 역사적 상징성을 고려한 결과이다. 특히 정신역동상담의 이슈와 원리들은 다음 장에서 다룰 여타의 상담이론들은 정신역동상담과 어떠한 차이를 보이는지를 이해하는 데 도움을 줄 것이다.

토의사항

1. 프로이트가 제시한 정신분석이론이 성적인 부분에 치우쳐 있다는 비판을 받은 바 있다. 이에 대한 당신의 입장은 어떠한가요?
2. 정신역동이론이 개인의 심층적 무의식에 초점을 두고 진행된다고 볼 때 '환경 속의 개인'의 관점을 견지하는 사회복지상담의 입장과는 어떻게 절충될 수 있다고 보는가?
3. 정신역동상담에서 표현적 접근과 지지적 접근의 차이 3가지를 제시해 보시오.

이 론 의 실 습

4학년인 대학생 B는 최근 졸업을 앞두고 학생상담센터를 방문하여 상담을 요청하였다. 심리검사 결과 무기력, 긴장, 열등감, 공격성이 확인되었다.

B는 마땅한 스펙이 부족하고, 희망하는 직장에 들어가기 어렵다는 생각에 가슴이 답답하고 잠을 설치며 혼자 있고 싶을 때가 많다고 한다. 부모님이 기대하는 직장에 들어가야 한다는 생각에 마음이 급하지만 자신감이 없고, 우울한 기분이 들 때는 아무것도 하기 싫어지고 어딘가 떠나고 싶다고 호소한다. 가끔 안 태어났더라면 나을 것 같았다는 생각이 들고 취업이 안 될 것 같은 생각이 밀려들 때는 초라하고 한심하다는 생각에 사로잡힌다고 한다.

두 부모님은 교사이고, 위의 형은 얼마 전 공무원 시험에 합격하여 부모님을 기쁘게 해 준바 있다. 형에 대한 자격지심이 있고, 부모님이 자신에 대해 기대하는 바가 낮다고 생각하며 스스로 열등감이 강한 것으로 나타났다. B는 상담을 통해 자신감이 커지고 사람들과 잘 어울리면서 대인관계가 좋아지기를 기대하였다.

▶ 위의 사례가 정신역동 상담에 적용될 경우 어디에 주안점을 두고 상담을 진행해야 할지 3가지를 제시해 보시오.

Chapter 07

인본주의 상담

1. 개관

Rogers(1902~1987)에 의해 주창된 '인본주의(person centered)'는 오늘날 상담과 심리치료 분야의 대표적인 이론으로서 막강한 입지를 굳히고 있다. Rogers는 정신분석과 행동주의 방식의 전통을 거부하고 '내담자를 향한 상담자의 일정한 조건'이 개인성장의 핵심이라고 주장하였다. 그는 자신의 경험이나 연구를 토대로 1940년대에 '비지시적 치료'를 제시하였는데, 이것이 인본주의 상담이론의 유래이다.

Rogers는 "모든 인간은 자신을 지지하고 존중하며, 진심으로 믿어 주는 조건에서 성장할 수 있는 가능성을 지녔다"고 믿었는데, 이는 당시 주류를 이루던 정신분석학이나 행동주의 심리학에 비하면 대단히 급진적인 발상이었다(Raskin, 1996).

오늘날 인본주의 이론은 사회복지학, 심리학, 정신의학, 교육학 등의 실천영역에서 중요한 이론적 근거가 되고 있다. 애초에 인본주의 이론은 사회사업에 의해 많은 영감을 받았지만, 추후에는 사회복지실천의 중요한 이론적 배경이 되고 있다.

Rogers는 상담자의 온화함과 반응성, 그리고 내담자의 감정이 자유롭게 표현될 수 있도록 하는 허용적 분위기와 아무런 강압을 받지 않는 관계를 특징으로 하는 비지시적 상담을 제안하였다. 그 후 '비지시적'이라는 말을 버리고 '내담자중심'이라는 용어를 사용하다가 1974년에 '인본주의'로 바꾸었다(Hawtin, 2000).

인본주의 상담의 기본이론은 '만일 ~한다면, ~할 것이다(if ~ then ~)'라는 가설의 형태로 표현된다. 만일 상담관계에서 상담자 역할을 하는 사람이 이른바 '일치성', '긍정적 존중' 및 '공감적 이해' 등의 태도를 유지한다면, 그로 인해 내담자는 성장을 향한 변화를 경험하게 된다는 것이다. Rogers(1959)는 심리치료를 '잠재적으로 능력이 있는 개인 안에 이미 존재하는 능력을 해방시키는 것'이라고 보았다. 인본주의 이론은 관계에 대한 이론이며 내담자의 내부지각을 중시하고 신뢰에 기초하는 깊고 수용적인 의사소통을 중시한다.

인본주의 이론의 특징은 인간의 잠재능력과 가능성에 대한 믿음이다. 인간에 대한 이러한 믿음은 이론을 떠나 대인원조에 종사하는 전문가라면 누구나 취해야 할 기본적인 태도로 받아들여지고 있다. 특히 인본주의 이론은 인간의 가치와 존중을 강조하고 내담자들의 강점을 강화하여 사회적 적응을 도모하는 사회복지상담의 가치와 상당 부분 맥을 같이한다고 볼 수 있다.

2. 주요 이론

인본주의 이론은 인간의 성격에서 나타나는 변화의 방식에 많은 관심을 둔다(Rogers, 1951). Rogers에 의하면 각 개인은 독특한 존재이며 태어날 때부터 자신이 희망하는 그 무엇에 도달할 수 있는 잠재력을 충분히 가지고 있다. 그럼에도 불구하고 이러한 잠재력이 실현되지 못하고 심리적인 문제에 빠져 있게 되는 것은 자신의 잠재력을 스스로 파악하지 못했거나 잠재력을 실현할 수 있는 주변의 자극이 부족하기 때문으로 본다.

1) 존중에의 욕구와 가치의 조건

인간은 태어나 성장해 가면서 '나는 누구인가'라는 질문을 끊임없이 하게 되며 이 과정에서 스스로에 대한 어떠한 개념을 확립하게 되는데, 이를 자기개념(self-concept)이라고 한다. 이러한 자기개념은 주위와의 지속적인 상호작용에 의해 형성된다. 즉 자신에 대한 주위의 지속적인 메시지나 반응을 종합하여 스스로에 대한 이미지를 형성하게 되며, 이러한 이미지는 자기개념으로 견고해진다(Holdstock & Rogers, 1977).

이러한 자기개념이 형성되고 나면 개인은 타인으로부터 긍정적인 관심(positive regard)을 받으려는 욕구를 가지게 된다. 다시 말해 유아는 '나는 괜찮은 사람'이라고 느끼고 싶어 하는데, 만일 주위에서 '너는 괜찮아'라는 메시지를 지속적으로 제공하게 될 경우 유아의 자기개념은 '나는 괜찮은 사람'으로 형성된다. 이와 반대로 '너는 문제야', '너는 바보야'라는 메시지를 받았다면 유아의 자기개념은 부정적인 것으로 형성될 수 있다.

유아가 긍정적인 자기개념을 형성하기 위해서는 주위로부터의 긍정적인 관심(positive self regard)을 획득해야 한다. 유아는 주위(대개 양육자)로부터 긍정적인 관심을 획득하기 위해서 자신의 입장이나 욕구를 포기하고 대신에 양육자의 입장에 맞추어 자신의 행동을 결정하게 된다. 양육자의 입장에 맞출 경우 더 많은 긍정적인 관심을 더 끌어낼 수 있기 때문이다. 이를 가치의 조건화(conditions of worth)라고 한다. 가치의 조건화란 아동이 어른으로부터 인정을 받을 수 있는 것과 아닌 것을 구별하는 외적인 조건인데, 아동의 행동이 어른의 입장과 일치하게 되면 "나는 가치가 있는 사람이다(긍정적인 자기개념 형성)"이고, 그렇지 못하면 "나는 가치가 적다(긍정적인지 못한 자기개념 형성)"라는 이미지를 형성하게 된다. 즉 어른으로부터 인정을 받으려는 본능적인 욕구로 인해 아동은 어른의 가치를 내면화하게 되고 어른들의 가치 조건에 부합하는 방향으로 자기를 형성해 나가게 된다. 이러한 과정을 통해 아동은 부지불식간에 사회화되며 자신을 포기하고 어른들의 입장에 길들여지게 된다.

예를 들면 의사가 되기를 희망하는 부모를 둔 아동은 부지불식간에 "나는 의사가 되어 부모를 기쁘게 해야 해"라는 자기개념을 가질 가능성이 높다. 만일 이 아동이 부모가 원하는 대로 하지 않을 경우 부모로부터 긍정적인 관심을 받지 못할 것이다.

2) 자기와 경험의 불일치

앞서 언급한 바와 같이 유아는 양육자의 가치조건에 부합하는 방향으로 자기를 형성해 나간다. 유아는 어른(양육자)으로부터 긍정적인 인정을 받으려고 부지불식간에 어른의 입장을 내면화하게 되는데, 만일 내면화한 어른의 입장이 아동의 가능성이나 잠재력 실현에 유리한 것이라면 아동은 손쉽게 자아를 실현할 수 있겠지만, 부모의 입장이나 조건이 아동의 가능성이나 잠재력에 불리한 것이라면 아동의 성장과 자기실현은 심각하게 타격을 받게 된다(Holdstock & Rogers, 1977).

운동에 소질이 많았지만 의사가 되기를 희망하는 부모를 둔 아동의 경우를 가정해 보자. 이 어린이의 경우 어른들의 가치 조건을 내면화하여 형성한 자기개념('나는 의사가 되어야 해...')을 유지하기 위해 운동하고 싶은 자신의 욕구를 눌러야 하며, 운동을 하고 싶은 자신의 욕구는 좋지 않는 것으로 치부하거나 운동에 대한 현실적인 욕구들을 부정하려고 할지 모른다. '운동은 좋지 않은 거야', '공부가 전부야'라고 생각할 수 있다. '지금-여기'에서 경험되는 것(운동을 하고 싶다)은 자기개념(나는 의사가 되어 부모님을 기쁘게 해드려야 해)과 불일치하기 때문에 부정된다. 이러한 불일치가 많을수록 '지금-여기'에서 불필요한 자기방어를 강화해야 하기 때문에 일상의 적응이 어려워진다(이장호 외, 1999).

3) 유기체의 자기실현경향

유기체(개인)의 자기실현경향은 인본주의 이론의 주요 핵심이다. 자기실현경향성은 Freud의 '정신결정론'이나 '무의식적인 존재'와 대비되는 개념으로서 인간은 '현재 그리고 여기'에서 자유로운 선택에 의해 세상과 거래하는 존재이며, 이는 걸음마를 배우고자 하는 어린이의 힘겨운 노력에서 잘 나타난다.

Rogers에 따르면 모든 유기체는 자기 자신을 보존하고 실현하며 고양시키려는 하나의 기본적인 경향과 노력을 지니고 있다. 유기체는 유전에 의해 규정된 방향에 따라 스스로 실현하고, 이러한 자기실현경향은 장기간에 걸쳐서 더 성숙되고 확장된다.

유기체의 자기실현경향은 다음에서 보다 구체화된다(Raskin et al., 2000).

① 자기실현경향은 신체의 생리적 과정에 기인된다.

유기체적 수준에서 볼 때 이러한 선천적 경향은 결핍 욕구(물, 공기, 음식)와 결합하여 유기체를 보존할 뿐만 아니라 신체기능이 발달하고 분화하며, 계속적으로 성장하도록 하여 유기체의 증진을 도모한다.

② 인간은 발달을 선호한다.

자유 선택이 주어지고 외부의 부당한 힘이 작용하지 않을 때 개인은 아프기보다는 건강을, 의존보다는 독립을, 그리고 일반적으로 전체적인 유기체에 가장 좋은 발달을 선호한다.

③ 자기실현경향은 단순히 긴장 감소만의 목적이 아니다.

자기실현경향은 오히려 긴장을 증가시키기도 한다. Rogers는 모든 행동이 긴장의 방출을 목적으로 삼는 것이라 보지 않고 행동을 발달시키거나 향상시키려는 개인의 욕구에 의해 동기화되는 것으로 보았다.

④ 자기실현은 완전한 최종단계가 아니다.

즉, 자기실현은 끝내 완성되지 않는다. 만일 하나의 자기실현을 이루었다면 다시 또 다른 형태의 자기실현을 이루려고 노력한다.

인본주의 상담은 내담자의 잠재적인 자기실현 능력이 제대로 발휘되어 성격구조가 건설적으로 변화될 수 있도록 하는 데 관심을 가진다.

4) 여기 그리고 지금

인본주의 이론의 핵심은 정신분석이론과는 달리 '여기 그리고 지금(here & now)'에서 개인이 어떻게 느끼고 생각하느냐가 행동을 결정하는 요인이 된다는 것이다. 과거는 단지 과거일 뿐 현재와는 다르며, 개인의 행동을 지배하는 것 역시 현재의 상황이라고 본다. Rogers는 현재의 행동을 결정하는 것은 과거 그 자체가 아니라 과거에 대한 각 개인의 현재 해석이라고 할 정도로 현재의 '현상학적 장'을 중시하였다. 어제는 오늘과 같을 수 없으며 비슷해 보이는 오늘일지라도 어제와는 엄연히 다른 법이다. 중요한 것은 현재의 자기 속에서 참된 가치와 의미를 발견하는 것이다. 현재의 나를 결정짓는 것은 엄밀하게 보면 바로 지금의 '현상적인 장(phenomenal field)'이다. 여기서 말하는 현상적인 장이란 개인, 즉 유기체가 경험하는 모든 것을 말한다. 개인은 계속적으로 변화하는 세상 속에서 자신이 경험하고 지각하는 장에 대하여 반응하며, 이는 개인의 사적이고 주관적인 경험의 세계이다.

만일 그 개인에게 있어 '여기 그리고 지금'에서 발견하는 의미가 실현경향성과 일치하지 않게 되면 개인은 부적응과 심리적인 문제를 가질 수 있다(이장호 외, 1999).

5) 충분히 기능하는 사람

자기실현은 사람의 모든 능력에 대한 끊임없는 시험과 긴장, 그리고 자극을 수반한다. 한편 자기실현을 하는 사람은 진정한 자기 자신이 되며 자기가 아닌 어떤 것을 가장하거나 숨기지 않는다.

Rogers(1961)는 잘 기능하는 사람은 경험에 개방적이어서 과거에 얽매이기보다는 현실에 스스로를 적절하게 맞추어 가도록 하는 능력을 가지고 있을 뿐만 아니라 충분히 기능하는 사람은 '실존적인 삶'을 영위할 수 있다고 본다. 충분히 기능하는 사람은 실존적인 상황에서 자신 스스로가 가장 만족스러운 행동에 도달하는 믿을 만한 수단임을 안다. 충분히 기능하는 사람은 어떤 의사 결정의 순간에 일부 집단이나 기관이 지켜 내려온 사회적 규범에 의존하거나 다른 사람의 판단이나 견해에 의존하지 않고 오히려 자기 자신의 유기체적 경험을 자기가 해야 할 것과 하지 말아야 할 것을 결정하는 정보의 타당한 출처로 간주하고 자기의 유기체적 경험을 신뢰한다.

충분히 기능하는 사람은 자신의 결정과 행동에 융통성이 있기 때문에 자신이 존재하는 모든 영역에서 창의적으로 스스로를 표현한다. 뿐만 아니라 그는 행동에 자발적이며 주변의 자극에 적극 대응한다.

6) 인간의 행동과 성격에 관한 명제

인본주의 이론의 핵심은 인간행동과 성격에 관한 다음의 명제에서 잘 드러난다 (Rogers, 1951). 이들 명제는 인본주의 상담의 토대가 된다.

① 모든 인간은 자기가 중심이 되는 끊임없이 변화하는 세계에서 살아간다.
② 인간은 자기에게 경험되고 지각되는 대로 반응하며, 이 지각된 장이 현실이다.
③ 인간은 현상적 장에 대하여 체계화된 전체로서 반응한다.
④ 유기체는 스스로를 유지하고 고양하며 실현하려는 경향성을 가지고 있다.
⑤ 지각된 그대로의 장에서 인간의 행동은 근본적으로 경험된 욕구를 만족시키기 위한 유기체의 목표지향적 시도이다.
⑥ 정서는 그러한 목표지향적 행동, 행동적 측면과 관계된 정서의 종류, 정서의 강도에 수반되며 일반적으로 이들을 촉진시킨다.
⑦ 행동을 이해하기 위해서는 개인의 내적 참조 준거를 활용해야 한다.
⑧ 환경과의 상호작용의 결과로, 그리고 특히 타인과의 평가적 상호작용의 결과로서 자기의 개념과 구조가 형성된다.
⑨ 가치는 대부분 경험에 의해 획득되지만 경우에 따라 내사되거나 타인으로부터 획득되기도 한다.
⑩ 유기체에 의해 선택된 대부분의 행동방식은 자기개념과 일치한다.
⑪ 자기조직이나 구조와 어긋나는 어떤 경험은 위협으로 지각될 수 있고, 이러한 지각이 많을수록 자기구조는 자신을 유지하기 위해 더욱 완고하게 조직된다.
⑫ 현상적 장이란 인간이 경험하는 모든 것을 일컫는다. 이것은 끊임없이 변화하는 경험의 세계이다.

따라서 적절한 조건만 제공되면 마치 씨앗이 성장하여 싹이 나듯이 인간은 타고난 잠재력을 건설적으로 발달시킬 수 있다고 본다.

3. 인본주의 상담

1) 상담의 철학적 가정

인본주의 이론은 정신분석학, 행동주의 등에 반하는 것으로 제3의 심리학으로 불리고 있다. '비지시적', '내담자중심', '인간중심'이라는 용어들에서 알 수 있듯이 이 이론에서는 인간을 잠재적 능력, 합리적, 목적지향적인 측면에서 이해한다. 이러한 특징은 병리지향적이고 과거지향적인 특성을 내포하는 정신분석이론이나 지시적이며 인간에 대한 전체적 관점이 결여된 것으로 평가되는 행동주의 이론과는 분명히 구별된다(Corsini, 2000).

Rogers(1951)에 따르면 인간은 통합적인 존재이며 긍정적인 방향으로 성장하고자 하는 경향과 어떠한 조건이 주어진다면 충분히 스스로 결정하고 자유롭게 선택할 수 있는 존재이다. 이러한 특징은 인본주의 이론의 차별적인 특징이라고 할 수 있다.

Rogers는 내담자와의 치료적 관계를 촉진하는 데 강조점을 두고 이론을 전개시켰다. 인본주의 이론에서 강조하는 치료적 관계의 핵심은 '내담자에 대한 무조건적인 긍정적 존중'과 '내담자에 대한 수용', 그리고 '일관된 관심과 태도'이다. 만일 상담자가 내담자에게 이러한 태도와 자세를 일관되게 견지한다면 내담자는 자신이 가진 문제해결에 대한 잠재력을 바탕으로 스스로 문제를 해결해 나간다는 것이다. 이러한 가치는 사회복지상담에서 강조하는 사회복지실천의 가치와 매우 부합한다. 따라서 많은 사회복지상담가는 상담장면에서 인본주의 상담이론을 활용하는 것을 주저하지 않는다.

2) 목표

인본주의 이론에서의 상담의 목표는 내담자가 처해 있는 문제를 해결해 주는 것이 아니라 내담자가 문제를 해결해 나갈 수 있는 성장과정을 촉진시켜 주는 것이다(Rogers, 1957). 이를 좀 더 부언해 보면, 내담자의 자기개념과 유기체적 경험 간의 불일치를 제거하고 그가 느끼는 자기에 대한 위험과 그것을 방어하려는 방어기제를 해체함으로써 충분히 기능하는 사람이 되도록 하는 것이다. 따라서 상담자는 상호신뢰적인 분위기 속에서 내담자가 거리낌 없이 자기를 노출하도록 하여 자신의 내면세계를 이해시키고, 자신의 문제를 제대로 파악할 수 있도록 도와야 한다.

이와 같은 관계 하에서 내담자는 자신이 처한 환경에 대한 왜곡된 지각을 수정하고 현실적 경험과 자기개념이 조화를 이루며, 궁극적으로는 자신의 능력과 개성을 최대로 발휘하고 자기실현이 '촉진'되어 '충분히 기능하는 사람'으로 성장할 수 있다(이현림, 2000). 달리 말하면 내담자들이 자신의 경험을 부정하거나 왜곡하지 않고 있는 그대로 자신을 수용하게 되면 내담자의 심리적 문제는 해결될 수 있다고 보는 것이다.

인본주의 이론에서의 상담가는 내담자가 자신의 참모습을 발견할 수 있도록 도와주고자 한다. 이는 내담자가 성장과정에서 부여된 가치적 조건들로부터 자유로워질 수 있도록 함으로써 가능해진다. 이처럼 아동이 성장과정에서 형성한 가치적 조건을 제거하는 것이 중요한데 이를 위해 상담자는 내담자를 있는 그대로 수용하고 일관되게 존중할 것이 요구된다.

3) 내담자와의 관계

상담 자체가 대면적 관계(face to face relationship)를 통해 문제해결을 시도하는 원조과정이라는 점에서 관계형성은 상담과 심리치료의 기본적 전제가 된다. 다양한 이론들 중에서 인본주의 이론보다 관계형성을 더 많이 강조하는 이론은 아마 없을 것이다. 인본주의 상담에서는 내담자에 대한 상담자의 일관된 온정과 이해, 공감과 수용을 통해 내담자가 자신을 개방하도록 돕고, 더 나아가 내담자가 자신의 방어적 태도를 버리고 보다 솔직해지도록 하는 것을 매우 강조한다.

인본주의 접근에서는 진단과 기술적 처방보다는 상담자의 태도를 더 중시한다. 상담자는 온화한 성격과 감수성을 지녀야 하며, 내담자가 스스로의 감정을 자유롭게 표현하도록 하는 수용능력을 구비해야 한다. 또한 수용적이고 허용적인 분위기 속에서도 내담자의 행동에는 확고한 한계가 있다는 것을 내담자에게 전달하는 능력을 구비하여야 하며, 상담관계는 어떤 종류의 압력이나 강요도 행사되지 않는다는 점을 내담자가 인식하게 하는 능력을 갖추어야 한다. 이러한 특징들 때문에 인간중심적 접근은 해석이나 진단, 무의식의 탐색, 상담 등을 사용하는 지시적 상담에 비해 내담자를 그릇되게 인도할 위험성이 적다고 평가된다.

Rogers(1942)는 상담자가 갖추어야 할 중요한 태도로 '일치성' 또는 '진실성', '무조건적인 긍정적 관심', '공감적 이해'를 제시하였다. Rogers가 제시한 이러한 태도는 인본주의 상담과 심리치료를 구성하는 기본축이지만 이론과 학파를 초월하여 상담과 심리치료 영역에 종사하는 전문가들이 기꺼이 채택하고 있을 정도로 상담과 심리상담자의 기본자세이자 철학이 되고 있다.

상담자가 가져야 할 기본적인 전제는 내담자는 의식에 떠오르는 자신의 삶의 모든 측면을 다룰 수 있는 충분한 잠재력이 있다는 것이다. 그래서 상담자는 내담자가 내용들을 충분히 의식에 떠올릴 수 있는 편안한 상담관계를 조성하도록 노력해야 한다 (Rogers, 1951).

4) 적용

다른 접근들과는 달리 인본주의 접근에서는 이 이론으로부터 도움을 받을 수 있는 내담자의 조건을 한정하지 않는다. 왜냐하면 앞서 언급하였듯이 인본주의 이론에서 내담자는 낙관적이어서 상담자의 조건에 의해 스스로가 자신들의 문제를 해결할 수 있는 능력을 소유했다고 믿기 때문이다.

인본주의 이론에서는 신경증이나 정신증을 별개로 보지 않고 연속선상에서 이해하며, 이 둘은 질적인 차이가 아니라 단지 자기개념과 경험 간의 불일치 면에서 차이가 날 뿐이라고 본다. 그렇다면 "정신분열병이나 조울증과 같은 주요 정신증을 가진 내담자들도 인본주의적 접근으로 상담이 가능한가?"라고 질문한다면 역시 가능하다고 말할 것이다. 그러한 증거는 인본주의 이론을 추종하는 수많은 사회복지사들이 정신병원이나 정신건강센터에서 일하는 것에서 잘 드러나고 있다. 인본주의 이론은 상담적 접근이 힘들어 보이는 주요정신증(major psychosis)을 가진 내담자들에게 치료관계의 확립, 즉 선행치료(pre-therapy)로서 상당한 임상적 근거를 확보하고 있다(Hawtin, 2000).

그렇다고 해서 인본주의 이론이 만능이라는 것은 아니다. 정신증보다는 신경증이, 신경증보다는 단기간의 적응문제가 보다 더 적절한 적응증(indication)이 된다고 할 수 있을 것이다. 다만 인본주의 이론은 타 이론들에 비해 내담자의 조건을 한정하는 것을 선호하지 않는다는 것이다. 또한 인본주의 접근은 내담자의 문제에 초점을 두기보다는 문제를 가진 인간 자체에 초점을 둔다. 내담자의 문제와 조건보다는 상담자가 어떠한 관점으로 내담자를 바라보고 어떤 내용의 문제해결 방식을 선택해야 하는지를 강조한다는 점은 인본주의 이론의 차별적인 특성이라고 할 수 있다.

5) 상담의 과정

인간중심적 상담에서는 내담자가 상담의 과정을 잘 파악하고 주도적이 될 것을 강조한다. 인간중심적 접근은 여타의 상담이론과 비교할 때 다음의 몇 가지 측면에서 차이를 보인다(Raskin 외, 2000).

① 첫 번째 면담에서조차도 상담자는 내담자의 과거력을 수집하거나 진단, 치료가능 여부, 치료기간 등을 사정하는 데 시간을 소비하지 않는다.

물론 차후에도 이러한 원칙은 그대로 지켜지며, 이 시간에 상담자는 내담자에게 존중을 보이고, 편견 없이 들으며, 내담자를 중심으로 시간을 배열하고 첫 시간에 알맞을 법한 향후의 치료 계획 등을 상담자중심으로 설정하지 않는다. 중요한 것은 내담자에게 진단적 꼬리표를 부여하지 않는다는 것이며, 상담자 역시 전문가로 자처하지 않고 내담자와의 수평적인 원조관계를 유지하려고 한다는 것이다.

> 상담자는 진단과 진단적 기민성을 한쪽에 내려놓아야 하며 전문적 평가를 하고자 하는 그의 성향을 버려야 하고, 어떤 정확한 예언을 공식화하고자 하는 노력을 멈추어야 한다. 또한 상담자는 개인을 섬세하게 지도하고자 하는 유혹을 이겨내야 하며, 오직 한 가지 목적에 집중해야 한다(Rogers, 1946).

② 상담자는 치료시간과 빈도를 내담자가 결정하도록 한다.

이런 측면은 상담경영과 행정적인 측면에서 어려움을 초래할 수도 있지만, 상담자는 최대한 내담자의 입장에 맞도록 상담일정을 계획하도록 한다. 여기에는 요금 설정과 지불 방식이 포함된다.

③ 문제해결에 대한 내담자의 책임성을 강조한다.

내담자가 문제해결을 상담자에게 요청할 경우에도 상담자는 문제해결에 대한 보증이나 안심, 쉬운 질문으로 반응하는 것을 경계한다. 대신 "당신이 가진 문제에 대한 답을 내가 가지고 있지는 않지만 합당한 답을 찾도록 함께 노력하기를 원한다"라고 말함으로써 내담자에게 존중을 전달한다. 즉 내담자를 문제해결의 주체로 간주하고 문제해결에 대한 자발성을 조장한다.

인본주의 접근의 전반적인 치료과정은 다음과 같다(Rogers, 1965).

㉠ 개인은 도움을 청하러 오고 조력 상황이 설정된다.
여기서 상담자는 내담자의 문제에 대한 답을 가지고 있는 것이 아니라 그로 하여금 조력을 얻어 문제를 해결해 나갈 수 있는 소지를 제공해 줄 것이라는 사실을 내담자에게 이해시켜야 한다.

㉡ 내담자가 문제와 관련하여 자유롭게 감정을 표현할 수 있도록 격려한다.
이는 상담자의 우호적이고 관심어린 수용적인 태도와 상담자의 숙련된 기술에 의해서도 가능하다.

㉢ 상담자는 내담자의 부정적인 감정들을 수용하고 인식하며 명료화한다.
여기서 중요한 것은 내담자가 말한 지적인 내용에만 반응할 것이 아니라 그러한 내용의 기초가 되는 감정들에 대해 반응할 준비를 갖추고 있어야 한다는 것이다.

㉣ 감정표현은 긍정적인 느낌을 유발한다.
내담자의 부정적인 감정들이 충분히 표현되고 나면 성장을 위한 긍정적인 충동들이 약하고 감정적 수준이긴 하지만 표현된다.

ⓜ 감정의 수용을 강화한다.
상담자는 부정적인 감정을 수용하고 인식했던 태도와 마찬가지로 긍정적인 감정을 충분히 수용하고 인식한다. 이 과정에서 통찰과 이해가 이루어진다.

ⓑ 통찰, 자기의 이해, 자기의 수용은 전체 상담과정에서 두 번째로 중요한 측면이다.

ⓢ 가능한 결정과 행위의 경로를 명료화하는 과정은 통찰의 과정과 혼합되어 있다.

ⓞ 아주 작긴 하지만 내담자에게서 매우 의미 있는 적극적인 행동이 나타난다.

ⓙ 자기이해의 정도가 심화된다.
앞의 단계가 잘 달성이 되고 자기의 행위를 더 깊이 보는 용기를 가짐에 따라, 더 완전하고 정확한 자기이해를 할 수 있게 된다.

ⓒ 자기존중감과 더불어 삶이 긍정적으로 변화한다.
내담자는 점점 더 큰 자기존중감을 가지게 되며 방어 없이 세상에 반응하고 경험할 수 있는 능력이 증가하고, 삶은 보다 만족스러워진다.

ⓚ 조력의 필요성이 감소되고 상담관계를 끝내야겠다는 생각을 내담자가 갖게 된다.

위에서 제시한 것처럼 상담과정이 반드시 이처럼 순탄하게 진행된다고 보기는 어렵다. 오히려 실제 상담의 과정은 호전을 보이다가도 이를 다시 철회하고, 철회하였다가 다시 반전되기도 한다(Hawtin, 2000). 왜냐하면 내담자가 긍정적으로 변화하는 데 동원되어야 할 요인은 다양하며 변화된 새로운 상황에 적응하는 데 역시 상당한 시간과 내적, 외적인 자극이 요구되기 때문이다.

4. 인본주의 상담의 기술

인본주의 이론은 타 이론들에 비해 '기법'이라는 용어의 사용을 의식적으로 피하려는 것처럼 보인다. 오히려 이 이론에서는 상담자의 '태도', '인간성', '자세', '치료적 관계' 등의 용어를 더 중시한다. 이 이론에서는 가능하면 '상담기법'이라는 용어를 사용하지 않으려는 느낌마저 준다. 왜냐하면 기법이라는 용어는 비인간적인 것으로 받아들여지기 때문이다.

만일 인본주의 이론에서 상담의 기법을 논하라면 내담자를 인간적으로 대하는 태도와 가치, 철학을 상담장면에 어떻게 구현하느냐 하는 것과 관련이 있을 것이다. 이러한 측면에서 볼 때 인본주의 이론의 기법은 내담자에게 존중과 수용, 그리고 이해를 공감적으로 전달하고, 내담자가 자신의 감정을 탐색하고 이를 안전하게 표출하도록 유도하는 목적을 가진다. 이를 위해 Rogers(1957)는 공감적 이해, 무조건적인 긍정적 존중, 그리고 일치성 혹은 일관성이라는 3가지 조건을 제시하였다.

이러한 3가지 조건은 각각 별개로 존재하는 것이 아니라 이 3가지 중 하나가 결여되면 다른 것의 효과가 반감하는 상호관계 속에 있다. 즉 진실성이 결여된 공감은 그 효과가 제한적이며, 존중이 결여된 진실성 역시 존재하기 어려울 것이다.

그 외에도 Rogers의 상담사례를 면밀히 검토해 보면 반영, 명료화, 공감적 반응 등이 주요한 비중으로 상담 장면에 활용되고 있음을 알 수 있다. 본 절에서는 공감, 무조건적 존중, 진실성을 중심으로 살펴보고자 한다(Rogers, 1961).

1) 공감

공감은 인본주의 이론의 핵심이자 꽃으로 평가된다. 공감(empathy)이란 '여기와 지금'에서 나타나는 내담자의 감정과 경험을 상담자가 감수성 있고 정확하게 이해하는 것을 뜻한다. 달리 말해 내담자의 현재 내면적 감정을 그것이 마치 상담자 자신의 감정인 것처럼 느끼고 내담자에게 반응하는 것을 말한다.

즉각적이고 직접적이며, 지속적인 과정인 공감은 내담자의 내적 세계를 깊이 경청하는 것이다. 그것은 인지적 이해, 신체적, 감정적, 직관적인 반응을 포함한다. 공감의 수준은 다양한데 중요한 것은 상담자가 자신의 내적 상태에 대한 자각을 잃지 않으면서 마치 자신이 내담자인 것처럼 내적 상태를 자각해야 한다는 것이다. 그러니까 공감은 '타인의 입장에 서게 되는 것' 또는 '타인의 눈으로 사물을 바라보는 것'이라고 할 수 있다. 또한 공감은 상담자가 내담자와 '함께 하는(being with) 과정(process)'이며, 이 과정에서 특히 중요한 것은 내담자의 내적 참조체제(internal frame of reference)를 이해하고 채택하는 것이다. 왜냐하면 그것은 바로 그만이 아는 자신의 내적 주관세계이기 때문이다. 개념상으로 매우 단순해 보이는 공감이 실제 상황에서는 그러지 못한 경우가 많은데, 이는 상담자가 자신의 주관적 세계를 통해 내담자의 주관적 세계를 이해하려는 데서 오는 어려움에 기인한다.

공감은 상담과정에서 다음과 같은 치료적 기전을 가진다.

첫째, 내담자와 상담자와의 관계를 신뢰와 존경의 관계로 발전시킬 수 있다.

둘째, 공감을 통해 상담자 자신은 내담자를 이해하고 있다는 것을 알릴 수 있으며, 더 나아가 상담자 자신이 내담자를 제대로 이해했는지를 점검할 수 있다.

셋째, 내담자인 자신을 진실로 이해하고 도와주려고 노력하는 사람이 있다는 것을 인식함으로써 소외감이 해소될 뿐만 아니라 자아존중감이 증진되어 문제해결에 대한 잠재력을 향상시킬 수 있다.

넷째, 내담자는 상담자의 진지한 공감적 반응을 통해 자기각성을 높이고 자기를 심층적으로 탐색하는 데 대한 동기를 부여받게 된다.

공감이 효과적으로 이루어지도록 하기 위해서 상담자는 내담자 자신이 당면하고 있는 문제를 어떻게 느끼는지에 대해서 이야기하는 내용을 주의 깊게 들어 주어야 한다. 이를 '공감적 경청'이라고 한다. 경청 이외에도 내담자에게서 듣고 느낀 것을 말로 전달하는 것과 얼굴 표정, 말투, 몸짓 심지어는 침묵도 공감적 반응에 포함된다. 통상적으로 "당신에 대해 내가 느낀 것은 이것입니다", "제가 제대로 이해했는지요"라는 멘트가 사용된다.

공감에서 고려되어야 할 사항은 상담자의 공감이 자칫하면 내담자의 탐색과정을 방해할 수 있다는 것이다. 따라서 상담자는 언제, 무엇을, 어떻게 말하고 표현해야 하는지에 대해 신중하게 고려해야 한다. 예를 들어 내담자가 깊은 수준의 정서를 경험하고 탐색 중에 있는데 상담자가 피상적인 수준에서 반응한다든지 또는 그와 반대로 피상적인 수준에서 언급하며 다른 이야기로 주제를 전환하려는데 상담자가 너무 심층적인 수준에서 반응한다든지 하게 될 경우, 내담자의 탐색과정은 방해를 받을 수 있을 것이다. 다음은 공감에 대한 Rogers의 언급이다.

> 공감은 반영과 유사한 의미로 사용할 수 있지만 이보다는 더 심오한 수준의 '입장 바꾸어 생각하기'이다. 진정한 반영은 내담자를 공감적으로 이해하려고 해야 하고, 실제로 그의 입장에 서려고 하며 그의 입장에 서서 세상을 바라보려고 하는 욕구이어야 한다. 만약 이런 점들이 어느 정도 내담자에게 전해질 수만 있다면, 즉 상담자가 진정으로 내담자가 어떻게 느끼는지를 보고 내담자가 느끼는 방식을 이해하고 있다는 것을 내담자가 느끼게 되면, 그것은 내담자의 감정을 가장 잘 해소시켜 주는 경험이 될 수 있다. 진정으로 민감하게 이해하고 내가 세상을 바라보는 방식대로 정확히 세상을 지각하는 사람이 실제로 여기에 있다는 사실을 발견하는 것이 바로 사람들을 앞으로 나아가게 하는 것 같다. 이는 상담과 심리치료가 계속되게 해주는 측면이기도 하다 (Rogers, 1952).

2) 무조건적 긍정적 존중

인간은 본능적으로 존중받기를 원한다. 그렇지만 주위로부터 승인과 긍정적인 평가를 얻기 위해서는 어른들이 부여한 가치적 조건에 자신을 맞추어 갈 수밖에 없다. 그런데 만일 어른들의 가치적 조건이 아동의 잠재력이나 가능성을 저해하는 것이라면 아동의 성장은 방해를 받게 되고 차후의 삶에서 부적응에 처해질 가능성이 많아진다.

부적응적인 개인은 다른 사람으로부터 인정이나 수용을 받기 위해 자신을 방어하거나 주변 환경을 왜곡함으로써 주변으로부터 부정적인 평가를 받게 될 가능성이 높다. 그러므로 인본주의 상담이론은 내담자가 성장하는 데 있어서 걸림돌로 작용했던 어른들의 가치적 조건들로부터 벗어나도록 돕는 데 일차적 목표를 두고 있으며, 이러한 가치적 조건들로부터 탈피하는 데는 '무조건적 긍정적 존중'이 필요하다고 본다.

무조건적 긍정적 존중(unconditional positive regard)이란 속으로든 겉으로든 판단적인 행동을 보이지 않는 것을 의미한다. 이와 다른 용어로는 '온정', '수용', '존중하기'가 있다. 실제의 상담장면에서 무조건적 긍정적 존중은 내담자의 신분, 외모, 사고나 행동에 대해 판단하거나 가치를 부여하지 않고 있는 그대로 내담자를 수용하는 것이며, 더 나아가 치료의 결과가 좋거나 나쁠 것이라고 미리 단정하지 않고 상담에 임하는 것까지를 포함한다.

이처럼 무조건적 긍정적 존중은 상담자에게 있어서 대단히 어려운 자세이다. 이는 자칫하면 상담자가 지나치게 선의를 베풀거나 혹은 불합리한 억제를 행사하는 것으로 오해될 수 있어 주의가 요구된다. 한 인간으로서의 이러한 존중은 '내담자의 입장에서 그러한 행동과 생각을 할 수밖에 없었을 것'이라는 가치를 배경으로 하고 있다.

치료장면에서 무조건적 긍정적 존중을 받는 내담자는 상담자가 내담자인 자신을 위해 존재한다는 느낌을 가질 수 있게 될 뿐만 아니라 내담자를 전적으로 수용하는 상담자의 자세로 인해 자기개방이 용이해지는 효과를 가질 수 있다. 게다가 일관된 존중의 분위기 속에서 내담자는 자기개념과 경험이 불일치하는 데 따른 방어나 현실 왜곡을 줄여 나갈 수 있으며 자기통찰 능력을 향상시킬 수 있다.

3) 진실성

'진실성(genuineness)'은 상담자가 내담자와의 관계에서 나타내는 반응이 매 순간 그가 내적으로 경험하고 느끼는 바와 합치되는 상태를 의미한다. 다시 말해 상담자가 상담관계 속에서 내담자에게 가식하거나 '~체'하지 않고 한 인간으로서 자신의 모습을 진솔하게 나타내는 것을 말한다. 그런 의미에서 진실성은 '진정성(realness)', '진솔성(authenticity)'이라고도 하며, 일반적으로는 '일관성(congruence)'이라는 용어와 동의어로 취급된다.

진실한 상담자는 속으로 생각하고 느끼는 것과 드러나는 언행이 거의 일치하며 자신의 마음속 깊은 곳의 느낌을 각성하고 그것을 받아들이며, 또 그것에 맞추어 적절한 언어적, 비언어적 의사소통을 정확하게 구사할 수가 있다.

진실성은 내담자의 현재 관심사나 상황과 관련된 것이어야 한다. 진실성 반응이 제대로 이루어지기 위해서는 상담자가 내담자에 대한 자신의 느낌을 제대로 인식해야 하고 그것을 정확하게 표현할 수 있어야 한다.

지금까지 기술한 이 3가지는 기법이라기보다는 자세나 태도에 더 가깝다고 할 수 있다. 중요한 것은 이러한 자세가 관념이나 지식에만 머물러서는 안 되며 내담자에게 얼마나 효과적으로 전달되어 문제해결 능력을 길러주느냐 하는 것이다.

5. 상담의 실제

인본주의 접근에서는 축어록을 통해 상담과 심리치료의 원리를 소개하곤 한다. 본 절에서는 비밀보장 등의 문제와 인본주의 상담원리를 보다 체계적이고 효과적으로 소개하고자 Rogers가 실시한 면담의 일부(김정희 역, 2003)를 소개하고자 한다.

T-1: 좋아요, 나는 준비됐어요. 당신은 준비됐나요?

C-1: 네.

T-2: 무슨 얘기를 하고 싶어 할지 모르지만, 나는 들을 준비가 되어 있어요. 30분 정도 시간이 있는데요, 이 30분 동안에 가능하면 서로 깊이 알게 되기를 바랍니다. 그렇지만 우리가 무언가를 위해 노력할 필요는 없어요. 내 느낌은 그런 것 같아요. 당신의 마음에 떠오르는 것이 무엇이든 나에게 말하고 싶은가요?

C-2: 저는 제 딸을 대하는 데 많은 문제가 있어요. 그 애는 스무 살이에요. 대학에 다니지요. 전 그 애에게 정말 매달리고 싶은 욕구가 있어요.

T-3: 매달리고 싶은 욕구가 있어서 당신이 죄책감을 느끼는 일들을 보상할 수 있다–이런 부분도 있나요?

C-3: 많이 있어요... 또, 그 애는 내게 진정한 친구였고 내 인생의 전부였지요... 너무 힘들어요. 그 애가 지금은 내 곁에 없어 많은 빈 공간이.

T-4: 그녀가 없을 때 일종의 공허감이 있군요.

C-4: 네, 네. 전 강해져서 '가서 훌륭한 삶을 살아라'하고 말할 수 있는 그런 엄마가 되고 싶어요. 그렇지만 그렇게 하기가 정말로 힘들어요.

T-5: 당신의 인생에서 그렇게 귀한 어떤 것을 포기하기는 어려운 일이지요. 그러나 제 짐작에 당신이 죄의식을 느낀다고 말했을 때 무엇인가 고통을 일으키는 것 같은데요.

C-5: 네, 그리고 제가 원하는 것을 항상 얻지 못해서 그 애에게 화를 낸다는 것을 알아요. 전 충족되지 않은 욕구를 가지고 있어요.

· · · (중략) · · ·

T-7: 내 생각에 당신은 이 시점에서 약간 긴장을 하고 있는 것 같군요.
C-7: 네, 네. 많은 갈등이...
T-8: 음-흠...
C-8: 많은 고통이요.
T-9: 많은 고통, 그것에 대해서 좀 더 말해 줄 수 있나요?
C-9: (한숨) 내가 그 애에게 다가가면, 그 애는 내게서 멀리 떠나가요. 그리고 그 애는 뒤로 물러나고 더 멀리 가버리지요... 그리고 그때 나는 정말로 나쁜 사람처럼 느껴요. 마치 무슨 괴물처럼, 그 애는 자기가 어렸을 때 그랬던 것처럼 자기를 만지거나 포옹하는 것을 원치 않아요...
T-10: 여기에 무언가 이중적 감정이 있는 것처럼 들리는군요. 그 중 하나는 "제길, 나는 네가 가까이에 있길 원해."하는 것이고, 나머지 부분은 "오, 맙소사. 내가 너를 놔주지 않다니 괴물 같구나."라는.
C-10: 음-흠, 예. 전 좀 더 강해져야 해요. 난 성숙한 여인이 되어야 하고, 이런 일이 일어나게 허용해야 되요.
T-11: 그러나 대신에, 때때로 당신이 그녀의 딸인 것처럼 느끼는군요.
C-11: 음-흠. 예. 때때로 내가 그 애를 포옹할 때, 난 내가 안겨 있는 것처럼 느껴요.

· · · (중략) · · ·

T-18: 딸이 당신에게서 멀어지는군요.
C-17: 네... 멀리 가고 있어요.
T-19: 당신은 그녀가 빠져나가는 것처럼 느낍니다. 그리고 당신은... 그리고 그것은 마음을 아프게 하고요... 그리고...
C-18: 예, 난 여기 그냥 홀로 앉아 있는 것 같아요. 있잖아요, 난 그 애가 가버린 걸 느낄 수 있고, 나는 여기에 그냥 남겨진 것 같아요.
T-20: 음-흠. 당신은 지금 그것을 경험하고 있군요. 그녀는 떠나버렸고 당신은 전적으로 혼자라고...
C-19: 네, 네, 네. 나는 정말로 외로워요. (운다.)
T-21: 음-흠. 음-흠. 만약 내가 바르게 이해하고 있다면, 모든 면에서 외로운 게 아니라 그녀 때문에 외로운 거로군요.
C-20: 그 애 때문에 외롭지요. 네. (운다.)
T-22: 난 훌륭한 상담자가 아니에요. 크리넥스 통을 잊었네요. 하지만... 나는... (웃는다.)
C-21: 감사해요. (웃는다.) 나는 내가 그것에 대해서 얼마든지 울 수 있을 것처럼 느껴요. (웃는다.)

· · · (중략) · · ·

C-26: 오... 전 그냥 그 애가 떠나는 걸 원치 않아요.
T-27: 나는 그 애를 나의 딸로, 나의 어린 소녀로, 그리고 내가 안아 줄 수 있는 사람으로 남

아 있기를 원해요...
C-27: 네, 네. 제가 안아 줄 수 있는 사람, 그 애도 안아주는 걸 좋아해요.
T-28: 음-흠. 음-흠.
C-28: (운다.) 그리고 있잖아요, 저는 또 그 애 때문에 두려워요. 그 애를 세상에 내놓기가 두려워요. 내가 경험한 모든 것을 뚫고 나가야 하는 것과 그것이 얼마나 힘든지. 그런 것 때문에 두려워요. 저는 그런 것에서 그 애를 구하고 싶어요.
T-29: 당신이 저 밖의 세상에서 겪었던 인생과 당신이 뚫고 나온 모든 고통으로부터 그녀를 보호하고 싶군요.
C-29: 예, 예. 그리고 모든 젊은이들이 겪어야 하는 모든 새로운 것들... 너무 힘들어요. 그 애는 싸우고 있어요.
T-30: 힘든 세상이군요...
C-30: 네, 아주 힘들지요.
T-31: 그래서 당신은 그녀를 위해 그것을 완화시키고 싶군요.
C-31: 네. 완전하게 하고...

Rogers의 인본주의 접근에서는 내담자가 가지는 문제의 논리적 배경을 사례사로 구성하지 않는다. 상담자가 문제해결에 대한 책임을 가지려고 한다거나 내담자의 태도를 변화시키려고 노력하지도 않는다. 상담자는 문제해결에 대한 책임이 내담자에게 있다는 것을 알리며 내담자 스스로가 자신의 문제를 해결해 나가도록 독려하는 능력을 가져야 한다.

위의 축어록은 Rogers가 어떻게 내담자에게 공감과 진솔성, 그리고 존중을 전달하는지를 잘 보여준다. 이 예에서 Rogers는 내담자가 자신이 제시하는 문제의 책임소재가 타인이 아니라 내담자 자신에게 있다는 것을 검토하도록 하고 있으며, 치료적 만남의 즉시성 속에 정서를 경험하도록 하고, 내담자가 인식하지 않으려고 했었던 자기의 측면을 수용하도록 도왔으며, 내담자가 스스로를 존중할 수 있도록 돕고자 했다.

6. 실제적인 문제

인본주의 상담장면에서 제기될 수 있는 실제적 문제들을 Rogers(1942)의 주장을 통해 몇 가지 제시해 보면 다음과 같다.

1) 상담의 길이와 간격

인본주의 접근에서의 상담 시간은 통상 1회기에 60분 정도를 원칙으로 한다. 상담 시간이 너무 길 경우 내담자는 면담 시간이 거의 끝나갈 무렵이 되어서야 비로소 양가감정을 표현하게 되는 경우가 많다. 면담간격 역시 1주일 간격으로 이루어지는 것을 선호하고 있다. 이 정도의 간격이라면 내담자가 치료장면에서 얻은 것을 소화하고 일상에서 어느 정도 새로운 통찰을 성취하며 성장해 나갈 수 있는 기회를 제공받을 수 있기 때문이다.

2) 내담자가 상담약속을 어길 경우

인본주의 상담과 같은 비지시적 상담에서 내담자가 상담의 약속을 어기는 경우는 그리 많지 않다. 그렇다 하더라도 만일 내담자가 약속을 어길 경우 다음의 2가지 조치가 효과적이다.

첫째, 내담자가 약속을 어길 만한 이유가 있는지를 검토해 보아야 한다.

이를 위해 상담자는 이전의 상담 기록들을 검토하고 내담자에게 저항을 불러일으킬 만한 여지가 있었는지, 지나친 해석을 한 것은 아닌지, 수용이 부족하지나 않았는지를 검토해 볼 필요가 있다.

둘째, 내담자가 다음의 면담에 쉽게 돌아올 수 있도록 한다.

이를 위해 휴대전화 문자를 이용하면 효과적이다. "이제 당신이 상담을 끝내고 싶어 한다고 생각했습니다. 혹시 상담을 계속하기를 원한다면 언제라도 상담기관을 방문하시거나 전화를 주십시오, 양측이 편리한 시간에 다시 상담을 할 수 있도록 시간을 정하도록 하겠습니다." 이 과정에서 중요한 것은 약속시간을 지키지 못한 것에 대해 실망하는 내색을 하지 않는 것이다. 이로 인해 내담자는 최소한의 죄책감을 느끼게 될 것이다.

3) 면담 중의 기록과 상담료

인본주의 접근에서는 상담과정에서의 기록을 매우 중시한다. 상담자는 내담자에게 상담과정의 기록 여부에 대해 개방적으로 동의를 구할 필요가 있다. 물론 내담자가 기록에 대해 동의하지 않는다면 어쩔 수 없지만 내담자가 이에 동의하지 않을 가능성은 거의 없다고 본다. 다음은 이와 관련한 Rogers(1951)의 언급이다.

> "면담 내용을 기록하는 것에 대해 언짢게 여기시지 않기를 바랍니다. 저는 후에 우리가 상담한 내용들을 검토하고 연구하여 우리의 작업이 원만하게 이루어지기를 원하니까요. 물론 기록된 내용을 당신이 보고 싶다면 기꺼이 보여 드리겠습니다."

상담료 역시 상담에서 중요하게 다루어져야 할 부분이다. 많은 사회복지상담가는 국가의 지원으로 운영되는 기관에 종사하기 때문에 상담료에 크게 신경 쓰지 않을지도 모른다. 그렇다고 해서 상담을 하는 모든 사회복지사가 국가의 지원을 받는 기관에 종사하는 것은 아니므로 상담료와 무관하게 상담을 진행하기는 어려운 일이다. 상담료는 상담기관의 운영과 상담자의 생계와 관련된 부분이기 때문이다. 유료이든 무료이든 간에 상담료에 관해서는 대개 첫 번째 시간에 논의하도록 하는 것이 바람직하며, 이는 상담에 대한 책임과 관련이 있다. 적절한 상담료는 상담관계를 수평적으로 유지하는 데 도움을 준다.

7. 인본주의와 사회복지상담

1) 인본주의 상담에 대한 평가

오늘날 인본주의 상담은 학제를 초월하여 수많은 상담가로부터 지지받으며 현장에서 활발하게 활용되고 있다. Corsini(2000)는 심리상담에 입문하는 상담자가 나중에는 어떤 학파나 입장으로 옮겨가든지 간에 처음에는 Rogers의 방법을 따르는 것이 상담을 익히는 데 가장 좋은 방법이라 주장한다. 그의 주장은 현장에서 일하는 많은 상담자들에 의해 충분히 증명되었다.

인본주의 상담을 창안한 Rogers는 정신분석을 제안한 Freud만큼이나 심리치료 영역에서 그의 업적을 인정받고 있다. 어떤 이론도 완벽할 수 없으며 음양이 있듯이 로저스의 인본주의 상담 역시도 일정한 한계를 지니는데, 이는 다음과 같다.

첫째, 인본주의 상담에서는 상담가가 인본주의 상담의 기본철학을 철저히 이해하고 생활화할 것을 강조한다. 즉, 인본주의 상담에서는 상담자의 자세와 태도를 중시하기 때문에 어떤 상담에서보다도 상담자의 인격과 수양을 중요시한다. 따라서 인본주의 상담의 성공을 위해 상담자는 상담기술에 앞서 확고한 자기수양과 정서적 안정, 인간적 성숙의 도량을 키워야 하는데, 이렇게 하는 것이 말처럼 그리 간단한 일이 아니다.

둘째, 내담자의 입장과 감정에 대한 무조건적인 존중과 공감을 강조함으로써 내담자가 처한 현실적인 측면(반사회성, 인지왜곡, 일탈 등)까지도 존중이나 공감을 제공해야 하는가 하는 의문을 가지게 한다. 즉, 인지왜곡이 있고, 부적절한 정보와 대처방식으로 인해 부적응에 처한 내담자에게 그대로 적용하기에는 한계가 있을 수 있다.

셋째, 내담자에 대한 진단과 심리검사 등의 객관적인 도구의 활용을 선호하지 않는다. 이는 내담자를 객관적으로 이해하는 데 어려움을 초래할 수 있다.

2) 인본주의와 사회복지상담

인본주의 이론만큼 사회복지상담에 영향을 준 이론도 드물 것이다. 애초에 인본주의 이론은 사회복지실천의 가치와 이념에 영향을 받아 발전하였지만 차후에는 역으로 사회복지실천 이론에 많은 영향을 주었다. '내담자중심'이나 '인간중심'이라는 용어에서 알 수 있듯이 사회복지실천에서의 태도와 철학은 인본주의 이론과 상당 부분 궤를 같이한다.

인본주의 모델에서 강조하는 3가지 태도, 즉 공감, 일관성, 존중은 오늘날 사회복지상담에서도 매우 유용하게 적용되고 있다. 이는 Biestek(1957)이 일찍이 강조한 '사회복지실천 관계의 원리'인 수용의 원리, 비심판의 원리, 자기결정의 원리, 경청의 원리, 의도적 감정표현의 원리 등에서 잘 드러난다.

인본주의 이론이 사회복지상담에 끼친 영향은 무엇보다 관계형성에 대한 이론적 토대이다. 인본주의 상담에서 관계형성에 대한 강조는 사회복지실천 장면에서 사회복지상담가가 어떻게 클라이언트와 수평적인 관계를 형성해야 하는지에 대한 지침을 제공한다. 또한 인본주의 이론이 강조하는 내담자의 '합리성'과 '자기실현성'은 클라이언트를 약점보다는 강점의 존재로 이해하는 데 많은 영향을 주고 있다.

인본주의 이론이 가지는 다양한 장점은 사회복지상담의 장점과 유사하다. 많은 사회복지사는 비록 그들이 상담에 직접적으로 관여하지 않더라도 클라이언트를 대하는 과정에서 인본주의 이론이 강조하는 태도와 자세를 일관되게 견지할 필요가 있다.

인본주의 이론은 사회복지상담 전반의 과정에 적용되지만 그 중에서도 특히 초기과정에서 중시되는 내담자와의 관계개선에 활용할 경우 그 효과성이 커질 것으로 본다.

토의사항

1. 로저스가 강조하는 '무조건적 긍정적 존중'의 적용가능성에 대한 당신의 생각은 어떠하며, 무조건 긍정적 존중을 방해하는 요인을 3가지 제시해 보시오.
2. 로저스의 '긍정심리 관점'과 프로이트의 '병리심리 관점'에 대한 당신의 입장은 어떠하며, 당신이 상담자라면 어떠한 관점으로 상담을 이끌고자 하는가? 그리고 당신이 취한 관점을 상담에 적용시킬 방안을 제시해 보시오.
3. 사회복지상담가로서 당신이 내담자를 '공감', '지지', '수용'하는 데 있어서 예상되는 어려운 점 3가지와 이를 개선하고자 하는 노력을 각각 제시해 보시오.

이 론 의 실 습

4학년인 대학생 B는 최근 졸업을 앞두고 학생상담센터를 방문하여 상담을 요청하였다. 심리검사 결과 무기력, 긴장, 열등감, 공격성이 확인되었다.

B는 마땅한 스펙이 부족하고, 희망하는 직장에 들어가기 어렵다는 생각에 가슴이 답답하고 잠을 설치며 혼자 있고 싶을 때가 많다고 한다. 부모님이 기대하는 직장에 들어가야 한다는 생각에 마음이 급하지만 자신감이 없고, 우울한 기분이 들 때는 아무것도 하기 싫어지고 어딘가 떠나고 싶다고 호소한다. 가끔 안 태어났더라면 나을 것 같았다는 생각이 들고 취업이 안 될 것 같은 생각이 밀려들 때는 초라하고 한심하다는 생각에 사로잡힌다고 한다.

두 부모님은 교사이고, 위의 형은 얼마 전 공무원 시험에 합격하여 부모님을 기쁘게 해 준바 있다. 형에 대한 자격지심이 있고, 부모님이 자신에 대해 기대하는 바가 낮고 스스로 열등감이 강한 것으로 나타났다. B는 상담을 통해 자신감이 커지고 사람들과 잘 어울리면서 대인관계가 좋아지기를 기대하였다.

▶ 위의 사례가 인본주의 상담에 적용될 경우 어디에 주안점을 두고 상담을 진행해야 할지 3가지를 제시해 보시오.

Chapter 08

행동주의 상담

1. 개관

"인간의 행동은 학습될 뿐만 아니라 학습에 의해 수정이 가능하다"고 보는 행동주의는 학습이론의 원리를 치료에 적용한 것이므로 '학습이론'이라고도 불린다. 학습이론은 사람이 환경과 어떻게 역동적으로 상호작용하는지를 명쾌하게 규명해 줄 뿐만 아니라 관찰이 가능한 행동을 사정하고, 행동에 대해서 구체적인 용어의 사용을 강조하기 때문에 인간의 특정 행동을 보다 명확하게 이해하는 데 도움을 준다.

학습이론은 다양한 이론가들이 모여 발전시켰으며, 오늘날에는 단순히 고전적 조건화나 조작적 조건화의 개념만으로 이 이론을 제대로 설명해 내기가 어려울 만큼 그 범위가 확장되고 있다. 특히 기존의 심리치료가 적은 비용으로 다수의 내담자에게 혜택을 주는 방향으로 변화하고 있다는 점에서 볼 때, 행동치료와 같이 문제중심적이고 시간 제한적인 접근에 대한 수요는 향후 계속 증가할 것으로 예측된다(Corsini, 2000).

사회복지상담 측면에서 학습이론은 개인이 환경 속에서 어떻게 사회적으로 기능하는지를 알려 주며, 개인과 환경의 이중적 관점을 강조하는 사회복지 학문의 정체성과 관련하여 환경과 개인이 어떻게 상호작용하는지에 대한 이론적 기반을 제시해 준다(Zastrow, 2001). 사회복지상담 측면에서 볼 때 행동주의 이론은 기존의 정신분석이나 인본주의 상담이론으로 접근하기 어려운 내담자, 이를테면 지적장애인, 알코올중독자, 인격장애, 정신장애, 비행청소년 등에게 상담으로 개입하는 데 도움을 주는 것으로 평가된다.

행동주의적 접근의 범위를 보면 Watson이나 Skinner, Thorndike 등의 급진적인 행동주의자부터 인지가 행동을 결정한다는 Beck나 Ellis가 있다. Lazarus와 Bandura는 그 중간쯤에 해당하는 이론가들이다. Beck나 Ellis가 제안하는 인지치료는 다음 장에서 체계적으로 고찰해 볼 것이다. 따라서 본 장에서는 고전적 조건화, 조작적 조건화, 사회학습이론에 바탕을 두고 있는 행동주의적 접근에 초점을 두고 논의를 전개하고자 한다.

2. 주요 이론

1) 행동주의의 주요 이론가

행동주의 이론은 다양한 이론가들의 공헌으로부터 발전하였다. 본 절에서는 대표적인 행동주의 이론가들을 간략히 살펴보고자 한다(Curwen, 2000; Corsini, 2000).

(1) Watson

행동주의 이론은 1900년대 초 행동이 유일한 주제가 되어야 한다고 주장한 미국의 심리학자 Watson의 주장에 힘입은 바 크다(Corsini, 2000). Watson은 "이전의 심리학은 주관적이고 유심론적이다"고 비판하고 "인간의 모든 행동은 학습의 결과이다"라는 그 당시에는 받아들여지기 어려운 급진적인 주장을 하면서 차후 등장할 행동주의의 공식적 기초를 만들어 갔다.

> 내관(introspection)은 쓸모없는 접근이다. 만일 심리학이 과학적인 지위를 갖추려면 그 자료는 관찰 가능한 것이어야 하며 측정 또한 가능해야 한다. 당신의 지각이나 감정은 당신만이 관찰할 수 있으나, 당신의 행동은 다른 어떤 사람이라도 관찰할 수가

있다. 사람이 행하는 것(행동)을 연구하는 심리학만이 객관적인 과학으로 가능해질 것이다(Watson, 1920).

(2) Pavolov, Thorndike, Skinner

다양한 동물실험이 행동주의를 보다 세련되게 만드는 데 기여하였다. 동물실험의 대표적인 인물은 Pavolov(1849~1936)와 Skinner(1904~1990)이다. Pavolov는 개에게 음식을 보여 주면 개가 침을 흘린다는 사실에 착안하고 여기에서 '고전적인 조건화'의 개념을 도출하였다. 짐승을 대상으로 한 Pavolov의 '고전적 조건화'는 차후 Watson(1920) 등에 의하여 아동의 민감화와 둔감화 연구에 활용됨으로써 인간에게 적용되기 시작하였고, 1950년대에 Wolpe(1958)에 의해 '체계적 둔감법(systemic desenstization)'으로 구체화되었다.

한편 미국의 Thorndike(1911)는 "행동은 전적으로 행동의 결과에 의해 결정된다"고 설명하고 만약 특정한 행동에(지렛대를 누름) 적절한 보상(빵의 공급)이 따른다면 그 행동은 강화되고 반복된다고 제안하였다. 이러한 보상학습을 '도구적 조건화' 또는 '조작적 조건화'라고 한다. 이러한 조작적 조건화의 개념은 차후 1950년 행동주의 이론을 보다 체계화하고 행동치료를 정신치료의 수단으로 발달시키는 데 중요한 기여를 한 Skinner(1974)에 의해 다양한 행동적 기법으로 변화되고 임상에 적용되었다. Skinner는 모든 행동은 그것이 도움이 되건 그렇지 않던 간에 조작적 조건화에 의해 야기되고, 그 행동의 변화는 조작적 조건화를 필요로 한다고 주장했다. 이러한 원리는 '강화', '벌', '토큰경제', '자극통제'와 같은 행동치료 방안으로 구체화되었다.

(3) Bandura와 Meichenbaum

행동주의 이론의 또 다른 부류는 Bandura를 포함하는 사회인지 이론가들이다. 사회인지접근에서는 행동에 영향을 미치는 요인으로 인지를 중시한다. 이러한 견해에 의하면 심리기능은 ① 행동, ② 인지과정, ③ 환경요인이 상호작용한 산물로 본다.

> 개인적 요인과 환경적 요인은 별개가 아니며, 이는 서로에게 영향을 미친다. 사람 또한 행동의 독립적 요인으로 간주될 수 없다. 사람은 주로 자신의 행위를 통해 그들의 행동에 영향을 주는 환경적 조건을 만들어낸다. 행동에 의해 만들어진 경험은 사람이 생각하고 기대하고 행할 수 있는 것을 부분적으로 결정하며, 이것은 다시 그들의 후속 행동에 영향을 준다(Bandura, 1977).

이들 이론가는 인간의 행동은 자극에 영향을 받지만 사고(thought)에도 강한 영향을 받는다고 주장한다. 이러한 주장을 하는 학자는 Bandura(1969), Lazarus(1971), Meichenbaum(1977)이다. Watson이나 Skinner와는 달리 "인간의 행동은 자극(환경)의 결과만이 아니며 개인의 사고 역시 행동에 많은 영향을 미친다"고 하여 기존 이론가들이 자극(S)과 반응(R)에 주로 관심을 둔 것의 한계를 보완했다는 평가를 받고 있다.

Bandura의 사회학습이론(Social Learning Theory)과 Meichenbaum의 인지행동치료(Cognitive-Behavior Therapy), Lazarus의 다중양식치료(Multimodal Therapy)는 행동주의이론에 뿌리를 두었으면서도 인지적 요인을 가미하여 인간의 행동을 설명하려고 했다는 점에서 여타의 행동주의 이론과 구별된다. 행동주의 이론에 인지적 개념을 포함하는 이러한 움직임은 1970년에 더욱 구체화되었으며, 이들의 기본 가정은 심리장애를 일으키는 것은 경험 그 자체가 아니라 그 경험에 대한 해석임을 강조하였다. 이는 차후 'Beck(1979)의 인지치료'로 구체화되었다.

오늘날에는 '행동치료'와 '인지방안'이 결합된 인지행동치료(Cognitive Behavior Therapy)가 보편적인 개념으로 자리를 잡고 있다.

2) 학습원리

행동주의에서는 인간의 행동을 학습의 원리로 설명하며, 인간의 행동 역시 변화할 수 있다고 가정한다. 따라서 행동주의적 접근의 이론적 토대가 되는 학습원리를 살펴보는 것은 인간의 행동을 객관적으로 이해하는 데 도움을 줄 것이다(Carver 외, 2004).

(1) 고전적 조건화

'고전적 조건화(classical conditioning)'는 러시아의 생리학자인 Pavolov(1927)의 일명 '개 실험'에 의해 잘 알려진 개념이다. Pavolov는 개에게 음식을 보여 주면 개가 침을 흘린다는 사실에 착안하였는데, 이는 학습이 아니라 자연적으로 유발된 것이므로 '무조건적 반응(침 흘림)'이라고 하며, 무조건적 반응을 유발하는 자극을 '무조건적 자극(음식)'이라고 한다. 만일 개에게 음식과 종소리(중성자극)를 일정 기간 계속적으로 동시에 들려 줄 경우 개는 음식이 아닌 중립자극이었던 종소리만 듣고도 침을 흘릴 수 있게 되는데, 이를 '조건화된 자극(종소리)'이라고 한다. 또한 종소리만으로 개가 침을 흘릴 경우 학습에 의한 반응이라는 의미로 이를 '조건화된 반응(종소리에 침 흘림)'이라고 한다. 이 실험에서 종소리에 의한 침 흘림이 학습된 것이라고 할 수 있다.

이처럼 고전적 조건화란 중성자극을 무조건적 자극과 짝을 짓게 함으로써, 즉 반응유발능력(연상)을 가지게 하여 조건자극으로 변화시키는 과정에 착안한 개념이다. 여기서 관심을 가질 것은 조건자극(CS)과 무조건적 자극(US) 간의 연관성이다. 이 둘은 상관관계 혹은 수반관계에 의해 학습된다. 이러한 고전적 조건화원리를 이용한 대표적인 행동치료기법으로는 '소거', '체계둔감', '노출요법', '혐오요법' 등이 있다.

(2) 조작적 조건화

'조작적 조건화(operant conditioning)'는 인간이 환경적 자극에 능동적으로 반응하여 나타내는 행동을 설명하기 위한 접근방법으로 "행동은 그 결과에 의해 변화한다"는 학습원리에 기초하고 있다.

미로상자에 갇힌 동물은 도구의 조작을 통해 미로상자에서 빠져나올 수 있는 방법을 학습하는데, 이를 '효과의 법칙'이라고 한다. 이 법칙은 보상행동과 비보상 행동을 포함하는데, 행동의 결과(보상 또는 처벌)는 향후 취할 행동의 원인이 된다는 것이다. 달리 말하면 특정 행동에 따르는 결과가 다음 행동의 원인이 되며, 행동은 행동에 따른 보상과 벌에 의해 유지 또는 통제된다는 것이다. 이처럼 행동의 양을 변화시키거나 감소, 제거하는 것은 그 행동의 결과에 의해 영향을 받는데, 행동의 결과를 행동절차로 조절하는 것이 조작적 조건화의 핵심이다.

조작적 조건화에서는 강화물의 조작을 통해 바람직한 행동을 늘리거나 부적절한 행동을 감소시킬 수 있다고 본다. 오늘날 행동치료기법의 대부분은 조작적 조건화에서 나온다고 할 정도로 조작적 조건화가 차지하는 비중은 막대하다고 볼 수 있다.

한 예로 시험에 90점 이상을 받아야만 아들에게 미소를 짓는 어머니로 인해 아들은 계속 공부를 할 수밖에 없다. 남편이 일찍 귀가할 때마다 맛있는 음식을 준비하는 아내를 두었다면 남편은 일찍 귀가할 가능성이 높을 것이다. '강화'와 '벌', '행동조형'은 조작적 조건화 원리를 이용한 대표적인 행동치료 기법이다.

3) 모델링

'모델링(Modeling)'이란 타인의 행동을 관찰해서 그 행동을 학습하는 것으로서 모방, 사회학습, 대리학습이라고도 한다(Bandura, 1963). 이는 고전적 조건화나 조작적 조건화와는 달리 관찰하는 사람이 행동에 직접 관여하지 않고 단지 관찰하는 것만으로 행동을 학습할 수 있다는 측면에서 '관찰학습' 또는 '무시행학습'이라 칭한다. 또한 다른 사람이 보상이나 벌을 받는 것을 관찰하는 간접적 경험을 통해 학습했다고 하여 '대리학습'이라고 부르기도 한다.

상담자는 내담자에게 바람직한 행동을 보여 줌으로써 내담자가 이를 모방하도록 할 수 있다. 또한 내담자의 부모에게 자녀를 대하는 바람직한 방법을 부모에게 직접 보여주고, 부모가 이를 관찰학습하여 자녀에게 직접 적용하도록 할 수 있다.

한 사람이 타인의 행동을 모방하느냐 하지 않느냐는 많은 변수가 관여한다(Kazdin, 1978). 일반적으로 ① 모델이 관찰자와 유사할 경우, ② 모델이 관찰자보다 신분이나 전문성이 높을 경우, ③ 모델의 수가 많을수록 모델링의 가능성은 높아진다고 할 수 있다. '역할놀이(role play)'는 모델링원리를 이용한 대표적인 행동치료기법이다.

4) 자기효능감

Bandura(1977)에 의하면 인간의 행동은 외적인 자극에 의해서만 형성되는 것이 아니라 사고, 감정 등의 내적인 동기에 의해서도 영향을 받는다. '자기효능감(self efficacy)'이란 자신이 특정한 행동을 수행할 수 있다는 확신의 정도를 의미한다. 자기효능감이 높은 개인은 기꺼이 상황에 직면하고, 문제해결에 대해 적극적인 태도를 취할 것이다. 이와는 반대로 자기효능감이 낮다면 상황에 직면하기보다는 회피하고 실패를 예측하기 때문에 행동이 위축될 가능성이 높다. 이러한 자기효능감은 이전에 있었던 개인의 행동결과에 대한 바람직한 보상이 충분히 주어질 때 형성되게 된다. 행동치료는 내담자에게 자기효능감을 길러주어 외적 자극에 대한 대응력을 길러주는 데 관심을 가진다.

3. 행동주의 상담

1) 상담의 기본적 가정

행동주의 상담은 그 자체로서 독특한 특징을 가지며 이는 다음의 특징들에서 보다 분명해진다(이성진, 2001).

① 행동이 핵심적 관심사이다.

행동주의 접근은 행동을 중요시한다. 행동주의에서 말하는 행동이란 변화와 관찰이 가능한 것을 말하는데, 이러한 측면은 무의식, 욕구, 갈등 등과 같이 추상적으로 보이는 것들을 다루는 역동주의 접근과 차별된다.

② 대부분의 이상행동은 정상행동과 같은 방식으로 획득되고 유지된다.

행동주의에서는 '정상행동'이나 '이상행동'을 포함하는 대부분의 행동을 동일한 심리학적 원리로 설명할 수 있다고 확신한다.

③ 대부분의 행동은 학습된 것이다.

대부분의 인간행동은 학습된 것으로서 정상행동이든 이상행동이든 간에 모두 동일한 원리에 의하여 학습된 결과이기 때문에 정상행동과 이상행동 간에는 질적인 차이가 없다. 다만 차이가 있다면 이는 양적인 차이일 뿐이라고 가정한다.

④ 행동은 환경적 요인에 의하여 결정된다.

새로운 행동이 형성되거나 유지, 제거되는 것은 환경적 자극에 의하여 결정된다. 환경적 자극의 변화는 행동의 변화를 가져오는데, 행동의 변화에 영향을 미치는 환경적 자극이란 행동의 발생 직전에 주어지는 선행자극(연계자극)과 행동 후 즉시 뒤따르는 후속자극(강화자극과 벌)을 말한다.

⑤ 현재의 행동을 중요시한다.

행동주의 접근은 개인의 과거 경험이 현재의 행동에 영향을 미친다는 것을 시인하지만 역사적 선행요인의 상담보다는 현재의 행동에 영향을 미치는 요인이 무엇인지에 초점을 둔다.

⑥ 치료전략은 개인의 문제별로 개별적으로 수립된다.

행동에 영향을 미치는 개별적인 요인들을 탐색하고 이를 제거하는 데 필요한 행동절차는 내담자에 따라 개별적으로 짜여진다.

⑦ 행동변화를 일으키는 데는 심리적 기원을 반드시 이해해야 하는 것은 아니다.

문제행동 변화에는 반드시 병인론에 대한 지식이 필요한 것은 아니다.

⑧ 행동기법과 절차의 구체적 진술을 중시한다.

행동주의의 원리는 행동에 대한 실증적인 연구에 근거를 두고 있기 때문에 이에 걸맞게 치료의 기법과 절차를 구체적으로 진술하고 측정의 객관성을 분명하게 기술하는 등의 응용과학적인 접근을 따른다.

2) 목표

행동치료의 목적(Curwen et al., 2000)은 관찰과 측정이 가능한 인간행동을 변화시키는 것이다. 행동치료의 목표는 내담자와 상담자간의 충분한 합의에 의해 결정되도록 한다. 이는 치료과정에 내담자의 협조를 끌어내고 치료에 대한 동기를 가지도록 하는 데 매우 유리하다.

3) 내담자와의 관계

여타의 접근들과는 달리 행동치료에서의 상담자는 보다 적극적이고 지시적인 역할을 수행한다. 그렇다고 해서 상담자가 경직된 지시자의 역할에 치우치는 것은 곤란하다. 따라서 상담자는 내담자를 적극적으로 이해하고 수용하여 내담자와 열린 자세로 상호신뢰적인 관계가 설정되도록 하는 데 상당한 노력을 기해야 한다. 내담자와 상담자 사이의 긍정적인 관계가 형성되지 않은 초기과정에서 행동치료가 자주 실패하는 것은 이러한 측면과 관련이 있다.

내담자가 상담자를 모방한다는 것을 감안할 때 상담자는 행동이나 언행에 각별한 주의를 기울여야 하며, 내담자가 보여 주는 바람직한 행동을 적절하게 강화하여 내담자가 치료에 동기를 가질 수 있도록 배려해야 한다. 특히 행동치료에서의 상담자는 '배려 있고 온화한' 상담자 이상이어야 한다. 행동주의 상담자는 내담자에게 교사, 조언자, 강화자, 촉진자로서 기능하며, 내담자를 환경에 대해 수동적이고 기계적인 존재가 아니라 환경에 영향을 미치는 능동적인 존재로 이해하는 것이 바람직하다(장혁표 외, 1993).

많은 연구에서 행동주의 상담자는 정신역동 상담가보다 더 지시적이고, 더 솔직하며 자기개방을 더 많이 하는 것으로 나타났다. 행동주의 상담자에 대한 내담자의 소감은 '온화하고 성실하며 친밀하다'는 것으로 집약되고 있다. 이는 행동주의 상담자가 내담자와의 관계형성에 많은 관심을 기울이고 있다는 것을 의미한다.

정신역동치료와 행동치료의 공통점은 행동의 밑바탕에 깔려 있는 원인을 교정하는 것이다. 그렇지만 양자는 행동의 원인을 바라보는 관점이 상이하다. 전자는 내담자가 어떻게 해서 그렇게 되었느냐에 관심을 두는 반면, 후자는 현재의 행동을 통제하는 변인과 조건들에 관심을 가진다. 따라서 '지금의 내담자가 그러한 방식으로 행동하게 하는 것이 무엇이며, 그러한 행동을 변화시키기 위해 우리는 무엇을 해야 하는가'가 내담자와 관계를 설정하는 기준이 된다(Wilson, 2000, 김정희 역, 1993).

4) 적용

행동치료의 적용범위는 점차 확장되고 있다. 각각의 심리치료이론들이 특정한 문제들에 더 적응적이고 또 다른 문제들에는 덜 적응적이듯이 행동치료 역시 마찬가지다. 행동치료라는 용어가 암시하듯이 행동치료는 명백해 보이는 행동적인 문제를 중심으로 치료적 목표를 설정할 수 있는 내담자라면 행동치료에 적극 추천될 수 있다. 예를 들면 공포증, 불안증, 강박증, 성도착을 포함하는 성장애, 우울증, 대인관계와 부부문제, 만성정신장애, 만성말더듬, 섭식장애, 야뇨증이나 틱과 같은 아동기장애 등이 대표적이다(Kazdin 외, 1978).

가장 좋은 치료예후는 '내담자의 치료에 대한 동기'라는 지적처럼 행동치료 역시 내담자의 치료적 동기를 매우 중시한다. 아무리 훌륭한 행동 절차를 적용하려고 해도 내담자가 이에 협조하지 않는다면 상담의 예후는 불투명할 것이다. 또한 이중진단(dual diagnosis)으로서 알코올중독과 같은 약물사용장애를 가지고 있는 경우 예후가 좋지 못하다고 알려져 있다.

다음은 공황장애(panic disorder) 환자를 대상으로 한 Barlow 등(1999)이 행동치료를 적용한 결과이다.

> 인지행동치료를 공황장애 환자에게 적용한 결과 인지행동치료는 삼환계 항우울증 약물인 이미프라민을 투여했을 때보다 더 우수한 효과를 보였다. 또한 인지행동치료의 종료 시에는 약 90%의 환자가 공황증상이 사라졌다고 보고하였다. 이는 이미프라민 투여 환자의 50%와는 비교된다. 또한 인지행동치료는 이미프라민만 투여한 집단에 비해 재발률이 현저히 낮았다.

5) 상담의 과정

(1) 일반적 절차

행동주의 이론가마다 심리치료를 진행해 나가는 과정은 다양하지만 행동치료의 일반적인 과정을 소개하면 대략 다음과 같다(이현림, 2000).

① 변화시킬 행동을 밝혀내고 이를 구체적인 행동용어로 서술한다.
② 바라는 목표행동의 기본방향을 설정한다.
③ 목표행동이 일어나도록 상담상황을 조정한다.
④ 내담자에게 소거나 강화가 될 수 있는 사건들이나 자극들을 파악한다.
⑤ 바람직한 목표행동이나 그 행동에 접근하는 행동을 강화한다.
⑥ 목표행동에의 변화를 기록함으로써 상담절차의 효과를 평가한다.
⑦ 상담을 종결한다.

(2) 행동상담

내담자의 문제가 행동치료로 해결되기에 적당하다고 판명되었다면, 상담자는 변화되어야 할 행동과 그 행동의 형성과 지속에 영향을 미치는 조건들이 무엇인지를 구체화하도록 해야 한다. 이를 '행동상담' 혹은 '행동사정'이라고 한다(Curwen 외, 2000).

다음에 소개될 행동상담의 전형적인 예들은 내담자의 행동을 상담하는 데 주로 사용되는 질문들이다. 이 질문은 기계적이거나 혹은 순서적으로 이루어지는 것은 아니며 문제 상황별로, 그리고 문제 전과 후에 어떠한 행동을 하는지를 알아보는 데 도움을 줄 뿐만 아니라, 내담자의 문제별로 상담자가 질문의 선택과 우선순위를 정할 수 있도록 해준다.

- 당신의 문제에 대해 듣고 싶습니다.
- 그 문제가 발생한 것은 언제입니까?
- 지금의 그 문제가 일어났었던 최근의 예를 알고 싶습니다.

• 그 문제가 일어나기 바로 전의 일을 알고 싶습니다.
• 그 문제가 가장 심각하다고 느낄 때는 언제인지요?
• 그 문제는 지속됩니까, 간헐적입니까?
• 그 문제를 진정시킬 수 있는 방법이 있나요?
• 그 문제를 악화시키는 요인이 있습니까?
• 지금 이야기한 그 문제를 없애야만 하는 다른 문제가 있습니까?
• 지금의 그 문제가 없었다면 당신의 인생은 어떨 것 같나요?
• 우리의 노력으로 지금의 그 문제가 어느 정도 변화할 것 같다고 보십니까?

그 외에도 내담자가 가진 문제의 범위를 추정하는 보다 과학적인 방법은 '목록화된 질문지'를 사용하는 것이다. 내담자는 목록화된 질문지를 통해 자신의 문제를 체크하게 된다. 이 목록은 ⑤ '매우 심하다'에서 ① '거의 그렇지 않다'까지의 척도로 구성된다. 질문지는 내담자가 가진 문제를 다양한 측면에서 계량화할 수 있다는 장점 외에도 행동치료의 목표설정과 치료에 대한 평가에도 유용하게 쓰인다.

4. 상담의 기술

1) 강화

강화는 행동치료의 중요한 기본 원리이자 적용기법이다. 강화(reinforcement)란 스키너의 조작적 조건화의 중심원리로서 표적행동의 출현빈도를 높이기 위한 행동절차이다. 행동의 바람직한 행동의 빈도를 늘리려고 한다는 점에서 강화와 처벌은 유사하다. 강화는 행동의 빈도를 늘리는 데 주안점을 두는 반면, 처벌(punishment)은 행동의 발생빈도를 줄이려는 데 초점을 둔다는 차이가 있다. 강화물은 행동을 강화해 미래에도 그 행동을 다시 할 가능성을 높여 주는 자극물을 말한다. 이러한 강화에는 정적강화와 부적강화가 있다(이성진, 1988).

(1) 정적강화

'정적강화(positive reinforcement)'란 '상(賞)'이라는 말과 동의어로 사용된다. 이 원리는 "만일 어떤 사람이 어떠한 행동을 하고 난 후 긍정적인 결과가 즉각 뒤따르게 되었을 경우, 다음에 비슷한 상황을 만나게 되면 같은 행동을 다시 반복할 가능성이 높다"는 것으로 설명될 수 있다. 정적강화에 영향을 주는 요인을 살펴보자(Fischer et al., 1975).

① 강화하고자 하는 행동은 사회화와 같은 막연하거나 일반적인 것이 아니라 구체적이고 관찰 가능한 것이어야 한다.
② 강화물은 개별화되어야 하며 개인마다 차이를 보인다. 아동에게 어울리는 정적강화물의 속성은 소모할 수 있는 것(사탕, 장난감), 활동할 수 있는 것(놀이, TV 보기), 조작할 수 있는 것(장난감과 놀기, 색칠하기)등이다.
③ 효과적인 강화물이 되려면 그 강화물이 개인에게 귀한 것이어야 한다.
④ 최대의 효과를 내려면 강화물은 바람직한 행동 이후 즉각 주어져야 한다.
⑤ 강화물을 지급한 후 강화물에 따른 그 행동이 일반화되도록 유도한다.

민수는 주의가 산만하고 잦은 말썽을 부리는 12세의 초등학생이다. 어느 날 민수가 차분하게 앉아 공부를 하고 있는 모습을 보고 담임선생님이 최선의 칭찬을 해주었다. 이 경우 민수는 차후에도 차분하게 앉아 공부할 가능성이 많아질 것이다. 칭찬은 민수가 차분히 앉아 공부한 데 대한 강화물로 작용할 것으로 기대된다.

정적강화는 잘못 사용되어 바람직하지 못한 행동을 강화하는 방향으로 적용될 수도 있다. 즉 바람직한 행동을 강화원리로 강화시켜야 함에도 불구하고 다음의 예처럼 부지불식간에 부정적인 행동을 유발할 수 있다.

6살인데도 말이 늦은 영수가 어느 날 엄마가 일하는 부엌으로 와서 '엄마 무 무'라고 하자 엄마는 영수에게 시원한 보리차 한잔을 주었다. 말이 늦은 영수의 경우 '무'라는 부적절한 발음은 엄마의 즉각적인 강화에 의해 지속될 가능성이 커진다.

(2) 부적강화

'부적강화(negative reinforcement)'란 내담자가 바람직한 행동을 할 때 내담자가 싫어하는 대상이나 자극물을 제거해 줌으로써 그 행동의 빈도나 강도를 증가시키는 행동절차이다. 이러한 부적강화는 2가지 측면이 고려되어야 하는데, 이는 정적강화에 비해 약간 복잡한 느낌을 줄 수 있다.

첫째, 상황 속에서 무엇인가를 제거해야 한다는 것이고, 둘째, 특정 행동의 발생빈도를 늘려야 한다는 것이다. 부적강화는 혐오자극을 사용할 수 있다는 면에서 벌과 유사해 보이지만 벌이 행동의 발생빈도를 줄이려고 하는 반면, 부적강화는 정적강화와 마찬가지로 특정한 행동의 발생빈도를 늘리려고 한다는 점에서 차이가 있다.

즉 부적강화는 어떤 행동이 일어난 후에 처벌자가 제거되거나 또는 혐오스러운 자극이 종식될 경우 그러한 행동이 점차 일어날 확률이 증가한다는 원리에 기초한다.

12살인 철호는 산만하고 소란스러운 학생이다. 철호의 형인 철민은 소란스러운 철호에게 늘 불만이다. 철민은 철호에게 조용하라는 지시를 내려 보지만 별 소용이 없었다. 어느 날 한참 동안 차분하게 철호가 차분히 지내는 것을 본 철민은 동생 철호가 기특하여 이전에 빌려 준 천원을 받지 않겠다고 했다.

2) 토큰강화체제

바람직한 행동을 강화자극(보상물)과 적절히 짝 지어짐으로써 바람직한 행동의 빈도를 늘리려는 것을 조건강화자극이라고 한다. 조건강화자극을 모아서 다른 유익한 강화물(음식, 용돈, 게임하기 등)과 교환할 수 있는 것을 '토큰(징표, 상징)'이라고 한다.

이처럼 토큰을 사용하여 행동을 교정하는 것을 토큰강화 또는 토큰경제라고 한다. 여기서 말하는 토큰은 다른 무엇인가를 교환할 수 있는 증거물이나 징표의 의미로 사용된다. 이러한 토큰은 가정에서 아동의 양육과 정신병원이나 사회복지시설 등에서 행동교정의 목적으로 널리 사용된다. 토큰은 많은 장점을 지닌다.

첫째, 행동의 양을 계량화할 수 있다.

둘째, 토큰은 바람직한 행동과 그렇지 않은 행동을 감별할 수 있게 해준다.

셋째, 토큰은 동기유발의 효과적인 수단으로 작용할 수 있다.

토큰강화를 효과적으로 실행하기 위한 절차는 다음과 같다(이성진, 1988).

① 목표행동의 결정

집단의 특성, 달성하려고 하는 장·단기 목표와 이러한 목표를 방해하려는 것이 무엇인가를 고려하여 목표를 결정한다.

② 기초선의 결정

토큰강화를 사용할 때도 목표행동에 대한 기초적인 자료를 미리 수집해야 한다.

③ 지원 강화물의 선정

토큰은 가볍고 휴대가 편리하며 다루기가 쉽고 복제가 용이해야 한다.

④ 토큰의 수

동질적 집단이어도 개개인에 따라 토큰 강화규칙이 다를 수 있다.

⑤ 토큰강화가 사회적 강화로 대치되도록 계획을 수립한다.

3) 체계적 둔감

'체계적 둔감(systematic desensitization)'은 긴장이완(relaxation)의 상태에서 내담자에게 긴장된 자극의 수준을 점차 강화함으로써 긴장된 자극에 무뎌지게 하는 일종의 행동절차이다(Wolpe, 1976). 이는 공황장애, 공포증 등의 불안장애에 주로 적용된다. Wolpe(1958)는 불안과 이완은 양립할 수 없다는 데 착안하여 불안을 다루는 방법으로 긴장이완기법을 도입하여 체계적 둔감법을 고안하였다.

근육을 이완시키면서 가장 약한 수준의 불안상황에서 점차 높은 불안상황으로 자극을 제시한 다음, 근육이완에 의해 불안이 제거되도록 하고 점차 높은 수준의 불안으로 옮겨가면서 기법을 적용한다. 다음의 실제적인 예를 보자.

정수(27세, 남)씨는 3년 전 승용차가 인도를 덮치는 바람에 불의의 교통사고를 당한 바 있다. 그 후 정수씨는 차에 대한 공포증을 가지게 되면서 외출을 회피하기 시작하였고 사회생활이 점차 힘들게 되었다. 인지적 측면을 포함하여 별다른 정신적인 문제를 보이지 않았으나 유독 외출을 회피하는 문제는 좀처럼 사라지지 않고 있었다. 정수씨의 경우 차에 대한 지나친 공포가 외출을 힘들게 하는 요인이었다.

상담자는 정수씨에게 체계적 둔감화 기법을 적용하기로 하고 다음의 행동적 절차를 단계별로 적용하였다.

① 긴장을 이완시키는 다양한 긴장이완술을 가르친다.
② 불안을 유발하는 상황을 순서별로 나타내보도록 한다.
③ 긴장을 이완시킨 후 자동차가 그려진 그림과 사진을 보게 하고, 그 다음으로 장난감 자동차를 만져 보라고 하면서 자동차에 적응하도록 한다.
④ 이완한 채 먼발치에서 자동차가 지나가는 소리와 모습을 보면서 긴장을 이완시킨다.
⑤ 인도에 서서 자동차가 지나가는 소리와 모습을 가까이서 보게 한다. 물론 힘들면 다시 긴장을 이완시키고, 이전의 자극(4단계에서 언급한)을 다룬다.
⑥ 지하철을 한 정거장만 타보게 한다.
⑦ 버스와 택시를 타보게 한다. 이완상태에서 점차 높은 위계의 상황을 제시한다.

4) 정서적 상상

'정서적 상상(emotive imaginary)'이란 내담자에게 어떠한 장면이나 행동에 대한 느낌을 마음으로 생생하게 상상해 보도록 하는 행동기법이다. 이러한 정서적 상상은 "유쾌한 상상은 공포나 불안 같은 부정적인 정서와 양립되지 않는다"는 원리에 기초한다. 또한 상상은 내담자를 안전하게 특정한 상황에 이르게 할 수 있을 뿐만 아니라 평소와는 다른 반대의 상황을 가정할 수도 있게 해준다는 면에서 장점을 지닌다.

가령, 시어머니에게 구박을 받고 사는 내담자에게 정서적 상상기법을 동원할 수 있다. 이 경우 상담자는 '내담자가 시어머니에게 당당하게 맞서 시어머니를 설득시키고 이로써 시어머니와 화목하게 사는 상상'을 유도할 수 있다.

5) 긴장이완

이완(relaxation)과 불안(긴장)은 서로 양립할 수 없다는 논리에 기초하여, 만일 이완상태가 유지된다면 불안 반응은 제지된다고 보는 관점을 견지하는 일정의 행동기법이다(Benson, 1976). 긴장이완기술로는 점진적 이완훈련을 수정한 방식이 널리 사용된다. 이 방식은 내담자가 상담자의 지시에 따라서 온 몸의 근육을 점차적으로 긴장시켰다가 이완시키는 과정으로 구성되어 있다. 그 외에도 상담자는 내담자에게 신체의 근육을 단계적으로 이완시키는 방법과 정신적인 심상훈련을 통해 스트레스와 긴장을 다스리는 방법들을 훈련시킨다.

긴장이완요법은 단독으로 이루어지기도 하지만 체계적 둔감법과 함께 활용된다면 효과가 배가될 수 있다.

긴장이완요법을 시행할 경우 지켜야 할 점은 다음과 같다.

① 근육의 긴장과 이완 시에는 그 근육에 온 정신을 집중시키도록 한다.
② 긴장을 풀 때는 갑자기 풀도록 한다.
③ 근육을 긴장시켰을 때와 긴장을 풀 때 느껴지는 기분의 차이를 생생하게 감상하도록 한다.

6) 벌

강화가 칭찬이나 상으로 우리에게 널리 알려져 있는 것과 같이 벌 역시 그러하다. '벌(punishment)'은 자칫 부적강화와 혼동되기 쉽다. 강화는 특정한 행동의 빈도를 늘리려는 시도인 반면, 벌은 특정 반응이 장차 일어날 확률을 감소시키는 것이라고 할 수 있다.

정적강화와 부적강화가 있듯이 벌에도 2가지 유형이 있다. 하나는 특정한 행동에 이어 야단을 치거나 엉덩이를 때리는 것(정적처벌)과 같은 즉각적으로 부정적이거나 혐오스러운 자극을 가하는 것이며, 또 다른 하나는 자격, 웃음, 기회 등의 강화물을 제거하는 것이다(부적처벌). 행동수정의 일환으로 벌을 사용하고자 할 때는 다음의 절차를 밟아야 한다(이성진 외, 1988).

① 벌 받을 행동을 구체적으로 세분화한다.
② 가장 효과 있는 벌을 선택해야 한다.
③ 벌의 강도를 점차로 높이지 말아야 한다.
④ 벌은 행동이 일어난 직후 즉각적으로 주어져야 한다.
⑤ 바람직한 행동이 무엇인지를 미리 말해 줘야 한다.
⑥ 정적강화와 벌이 함께 주어져서는 안 된다.

벌에 의해서는 그 효과가 크지 않다는 Thorndike의 지적은 벌이 남용되어서는 안 된다는 것을 말해 준다(Stephen, 1987). 따라서 벌은 최후의 수단으로 사용되어야 한다. 벌은 대체로 다음의 부작용(side effect)을 가지는 것으로 보인다.

① 벌은 분노, 회피, 불안과 같은 바람직하지 않은 부정적 정서를 유발할 수 있다.
② 벌과 관련된 자극은 벌이 될 수 있다. 책(冊)을 머리 위로 드는 벌을 받았을 경우 책을 보면 벌 받는 기분이 날 수 있다. 이를 '조건화된 벌'이라고 한다.
③ 벌은 새로운 행동을 가르치지 못한다. 벌은 이미 학습된 행동의 출현을 억제하려는 기능만 있을 뿐이다.
④ 벌은 모방의 효과를 가져 벌 받고 자란 아이가 커서 벌을 줄 가능성이 많다.
⑤ 자칫하면 벌은 남용되기 쉽다.
⑥ 벌이 새로운 강화로 작용하지 못하도록 해야 한다. 예를 들어 벌 받기로 관심을 끌려는 행동을 했다면 벌은 정적강화로 기능할 수 있다.

명호(12세)는 자폐증 진단을 받은 소년이다. 최근 3년 전부터 머리를 바닥에 박는 행동증상을 보여 안전상 결박을 당한 상태로 지내고 있다. 명호의 머리박기 증상은 관심끌기의 강화제 역할을 함으로써 형성, 유지된 것으로 이해되고 있다. 이에 대한 행동수정 절차는 명호가 머리를 박으려고 할 때마다 머리에 전기자극(electronic shock) 장치를 한 헬멧을 씌

우는 것이다. 이 헬멧은 명호가 머리를 아래로 숙이려고 할 때마다 정기적으로 주어졌으며, 명호는 한참 후에서야 자신의 행동과 전기자극이 연합되어 있다는 것을 알고 머리를 땅으로 기울이는 행동을 줄여 나갔다.

7) 사고중지

'사고중지(thought-stopping)'는 내담자가 강박사고와 같이 원치 않는 생각을 멈추게 하는 행동기법이다(Williams 외, 1979). 다양한 행동기법 중에서 아마 사고중지만큼이나 실행이 쉽고 효과적인 기법도 드물 것이다. 사고중지는 "원치 않는 생각이 날 때마다 항상 방해를 받으면 결국 그러한 생각은 없어지게 된다"는 원리에 기초한다.

사고중지는 내담자에게 하루에 10여 차례 이상 원하지 않거나 불쾌한 생각을 떠올려 집중하도록 하고, 떠올린 생각에 '그만'이라고 소리치는 것을 며칠 간 계속하도록 연습하는 것이다.

사고중지기법은 이성의 옷을 입는 환상을 감소시키기 위해, 강박적인 사고를 감소시키기 위해, 자기 비난적 사고를 감소시키기 위해, 흡연이나 음주에 대한 생각 등을 감소시키기 위해 적용될 수 있다. 사고중지의 기법은 단독으로 적용하기보다는 여타의 기법들과 혼합되어 적용하는 것이 보다 효과적이다(이현림, 2000).

사고중지는 다음의 절차에 의해 이루어진다.

① 내담자가 중지되어야 할 사고를 구체화, 언어화하도록 한다.
② 상담자의 지시를 받으면서 '사고중지'라고 소리친다.
③ 내담자가 자기지시에 의해 마음속으로 '사고중지'라고 말한다.
④ 긍정적 또는 중립적 사고로 전환한다.
⑤ 과제를 제시하고 일반화하도록 노력하며 추수지도를 한다.

8) 소거

소거란 어떤 반응에 대한 강화를 중지하는 것을 말하는데, 이러한 시도로 그 행동의 발생 빈도는 줄거나 아예 없어질 수 있을 것으로 본다. 만일 종소리에 더 이상 음식을 연결 짓지 않는다면, 개는 종소리에 더 이상 침 흘리는 반응을 보이지 않을 것이다. 이처럼 조건화된 자극으로 인해 개가 더 이상 침을 흘리지 않게 될 경우, 이러한 조건화된 자극은 '소거(extinction)'되었다고 한다. 임상적인 예를 보자.

> 초등학교 1학년인 철수는 편식이 심하고 툭 하면 밥을 먹지 않는다고 하여 부모님을 힘들게 하였다. 철수의 밥 안 먹기는 부모님을 조종하는 의미를 가지고 있었고 부모 역시 철수가 밥을 먹지 않겠다고 할 경우 철수 앞에서 당황하는 모습을 보인다. 이 경우 소거의 예를 적용해 보자. 철수가 밥을 먹지 않겠다고 할 때 부모는 철수가 더 이상 밥을 안 먹겠다고 하는 말에 관심을 주지 않고 즉각 밥상을 치워버렸다. 철수는 더욱 거세게 나왔다. 결국 하루를 굶은 철수는 스스로 밥상 앞으로 다가올 수밖에 없었다. 부모는 철수가 밥을 안 먹겠다는 말을 소거시킨 셈이다. 철수는 더 이상 밥 안 먹는 문제로 부모를 조정할 수 없었다. 그동안 밥을 먹지 않겠다는 억지에 못 이겨 부모는 철수의 요구를 다 들어 주었기 때문에 밥을 먹지 않겠다는 철수의 행동은 부모의 허용적 행동에 의해 줄기차게 강화된 셈이다. 철수는 힘들 때마다 밥을 먹지 않겠다는 생각이 조건화되어 떠올랐을 것이고 이럴 때마다 부모는 힘없이 철수의 억지에 휘말릴 수밖에 없었다.

이 사례에서 중요한 것은 부모가 철수의 억지에 반응하지 않고 견디어 낼 수 있느냐 하는 것이다. 철수는 평소와는 다른 부모의 무관심한 행동에 분노하여 더 많은 억지를 부리려고 할지 모른다. 이를 '소거의 돌출(extinction burst)'이라고 한다(Kazdin, 1994). 행동치료에서 중요한 것은 '소거의 돌출'을 견디어 내고 바람직한 행동이 출현할 경우 즉각 정적인 강화를 가하는 것이다. 또한 한번 시도된 소거전략은 끝까지 적용하도록 해야 제대로 된 효과가 난다. 만일 도중에 중단한다면 사태는 악화될 수 있다. 소거와 관련하여 간과해서 안 될 일은 한번 소거된 행동일지라도 차후 유사한 상황이 오면 다시 출현할 가능성이 있다는 것이다. 이 경우 역시 소거전략을 적용해야 한다. 다음은 소거의 일반적 절차이다(이성진, 1998).

① 표적행동의 확인

약화 또는 제거하고자 하는 행동을 우선 확인해야 하고, 행동은 구체적으로 세분화되어야 한다.

② 행동의 기록과 강화물의 확인

소거프로그램에 들어가기 전에 소거하고자 하는 바람직하지 못한 표적행동의 빈도를 관찰하여 기록해야 한다.

③ 소거프로그램 운영의 환경 조절

프로그램이 실시되기 전에 대상자와 관련되는 주변의 사람들에게 소거프로그램이 시작된다는 사실을 미리 알리고 바람직하지 못한 표적행동은 무시하며, 바람직한 행동에 대해서는 칭찬해 주도록 당부한다.

④ 소거와 강화의 일관성 유지

바람직하지 못한 표적행동을 무시하고 바람직한 상반행동을 칭찬함에 있어서 일관성이 있어야 한다.

⑤ 소거프로그램의 끝내기

바람직하지 못한 표적행동이 제거된 뒤에도 그 행동이 가끔씩 나타날 수 있으므로 대비해야 한다.

9) 혐오요법

'혐오요법(aversion therapy)'은 바람직하지 않는 행동(음주중독)과 불쾌한 자극(구토)을 연합하고, 바람직하지 않는 행동에 대해 불쾌한 자극이 조건화되도록 하여 바람직하지 않는 행동을 제거하려는 행동절차를 말한다(Franks, 1969).

내담자에게 혐오스러운 자극을 제공해 가면서까지 문제를 해결한다는 것은 내담자에 대한 존엄을 떨어트리는 것이며, 혐오요법에 의한 결과가 과연 일상에서 지속적으로 일반화될 수 있겠는가?라는 측면에서 이 기법은 논쟁의 여지가 있어 왔다. 따라서 혐오요법은 문제해결을 원하지만 다른 요법으로는 별다른 도움을 받지 못한 내담자를 대상으로 시행될 수 있다. 혐오요법은 사전에 내담자와 충분한 합의를 이룬 후에 숙련된 전문가에 의해 신중하게 적용되어야 한다. 혐오요법이 적용되는 대표적인 문제는 알코올중독, 비만, 도박중독, 도벽, 성도착 등이다. 다음의 예를 보자.

황씨는 43세의 알코올중독자로서 10여 차례 이상 정신과에 입원 치료를 받은 경력이 있다. 최근에는 고관절 수술을 받아야 하는 처지지만 지난번의 정신과 치료 후에도 여전히 연속 음주를 하는 관계로 수술 일정을 잡지 못한 채 정신과에 재입원하였다. 단주 클리닉의 치료진은 황씨에게 혐오요법을 적용하고자 하였다. 우선 황씨에게 혐오요법의 원리를 설명하고 협조를 구한 후 디설피람(항주제)을 투여한 후 알코올을 마시도록 하였다. 체내의 알코올 분해효소(알데히드)를 차단하는 항주제인 디설피람을 마신 황씨는 음주 후 금방 얼굴이 붉어지고 혈압이 상승하며 메스꺼움을 호소하기 시작하였다. 한편 황씨는 "그래도 병원에서 술을 먹게 해주니 참 좋네요."라는 반응을 보였지만 시일이 지날수록 혐오치료 자체를 힘들어했다. 매일 하루 한차례 약 20회 시행된 혐오치료를 통해 황씨는 술이 겁난다는 말을 하기 시작하였다.

10) 포화

'포화(satiation)'란 바람직하지 못한 강화물의 효과를 상실시킬 목적으로 강화물의 효과가 상실될 수 있을 정도의 과도한 양의 강화를 제공하는 일종의 약한 수준의 혐오요법이다(장혁표 외, 1993).

무엇인가에 잘못 강화된 개인이 있다고 가정해 보자. 만일 그 개인에게 강화물을 필요한 훨씬 그 이상으로 제공했을 경우, 그 개인에게 강화물은 더 이상 강화물로서 작용하기보다는 혐오스러운 것으로 인식될 것이다. 포화란 이러한 원리를 이용하여 내담자에게 잘못 강화된 강화물의 효과를 제거하고자 한다. 포화는 더 많은 강화를 제공함으로써 강화의 효과를 반감시킨다는 점에서 역강화 전략이며, 역설적 기법(paradoxial approach)으로 볼 수 있다. 다음의 예는 포화를 잘 보여 주고 있다.

28세의 회사원인 미영씨는 약 1년 전부터 시작된 '불결공포증', 즉 자신의 손에 무엇인가 묻어 있다는 느낌에 수시로 화장실에 가서 손을 씻어야 하는 강박증상을 보여 오고 있다. 하루에 수십 번 손을 씻어야 하는 고통도 그러하려니와 결국 이러한 강박증상은 미영씨의 손에 심한 피부습진을 불러일으킴에 따라 병원을 방문하게 만들었다. 물론 미영씨의 강박증상은 이론들에 따라 치료적 접근이 다양해지겠지만 포화기법을 동원하는 행동치료적 절차를 통해 다음과 같이 접근되었다. 우선 상담자는 미영씨의 손 씻는 행위가 어떠한 강화효과를 가진다고 보았다. 즉 손 씻는 행동은 불안을 일시적이나마 없애 주는 효과를 가지고 있었다. 불안에 의해 손 씻는 행위가 강화된 것이다. 미영씨가 손 씻는 빈도는 약 20분에 1회로 나타났는데 상담자는 포화기법을 적용하여 매 15분 간격으로 정확하게 손을 씻으라는 과제를 부여하였다. 만일 미영씨가 이 과제를 제대로 수행하지 못하게 된다면 상담자는 더 힘든 과제를 부여하겠다고 약속하고, 과제 수행은 체크리스트로 확인하겠다고 하였다. 다음의 면담에서 미영씨는 과제를 약 60%정도 밖에 수행하지 못하였기 때문에 상담자는 정확히 10분 간격으로 손을 씻으라는 과제를 부가적으로 부여하였다. 몇 번의 치료 세션이 지나 미영씨는 손 씻는 것을 아주 힘들어했으며, 미영씨에게 '손 씻기'는 더 이상 어떤 것에 대한 강화물이 아닌 혐오스럽고 고통스러움 그 자체가 되었다.

11) 타임아웃

강화를 일시적으로 중단한다는 의미로서의 '타임아웃(time-out)'이란 이전에 받았던 강화를 소거하여 특정행동의 발생 빈도를 줄이기 위한 행동전략이다. 이는 혐오스러운 자극을 제공하는 대신에 내담자를 다른 장소로 잠시 옮겨 놓도록 하는 것이다. 타임아웃은 일종의 벌이자 이전의 강화를 소거하는 전략이다. 즉 내담자가 특정한 행동에 대해 어떠한 긍정적인 강화나 관심을 받지 못한다면 그 특정한 행동은 결국 제거될 것으로 보는 원리에 기초한다.

다음은 타임아웃의 적용에서 고려해야 할 사항들이다(Patterson, 1975).

① 표적행동이 일어난 직후에 즉각 일관성을 가지고 시행한다.
② 시간은 몇 초에서 몇 분간(최대 5분)으로 늘려가면서 시행한다.
③ 아주 싫어하는 안전한 장소로 타임아웃을 해야 한다.
④ 어떠한 감정도 보이지 않아야 하며 타임아웃 중에도 관심을 보여서는 안 된다. "잠시 물러나 있어요"라고만 하고 일체의 감정을 드러내지 않는다.
⑤ 사전에 타임아웃에 대해 자세히 설명을 한 후 시행해야 한다.
⑥ 타임아웃 직후에 긍정적인 행동이 일어나면 즉각 긍정적인 강화를 준다.

12) 모델링

관찰학습, 모방, 사회학습, 대리학습으로도 불리는 '모델링(modeling)'은 내담자에게 가능한 행동 대안을 상담자가 시범을 보여 주어 이를 학습하도록 하는 행동절차이다(Bandura, 1976). 최근에는 모델링을 통한 관찰학습의 효과를 높이기 위해 VTR, 녹음기 등의 다양한 시청각도구가 활용되고 있다. 모델링에서는 내담자들이 상담자나 보조상담자가 수행하는 행동을 관찰하고 이를 자신의 행동과 비교함으로써 최선의 행동과 차선의 행동, 그리고 바람직하지 못한 행동을 감별할 수 있도록 한다. "직접 보고 따라하는 것은 가장 뛰어난 학습이다"라는 모델링의 슬로건처럼 상담자는 내담자가 모델링에 대한 동기를 가지도록 하는 데 주력할 필요가 있다.

내담자가 모델링할 대상은 상담자 본인일 수도 있고 보조상담자(co-therapist)일 수도 있으며, 집단장면일 경우는 동료 내담자일 수도 있다. 모델링할 대상은 무엇보다 내담자가 동일시하고 싶은 욕구를 불러일으킬만한 조건을 가지는 것이 바람직하다. 인종, 연령, 성 등이 내담자와 유사할수록, 그리고 존중할 수 있는 수준에 있을수록 모델의 효과는 극대화되며, 상담자는 딱딱한 권위보다는 따뜻한 권위를 가지고 내담자에게 모델이 되어야 한다.

모델링은 자기주장이 어려운 내담자, 사회공포를 가진 내담자, 음성증상 등으로 인해 사회적 기능이 현저히 떨어지는 정신장애인, 술(혹은 마약)을 거절하지 못하는 내담자와 같이 자기주장이나, 자기방어, 사회적 기능이 떨어지는 내담자들에게 적용할 수 있다.

주장훈련(assertive training), 역할연기(role play), 행동시연(behavior rehearsal) 등은 모델링과 유사한 행동전략들이다. 다음의 예를 보자.

영수(25세)씨는 5년 전에 발병한 정신분열병으로 인해 대인관계를 기피하며 특히 사람들에게 말을 걸거나 대화를 유지하지 못하고, 말을 하더라도 '예', '아니오' 정도이다. 이런 문제로 영수씨는 정신과 외래치료 장면에서 의사에게 약을 줄여 달라고 부탁을 하고 싶어도 제대로 말을 못해 늘 속상해 하고 있다. 의사 앞에서는 긴장이 될 뿐만 아니라 무슨 말을 어떻게 할지 잘 몰라 고민하던 중 외래단위의 사회기술훈련(social skills training) 프로그램에 참여하게 되었다. 영수씨에게 자기주장을 포함한 대인관계기술이 결핍되어 있다는 것을 발견한 정신보건사회복지사는 사회기술 훈련을 통해 대인관계기술을 학습해 보자고 제안하였다. 그는 모델링 기법을 활용하여 영수씨에게 외래치료에서 약물상담하는 장면을 재연하고 이를 통해 결핍된 자기주장 능력을 길러 주고자 하였다.

다음은 정신장애인을 대상으로 모델링 원리를 이용하는 집단단위 사회기술 훈련의 전형적인 순서이다(Liberman et al., 1989).

① 모든 참석자들에게 사회기술훈련을 소개한다.
② 새로운 참석자를 소개한다.
③ 신규 참석자에게 사회기술 훈련의 목적과 진행방법 등에 대하여 설명을 해줄 수 있는 고참참석자를 선택한다.
④ 신규참석자에게 오리엔테이션을 해준 참석자에게 감사를 표시한다.
⑤ 참석한 회원들에게 지난 시간에 내어 준 과제를 점검한다.
⑥ 모든 참석자가 스스로 각자 이번 치료 시간에 연습할 대인관계상의 문제와 목표 그리고 연습장면을 명확히 설정할 수 있도록 한다.
⑦ 최초로 예행연습할 장면과 대인관계 상황을 결정한다.
⑧ 설정한 문제장면을 예행연습할 준비를 한다.
⑨ 그 장면에 대한 구체적인 지시를 내린다.
⑩ 그 장면을 예행연습시킨다.
⑪ 긍정적 피드백을 준다.
⑫ 참석자의 받는, 진행하는, 보내는 기술을 평가한다.
⑬ 시범연기자를 선택하여 시범연기를 보여 준다.
⑭ 시범 연기된 기술을 참석자가 정확히 이해했는지를 확실하게 알아본다.
⑮ 또 다른 시범연기를 보여 준다.
⑯ 참석자에게 재예행연습을 위한 지시를 내린다.
⑰ 그 장면을 재연기시킨다.
⑱ 종합적으로 긍정적 피드백을 준다.

⑲ 실제 생활에서 행할 과제를 내어 준다.
⑳ 한 참석자에 대한 기술훈련이 끝나면 다음 참석자를 선택하고, 다시 제1단계부터 시작한다.

13) 일반화

'일반화(generalization)'란 특정자극 하에서 일어나는 행동이 다른 자극에서도 유사하게 일어나도록 하는 것을 의미한다. "행동치료는 효과 면에서 일반화가 낮다"는 지적에서 알 수 있듯이 상담자는 행동절차를 통해 획득한 행동교정이나 수정의 효과가 일상에서 혹은 여타의 상황에서 일반화되도록 하는 데 많은 노력을 기울여야 한다. 예를 들어 교도소 내에서는 차분하고 성실하던 재소자 김씨가 출소하여 다시 범죄를 저질렀을 경우, 교도소라는 자극과 일반사회의 자극이 서로 다르기 때문에 김씨가 쉽게 범죄를 저지르게 된다고 볼 수 있다. 교도소 내에서 보였던 김씨의 질서 있고 준법적 태도는 사회로 일반화되지 못했다고 할 것이다.

다음은 일반화를 조장하기 위한 방안들이다(김동연 외, 1989).

① 자연강화물을 활용한다: 일상생활에서 흔한 것들을 강화물로 활용한다.
② 일상의 강화물을 통해 치료의 긍정적인 효과를 지속적으로 강화한다.
③ 강화계획을 사용한다.
④ 자기통제, 자기관리를 사용하여 종결 이후에도 자기관리를 할 수 있도록 한다.

5. 행동주의와 사회복지상담

1) 평가

행동주의 접근은 단일한 체제가 아니라 다양한 전략들로 이루어져 있으며 주로 행동수정과 행동치료로 구분된다. 행동수정(Behavior Modification)이 성장과 예방적 측면에 관심을 가진다면, 행동치료는 회복과 교정에 관심을 둔다고 할 수 있다. 행동주의적 접근의 가장 큰 특징은 객관적이고 관찰 가능한 행동에 초점을 두며, 모호하고 추상적인 문제는 배제한다는 것이다. 이러한 특징은 절차와 과학성을 중시하는 행동주의의 기본원칙에서 잘 드러난다.

행동주의적 접근은 다음의 몇 가지 측면에서 한계를 지닌다(이현림, 2000).

① 상담장면에서 행동주의적 접근은 기술을 중시하고 관계를 부차적인 것으로 간주하는 경향이 있다.
② 학습원리로는 인간의 행동을 다 설명하기가 어려울 뿐만 아니라 적용할 수 있는 문제의 범위 역시 협소하다.
③ 내담자의 자율성과 인지적 능력을 과소평가한다.
④ 제대로 된 행동주의 상담가를 양성하기가 쉽지 않다.

그럼에도 불구하고 '인지-행동치료 접근이 향후 심리치료 분야에서 가장 유망할 것'이라는 평가는 심리치료 분야에서 행동주의 접근의 발전 가능성을 높인다. 또한 행동주의 접근은 대부분이 단기회기(약 12회 이내)로 이루어진다는 점에서 비용효과성 면에서도 매우 유리한 입장이다.

행동주의 이론은 인간행동의 원인과 결과를 과학적으로 규명하려고 한 점 외에도 환경과 개인이 어떠한 메커니즘 속에서 상호작용하는지를 심리학적인 맥락에서 다양한 개념으로 소개하고 있다. 행동주의적 접근은 초기의 행동적 수준의 지시적 접근에서 벗어나 인지적 행동기법, 자기-관리를 포함하여 내담자의 주체적이고 책임성 있는 역할을 중시하는 방향으로 변화하고 있다.

행동치료는 공포증과 불안신경증 등과 같은 전형적인 진단들 외에도 일반적인 질병이나 문제를 효과적으로 다룰 수 있는 기법을 개발하고 이를 실증하는 과제를 안고 있다.

2) 행동주의와 사회복지상담

행동주의가 사회복지실천에 활용되기 시작한 역사는 그리 길지 않다. 이는 사회복지실천이 인간존중 지향의 서비스인데 반해 행동주의적 접근은 내담자를 기계적이고 수동적인 존재로 간주할 뿐만 아니라 효과성 면에서도 의문이 제기된다는 판단 때문이었다. 게다가 행동주의 접근은 정신분석과 유사하게 결정론적 관점을 취하기 때문에 사회복지실천의 가치들과 부합되기 어려웠다. 아울러 서비스 과정에서 평가와 절차를 지나치게 중시하는 특성은 '상황 속의 개인'이라는 사회복지실천의 관점과 배치되는 것으로 지적을 받아왔다. 이처럼 사회복지실천에서 행동주의에 대한 편견과 선입견은 행동주의적 접근이 사회복지실천에 활발한 접목을 방해하는 요인이 되었다(Schwartz, 1983).

한편 변화를 위한 자원으로서 그리고 변화의 초점으로서 환경을 중시하는 행동주의의 이론적 배경은 '환경 속의 개인'이라는 사회복지상담의 철학과 매우 일치한다는 점에 주목할 필요가 있다. 이러한 측면에서 행동주의는 사회복지상담이 환경을 어떻게 조정하고 배열해야 하는지에 대한 다양한 방안을 제시하는 데 기여를 하였다. 특히 한동안 개별사회사업, 집단사회사업의 직접적 실천이 정신역동 관점에 치우쳐 있음으로써 클라이언트의 환경 변화에 무관심했다는 지적은 임상사회사업의 딜레마가 아닐 수 없었다. 이러한 딜레마는 행동주의의 이론을 사회복지상담에 적용함으로써 보다 완화될 수 있다.

행동주의는 초기의 고전적 조건화 개념에서 보다 더 진화하여 인지적 개념을 행동과 접목시키는 인지-행동적 접근으로 그 범주가 다양해지고 있다. 즉, "행동의 변화는 외적인 자극(환경)의 조정뿐만 아니라 개인의 사고내용도 함께 고려해야 한다"는 관점은 '개인과 환경'이라는 사회복지 실천이나 사회복지상담에서 강조하는 이중적 관점과도 유사하다(Zastrow, 1999).

오늘날 행동주의 접근은 사회복지상담에 매우 적극적으로 활용되고 있다. 우선 공포증을 가진 내담자에게 효과적으로 적용된다. 또한 우울증, 특히 반응성 우울증에 보다 효과적이다. 성적인 문제를 가진 내담자에게도 행동치료는 다양하게 활용되고 있다. 최근 활성화되고 있는 정신사회재활치료 분야의 정신건강사회복지사는 행동전략을 통해 정신장애인들의 재활치료에 많은 도움을 받고 있다. 알코올예방센터에서의 사회복지상담가는 혐오요법 등을 포함한 제반의 행동전략을 통해 알코올중독자를 원조하고 있다. 행동치료는 정신지체인이 생활하는 사회복지재활시설에서 매우 중요한 치료전략으로 받아들여지고 있다.

행동주의 접근은 장점인 과학성과 계량성은 향후 사회복지상담에 보다 더 적극적으로 적용될 필요가 있으며, 알코올중독, 지적장애, 만성정신장애인과 같이 기존 상담이론으로 접근하기 어려운 내담자 집단에 행동주의 접근을 시도할 경우 사회복지상담의 내담자 층을 이전보다 더욱 확대시킬 수 있을 것이다.

행동주의 접근이 상대적으로 경시해 오던 관계형성의 중요성은 사회복지상담가에 의해 잘 통제될 필요가 있다. 다시 말해 인본주의 상담이 중시하는 관계의 기술을 토대로 행동주의 접근은 시도한다면 행동주의 접근의 강점이 더욱 부각될 것으로 본다. 이러한 맥락에서 절충주의 접근을 강조하는 사회복지상담에서 행동주의 접근은 처방과 과제를 중시하는 중간단계 이후에 주로 많이 적용된다.

토의사항

1. 인간의 행동이 학습된다는 행동주의자의 주장과 관련하여 당신의 주요 습관 중 하나를 선택하고 이러한 행동형성을 고전적 조건화의 원리를 중심으로 설명해 보시오

2. 당신이 변화하고 싶은 행동 중에서 소거(extinction)하고 싶은 행동 2가지와 소거 방법을 제시해 보시오.

3. 행동주의 상담기법 중에서 당신이 가장 마음에 드는 기법 2가지를 소개하고 마음에 드는 이유가 무엇인지 설명하시오.

이론의 실습

4학년인 대학생 B는 최근 졸업을 앞두고 학생상담센터를 방문하여 상담을 요청하였다. 심리검사 결과 무기력, 긴장, 열등감, 공격성이 확인되었다.

B는 마땅한 스펙이 부족하고, 희망하는 직장에 들어가기 어렵다는 생각에 가슴이 답답하고 잠을 설치며 혼자 있고 싶을 때가 많다고 한다. 부모님이 기대하는 직장에 들어가야 한다는 생각에 마음이 급하지만 자신감이 없고, 우울한 기분이 들 때는 아무것도 하기 싫어지고 어딘가 떠나고 싶다고 호소한다. 가끔 안 태어났더라면 나을 것 같았다는 생각이 들고 취업이 안 될 것 같은 생각이 밀려들 때는 초라하고 한심하다는 생각에 사로잡힌다고 한다.

두 부모님은 교사이고, 위의 형은 얼마 전 공무원 시험에 합격하여 부모님을 기쁘게 해 준바 있다. 형에 대한 자격지심이 있고, 부모님이 자신에 대해 기대하는 바가 낮고 스스로 열등감이 강한 것으로 나타났다. B는 상담을 통해 자신감이 커지고 사람들과 잘 어울리면서 대인관계가 좋아지기를 기대하였다.

▶ 위의 사례가 행동주의 상담에 적용될 경우 어디에 주안점을 두고 상담해야 할지 3가지를 제시해 보시오.

Chapter 09

인지치료

1. 개관

인지치료(cognitive therapy)는 뒤늦게 태동했지만, 오늘날 가장 빠르게 발전하고 있으며 심리치료 분야에서 견고한 위상을 정립했다고 볼 수 있다. 인지치료는 단일한 이론이 아니라 인지모델을 근거로 하는 유사한 이론들의 집합체다. 인지모델의 여러 이론가들 중에서 특히 Aaron, T. Beck(1921~)과 Albert Ellis(1913~2007)는 인지치료를 오늘날의 수준으로 발전시키는 데 결정적인 기여를 한 인물로 평가받고 있다.

넓은 의미의 인지치료는 인간의 이성 및 인지적 능력을 활용하여 여러 가지 심리적 장애를 치료하는 다양한 치료이론과 기법들을 통칭한다. 이에 반해 좁은 의미의 인지치료는 Beck(1963, 1976)에 의해 발전된 인지치료 및 기법을 말한다. 인지치료는 상대적으로 보면 후발 이론체계임에도 불구하고 정신분석과 같은 기존의 심리치료 방식이 안고 있는 한계를 뛰어넘을 만한 장점을 가지고 있다.

인지모델에서 인간의 행동과 정서는 외부(세상)를 바라보는 생각이나 과거경험으로부터 발달된 지각에 의해 영향을 받는다고 가정한다. 인지치료는 구조화된 단기치료이며, 문제행동이나 부적절한 감정은 역기능적 사고에 근거한다고 보기 때문에 역기능적 사고를 교정하는 데 치료의 초점을 둔다.

인지모델에 따르면 만일 개인이 현실을 객관적으로 평가할 수 있다면 개인의 감정이나 행동은 긍정적으로 변화하게 된다. 즉, 내담자의 증상(감정과 행동)은 내담자에게 내재된 역기능적인 사고를 수정함으로써 경감될 수 있다는 것이다.

상담자는 내담자의 생각을 살피고, 이러한 내담자의 감정과 행동에 영향을 미치는 내담자의 생각이 무엇인지, 그리고 내담자와 함께 사고의 타당성을 검토하고, 감정과 행동에 영향을 주는 역기능적 사고를 대신할 새로운 대안적 사고를 가르치는 데 주력한다(Beck, 1972).

대표적인 인지상담가인 Beck은 애초 정신분석가였으나 정신분석의 한계를 극복하고자 인지치료와 같은 새로운 형태의 치료모델을 개발할 수 있었다. 오늘날 인지치료는 사회복지상담에서 매우 다양하게 활용되고 있으며 향후에도 그럴 것으로 전망된다. 본 장에서는 대표적 인지치료자인 Beck의 모델을 중심으로 인지치료를 살펴보고자 한다.

2. 주요 이론

1) 인지치료의 발달

인지치료는 상황에 대한 인식의 중요성을 강조한 그리스의 스토아학파에서 그 뿌리를 찾을 수 있다. 이러한 철학적 주장은 불교와 도교에서도 자주 등장한다. '일체유심조(一切唯心造)'로 유명한 신라시대 원효대사의 일화는 삶에 있어서 생각의 중요성을 잘 보여준다.

> 신라의 승려 원효는 더 큰 깨달음을 얻고자 당나라로 유학을 떠나는 중이었다. 고생스러운 먼 길이었지만 그것도 깨달음의 한 과정으로 알고 고행 길을 떠나던 어느 날 밤, 깊은 산 속의 어느 무덤 앞에 쓰러져 잠이 들었다. 피곤해서 정신없이 자던 중 갈증이 심하여 머리맡에 놓인 바가지에 담긴 물을 벌컥벌컥 마시고는 다시 잠이 들었다. 이튿날 잠에서 깨어난 원효는 자신이 지난밤에 잤던 그곳은 자기 방이 아니라 어느 무덤이었으며, 어젯밤에 마신 물이 숭늉이 아니라 해골에 고인 썩은 물이었다는 것을 알고 갑자기 메스껍고 구토와 심한 경련을 일으켰다. 그 순간 원효는 "그렇다! 모든 것

은 자기 마음에 달려 있구나"라고 무릎을 쳤다. 이런 깨달음은 원효를 유명한 승려가 되도록 하는 계기가 되었다.

인지치료의 근대적 근원은 18세기 철학사조인 경험론에서 잘 드러나는데, 경험론자들은 "모든 인간의 인식은 감각의 경험에서 시작되며 또 거기에서 끝난다"고 보았다. 사고를 1차 과정과 2차 과정으로 분류한 Freud의 개념 역시 인지치료에 많은 영향을 주었다. 의미는 상황에 의해 결정되는 것이 아니라 우리가 그 상황에 의미를 부여하는 것이라고 한 Adler(1958)의 개념 또한 인지치료에 영향을 주었다. 그 후 "행동의 변화에는 신념의 역할이 중요하다", "사람은 아이디어를 개발하고 이를 실험하는 과학자이다"고 역설한 Kelley(1971)의 주장도 인지치료가 발전하는 데 중요한 선구자 역할을 하였다.

행동의 유발인자로서 '사고'가 중요한 인자라고 강조한 Lazarus(1971), Bandura(1963), Meichenbaum(1971) 등은 행동치료에서 인지치료가 태동하는 데 중요한 역할을 한 이론가들이다. Bandura가 제시한 강화에 대한 기대개념, 자기와 결과에 대한 효능성, 인간과 환경과의 상호작용, 모델링 및 대리학습 등의 개념 역시 행동치료가 인지적 영역에서 발전해 나오는 데 많은 영향을 주었다.

인지치료는 1960년에 들어와 정신분석의 한계를 절감하는 정신과 의사 Beck 연구와 노력에 의해 명성을 얻게 되었다. 1977년의 『Cognitive Therapy and Research』와 2년 후에 출간된 『Cognitive Therapy of Depression』이라는 저서는 인지치료와 기법을 보다 구체화하는 계기가 되었다. 오늘날 인지치료는 영국상담연합회의 조사에 따르면 심리치료자의 19%가 인지모델이나 인지-행동모델에 충실한 것으로 조사되었다(Szymanska et al., 2000).

지금까지 이루어진 인지치료에 대한 연구들을 검토해 보면, 인지치료에서 규명된 접근방법이나 기술은 대략 24종이 넘는 것으로 파악되며, 이 접근들의 공통점은 내담자의 인지를 재구성하는 데 개입의 초점을 둔다는 것이다(Granvold, 1994).

2) 인지치료, 행동치료, 인지행동치료

학습모델을 근거로 하는 대표적인 심리치료 모델로서는 행동치료, 인지치료, 인지행동치료가 있다. 여기서 혼돈스러운 것은 인지-행동치료, 인지행동치료, 인지행동모델이라는 용어인데, 상호 어떠한 관련성이나 차이가 있는 것일까?

인지이론과 행동이론은 학습모델에 근거한다는 공통점이 있지만, 인지이론은 행동과 정서에 영향을 미치는 사고의 영향을 강조하는 반면, 행동이론은 행동을 유발하고 유지하는 환경적인 조건, 또는 자극에 초점을 맞춘다. 인지행동모델은 인지이론, 행동이론, 학습이론을 통합하는 여러 모델을 통칭하는 용어이다. 따라서 이번 장에서 본격적으로 논의할 Beck(1963)의 인지치료를 포함하여 합리적 정서치료(Ellis, 1962), Meichenbaum(1971)의 자기지시훈련, Goldfried(1974)의 체계적 · 합리적 재구조화, Multsby의 합리적 정서치료(1975) 등은 모두 인지행동모델로 분류된다.

인지행동모델은 "인지는 행동에 중요한 영향을 미치며, 변화되고 점검될 수 있다"고 가정한다. 또한 인지의 변화는 감정이 변화하는 데 중요한 영향을 미치지만 인지의 변화가 행동의 변화를 반드시 수반하는 것이 아니기 때문에 인지변화를 행동의 변화로 연결 짓기 위해서는 인지의 변화를 포함하여 행동주의적 기법들도 적극 활용할 필요가 있다고 본다(Horowitz, 1981). 따라서 인지행동치료는 행동주의적 기법, 인지주의적 기법을 사안에 따라 절충하는 심리치료체계라 할 수 있다.

본서에서 중점적으로 다룰 Beck의 인지치료는 넓은 의미에서 보면 인지행동치료의 범주에 포함되지만, 인지행동치료가 Beck의 인지치료라고 보기는 어렵다. 왜냐하면 Beck의 인지치료는 행동적 요소보다 인지적 요소를 중점적으로 다루면서 내담자의 정서와 행동을 변화시키는 데 주력하기 때문이다.

오늘날 인지치료는 우울증에 대한 적용에서 더 나아가 불안, 공황, 정신증의 영역으로 그 범위가 꾸준히 확장되고 있으며, 차후 심리치료 분야에서 정신분석과 쌍벽을 이룰 만큼 장래가 유망한 이론으로 평가되고 있다(이장호 외, 1999).

3) 인간관

정보처리와 관련하여 개인은 어떠한 상황에 직면할 때 인지, 정서, 동기, 그리고 행동적 도식의 세트를 모두 동원한다. 그중에서도 특히 인지는 개인의 적응과 반응 양식을 결정하는 중요한 요소이다(Beck, 1972).

성격은 선천적 기질과 환경의 상호작용에 의해 만들어지며, 기질과 환경적 반응에서 기본적인 인지도식(schema)이나 대인전략이 발달한다. 즉, 성격은 생물적이고 사회적인 측면 각각에서 영향을 받는 개인의 인지적 조직과 구조를 반영한다. 이런 맥락에서 볼 때 인간이 가진 모든 심리적 문제와 장애는 이러한 인지도식에 의해 형성된다고 가정할 수 있다. 이러한 점은 심리장애에 인지적 개입이 필요하다는 근거가 된다. 만일 개인의 인지도식이 역기능적이라면 그는 정신적 장애나 또는 심리적 문제를 가질 가능성이 그만큼 높아질 것이다(Pretzer & Beck, 1996).

4) 심리적 장애와 인지모델

표 9-1 인격장애의 유형과 인지적 전략

전략	인격장애의 유형
침략하고 빼앗기	반사회적 인격
도움을 유발하기	의존성인격
경쟁하기	자기애적 인격
과시하기	연극성인격
벗어나지 않기	분열성인격
방어하기	의심형인격
철회하기	회피성인격
의식을 치루기	강박성인격

출처: Pretzer & Beck(1996)

인지치료는 "인간의 감정과 행동은 사건(event)에 대한 해석과 관점에 영향을 받는다"는 인지모델에 기초한다(Beck, 1995). 즉, 인간의 행동과 감정은 사건 자체에 영향을 받기보다는 사건에 대한 의미부여, 사건에 대한 해석에 의해 영향을 받는다는 것이다. 따라서 인지상담자는 정서나 행동에 영향을 미치는 내담자의 사고에 관심을 가지게 된다. Beck의 인지모델에서 중요한 것은 자동사고와 인지도식, 그리고 역기능 사고이다.

(1) 자동사고

어떤 상황에서 거의 자동적으로 유발되는 사고와 심상을 자동사고(automatic thought)라고 한다. 이러한 자동적 사고는 습관적이거나 자동적으로 떠오르게 되지만, 개인은 이를 잘 의식하지 못한다. 어떤 상황에서 자기도 모르게 생각이 떠오르고 그 생각과 관련하여 상황을 파악하고 그에 따라 감정이 수반된다면, 이는 자동적 사고의 결과로 볼 수 있다. "당신은 꼭 그런 식으로 상황을 판단합니까?"라는 언급은 "당신은 상황을 판단할 때 자동적 사고의 지배를 받는군요"라는 말과 통한다. 이러한 자동적 사고는 개인의 감정과 행동에 막대한 영향을 미친다. 다음의 예를 보자.

> 최근 철수씨(25세)는 사귀던 여성과 헤어지게 된 후 극심한 무력감에 빠지게 되었다. 정신과적 진단으로 우울증에 해당하는 철수씨의 정신적인 문제는 인지상담자에 의해 상담되었는데, 철수씨는 대인관계의 폭이 넓지 못하고 수동적인 성격을 가지고 있으며 스스로에 대한 확신이 부족하고 상황에 직면하기보다는 회피하려는 경향이 강한 인물이다. 2년 전에도 사귀던 여자 친구가 다른 남자에게로 떠나버리는 바람에 철수씨는 극심한 슬럼프에 빠진 적이 있었다. 최근에 여자 친구와의 이별 역시 2년 전의 상황과 유사하다.

철수씨의 우울증은 여자친구와 헤어진 후 즉각 발생한 것이어서 여자친구와의 이별이 우울한 감정의 직접적 요인이라는 것을 쉽게 이해할 수 있다. 여기서 주목할 사실은 여자친구와의 이별이 모두에게 우울증과 같은 비중의 정신적인 문제를 불러일으키느냐 하는 것이다. 이별이 우울증을 불러일으킬 만큼 그렇게 심각한 것인가 하는 것에는 이견이 있을 수 있다. 이 사례는 이별 사건 자체가 개인에게 영향을 미친다기보다는 이별 사건 자체를 철수씨가 어떻게 해석했는지가 더 중요함을 보여준다. 만일 철수씨가 여자친구와의 이별에 대해 '그래 잘 헤어졌어. 결혼할 상대는 아니야' 라든가 '내가 먼저 헤어지자고 말하려 했는데, 그가 먼저 헤어지자고 하니 잘 되었다'

라는 생각이 들었다면 이 이별에 대해 한편으로는 미소를 지었을지 모른다. 그 대신 '나는 틀렸어', '그래 날 좋아할 리 없지'라는 생각이 들었다면 여자친구와의 이별에 따른 극심한 심리적 곤란에 휘말릴 가능성이 높다. 철수씨의 경우처럼 어떤 상황에 직면하여 자기도 모르는 사이에 떠오르는 생각을 자동적 사고라고 한다.

만일 개인에게 있어서 자동사고가 부정적인 내용으로 구성되어 있다면 개인의 현실은 왜곡될 수 있고, 그에 따른 감정 역시 부정적으로 형성될 가능성이 높다. 하지만 '자동적'이라는 용어에서 알 수 있듯이 대개 개인은 자동사고를 사실로 받아들인다. 갑자기 불쾌해질 때 '내가 그때 무슨 생각을 했지?'라고 자기질문을 해본다면 자동사고는 보다 쉽게 파악될 수도 있다. 인지치료에서는 만일 상황과 관련한 해석이 옳거나 틀렸다는 것을 알게 된다면, 개인의 감정 역시 그에 따라서 변화할 것이라고 가정한다.

다음은 심리적 장애와 관련된 자동적 사고의 주제들이다(Beck, 1967).

표 9-2 심리적 장애와 관련된 자동적 사고의 주제

심리장애	자동적 사고의 주제
우울증	자신과 미래 그리고 환경에 대해 부정적 견해
경조증	자신과 미래 그리고 환경에 대해 긍정적 견해
불안증	신체적, 심리적 위협
공황증	신체나 정신적 경험에 대한 파국적 해석
공포증	구체적이고 회피 가능한 상황에서의 위협
전환증	운동 또는 감각적 이상에 대한 믿음
강박증	안전에 대한 반복적 경고 및 회의
자살	희망상실, 절망
거식증	살찌는 것에 대한 공포
건강염려증	심각한 의식적 질병에 걸려있다는 믿음

(2) 인지도식

개인은 성장과정에서 자기 자신에 대해 중심적 사고를 형성하게 되는데, 이를 인지도식(schema) 또는 핵심신념(core belief)이라고 한다(Beck, 1994). 이러한 핵심신념 혹은 인지도식(이하 인지도식)은 아동이 성장하는 과정에서 중요한 타자와 상호작용으로 형성, 발전된다. 인지도식은 오랜 시간 동안의 반복적이거나 강렬한 경험에 의해 영향을 받는다. 물론 개인의 기질(temperament)적 조건, 예컨대 예민함과 과잉 자극선호 등의 요인도 인지도식의 형성에 영향을 미친다. 개인의 성장과정이나 조건 등이 다양하기 때문에 인지도식 역시 다양할 수밖에 없다.

인지도식의 내용은 광범위하고 과잉일반화되어 있다. 인지도식이 작용할 때 개인은 자신의 인지도식을 지지할 만한 다른 단서를 확보하려고 애쓴다. 인지도식이 역기능적일수록 개인은 심리적 문제에 취약해질 가능성이 매우 높다고 할 수 있다. 부정적인 인지도식은 평상시에 잘 드러나지 않다가 스트레스에 처할 경우 쉽게 표면화된다. 하지만 인격장애자의 경우는 평상시에도 부정적인 인지도식이 활성화되어 있을 가능성이 높다.

긍정적 인지도식은 '나는 잘 할 수 있어', '나는 가치 있고 사랑을 받을 거야' 등이며, 역기능적인 인지도식은 '나는 무능력하다', '나는 사랑받기 어렵다', '나는 나쁘다', '나는 신중하지 못하다' 등이다. Beck(1994)은 부정적인 인지도식을 자기에 대한 무가치함(무능력)과 타인으로부터 사랑(인정)받지 못한다는 생각으로 크게 2분하였는데, 이는 아래 〈표 9-3〉에 제시되어 있다.

표 9-3 부정적인 인지도식의 종류

'무기력' 관련 인지도식	'인정받지 못 한다' 관련 인지도식
나는 나약하다	나를 좋아하지 않을 것이다
나는 잘 할 줄 모른다	나는 나쁘다
나는 취약하다	나는 바람직하지 못하다
나는 덫에 걸렸다	나는 무가치하다
나는 부적절하다	나는 다르다
나는 비효과적이다	나는 사랑받을 만큼 충분하지 않다
나는 실패했다	나를 거절할 것이다

'무기력' 관련 인지도식	'인정받지 못 한다' 관련 인지도식
나는 충분하지 못하다	나는 홀로 되고 말 것이다
나는 결점이 많다	나는 사랑받을 수 없다
나는 도움이 필요하다	나는 버려질 것이다
나는 무기력하다	나는 매력이 없다

(3) 인지오류

정신적인 어려움을 겪는 개인은 역기능적인 사고를 통해 세상을 바라볼 가능성이 높다. 앞서 설명한 역기능적인 인지도식은 인지에서의 오류를 불러일으키며, 인지적 오류는 부정적인 자동적 사고를 형성한다.

'인지오류(Cognitive Distortion)'란 어떤 경험이나 사건을 해석하고 받아들이는 과정에서 생기는 추론 혹은 판단의 오류(잘못된 생각)를 말한다. 이러한 인지오류를 가진 개인은 일상의 사건을 해석하는 과정에서 논리적 오류를 범하기 때문에 일상에서 부적응에 처해질 가능성이 많다. 인지적 오류는 과거의 경험을 통해 차곡차곡 쌓아 온 인지도식으로 발생한다.

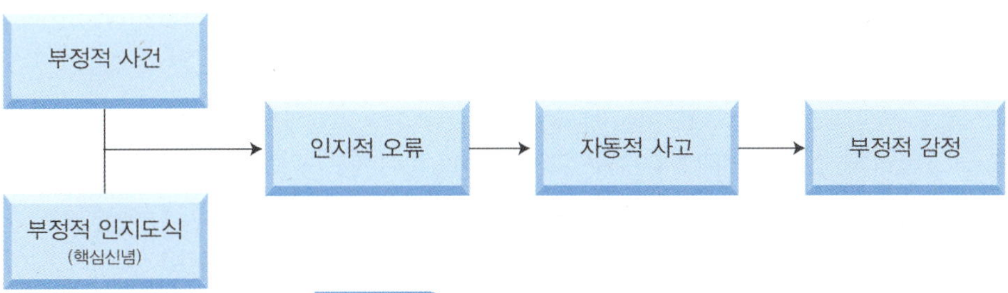

그림 9-1 인지오류와 자동적 사고

예를 들어 보자. 민수와 영수라는 2명의 친구와 사귀는 철수는 '자신은 친구로부터 매력을 끌 만한 능력이 없는 사람'이라는 인지도식을 가지고 있다. 최근 민수와 영수가 밀착하여 지내자 철수는 불안해지기 시작했다. 철수는 민수와 영수가 가까이 지내는 것이 자신을 버리는 것이라고 생각했기 때문이다. 이 경우 철수는 '성급한 결론'이라는 인지적 오류를 범한 것으로 보인다.

인지오류는 부정적인 자동적 사고를 유발하는 데 기여한다. 자동적 사고는 상황을 왜곡하기 때문에 자동사고를 가진 개인은 부적응에 처할 가능성이 높아진다. 물론 그 반대의 경우라면 현실에서의 적응수준은 높아질 것이다. 자동적 사고의 일부는 사실일 수도 있지만 다수의 자동적 사고는 사실이 아니거나 일부만이 사실일 뿐이다. 하지만 심리적인 어려움을 겪는 내담자는 이러한 사실을 거의 인식하지 못한다.

Beck(1976)이 제시한 전형적인 인지적 오류를 소개하면 다음과 같다.

① 이분법적 사고(all-or-nothing thinking)

흑백논리라고도 불리며, 상황을 이분하여 해석함으로써 인지의 오류를 범하는 경우이다.

> 예 나를 좋아하지 않는다면, 이는 나를 미워하는 것이다.

② 파국적 사고(catastrophized thinking)

예언적 사고라고도 하며 미래를 근거 없이 부정적으로 예측하는 경향이 있다.

> 예 시험공부를 별로 하지 못해 아마 이번 시험에 낙제할 거야.

③ 평가절하적 사고(disqualifying or discounting the positive)

긍정적이고 건설적인 것들을 무시하거나 평가절하하는 경우를 말한다.

> 예 훌륭한 성과를 남긴 자신에게 타인들이 칭찬을 하자 '나는 칭찬받을 만큼 잘하지 못 했어'라고 자신의 능력을 비하하는 경우

④ 감정의 결론화(emotional reasoning)

감정에 근거하여 상황을 판단하는 것을 일컫는다.

> 예 나는 내가 많은 일들을 훌륭히 치러냈다는 것을 알고 있지만 여전히 실패자라고 느껴진다.

⑤ 낙인찍기(labeling)

그렇게 절망스러운 일이 아니라는 증거가 있음에도 불구하고 스스로나 타인에게 견고하고 확고한 낙인을 부여하는 경우이다.

> 예 그 사람은 틀렸어, 나는 실패자다.

⑥ 사고의 확대와 축소(magnification or minimization)

자신의 좋지 않은 면을 확대하고 좋은 면은 축소하는 경우를 말한다.

> 예 시험에서 단 한 문제를 실수로 틀렸을 경우 '그런 실수는 멍청이나 하는 짓이다'라고 자신의 실수를 확대 해석하거나 우등상을 받고도 '이것은 조금만 노력하면 누구나 받을 수 있어'라고 자신의 능력을 축소한다.

⑦ 여과적 사고(mental filter)

이는 선택적 요약이라고도 하는데, 전체를 보지 못하고 하나의 세부적인 일들에 지나치게 몰두한 나머지 다른 것을 보지 못하는 경우이다.

> 예 많은 사람이 그에 대해 칭찬을 하는 데도 불구하고 한 사람이라도 그의 행위를 비판했을 경우, 그는 자신이 잘못했다고 스스로 결론짓는다.

⑧ 마음읽기(mind reading)

독심술같이 다른 사람의 마음을 읽을 수 있다고 생각하여 상대를 파악하는 데 실패하거나 가능성을 간과하는 그릇된 사고형태를 일컫는다.

> 예 친한 친구가 만나자는 약속을 지키지 않자 '내가 싫어졌구나'라고 생각했다. 그러나 그 친구는 나를 만나러 오다가 갑자기 사고가 나서 그 자리에 올 수가 없었다.

⑨ 지나친 일반화(overgeneralization)

현 상황에 부합되지 않는 부정적 결론을 일방적으로 내리는 경우로서 '언제나', '항상' 등의 부사적 표현을 많이 사용한다.

> 예 약속시간에 늦거나 어떤 실수를 한 경우, 자신에게 '나는 항상 늦는 사람이야', '나는 언제나 실수를 해' 등과 같은 패배의식을 갖는 경우

⑩ 내 탓이요(personalization)

타인의 잘못된 행동에 대해 자신이 책임이 있다고 생각하여 스스로 자신을 탓하는 경우이다.

> 예 결석을 자주하는 학생의 담임교사는 "나는 좋은 교사가 못돼, 학생이 자주 결석하는 것은 내 책임이야"라고 하면서 학생의 책임을 대신 뒤집어쓰는 경우를 말한다.

⑪ 강박적 의무(should and must statements)

스스로나 타인에게 엄격한 규칙을 정하고 이 규칙에 맞지 않을 경우 부정적인 평가를 하는 경우

> 예 나는 반드시 착한 사람이라는 평가를 받아야 한다.

⑫ 동굴시각(tunnel vision)

밖에서 동굴 속을 바라보면 어둡게 보이듯이 상황을 부정적인 측면에서 바라보는 경우를 말한다.

> 예 "우리 아들의 담임교사는 무능하고, 제대로 하는 게 없어, 그는 학생들을 비난하고 고함을 치면서 가르친다 말이야."

(4) 성격장애와 인지목록

"인지치료란 특정한 정신병리에 대한 심리학적 이론을 그 정신병리와 관련된 부적응적 인지의 변화를 위해 다양한 기법을 적용하는 작업이다"라는 Beck(1993)의 지적

처럼 인지치료를 효과적으로 수행하기 위해서는 각각의 장애와 관련된 역기능적인 신념들을 파악할 필요가 있다. 인지모델에서는 각각의 정신장애에 수반되는 독특한 신념들을 확보하고 있다.

Clarkin 등(1996)이 제시한 목록을 DSM-5(APA, 2013)의 성격장애를 중심으로 관련 인지목록을 정리하면 〈표 9-4〉와 같다.

표 9-4 성격장애의 특징적인 인지목록

유형	자기와 타인의 이미지	주요 믿음과 전략
망상성 성격	나는 옳고 고상하다 나는 상처를 잘 받는다 타인은 음흉하고 약탈적이다	타인은 나를 이용하려 한다 최악을 위해 늘 준비하고 있어야 한다 타협하는 것은 굴복하는 것이다
조현성(형) 성격	나 스스로 충족할 수 있다 나는 외로운 사람이다 타인은 나를 성가시게 한다	조용히 지내는 것이 상책이다 가능하면 주위로부터 멀리 떨어지자 관계를 맺는 것은 거추장스럽다
반사회적 성격	나는 자율적이다 나는 강하다 타인은 나를 힘들게 한다	강자만이 의미가 있다 규칙을 지키는 것은 바보다 내 이득이 우선이다
자기애성 성격	나는 특수하고 유일하다 나는 대접받아야 한다 타인은 나를 얕본다	인간관계에서 나의 방식을 가져야 한다 어떤 식으로 좌절되어서는 안 된다 조종하고 상대를 이용하자
연극성 성격	나는 매혹적이어야 한다 나는 주목받아야 한다 타인은 나를 위해 존재한다	사람은 외모로 평가를 받는다 감정은 직접적이고 빨리 표현되어야 한다 필요하다면 속이고 거짓으로 울 수도 있다
의존성 성격	나는 약하다 타인은 뛰어나고 지지적이다	생존에는 타인의 도움이 중요하다 도움을 받는 것이 행복하다
회피성 성격	나는 비난에 약하다 나는 무능하다 타인은 비난적이고 우월하다	거부당하는 일은 무서운 일이다 나를 제대로 알면, 나는 무시당할 것이다 평가받는 상황은 최대한 피하자
강박성 성격	나는 완벽해야 한다 나는 인정받아야 한다 남은 무책임하고 이기적이다	집중함으로써 실수를 줄이자 잘 해야 한다 규칙을 정확히 알자

(5) 우울증의 인지모델

우울증의 인지모델(Beck, 1967; Beck et al., 1979)은 인지치료를 이해하는 데 도움이 된다. 우울한 개인은 인지적 3요소, 즉 자신에 대한 관점, 세상에 대한 관점, 미래에 대한 관점에서 부정적이고 부적절하다. 우울한 사람은 자신이 부적절하며 쓸모없다고 생각하거나 현재 큰 장벽에 직면해 이를 헤쳐 나갈 가능성이 부족하며, 향후에도 계속 어려움에 직면할 것이라고 생각하기 쉽다. 미래 역시 현재와 같이 여전히 어려울 것이라는 신념을 가지고 있을 가능성이 높다.

우울증의 주 특징인 낮은 의욕은 스스로의 문제를 해결할 능력이 낮다거나 상황을 통제할 수 있는 힘이 부족하다는 자기신념과 관련이 있다. 이럴 경우 개인은 나서기보다는 가만히 있는 전략을 구사하려고 할 것이다. 우울한 개인의 우유부단함은 자신이 상황에 맞는 의사결정을 제대로 할 수 없을 것이라는 신념이 반영된 결과이다. 죄책감 역시 우울증상의 대표적인 증후인데, 이는 외부사건을 자신과 부정적으로 연결 짓는 것과 관련이 있다.

3. 인지치료

1) 상담의 기본적 가정

인지치료의 기본적 가정은 Beck의 주장에서 보다 잘 드러난다(Beck et al., 2000).

첫째, 성격은 선천적 기질과 환경의 상호작용에 의해 조성되며, 성격의 속성은 환경에 대한 반응에서 발달된 기본적 도식 또는 대인적 전략을 반영하는 것이다.

둘째, 개인은 질병에 대해 생화학적 소인을 가지고 있으며 자신의 학습 역사 때문에 특정 스트레스에 반응한다.

셋째, 개인은 상황이 자신의 중요한 관심사를 위협한다고 판단할 때 심리적 고통을 느끼며, 이 경우 사건을 선택적으로 지각, 해석하게 되고 완고해질 수도 있다.

넷째, 인지도식(schema)은 어린 시절에 발달하여 차후의 학습경험에 의해 강화되고 다른 신념, 가치 및 태도의 형성에 영향을 미친다.

다섯째, 인지도식은 잠재되어 있지만 특별한 자극이나 스트레스에 의해 활성화된다.

여섯째, 만일 성숙한 인지를 획득할 수 있는 방법을 학습시킬 수 있다면, 개인의 정서와 행동은 긍정적으로 변화할 수 있다.

2) 인지치료의 원칙

인지치료는 전반적으로 다음의 원칙을 중시한다(Beck, 1995).

① 인지상담자는 인지적인 용어로 내담자와 내담자의 문제를 구조화한다.
구조화의 대상에는 내담자의 생각, 문제행동, 촉진요인, 발달사건, 해석을 지속시키는 요인 등이 포함된다.
② 인지치료는 내담자와의 굳건한 치료적 동맹을 필요로 한다.
③ 인지치료는 내담자와 상담자의 협력관계와 활발한 참여를 요구한다.
④ 인지치료는 목표 지향적이며, 현재의 문제에 초점을 두고 진행된다.
⑤ 인지치료는 생각이나 행동, 그리고 기분을 변화시키는 다양한 기술을 사용한다.
⑥ 인지치료는 내담자가 자기상담자가 되고 문제의 재발을 막도록 교육한다.
⑦ 인지치료는 대개 단기치료로 진행된다.
⑧ 인지치료는 구조화되어 있다.
⑨ 인지치료는 내담자가 자신의 역기능적 신념을 알아내도록 가르친다.

3) 내담자와의 관계

인지치료는 여타의 이론에 비해 협동적인 관계를 중시한다. 인지치료에서의 관계는 '협동적 관계(collaboration relationship)'로 정의된다. 협동적 관계란 상담자가 내담자와 함께 내담자의 왜곡된 사고에 영향을 미치는 인지도식을 탐색하고, 이러한 인지도식이 인지적 오류나 자동적 사고에 어떠한 영향을 미치며, 이것이 정서에 미치는 영향을 공동으로 탐색하고 연구하는 공동연구자의 관계로 정의할 수 있다. 인지치료에서 상담자는 경우에 따라 내담자에게 인지-행동 과제를 부여하기도 하는데, 이러한 과제는 협동적 관계에서 보다 효과적으로 수행될 수 있다.

"내담자의 문제를 해결하는 데는 사랑만으로 충분하지가 않다"는 Beck(1988)의 지적에서 알 수 있듯이 인지상담자는 문제해결에 대한 책임을 내담자에게 부여하면서도 전문적 위상을 지닌 적극적인 역할을 수행하는 전문가로서 내담자를 대한다. 이러한 적극적인 역할수행은 상담자가 내담자에 대해 공감적 태도와 진솔성, 이해를 견지함으로써 지지받을 수 있다.

상담자는 내담자와의 협동적 관계를 유지하는 방법의 일환으로 각 치료회기의 끝부분에 내담자에게 금번 회기에서 무엇이 도움이 되었고, 그렇지 못했는지, 상담과 관련된 의문이 무엇인지를 파악한다. 또한 인지치료과정에서 상담에 대한 책임을 더 많이 가지도록 하는 데 도움이 된다(Beck et al., 2000). 다음은 치료관계를 형성하는 데 필요한 지침이다(Beck, 1979).

① 내담자에 대한 기본적인 예절을 지킨다. 내담자를 기다리지 않게 하고, 기본적인 것들을 기억하며 과장되지 않으면서 따뜻하게 대한다.
② 내담자의 감정이나 말하는 내용을 정확하고 공감적으로 이해한다.
③ 상담자는 따뜻하고 중립적이며 전문가적인 태도를 유지한다.
④ 상담초기에 상담에 대한 내담자의 기대를 유발하고 상담과정에 대해 알려준다.

4) 적용

인지치료는 우울증 특히 '반응성우울증(reactive depression)'을 치료하는 데 효과적이라는 연구를 시작으로 점차 불안증, 공포증, 섭식장애, 신체화장애, 각종 중독질환, 인격장애와 같은 다양한 문제에 적용되고 있다. 최근 몇 년간 인지치료에 대한 수요는 타 이론들에 비해 증가하고 있다. 이는 인지치료의 효과가 다양한 연구자들에 의해 실증되었다는 것 외에도 문제를 중심으로 하는 접근과 '여기-지금'에서의 단기치료를 지향하는 인지치료의 특성이 비용효율성에서 높은 우위를 가지기 때문이다(Szymanska et al., 2000).

일정 이상의 인지능력을 구비하는 것은 인지치료가 성공할 수 있는 가능성을 높여준다. 다음은 인지치료가 성공적으로 진행되는 데 요구되는 내담자의 조건이다(임상사회사업연구회, 1991).

① 내담자는 사고와 감정, 그리고 행동 간의 관계를 논리적으로 사유하고 이해할 만한 지적 능력을 구비하고 있어야 한다.
② 내담자는 상담자와의 협력적인 치료관계를 설정할 수 있어야 한다.
③ 내담자는 치료시간 외에도 자신의 문제 해결에 노력을 보여야 한다.
④ 치료시간과 상담자, 그리고 치료활동에 관심을 집중할 수 있어야 한다.

4. 인지치료의 기법

인지치료는 내담자의 부정적인 사고가 변화할 경우, 내담자의 부정적인 감정이나 행동도 변화할 수 있다는 전제에서 출발한다. 다음은 인지치료에서 주로 사용하는 기술들이다.

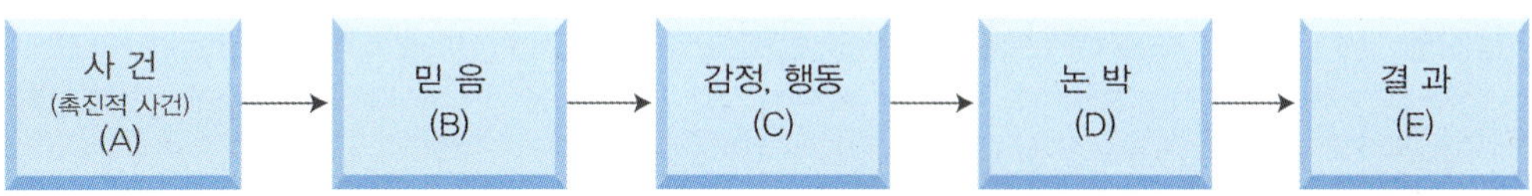

그림 9-2 인지치료의 개념도

1) 부정적 감정 및 인지를 사건(A)과 연관지어 자각하기(C)

인지치료는 우선 내담자가 자신의 부정적인 감정(c)을 인식하도록 하는 것으로부터 시작한다. 다음으로 부정적인 감정을 불러일으킨 사건이나 상황(A)과 부정적인 감정을 연결 짓도록 하여, 부정적인 감정은 사건(A)과 관련하여 발생한다는 것을 인식하도록 한다. 구체적인 방법은 다음과 같다.

① 부정적인 감정을 알아내기(C를 확인하기)

• 한 주 동안 A–B–C 모델을 체험하고 이를 기록하는 과제를 부여한다.
• 자신의 감정을 파악하는 훈련을 한다.

> 예 기분 좋다 vs. 나쁘다, 즐겁다 vs. 불안하다, 긴장되다 vs. 편안하다

• 자신의 감정을 평가(빈도, 양)하는 훈련을 한다.

> 예 어제의 불안 정도는 30이었고, 오늘은 45 정도입니다.

② 부정적인 감정을 유발한 사건을 확인하기(A를 확인하기)

• 부정적인 기분이 들게 된 상황이 무엇이었는지를 내담자와 함께 확인한다.

> 예 그러한 기분이 든 것은 언제입니까?
> 당신은 무슨 일이 일어났다고 느낍니까?

2) 부정적 인지를 찾아내고 검토하기(B)

인지치료에서는 사건(상황)보다 부정적인 사건에 대한 의미부여(B)를 더 중시한다. 상담자는 내담자의 부정적인 감정을 유발하는 사고를 찾아내도록 한다.

① 부정적 사고 찾기(B를 확인하기)

• 상담자는 내담자가 자신의 생각을 말로 표현하도록 돕는다.

> 예 그 당시 어떤 생각이 머리를 스쳐갔습니까?
> 당신이 걱정하는 것은 무엇입니까?
> 그 상황을 어떻게 받아들였습니까?
> 어떤 일이 일어날까봐 걱정되었습니까?
> 만일 그게 사실이라면 그 일이 의미하는 것은 무엇입니까?

• 역기능적인 사고일기를 쓰도록 과제를 부여한다.
• 그 생각에 대한 강도나 믿음의 정도를 평가하도록 한다.

> 예 그 생각이 어느 정도 사실이라고 생각합니까?
> 그러한 느낌이 든다는 겁니까? 실제로 그렇다는 건가요?

- 측정도구를 사용한다: DAS, IBT, ATQ, ASSQ, HS 등
- 역기능적 중심사고를 발견한다.

② 부정감정 유발인지(B)의 타당성 검토하기

상담자는 내담자에게 부정적인 사고를 자동적 사고와 연관지어 검토해 보도록 요구한다.

- 이렇게 생각하는 것이 당신에게 어떤 도움을 줍니까?
- 이 생각이 타인과 마찰을 피할 수 있도록 도와줍니까?
- 이러한 신념에 대한 증거가 있습니까?
- 이러한 생각이 당신이 바라던 감정을 가지도록 해줍니까?
- 그 상황을 다르게 볼 수는 없을까요?
- 이렇게 생각하는 것의 결과는 무엇입니까?
- 이렇게 생각할 경우 당신에게 어떤 이득이 생깁니까?
- 이러한 생각 때문에 힘들다면서 이러한 생각을 여전히 고집하는 이유가 있습니까?
- 당신의 친구가 이런 생각을 한다면 무엇이라고 말하겠습니까?

3) 부정인지(B)의 수정 및 대안적 인지 찾기(D)

상담자는 ① 핵심믿음의 증거를 검토하고, ② 핵심믿음의 장단점을 검토하여, ③ 핵심믿음에 대한 대안적 사고를 제시함으로써 핵심믿음을 수정할 수 있다.

- 핵심믿음은 생각이며 검토될 경우 진실이 아닐 가능성이 많다.
- 내담자는 핵심믿음을 사실이라고 느낄 수 있으나, 이는 대개 사실이 아니다.
- 핵심믿음의 근원은 과거(대개 어린 시절)에 있으며, 그렇게 생각했을 당시에는 그 믿음이 사실이었을 수도 있고 아니었을 수도 있다.

• 핵심믿음은 이를 지지하는 정보를 통해 지속되었을 가능성이 크다.

이전의 핵심믿음	새로운 핵심믿음
나는 술을 끊을 수 없다. 나는 어리석다. 나는 운이 없다. 나는 제대로 하는 게 없다.	나는 술을 끊으려는 노력을 제대로 한 적이 없다. 나는 단점도 있지만 장점도 많다. 나는 노력을 하지 않았을 뿐이다. 나는 할 수 있는 일이 매우 많다.

4) 변화된 인지를 유지하기

내담자는 이전의 사고방식으로 회귀하려는 속성이 있으므로 상담자는 내담자가 새롭게 획득한 사고를 유지하도록 하는 데 관심을 가져야 한다.

• 새로이 만든 사고 및 신념을 자기 자신에게 반복적으로 인식시킴으로써 부정적 사고와 부적응적 신념으로 되돌아가려는 마음과 대항하고 맞선다.
• 일상생활 속에서 고통스럽고 불쾌한 감정을 느낄 때마다 기록용지를 사용하여 '자기마음 다스리기' 과정을 반복적으로 연습한다.
• 예상되는 문제 상황에 미리 '자기마음 다스리기' 과정을 적용해 본다.

5) 기타

(1) 내담자의 교육

인지치료에서는 생각하는 방법, 사물을 바라보는 방법, 일상에 대응하는 방법과 같은 정신건강과 관련한 교육을 강조한다. 상담자는 창의적이고도 내담자의 수준에 맞는 다양한 인지적 교육을 시행한다. 물론 교육이라고 해서 일방적으로 가르치는 것은 절대 아니다. '공감적인 토대에서 이루어지는 교육'이 맞는 표현일 것이다.

(2) 과제 부여

전술한 바 있듯이 과제는 인지치료의 매우 중요한 부분이다. 과제는 항상 점검되어야 하며, 내담자의 수준에 맞는 과제가 부여될 필요가 있다. 과제는 치료회기 동안의 변화를 일상으로 일반화하는 효과가 있다.

(3) 행동적 요법

인지치료에서는 통상 인지요법과 행동기법을 병합하여 사용하는 것이 일반적이다. 다음은 대표적인 행동적 기법들이다.

- 성취감과 즐거움의 측정
- 활동계획 세우기 및 점진적 과제할당
- 행동적 시연 및 분산기법
- 명상과 이완훈련 및 복식호흡훈련
- 자기주장 및 사회기술훈련
- 추천도서 읽기
  - Love is Never Enough(Beck, 1988).
  - Feeling Good or The Feeling Good Handbook(Burns, 1980, 1989).
  - Cognitive Therapy and the Emotional Disorder(Beck, 1976).

5. 상담의 과정

인지치료라고 해서 인지적 측면을 지나치게 강조하다보면 자칫 '치료적 관계'를 가벼이 할 수 있다. 치료적인 관계를 등한시하는 인지적 접근은 내담자에게 '따지기 식의 접근'으로 비쳐질 수도 있음을 알아야 한다. 또한 유사한 증상을 가진 내담자라고 해도 각각의 내담자는 그 나름대로 특유한 행동양식과 독특한 증상을 가지고 있기 때문에 인지적 개념 속에서 개별화된 접근을 고려하는 것이 바람직하다.

다음은 인지치료에 대한 절차와 과정이다(Beck & Rush, 1979; Beck, 1995).

(1) 초기과정

초기과정이란 심리치료에 대한 기본적인 계약을 마치고 이루어지는 1~2회기 동안의 상담을 말한다. 이 단계의 중요한 과제는 내담자와의 동맹(therapeutic relationship)을 강화하고 인지치료의 기본원리를 설명하는 일이다. 이를 위해서 상담자는 신뢰와 존중을 바탕으로 회기를 이끌어 가야 한다. 초기과정에서 상담자는 내담자에게 다음의 메시지를 전달한다.

① 상담자는 내담자가 가진 문제가 무엇인지 알고 싶다.
② 내담자의 문제는 상담자와 내담자가 공동의 작업으로 해결할 수 있다.
③ 이러한 공동의 노력은 문제해결에 더 도움이 된다.
④ 내담자가 가진 문제는 인지치료로서 해결되기에 적합한 문제이다.
⑤ 상담자는 풍부한 치료적 경험을 가지고 있다.

다음은 초기과정의 전형적인 구조이다(Beck, 1995).

- 의제를 설정한다.
- 기분을 평가한다.
- 내담자의 문제를 검토하고, 이와 관련된 부수적인 정보를 얻어낸다.
- 문제를 식별하고 목표를 설정하다.
- 인지모델을 가르친다.
- 치료에 대한 내담자의 기대를 파악한다.
- 내담자가 가진 장애의 메커니즘을 설명하다.
- 과제를 설정한다.
- 이번 회기를 요약한다.
- 내담자로부터 금번 회기에 대한 피드백을 받는다.

① 상담의제(agenda)를 정한다.

상담자: 오늘은 우리가 어떠한 이야기를 할지 정했으면 합니다. 향후 매 회기마다 나누고 싶은 이야기가 무엇인지를 묻겠습니다. 이렇게 하는 것은 가장 중요한 이야기를 나누기 위해서입니다.

내담자: 예...

상담자: 저는 당신에 대해 많은 것을 알아야 합니다. 최근의 기분이 어떠한지, 당신이 가지고 있는 문제가 무엇인지, 어떠한 문제로 상담을 받으려고 하는지, 상담을 통해 해결하고자 하는 문제가 무엇인지 알고 싶습니다.

내담자: 예...(중략)

상담자: 저는 당신이 인지치료에 대해 얼마나 알고 있는지 궁금합니다. 그리고 저는 인지치료의 원리를 당신에게 설명할 것입니다. 때로는 회기 끝무렵에 과제를 주기도 할 것이며, 당신이 한 말들을 잘 기억하기 위해 필요한 경우 메모를 할 것입니다. 오늘 상담의제로 다루었으면 하는 것이 더 있는지요?

내담자: 저의 진단명과 치료 기간이 얼마나 걸릴지에 대해 알고 싶습니다.

상담자: 그 외에 다른 의제가 있으시면 이야기하십시오.

내담자: 그 정도면 되겠습니다.

② 내담자의 문제를 파악하고 이를 치료목표로 변화시킨다.

상담자는 내담자가 제시하는 문제를 내담자가 치료의 목표로 변환시키도록 도와준다. 문제들을 목표로 변환할 경우 '치료목표 목록'의 형태로 작성하는 것이 좋다. 목표를 기술함에 있어서 모호한 목표는 최대한 행동적인 용어로 변환하도록 한다. 예를 들어 '행복해지고 싶다'보다는 '바보라고 생각하지 않기'가 더 구체적이고 행동적이다. 내담자가 인지치료의 목표를 직접 결정하고 기술하는 것은 치료에 대한 참여를 촉진하는 효과를 가진다.

표 9-5 인지치료목표 목록의 예

목표 목록 – 8월 13일
1. 학교 과제물 잘 해가기 2. 시험에 대한 불안을 줄이기 3. 많은 사람을 만나기 4. 학교의 행사에 참여하기

③ 내담자에게 인지모델을 학습시키기

인지치료의 궁극적 목표는 내담자가 인치지료 경험을 통해 스스로 인지치료자가 되도록 하는 것이다. 상담자는 우선 내담자가 인지치료에 대해서 얼마나 알고 있는지 탐색하고 인지치료의 원리를 알아듣기 쉬운 방법으로 가르친다. 시청각 자료 등을 이용하여 인지모델을 보다 쉽게 이해할 수 있도록 도울 수도 있다.

상담자: 최근에 있었던 어려움은 무엇입니까?
내담자: 집에서 TV로 뉴스를 보는데 경제가 점차 어려워진다는 내용의 기사가 흘러 나왔습니다. 이때 약간 불안해진다는 것을 느꼈습니다.
상담자: TV에서 경제가 불황이라는 것에 대해 보도할 때, 막 불안해지기 시작했다는 것인가요? 그 당시에 무슨 생각을 했는지요?
내담자: 경제가 어려워지면 취업하기가 더 어려울 것이라고 생각했습니다. 지금도 취업이 힘든데 점차 경제가 어려워진다면 다시는 취업을 못할 것이라고...
상담자: 취업을 못할 것이라는 생각이 당신을 불안하게 만들었군요. 동의하십니까? 당신의 생각이 당신의 감정에 영향을 미친다는 것을 이해할 수 있겠습니까?
내담자: 예, 생각이 감정에 영향을 미친다는 거군요.
상담자: 그렇습니다. 다음 주 치료시간에 오실 때는 지난 한주 간 당신의 감정상태와 생각을 메모해 오시겠습니까?
내담자: 알겠습니다.
상담자: 그럼 당신이 과제에 동의한 것으로 알고 과제동의서를 각각 한 장씩 나누어 가지겠습니다. 기분이 변화할 때 혹은 기분이 나빠질 때 '내가 지금 무슨 생각을 했지'라고 질문하시고 그 생각을 용지에 기록하는 것입니다. 이 과제의 목적을 아시겠습니까?
내담자: 생각이 감정에 영향을 미친다는 것을 확인해 보라는 것 같습니다(중략).

인지가 행동이나 감정에 어떠한 영향을 미치는지를 설명하는 데는 다음의 예를 활용할 수 있다.

한 신사가 비가 오는 저녁에 택시를 기다리고 있었습니다. 이때 누군가가 신사를 떠미는 바람에 방금 닦은 구두가 그만 물에 흠뻑 젖고 말았습니다. 화가 난 신사는 "도대체 어떤 인간이 사람을 떠밀고 난리야"라고 하면서 뒤를 돌아보았습니다. 이 당시 신사는 자신을 떠민 사람에게 멱살이라도 잡을 심산이었습니다. 뒤를 돌아 본 신사는 자신을 밀친 사람이 앞을 보지 못하는 맹인이라는 것을 알게 되었습니다. 이 와중에 맹인도 역시 발을 헛디뎌 물에 빠지려고 하자 신사는 재빠르게 맹인을 도와 그가 물에 빠지는 것을 막았습니다. 자! 이 경우 신사는 '분노'에서 '이해' 아니 '도움'으로 행동이 바뀌는 것을 알 수 있습니다. 신사의 경우에서 알다시피 생각이 바뀌면 행동도 바뀐다는 것입니다. 인지치료는 생각이 바뀌면 감정이나 행동도 바뀐다는 논리에서 당신이 가진 문제 해결에 도움을 줄 것입니다.

④ 내담자의 치료에 대한 기대

많은 경우에 내담자는 상담에 대해 마술적 기대를 가지는 경우가 많다. 인지치료에서는 내담자가 치료에 적극적으로 참여하고, 내담자와 상담자의 공동적 작업을 통해 내담자의 문제를 해결해 나간다는 것을 명백히 할 필요가 있다. 인지치료는 통상 일주일에 1회의 회기를 가지며 8회에서 14회의 회기가 보편적이다. 회기를 거듭하면서 주 1회의 회기는 1회/2주, 혹은 1회/3주로 조정될 수 있으며, 모든 것은 내담자와 협의로 결정한다는 사실을 주지시킨다.

⑤ 장애(진단)에 관해 교육하기

많은 내담자는 자신이 가지고 있는 심리적인 문제가 어떠한 용어로 진단될 수 있는지에 대해 궁금해 한다. 인지치료에서는 내담자에게 진단을 설명할 때 가능하면 편견이 뒤따르지 않는 용어로 설명해 주도록 하는 것이 바람직하다. 특히 내담자가 자신의 진단에 대해 더 이상의 왜곡하지 않도록 배려하는 것이 중요하다.

상담자: 당신의 문제를 들어보니 최근에는 꽤나 우울한 것 같습니다. 그리고 사람들과 관계를 맺는데 어려움을 가지고 있는 것 같군요. 이는 내담자들에서 쉽게 발견할 수 있는 문제들입니다. 공식적으로는 우울증이라고 합니다.

내담자: 그렇군요.

상담자: 당신이 가지고 있는 우울증의 가장 큰 문제 중의 하나는 부정적인 생각이 나게 한다는 것입니다. 우울증은 당신의 생각과 환경, 미래를 부정적으로 보게 합니다. 마치 검은 색안경을 끼고 세상을 보는 것과 같아요. 그래서 세상이 온통 부정적으로 보인답니다. 우리는 앞으로 당신이 색안경을 벗고 있는 그대로 세상을 바라볼 수 있도록 노력할 것입니다(중략).

⑥ 회기요약과 과제 주기

회기가 끝날 때마다 상담자는 각 회기를 요약하며, 내담자의 동의를 구하고 과제를 부여한다. 내담자가 이번 회기 동안의 느낌이나 생각을 요약해 보게 하는 것도 하나의 방법이다. 과제부여는 인지치료에서 중요하게 다루어진다. 통상 첫 회기에 부여되는 과제는 일반인들이 쉽게 알 수 있도록 쓰여진 '인지치료 서적'을 읽어 오게 하는 것이다.

(2) 중간단계

중간단계란 대략 2~3회기부터 종결에 임박한 회기까지를 말한다. 중간단계는 문제해결에 대한 목표를 설정하고, 부정적인 감정을 유발하는 왜곡된 사고를 구체화하고, 이를 대안적 사고로 변화시키는 데 초점을 둔다. 이를 위하여 상담자는 인지모델에 내담자가 익숙해질 수 있도록 전형적인 인지절차를 동원한다. 통상적으로 각각의 회기는 다음의 전형적인 내용으로 이루어진다(Beck, 1995).

- 내담자의 기분상태를 체크하기
- 이전 회기와 연결 짓기
- 오늘 다룰 의제를 정하기
- 과제를 점검하기
- 제시된 의제에 대한 이슈를 자동적 사고, 역기능적 신념과 관련하여 토의하고 새로운 과제를 부여하기
- 최종 요약과 금번 회기에 대한 피드백 주고받기

① 내담자의 기분상태 체크

내담자의 기분상태에 대한 체크는 인지치료가 시작되는 첫 회기부터 이루어진다. 통상 내담자의 기분상태에 대한 점검은 매번 회기마다 시행하는 것을 원칙으로 한다. 상담자는 간단한 '기분체크리스트'를 통해 내담자의 감정 상태를 체크한다. 주로 BDI(Beck Depression Inventory), BAI(Beck Anxiety Inventory), BHS(Beck Hopeless Inventory) 등이 활

용된다. 이러한 체크리스트는 내담자가 구두로 상담자에게 보고하지 않았지만 내담자에게 있어서 의미 있는 문제들 즉, 불면증, 무기력, 초조, 우울과 같은 문제를 밝혀내는 데 도움이 되며, 내담자의 이러한 감정에 영향을 미치는 사고를 알아내는 데 도움이 될 뿐만 아니라 각 회기 간의 감정이 변화하는 정도를 파악하는 데 도움이 된다. 만일 내담자가 이러한 체크리스트를 수행하지 않으려 한다거나 불충분하게 수행할 경우, 이를 상담의 중요한 의제로 다루어야 한다.

기분의 점검은 매 회기별 내담자의 기분상태나 각 회기 간 기분의 진전 상태 그리고 지난 한 주간 내담자의 기분상태가 어떠했는지를 알게 해준다.

② 이전 회기의 점검

새로운 회기를 시작하면서 내담자에게 이전의 회기에서 다루었던 내용을 요약하고 느낌을 말하게 하는 것은 내담자에게 지금의 회기와 지난 회기를 연결해서 바라보게 해준다. 만일 내담자가 이전의 회기를 제대로 정리하지 못한다면 상담자가 이를 도와주도록 한다. 이 과정에서 지난 회기를 용이하게 정리할 수 있는 회기연결기록지(Session Bridging Worksheet)가 활용되기도 한다. 이러한 절차는 내담자를 인지치료에 사회화시키는 효과를 준다.

표 9-6 Session Bridging Worksheet의 주 내용

1. 지난 주 우리가 이야기했던 것 중에 중요한 것은 무엇이었습니까?
2. 지난 회기에서 당신이 힘든 것은 무엇이었습니까?
3. 지난 주와 비교해서 이번 주 당신의 기분은 어떠합니까?
4. 지난 주의 일들 중 오늘 논의할 만한 일이 있습니까?
5. 지난 회기의 과제는 수행하였는지, 그리고 과제를 통해 무엇을 알게 되었는지요?

③ 과제 부여와 점검

관련된 많은 연구들에서 과제를 잘 수행한 내담자가 그렇지 않은 내담자에 비해 호전율이 높다고 보고한다. 인지치료에서 부여되는 일반적인 과제의 내용은 ㉠ 내담자가 일상에서 경험하는 자신의 감정을 점검, 체크하고(mood), ㉡ 이러한 감정이 발생한

상황(situation)과 ㉢ 그 상황에 대한 사고(의미부여)(thought)를 확인하고 ㉣ 상황에 대한 부정적인 의미부여와 관련된 자동적 사고를 파악하며, ㉤ 부정적 사고를 대체할 대안적 사고를 만들어 내는 일이다. 과제는 내담자가 일상에서 치료에 보다 적극적으로 참여하고, 치료의 효과가 일상에서 일반화되도록 하는 목적을 가진다. 만일 내담자가 과제를 수행하지 않거나 제대로 이행하지 않았을 경우, 이를 치료의 중요한 의제로 채택하고 과제수행과 관련된 내담자의 왜곡된 사고가 무엇인지를 다루어야 한다.

표 9-7 과제의 예

과제 – 10월 13일(2th session)
1. 변화시켜야 할 행동 2가지 정하기
2. 기분이 변화할 당시 무슨 생각을 했는지를 당시 상황과 이에 대한 생각을 기록하기
3. 우울해질 때 '우울해서 안 좋은 생각이 날 뿐이야'라고 말하기
4. 다음 주의 치료시간에 다루고 싶은 의제를 2가지 정하기

과제 – 12월 12일(9th session)
1. 이번 주에 경험한 역기능적 사고 기록하기
2. 하루 2~3번 치료노트와 대안적 사고카드 읽기
3. 학교운동장 3바퀴 돌기
4. 계획표대로 충실하게 이행하기

지난 회기에 부여된 과제는 반드시 점검되어야 한다. 과제는 지난 회기와 이번 회기 간의 연결 고리의 역할을 한다. 만일 상담자가 과제를 제대로 점검하지 않는다면 내담자는 과제수행을 게을리할 것이다. 과제의 점검은 짧게 이루어질 수도 있고, 장시간에 걸쳐 다루어질 수도 있다. 상담자는 과제가 치료의 일부라는 것을 분명하게 인식시킬 필요가 있으며, 내담자가 위기상황이거나 과제와 무관한 주제를 다루고 싶어 하더라도 과제는 적절하게 다루어져야 한다. 대개 과제점검은 5~15분 정도 할애한다.

④ 제시된 의제토의, 자동적 사고탐색 및 대안적 신념 채택

상담자는 내담자의 역기능적 신념을 탐색하고 역기능적인 신념을 현실적이고 합리적인 대안적 신념으로 대체하도록 한다. 이 과정에서 상담자는 A−B−C−D−E모델에 따라 관련된 자동적 사고를 탐색한다. 이를 구체화해 보면 다음과 같다.

㉠ 주요한 핵심증상 및 감정이 무엇인지를 파악한다.
"지금 당신의 기분은 어떠합니까? 우울한지, 화가 나는지, 슬픈지, 상실감인지, 배신감인지...?"

㉡ 자동적 사고의 탐색
자동적 사고를 파악하는 과정에서 상담자는 다음의 질문을 활용한다.

- 그때 어떠한 생각이 들었습니까?
- 그때 어떠한 생각이 머리를 스쳐 지나갔나요?
- 그때 어떤 이미지가 떠올랐어요?
- 그 일을 어떻게 받아 들였습니까?
- 그 순간 상대방이 어떤 생각을 할 것 같았습니까?
- 어떤 일이 일어날까 걱정되셨어요?
- 당신은 이러한 생각이 얼마나 사실일 거라고 믿습니까?(0~100%)
- 이러한 생각이 당신을 어떻게 느끼도록 만듭니까?
- 지금 당신이 경험하는 감정은 어떠하며, 그 강도(0~100%)는 어느 정도입니까?
- 자동적 사고에 초점을 두기
  - 이러한 생각을 하면 기분이 어떠합니까?
  - 이러한 생각을 한다면 어찌 행동합니까?
- 자동적 사고와 관련된 상황을 파악하기
  - 그러한 생각은 언제, 어느 상황에서 하게 됩니까? 그러한 상황이 언제인지 자세히 알고 싶군요?

- 전형적인 자동적 사고를 파악한다.
  - 이러한 생각을 얼마나 자주 하십니까?
  - 이 생각이 당신을 어느 정도 괴롭힙니까?
- 자동적 사고의 기저에 깔린 신념을 탐색하기
  - 만약 그 생각이 사실이라면, 이것이 당신에게 의미하는 바는 무엇입니까?

자동적 사고를 논박하는 데 도움이 되는 질문

1. 그 생각에 대한 증거는 무엇이며, 이러한 생각을 지지할 만한 증거는 무엇입니까?
2. 다르게 설명할 만한 것은 있습니까?
3. 일어날 수 있는 최악은 무엇입니까?
4. 지금 당신의 생각을 변화시킨다면 어떠한 이득을 얻겠습니까?
5. 만약 당신의 친구가 이러한 상황에 있다면 무엇이라고 조언하시겠습니까?
6. 이러한 생각에 대한 상대방의 생각은 어떠할 것 같습니까?

(3) 종결기

인지치료의 종결은 급작스럽게 이루어지기보다는 회기의 빈도를 줄이면서 이루어진다. 인지치료는 단기치료이기 때문에 치료의 종결이 정신역동치료나 기타 치료에 비해 덜 복잡하다고 볼 수 있다. 다음은 종결기에 다루어져야 할 과제이다.

① 종결에 대한 내담자의 불안을 다룬다.

치료가 덜 된 채 종결되는 것이 아닌지? 하는 내담자의 불안을 다루고, 치료회기 내에 내담자가 성공적으로 어려움을 처리했었던 경험들을 언급하며, 문제해결은 추후 현실에서 노력함으로써 가능하다는 것을 언급한다.

② 그동안의 인지치료를 정리한다.

그동안 이루어진 인지치료과정을 정리하고 치료 후 예상되는 문제 및 상황을 예견하며, 인지기법의 적용을 격려하고 추수면접(booster session)을 계획한다. 추수면접은 정기적 상담이 종료된 후 1개월, 3개월, 6개월의 주기로 이루어질 수 있다.

③ 종결에 따른 사고를 파악하고 다룬다.

내담자가 100% 치료되어야 한다는 마술적 사고 등이 있는지 검토해 보고 종결과 관련된 사고를 파악하고 다룬다.

6. 인지치료와 사회복지상담

1) 인지치료에 대한 평가

오늘날 인지치료는 각각의 임상적 증후군별로 적용할 수 있는 다양한 매뉴얼이 개발되고 있다. 인지치료는 향후 지금보다 더 다양한 문제영역에 적용될 것으로 전망된다. 인지치료는 증거기반의 연구에서 내담자의 문제를 해결하는 데 매우 효과적인 것으로 보고되었으며, 학제를 초월하여 가장 빠르게 퍼져가는 상담이론으로 인정받고 있다.

다음은 인지치료의 장점과 한계를 정리한 것이다(권석만, 2000).

(1) 인지치료의 장점

① 우울증에 적용했을 때 전통적인 삼환계 약물치료와 비교하여 그 치료효과가 거의 동등하거나 우수하다.
② 약물치료에 비해 내담자의 재발발생을 줄일 수 있다.
③ 내담자로 하여금 인지치료 원리를 숙지하게 함으로써 자가치료 능력을 높인다.
④ 상담자의 훈련이 상대적으로 용이하다.
⑤ 대개 15회 내외의 단기치료로서 경제적이다.
⑥ 다른 심리치료에 비해 구조적이고 구체적이며 다양한 기법을 가지고 있다.
⑦ 객관적 평가도구를 갖추고 있다.
⑧ 각종 심리적 질환 및 장애에 대한 치료프로그램이 구체적으로 개발되어 있다.

(2) 인지치료의 한계

① 인지치료가 효과적이라고 입증된 내담자 집단이 아직은 제한적이다.
② 심층적 인지의 탐지 및 평가에 제한이 있다.
③ 성격발달 및 정신병리에 대한 이론의 체계화가 아직 미흡하다.

2) 인지치료와 사회복지상담

단기적이고 인지교정에 기반하는 문제해결 중심의 인지치료는 사회복지사를 포함한 상담 영역의 전문가들에게 있어서 한때 혁명적인 것으로 받아들여질 정도였다. 이러한 평가는 여러 가지 원칙을 통합적으로 수용하면서 경험적인 실천지향성과 관련이 있다. 인지치료가 일반 사회복지실천 장면(예를 들면, 노인, 장애인, 실직자, 노동자를 위한 원조)에 일반적으로 적용되기에는 한계가 있다는 평가도 있었다. 하지만 1990년대 이후 다양한 클라이언트 군을 원조하는 인지치료 모형이 속속 개발되고 있는 상황이므로 사회복지상담에서 인지치료의 적용가능성은 점차 확대될 것으로 판단된다.

다음은 사회복지상담에 인지치료를 활용할 때 주어지는 장점이다.

① 인지이론은 심리이론이지만 상황적(환경적) 요인을 중시한다.

인지치료에서 인식이란 개인이 상황에 부여한 해석을 의미한다. 인지치료는 내담자가 처해진 상황을 어떻게 인식하는지에 관심을 둔다고 할 수 있는데, 이러한 측면은 '상황 속의 개인'의 관점을 중시하는 사회복지상담의 가치와 상당 부분 부합한다. 사회복지상담가는 내담자가 처한 상황에 대한 인식의 수준을 탐색하고 그 인식을 교정하는 데 관심을 가진다. 더 나아가서 내담자가 현실적으로 역기능적인 상황(이를 테면 아버지로부터의 폭력)에 처해져 있을 경우 이를 개선하는 데 필요한 직·간접의 조치를 강구한다.

② 인지치료는 '클라이언트 중심의 서비스 철학'을 지지한다.

내담자의 인지수준에 따라 정신적 현실(psychological reality)이 결정되기 때문에 상담자는 내담자의 입장과 관점을 존중하고 이해하려는 노력을 해야 한다. 이러한 측면은 사회복지상담이 강조하는 '클라이언트 중심의 서비스' 철학과 부합한다.

③ 인지치료의 비용 효과성은 사회복지상담의 비용적 부담을 경감하도록 도와준다.

인지치료는 비용효과성이나 효율성, 효과성 면에서 많은 장점을 가지고 있다. 사회복지상담 장면에 인지치료를 적용할 경우 사회복지상담의 효과성과 효율성이 증가할 수 있을 것이다.

④ 인지치료는 적극적인 지시적 상담이론이다.

인지치료는 내담자의 인지왜곡이나 문제해결에 대한 정보제공을 중시한다. 사회복지상담 장면에는 인지왜곡이나 문제해결에 대한 부적절한 정보로 인해 부적응에 취해지는 내담자가 많다. 이들 내담자는 치료관계를 기반으로 적극적인 지시(direction)가 필요한 경우가 허다하다. 알코올중독자, 우울증을 지닌 저소득 계층, 노인 우울증, 인터넷중독 청소년, 학교부적응 청소년 등을 대상으로 하는 사회복지상담에 인지행동치료를 적용할 경우 그 효과성이 향상될 수 있을 것이다.

토의사항

1. Beck이 창안한 인지치료에서 생각이 행동과 감정을 만든다는 주장에 대해 당신이 가진 입장을 제시해 보시오.
2. 당신이 최근에 경험한 힘든 일 2가지를 제시하고 이를 Beck이 제시한 인지오류와 연결하여 보시오.
3. 당신이 고쳐야 할 행동 2가지를 선택하고 이를 자동사고(automatic thought)와 연결하여 설명하고 개선 방향도 함께 제시해 보시오.

이 론 의 실 습

4학년인 대학생 B는 최근 졸업을 앞두고 학생상담센터를 방문하여 상담을 요청하였다. 심리검사 결과 무기력, 긴장, 열등감, 공격성이 확인되었다.

B는 마땅한 스펙이 부족하고, 희망하는 직장에 들어가기 어렵다는 생각에 가슴이 답답하고 잠을 설치며 혼자 있고 싶을 때가 많다고 한다. 부모님이 기대하는 직장에 들어가야 한다는 생각에 마음이 급하지만 자신감이 없고, 우울한 기분이 들 때는 아무것도 하기 싫어지고 어딘가 떠나고 싶다고 호소한다. 가끔 안 태어났더라면 나을 것 같았다는 생각이 들고 취업이 안 될 것 같은 생각이 밀려들 때는 초라하고 한심하다는 생각에 사로잡힌다고 한다.

두 부모님은 교사이고, 위의 형은 얼마 전 공무원 시험에 합격하여 부모님을 기쁘게 해 준바 있다. 형에 대한 자격지심이 있고, 부모님이 자신에 대해 기대하는 바가 낮고 스스로 열등감이 강한 것으로 나타났다. B는 상담을 통해 자신감이 커지고 사람들과 잘 어울리면서 대인관계가 좋아지기를 기대하였다.

▶ 위의 사례가 인지치료에 적용될 경우 어디에 주안점을 두고 상담을 진행해야 할지 3가지를 제시해 보시오.

Chapter 10

현실치료

1. 개관

현실치료(현실요법)는 Glasser(1925~)에 의해 창시된 상담이론이다. Glasser는 미국 클리블랜드 태생으로 23세에 심리학자가 되었고, 28세에 다시 정신과 의사가 되었다. 그는 정신분석가로 출발하였지만 만성병동의 정신질환자에게 적용되어 오던 치료적 접근(정신분석과 약물치료)의 한계를 절감하고 자기 나름대로의 새로운 이론과 치료적 절차를 개발하기 위한 노력을 기울였으며, 그 결과로 탄생할 것이 오늘날의 현실치료(reality therapy)이다.

Glasser는 정신병동에서 통찰을 획득하고도 퇴원하지 않은 채 정신병원에 빈둥거리는 만성환자를 관찰한 후 이들에게 필요한 것은 지적인 통찰이 아니라 현실적으로 적응하려는 용기와 책임성(responsibility)의 문제임을 알게 되었다. 그래서 그는 10년 이상 시행해 오던 정신분석적 접근을 버리고 자신이 개발한 현실치료를 적용하여 연간 200명가량 되는 만성 정신질환자들을 퇴원시키는 성과를 올릴 수 있었다.

Glasser는 책임성과 정신건강은 비례한다고 보았다. 따라서 현실치료에서는 인간은 누구나 자기 삶의 주인이 되어 자신의 삶을 통제할 수 있을 때 행복을 느끼며, 자신의 삶에서 중요한 선택을 스스로 할 수 있고 선택한 것에 대해 책임질 수 있는 사람이 행복한 사람임을 강조하였다. Glasser는 누구든지 현실치료를 이해함으로써 의식이 있는 한 자신에 대한 책임을 지는 인간이 될 수 있고 자기 운명의 주인이 되어 자기 삶을 바꿀 수 있는 힘을 가질 수 있다는 것을 강조한다.

현실치료는 전통적 이론과는 달리 내담자의 '행동'과 '지금', 그리고 '책임'을 강조하는 행동수정의 한 형태로서 내담자의 현재 행동에 초점을 맞춘다. 현실치료는 내담자를 진단적인 정신질환으로 나누지 않으며 다만 내담자 자신의 행동 선택(거의 미친 행동이거나 범죄행동일지라도)에 대해 책임을 지도록 할 뿐이다.

다음은 Wubbolding(1988)이 설명하는 현실치료이다(이현림, 2000).

> 현실치료는 사람들이 그들의 삶을 보다 잘 통제하도록 돕는 방법이다. 현실치료는 사람들이 바라고 원하는 것을 확인하고 분명히 하도록 하며, 이를 현실적으로 얻을 수 있는지의 여부를 평가하도록 돕는다. 현실치료는 사람들이 자신의 행동을 검토하고 분명한 기준을 가지고 통제하는 것을 돕기 위해 고안된 긍정적인 계획을 수반한다. 그 결과로 자신감과 보다 나은 인간관계와 보다 효율적인 삶을 위한 계획이 이루어진다. 그러므로 현실치료는 사람들이 역경에 대처하고 개인적으로 성장하며 그들의 삶을 더 효과적으로 통제하는 데 사용할 수 있는 자조적 도구를 제공해 준다.

현실치료는 소년원과 같은 수용시설에 있는 비행소년에게 처음 적용되었으며, 점차 정신장애인을 위한 치료영역으로 적용의 폭을 넓혀 갔다. 현실치료는 오늘날 학교나 가족 등 거의 모든 사람들을 대상으로 개인 또는 집단 단위에서 적용되고 있으며, 오늘날 수많은 상담유형 중에 사회복지상담에서도 활용도가 매우 높은 상담이론의 하나이다.

2. 주요 이론

1) 인간관

Glasser(1984)에 따르면 인간은 자신과 주위 사람이 자신을 사랑하고 가치 있게 여기면 성공적 정체감이 발달하지만, 그렇지 못할 경우에는 패배적 정체감이 발달한다. 즉 개인의 기대나 욕구와 그 지각이 불일치하는 경우 개인은 갈등하게 되며 결국 문제행동을 선택하게 된다는 것이다.

현실치료는 내담자는 자신의 욕구를 충족할 수 있는 합리적인 행동을 배우거나 계획함으로써 성공적인 삶을 살아갈 수 있다고 본다. 간단히 말해 내담자로 하여금 자기통제력을 키워가도록 도와주는 것이 현실치료의 주요한 목표이다. 현실치료는 주로 적극적 지지, 자신의 욕구와 희망의 탐색, 자기선택행동점검, 자기행동평가, 자기계획과 교육 등을 통해 내담자에게 개입한다.

말년에 Glasser는 인간은 누구나 자기의 질적인 세계를 추구하기 위해 최선을 다하기 때문에 진정한 의미에서의 패배적 정체감은 없다고 하면서 기존의 주장에 수정을 가하였다. 즉 인간이 자기행동을 선택할 때 언제나 최선의 선택이었다면 덜 성공적일 수는 있어도 실패라는 개념은 적당치 않다고 보아야 한다는 것이다. 다시 말해 인간은 상황에 최선을 다하지만 최선이라고 판단한 행동의 양상이나 내용은 개인마다 차이가 날 수 있으며, 부적응적인 개인은 부적응적인 선택을 한 것일 뿐이라고 본다.

2) 정신병리와 성격발달에 관한 이론

Glasser의 현실치료는 정체성이론과 통제이론을 바탕으로 발전하였다. 이 2가지 이론은 인간의 성격과 병리를 개념화하는 데 매우 유용하게 사용된다. 이 이론은 1960년대와 80년대에 개발되었으며, 독특하면서도 별개의 개념들이다(Glasser, 1979; Glasser, 1984; Brickbell et al., 2000).

(1) 선택이론

Glasser는 1973년 William Powers가 고안한 '통제이론'을 바탕으로 인간의 발달과 병리를 설명하였으며, 1996년에는 이를 '선택이론'이라고 칭하였다. 통제이론에 따르면 살아있는 모든 유기체는 자신의 목적에 따라 외부세계를 끊임없이 통제하려고 한다.

이를 보다 명확하게 이해하기 위해서는 통제이론의 핵심인 사진(picture)이라는 개념을 이해할 필요가 있다. Glasser에 따르면 사람의 머리에는 욕구충족과 관련된 사진

(picture)이 존재한다. 이 사진은 어린 시절의 성장과정에서 형성된다. 예를 들면 배고픈 어린이가 우연히 초콜릿을 먹으면서 매우 맛이 있다는 것을 알게 되고, 이러한 맛은 머릿속의 사진으로 보관된다. 이 어린이는 차후에도 배가 고플 때면 초콜릿이라는 사진을 떠올리게 되고, 초콜릿이나 이와 유사한 표상의 음식을 먹으려고 할 것이다. 인생은 이러한 다양한 사진들로 구성된 사진첩을 지속적으로 확장시키는 과정이라고 볼 수 있다. 배가 고프거나 목이 마를 때면 우리는 사진첩 속의 사진을 택하고 사진속의 자극들을 추구하려고 한다.

Glasser에 의하면 인간의 행동은 우리가 원하는 것과 머리의 사진 그리고 우리가 현재 소유한 것과의 차이에 의해 결정된다. 문제는 사진첩의 사진들이 언제나 합리적인 것은 아니라는 것이다. 예를 들어 알코올중독자에게는 불안하고 초조할 때마다 위안을 주는 술이라는 사진이 머리에 자리하고 있고, 아동 성추행범에게 아동은 자신의 성적인 욕구를 충족시켜 주는 사진이다. 따라서 적응력을 높이기 위해서는 현실에 부적절한 사진첩의 사진을 변화시켜야 할 필요가 있다. 개인이 소유한 불합리한 사진은 현실과 부합하고 현실적응력에 기여하는 합리적인 사진(현실과 부합하는)으로 대치되어야 한다.

Glasser에 따르면 개인은 욕구충족을 위해 지각된 세계가 머리 속의 사진과 어떠한 차이나 관련이 있는지를 비교하게 된다. 이때 현재 지각된 세계(현실세계)가 자신이 원하는 사진과 일치하면 즐거움을 경험하게 되고, 일치 정도가 낮으면 고통을 경험한다. 이러한 고통은 좌절신호를 내보내고 좌절신호는 곧 행동체계를 작동하게 한다. 행동과 사고, 정서, 생리기능으로 구성되는 행동체계는 궁극적으로 개인의 욕구를 충족하고 유기체의 보존을 위해 동원된다. 이러한 4가지 요소 중에서 정서나 생리기능을 통제하기란 어려운 반면에 행동이나 사고는 통제 가능성이 높다. 그러므로 행동체계를 변화시키기 위해서는 사고와 행동요소를 통제하는 것이 더 바람직하다고 할 수 있다.

다음은 Glasser(1979)의 주장이다.

> 모든 생명체는 행동하며, 그 행동은 모두 총체적이다. 모든 행동은 외부가 아니라 내면적으로 동기화되어 있으며 목적지향적이고 유연성이 있고 창의적이다. 우리는 통제체계를 통해 보다 효과적으로 자신과 주변을 통제하려고 시도하며 현실 속에서 그때그때 원하는 사진을 얻기 위해 행동한다. 때로 매우 고통스럽고 자해적으로 보이는 행동이라도 그것은 원하는 바를 얻으려는 최선의 시도(욕구충족의 시도)인 것이다. 자신이나 타인에게 파괴적인 행동을 하지 않는 건강한 사람은 대체로 자신의 삶을 효과적으로 통제하고 있다.

요약하면 선택이론은 불행한 느낌을 포함하여 모든 것을 우리가 선택할 수 있다는 것을 강조한다. 또한 우리가 행동하고 생각하는 모든 것은 우리 내면의 강한 욕구를 충족하기 위한 선택이다. 따라서 만약 우리가 적절한 선택을 통해 자신을 통제하는 방법을 배우게 된다면 문제해결에 자신의 에너지를 합리적으로 활용할 수 있게 된다.

(2) 정체감 이론

현실치료에 따르면 모든 개인은 정체감이라는 기본적인 심리욕구를 가진다(Glass et al., 1979). 자기에 대한 상(image)이라 할 수 있는 정체감은 어릴 때부터 발달하며, 여기에는 성공정체감(success identity)과 패배정체감(failure identity)이 있다.

정체감은 부모를 포함한 다른 사람과의 관계에서 발달하는데, 유아기 때 대부분의 아이들은 자신을 성공적으로 표상한다. 그러나 초등학교에 입학할 나이인 6~7세경은 패배적인 정체감이 형성되기 쉬운 시기이다. 성공적 정체감을 가진 사람은 패배적 정체감을 가진 사람보다 더 효과적으로 자신을 통제하고 책임감이 강하며, 자기 스스로 훈련하며 기본적인 욕구를 효과적으로 충족하는 경향이 있다.

성공적인 정체감이 형성되기 위해서는 사랑받은 경험과 자신에 대한 가치감을 지각한 경험이 요구된다. 만일 유아가 부모로부터 많은 애정과 관심을 받아 사랑의 경험이 축적되었다고 하더라도 적절한 과제수행의 경험이 부족하여 가치감(feeling being worth)을 제대로 형성하지 못했다면 성공적인 정체감이 형성되기 어렵다. 따라서 성공적인 정체감이 형성되려면 사랑과 가치감에 대한 경험을 많이 축적해 놓아야 한다.

Glasser에 따르면 패배정체감을 가진 개인은 스스로가 가치 있다고 느낄만한 경험을 제대로 하지 못했을 뿐만 아니라 사랑받은 경험 역시 부족한 사람이라고 볼 수 있다. 패배정체감을 가진 개인은 일탈이나 철수, 외로움, 심지어 정신장애를 보이면서까지 자신의 패배감을 드러낸다. 또한 패배정체감을 가진 개인은 현실에서 철수하거나 현실을 무시하기도 한다. 일탈자, 범죄자, 사회병리자, 인격장애자는 대개 패배적 정체감을 가지고 있으며, 현실을 무시하는 데 아주 익숙한 사람들이다. 정신장애인이라는 딱지가 붙은 사람 역시 패배정체감을 가진 개인으로서 현실을 부정하거나 왜곡하고 있다. 이들 정신장애인은 공상이나 과대망상, 피해망상 등을 통해 자신에게 불리한 세상을 유리하게 바꾸려고 들기 쉽다.

자신에 대한 인식 수준의 정도는 성공정체감과 패배정체감을 구분하는 중요한 척도이다. Glasser에 따르면 스스로를 실패한 사람으로 간주하는 사람은 타인을 성공한 사람으로 간주하지 못한다. 또한 성공정체감을 가진 사람은 생산적이고 기꺼이 새로운 도전에 직면하며 다른 사람이 성공하는 데 협조한다. 이에 반해 패배정체감을 가진 사람은 세상을 부정적인 것으로 간주하기 때문에 현실로부터 철수하거나 현실을 무시하고 왜곡할 가능성이 많다.

현실치료에 기반을 두는 상담은 내담자를 자기결정적인 존재로 가정하며, 패배적 정체감으로 인해 불합리하게 행동하는 내담자를 합리적인 행동을 하도록 유도하고, 내담자가 성공적인 정체감을 유발하는 행동을 할 수 있도록 돕는 데 관심을 가진다.

(3) 책임감

Glasser는 책임감을 '타인이 욕구를 충족하는 것을 방해하지 않는 범위에서 자신의 욕구를 충족하는 능력'으로 정의했다. 현실치료에서는 정신건강과 책임감을 같은 것으로 본다. 다시 말해 책임감이 있는 사람은 정신적으로 건강하고, 그렇지 않은 사람은 건강하지 못한 것으로 이해한다. Glasser는 "정신건강이 책임 있는 행동의 원인이 되는 것이 아니라, 책임감 있는 행동이 정신건강의 원인이 된다"고 할 만큼 현실치료는 책임감에 많은 비중을 둔다. 즉 불행과 고통은 무책임의 결과이지 무책임의 원인이 될 수 없음을 강조한다. 책임감을 가진 개인은 자신을 능동적인 존재로 이해하며, 스스로의 욕구와 목표를 달성하는 방법을 계획한다는 점에서 자율적이고 자신의 행동을 효과적으로 통제할 능력을 가지고 있다.

현실치료에서 책임감을 달리 표현하면 '현실에 직면한다'는 의미이다. 여기에서 말하는 현실과의 직면이란 현실세계의 모든 여건을 비판 없이 받아들이되 현실세계에 대한 통제를 통해 자신의 욕구를 충족해 나간다는 것을 의미한다.

다른 접근과는 달리 현실치료에서는 내담자의 행동에 대한 가치 부여를 중요하게 생각한다. 만일 내담자가 악한 행동을 했다면 상담자는 다른 사람에 대한 긍정적 관심이나 정직성의 가치를 내담자에게 심어 주려고 노력한다. 이는 내담자가 현실세계에서 책임감 있는 행동을 유도하는 목적을 가진다.

3. 현실치료의 특징

현실치료는 다른 상담방법과 비교해 볼 때 독특한 관점을 취한다. 다음에 소개될 내용은 현실치료의 특징을 보다 분명하게 보여준다(Glass, 1979; Zastrow, 1999).

① 현실치료에서는 정신질환의 개념을 부정한다.

정신질환과 같은 문제행동은 무책임의 결과이며 정신건강을 책임감 있는 행동으로 간주한다. 따라서 진단은 강조하지 않는다. 내담자가 정신장애 등으로 인해 자신의 행동에 대한 책임을 지지 않아도 된다는 식의 입장은 치료관계를 어렵게 하는 요인으로 간주한다.

② 현실치료는 '현재'에 역점을 둔다.

과거에 일어난 일은 변화될 수 없으며, 인생 역시 과거에 의해서 제한을 받지도 않으므로 과거에 집착할 필요가 없다. 오히려 변화될 가능성이 많은 현재와 미래를 향해 노력하는 것이 더 합리적이다. 만약 과거를 다루어야 한다면 이는 내담자의 현재 행동과 관련된 것에 한정한다.

③ 현실치료는 감정과 태도보다는 내담자의 '현재행동'을 더 중시한다.

현실치료가 감정과 태도를 중요시하지 않는다는 것은 아니지만, 내담자의 현재 행동이 변화한다면 내담자의 태도도 변화할 것이라고 본다.

④ 전통적인 상담적 접근과는 달리 전이를 강조하지 않는다.

상담자는 내담자의 전이인물로서가 아닌 있는 그대로의 자신으로서 치료관계를 맺는다. 상담자는 내담자와 인격적이고 진지한 관계를 구축함으로써 내담자의 현재 욕구를 충족시키는 조력자 역할을 수행한다.

⑤ 현실치료는 내담자의 의식적인 측면을 강조한다.

따라서 무의식적 갈등이나 그 원인에는 관심을 두지 않는다. 현실치료는 "내담자가 현재 무엇을 잘못하고 있는가, 그들의 현재 행동이 그들이 원하는 것을 얻도록 해주는가, 책임감에 기초한 행동을 하기 위해서는 어떤 계획을 수립해야 하는가?"에 대해서 관심을 가진다.

⑥ 현실치료는 행동의 도덕성을 강조한다.

전통적 상담자가 전이관계 형성에 해가 된다하여 '옳고 그름의 구분'을 분명하게 하지 않는 것(특히 정신역동상담)과는 대조적으로 현실치료는 내담자의 행동에 대한 옳고 그름의 문제를 직시한다. 변화란 행동의 관찰을 필요로 하며, 건설적인 것과 파괴적인 것의 구분 없이는 내담자를 변화시키기 어렵다.

⑦ 현실치료는 처벌을 배제한다.

처벌은 바람직한 행동변화를 초래하지 않을 뿐만 아니라 내담자의 '실패'에 대한 의식을 강화하는 결과를 낳기 때문에 치료관계를 방해한다. 따라서 상담자는 내담자에게 비판적이고 비난적인 말을 사용하지 않아야 한다.

⑧ 현실치료는 책임의 개념을 강조한다.

책임이란 타인의 욕구충족을 방해하지 않는 범위 내에서 자신의 욕구를 충족한다는 의미이며, 책임성을 가르치는 것이 현실치료의 핵심개념이다.

⑨ 상담자와 내담자가 진솔하게 만난다.

현실치료자는 내담자와 따뜻하고 진솔하며 정직한 관계를 유지함으로써 내담자가 자신을 기꺼이 개방하도록 돕는다. 이는 내담자가 자신의 가치와 신념을 객관적으로 이해하고 관찰할 수 있도록 하는 데 도움을 준다.

⑩ 내담자가 가치를 판단하도록 한다.

"인간은 자신의 행동에 대한 이해가 있어야 행동에 대해 변화를 꾀할 수 있다"는 전제에서 출발하는 현실치료는 내담자로 하여금 자신의 행동이 얼마나 책임감에 기초하는지를 평가하도록 한다. 일반적으로 행동에 대한 가치판단은 내담자 스스로가 하도록 한다. 만일 상담자가 가치를 판단하게 된다면, 내담자의 무책임을 덜어 주는 요인이 된다.

⑪ 계획을 격려한다.

내담자가 이전과는 다른 새로운 행동을 하도록 격려하는 현실치료자는 내담자가 새로운 행동을 계획할 수 있도록 돕는다. 이러한 계획은 내담자가 무책임한 행동을 버리고 보다 책임감 있는 행동을 하도록 하는 것과 관련이 있다. 계획은 주기적으로 평가되며, 개입은 내담자와 합의된 계약에 근거하는 것을 원칙으로 한다.

⑫ 핑계를 거부한다.

현실치료가 책임감 있는 행동을 강조한다고 하더라도 내담자가 상담자와의 약속을 모두 다 수행할 것이라고 보지는 않는다. 그렇다 하더라도 현실치료자는 내담자가 약속을 제대로 이행하지 않은 데 대한 핑계를 가능하면 수용하지 않는다. 왜냐하면 내담자의 핑계는 더 많은 실패를 낳는다고 간주되기 때문이다. 상담자는 무책임한 행동에 대해 '왜'라고 묻지 않으며, 무책임한 행동에 대한 변명에 무관심함으로써 책임감 있는 행동을 유발하고자 한다.

상담자: 당신이 원하는 것을 얻기 위해서 당신이 어떤 다른 행동을 하시겠습니까?
상담자: 당신의 계획을 성공적으로 수행할 수 있는 다른 방법을 찾아봅시다.
상담자: 당신이 원하는 것을 얻기 위해서 어떻게 하실 겁니까?

⑬ 동정을 보내지 않는다.

현실치료에서 상담자의 동정은 내담자가 책임감 있는 행동을 수행할 능력이 부족하다는 것을 확신한다는 것에 지나지 않는다. 동정심은 내담자의 책임감 있는 행동을 이끄는 데 별 도움이 되지 못한다. 대신 상담자는 내담자가 책임감 있는 행동을 할 경우 강한 칭찬을 보낸다.

⑭ 현실치료에서는 전통적인 사례력을 중시하지 않는다.

전통적인 사례력(case history)은 통상 개인의 약점이나 실패, 문제 그리고 내담자의 과거 외상에 관심을 가진다. 사례력은 이를 작성하는 사람의 주관이나 관점, 특히 진단적 용어에 의해 작성되기 때문에 오류를 범할 수 있다. 게다가 사례력은 내담자의 장점이나 성공에 대한 것들을 거의 다루지 않는다는 점에서 효율성이 낮다.

⑮ 성공한 경험을 가지도록 한다.

대부분의 내담자는 패배적 정체감을 가지고 있을 가능성이 많다. 따라서 현실치료자는 내담자가 행동을 변화시키는 계획을 기꺼이 수행함으로써 성공적 경험을 하도록 노력한다. 성공적인 경험이 점차로 축적되면 내담자는 자신을 보다 긍정적인 사람으로 인식하게 되며, 긍정적인 인식은 보다 책임감 있는 행동을 하는 데 도움이 된다.

4. 현실치료의 적용

선택이론에 기반을 두는 현실치료는 오늘날 사회복지영역과 정신과 치료를 포함하는 많은 상담영역에서 활발하게 사용되고 있다. 현실치료는 개인이 책임성에 기반을 두는 합리적인 행동을 선택하도록 하는 데 초점을 둔다. 현실치료는 우선 이해하기가 쉽고 기법이 그리 많지 않으며 상식에 기초하고 단기간의 문제 지향적 접근이라는 점에서 다양한 장점을 지닌다.

현실치료는 사회복지사를 포함하여 학부모, 심리치료자(상담자), 경영자, 교사, 인간관계를 개선하고자 하는 일반인들에 이르기까지 다양한 사람들이 활용할 수 있다(Brickbell et al., 2000). 그중에서도 알코올중독자 자조집단(AA)과 미네소타알코올중독치료모형은 현실치료를 적용하는 대표적인 개입모형들이다. 그 외에도 학교, 교정기관, 만성정신병원, 지역사회정신보건센터, 청소년수련기관 등에서 현실치료는 활발하게 적용되고 있다.

현실치료는 변화하고자 하는 동기가 높은 내담자에게 특히 많은 효과를 낸다. 역으로 변화에 대한 동기가 낮거나 뇌기능에 손상이 있다면 적용이 어려울 것이다. 이러한 측면은 여타의 상담이론이 가지는 특징이기도 하다.

5. 내담자 원조전략

현실치료자의 기본적인 역할은 내담자를 현실과 맞서 책임감을 가지도록 하는 것이다. 내담자가 자신의 행동을 평가함으로써 책임감을 갖도록 돕는 것이 바로 상담자의 역할이다.

현실치료자는 내담자가 책임성 있는 행동을 할 때 칭찬하고 그렇지 않는 경우에는 수긍하지 않는 태도를 취한다. 상담자는 내담자와의 관계에서 교사로서의 기능을 기꺼이 담당하며 내담자가 자신의 행복을 스스로 창조할 수 있도록 돕고, 책임성이야말로 행복으로 가는 참된 지름길이라는 것을 받아들이도록 돕는다.

다음은 현실치료의 기본적인 전략이다(장혁표 외, 1995).

① 유대관계를 확립한다.

유대관계는 모든 상담의 기본 속성이지만 현실치료에서는 이를 더욱 강조한다. 현실치료자는 세심하고 안정감을 주는 관계를 설정하도록 노력한다. 현실치료가 긍정적인 유대관계를 중시하는 이유는 내담자의 '책임성과 직면'을 강조하는 현실치료의 특징 때문이다. 따라서 상담자는 내담자에게 언어적 혹은 비언어적 방법으로 유대를 표하는 기술을 갖추어야 한다.

② '여기-지금' 그리고 의식적인 측면의 준수

'여기-지금'을 준수하는 일은 그리 간단한 문제가 아니다. 내담자는 흔히 과거를 이야기함으로써 삶의 불행이나 실패를 합리화하려고 할지 모른다. 상담자는 내담자에게 현재와 미래의 중요성을 언급하며 내담자를 현재로 데려와야 한다.

상담자: 부모님과 싸운 이야기보다는 향후 부모님과 어떻게 관계를 개선할지에 대해 이야기해 봅시다.

③ 상담자 스스로가 현실치료의 원칙을 실천하기

상담자 스스로가 일상에서 현실치료의 원칙을 적용하고 이에 대한 효과를 경험할수록 내담자에게 현실치료를 쉽게 적용할 수 있다. 상담자는 다음의 몇 가지를 실천하도록 한다.

- 신체적이고 정서적으로 균형잡힌 생활을 영위한다.
- 안정되고 전문적인 환경을 조성하는 방식으로 일정과 일을 계획하고 전문단체에 가입하여 다양한 피드백을 경험한다.
- 각 상담 회기 간 치료전략에 대해 충분한 준비를 한다.

④ 긍정적으로 되기

내담자가 성공적인 정체감을 가지도록 하기 위하여 상담자는 내담자가 긍정적이며 건설적인 계획과 행동에 대해 이야기하도록 초점을 두고 이를 강화한다. 부정적인 논의는 내담자를 비참하고 우울하게 만든다. 상담자는 여기-지금에서 내담자가 건설적이고 긍정적으로 변화하도록 노력한다. 아래의 면담내용에서 맨 아래의 멘트가 현실치료에 기초한 대화내용이다.

내담자: 어제는 하루 종일 우울해서 아무 것도 하지 못했습니다.
상담자: 우울하셨다니 힘들었겠습니다.
상담자: 무엇이 당신을 그렇게 우울하게 만드시나요?
상담자: 그렇게 우울한 감정이 들 때까지 당신은 무엇을 하였습니까?

위의 예에서 보듯이 우울함을 표현하는 내담자에게 상담자는 내담자의 감정을 존중하면서도 이에 멈추지 않고 내담자가 우울함으로부터 벗어날 수 있는 행동이 무엇인지를 선택하도록 내담자를 긍정적으로 준비시킨다. 내담자를 긍정적으로 변화시키는 방법으로 Glasser는 '달리기'와 '명상'을 소개한 바 있다.

'긍정적인 심리적 몰두(positive addiction state of mind)'라 칭해지는 이러한 활동은 하루 1시간 정도 의도적으로 행하는 것이 효과적이다. 이러한 활동의 선택은 개인의 특성에 따라 달라질 수 있다(악기 연주, 노래 연습, 등산, 운동 등). 긍정적인 심리적 몰두는 부정적인 몰두를 제거하고 개인을 생산적으로 변화시키는 데 도움을 준다.

⑤ 내담자에게 직면하기

현실치료자는 내담자에게 책임감을 주문하며, 행복은 책임감의 결과라는 것을 강조한다. 직면은 내담자에게 책임감을 강조하는 데 효과적이다. 일반적으로 직면은 내담자를 압박하는 요소가 많으므로 매우 신중하게 사용되어야 한다. 직면은 주로 '내담자가 선택한 행동'에 초점을 둔다. 상담자와 내담자의 돈독한 치료관계는 직면의 효과를 보증하는 데 중요한 기준이 된다. 아울러 상담자는 자신의 감정을 배출하는 수단으로 직면을 활용하지 않도록 주의해야 한다.

직면기술은 다음을 고려하여 신중하게 구사되어야 한다.

- 내담자의 가치와 잠재 가능성은 공격하지 않는다.
- 직면의 주요 대상은 내담자의 무책임한 행동이다.
- 내담자의 무책임한 행동을 변명할 때 이를 무색하게 하는 기술을 익혀야 한다.
- 상담자가 내담자를 수용하고 존중한다는 신념이 전해지는 범위 내에서 직면이 이루어져야 한다.

내담자: 저는 동생 때문에 힘들어요. 동생과는 말을 하지 않은지 오래되었고요, 동생을 보면 화가 납니다.
상담자: 언제부터 그렇게 되었는지요. 그리고 그러한 행동이 당신이 원하는 것을 얻는 데 어떠한 도움을 주는지요?

⑥ 의식적 계획 다루기

앞서 언급한 대로 현실치료는 의식적인 것에 초점을 두기 때문에 가능하면 무의식적인 것은 다루지 않는다. 만일 무의식적인 것을 다루거나 강조하게 된다면, 내담자는 자신의 무책임한 행동을 무의식적인 원인으로 돌리려 하기 때문에 문제해결을 어렵게 할 수 있다. 의식적인 측면을 다루게 될 경우 내담자는 자신이 얼마나 비합리적으로 자신의 욕구를 충족하고 있는지 깨닫게 된다.

⑦ 내담자가 자신을 이해하고 평가할 수 있도록 돕는다.

내담자에 의해 이루어지는 자기평가는 현실치료의 핵심이다. 상담자는 다양한 질문을 통해 내담자가 자신을 객관적으로 이해하고 평가할 수 있도록 돕는다. "당신의 지금 행동은 당신이 원하는 것을 얻는 데 도움이 됩니까? 방해가 됩니까?"라는 멘트는 현실치료의 전형이다. 상담자는 다음의 질문을 부가할 수 있다.

- 당신의 현 행동은 당신이 가까워지고 싶은 사람과의 관계 개선에 도움이 됩니까?
- 당신이 원하는 것은 현실적이거나 실현 가능한 것입니까?
- 당신이 원하는 방향으로 되기 위하여 얼마나 노력을 하십니까?
- 당신의 최근 행동은 당신을 만족시켜 줍니까?
- 스스로 무가치하거나 부정적이라고 말하는 것이 당신에게 어떠한 도움을 줍니까?
- 그 외에 당신이 할 수 있는 일은 무엇입니까?

⑧ 책임감 있는 행동을 계획하기

현실치료의 초점은 내담자가 보다 책임감 있게 행동하도록 하는 것이다. 이를 위해 상담자는 내담자가 능동적으로 치료과정에 참여할 수 있도록 주인의식을 불어넣는 데 주력한다. 다음은 행동을 계획하는 데 고려할 사항이다.

첫째, 내담자의 행동계획은 현실적이면서도 실현가능해야 한다.

둘째, 내담자가 독립적으로 즉각 행동으로 옮길 수 있어야 한다.

셋째, 행동계획은 구체적인 행동단계들로 구성되어야 한다.

넷째, 행동계획은 내담자와의 합의 하에 이루어지고 문서화되는 것이 바람직하다.

6. 현실치료와 사회복지상담

1) 평가

현실치료는 상대적으로 늦게 태동한 상담이론임에도 불구하고 오늘날 사회복지, 상담, 교정, 교육 등의 영역에서 빠르게 확산되고 있으며, 다양한 연구를 통해 그 효과성이 입증되고 있다. 그럼에도 불구하고 현실치료는 다음의 측면에서 한계가 지적된다(이현림, 2000; 장혁표, 1995).

① 단순함에 비해 수행하기가 용이하지 않다.

현실치료는 치료적 원리와 절차가 간단명료하다. 하지만 이를 실제 상담장면에 적용한다는 것은 그리 간단한 일이 아니다. 왜냐하면 상담자는 내담자와 긴밀한 치료관계를 설정해야 하며, 특히 내담자의 문제해결에 대한 동기가 매우 높아야 한다. 따라서 이론만큼 적용의 폭이 그리 넓지 않다.

② 무의식적 동기와 정신역동, 과거를 지나치게 무시한다.

현재가 과거에 의해 설명되는 점이 많은데도 불구하고, 현실치료는 과거를 인정하면서도 현재의 행동변화를 위해서는 과거가 그다지 중요하지 않다고 본다.

③ 책임을 지나치게 강조한다.

정신병이 상당 부분 생물학적인 측면으로 규명됨에도 불구하고 이를 무책임의 소치로 몰고 가는 것은 지나친 비약일 수 있다. 현실적으로 거의 책임질 수 없는 사람에게 책임을 강요한다면, 이는 내담자를 돕는 것이 아니라 더 어렵게만 할 뿐이다.

④ 상담자의 가치가 지나치게 내담자에게 강요될 수 있다.

내담자가 현실적인 맥락에서 활동하기 위해서는 판단을 해야 하는데, 이때 상담자의 가치가 개입될 위험이 크다는 것이다. 특히 책임에 대한 관점과 정도는 개인마다 다를 수가 있으며, 책임감 역시 일반적으로 합의하기가 어려운 부분도 있기 때문에 책임감을 일반적으로 규정하는 것은 무리가 있을 수 있다.

2) 현실치료와 사회복지상담

현실치료가 강조하는 개인의 비낙인화, 관계형성, 인간능력에 대한 낙관, 내담자의 자기결정 등의 가치는 사회복지상담이 강조하는 관점과 유사한 특징이 있다. 사회복지상담 장면에서 현실요법은 다양한 방식으로 적용해 볼 수 있다.

먼저, 비행청소년과 인터넷중독 청소년을 대상으로 하는 사회복지상담 장면에 적극 활용할 수 있다. 비행청소년과 인터넷중독 청소년의 경우 자신의 비행과 중독 행동에 대해 많은 핑계를 대면서 자신들의 행동을 합리화 할 가능성이 크다. 현실치료는 내담자와의 굳건한 치료 관계 속에서 내담자가 책임감과 함께 자신의 문제해동에 가치를 부여하고 통제할 수 있도록 원조하는 데 효과를 발휘할 수 있다.

현실요법은 사회복지상담 장면에서 내담자의 특성에 따라 온전한 현실치료의 형태라기보다는 타 상담이론과 절충된 형태로 활용될 수 있다. 이를 테면 현실치료는 상담 초기단계보다는 중기과정이나 후반기 과정에서 더 많이 활용될 수 있다. 왜냐하면 사회복지상담 초기과정에 활용될 경우 자칫 내담자와의 상담관계 형성에 어려움을 초래할 수 있기 때문이다.

현실요법은 적극적인 지시요법으로 분류되며, 이론의 특성상 치료자의 주장이나 가치가 상담장면에 강하게 투영될 수 있다. 따라서 사회복지상담 장면에서 상담동기가 낮거나 경직된 인격구조를 가진 내담자, 분노와 우울의 정서문제가 있는 심한 내담자에게 있는 그대로 적용하는 데는 상당한 주의가 요구된다.

토의사항

1. 현실요법에서 말하는 '현실(reality)'이란 무엇을 의미하는지 제시해 보시오.
2. 인간의 행동을 선택할 수 있다는 현실요법의 주장에 대한 당신의 생각을 구체적으로 제시해 보시오.
3. 정신질병이 단지 선택에 의해 발생한다는 현실요법의 주장에 대한 당신의 입장을 구체적으로 제시해 보시오.

이 론 의 실 습

4학년인 대학생 B는 최근 졸업을 앞두고 학생상담센터를 방문하여 상담을 요청하였다. 심리검사 결과 무기력, 긴장, 열등감, 공격성이 확인되었다.

B는 마땅한 스펙이 부족하고, 희망하는 직장에 들어가기 어렵다는 생각에 가슴이 답답하고 잠을 설치며 혼자 있고 싶을 때가 많다고 한다. 부모님이 기대하는 직장에 들어가야 한다는 생각에 마음이 급하지만 자신감이 없고, 우울한 기분이 들 때는 아무것도 하기 싫어지고 어딘가 떠나고 싶다고 호소한다. 가끔 안 태어났더라면 나을 것 같았다는 생각이 들고 취업이 안 될 것 같은 생각이 밀려들 때는 초라하고 한심하다는 생각에 사로잡힌다고 한다.

두 부모님은 교사이고, 위의 형은 얼마 전 공무원 시험에 합격하여 부모님을 기쁘게 해 준 바 있다. 형에 대한 자격지심이 있고, 부모님이 자신에 대해 기대하는 바가 낮고 스스로 열등감이 강한 것으로 나타났다. B는 상담을 통해 자신감이 커지고 사람들과 잘 어울리면서 대인관계가 좋아지기를 기대하였다.

▶ 위의 사례가 현실치료에 적용될 경우 어디에 주안점을 두고 상담을 진행해 가야 할지 3가지를 제시해 보시오.

Chapter 11

절충적 상담

1. 개관

오늘날 심리치료의 목록은 수백 가지에 이를 만큼 다양하며 사회복지상담가 역시 다양한 이론이나 모델에 근거하여 상담관련 서비스를 전개한다. 최근 많은 연구에서 상담의 '절충(eclectic)과 통합(integration)'의 중요성이 강조되고 있다. 절충이란 '독자적인 체계를 세우면서도 다른 하나의 이론이나 체계에 의거하지 않고 몇 개의 체계로부터 각각 옳다고 생각되는 요소를 모아 하나의 체계로 삼는 것'을 말한다. 상담에서의 '절충적 접근'은 다양한 이론 요소를 필요에 의해 선택적으로 채택하지만 접근에서는 선택한 이론을 결합하여 하나의 견고한 체계로 하여 상담의 이론적 프레임을 형성할 수 있다는 점에서 실용적이다(Corsini, 1991).

미국에서 활동하는 1,037명의 임상사회복지사를 대상으로 조사한 결과 256명은 스스로를 절충적 이론자라고 하였으며, 146명은 2~3개의 이론적 토대 위에서 서비스를 전개한다고 한다(Dorfman, 1996). 현대의 사회복지실천은 기술적으로는 절충적이며, 다양한 패러다임으로부터 나온 이론을 복합적으로 절충하는 경향이 있다.

상담자로서 사회복지사는 사회복지실천의 가치와 윤리가 조화되고 심리사회적 측면이 반영되는 범위 내에서 다양한 이론을 통합하는 절충적인 접근을 통해 사회복지상담을 진행할 필요가 있다. 따라서 본 장에서는 Hill 등(1999)이 제시하는 '3단계 상담모델'을 통해 절충적 상담의 구성과 원리를 살펴보고자 한다.

2. 3단계 상담모델의 기본적 가정

'3단계 상담모델(Hill & O'Brien, 1999)'은 탐색, 통찰, 실행이라는 과정을 통해 내담자의 문제를 탐색하고, 문제에 대한 이해를 도모하며, 문제해결을 시도하는 구조를 가진다. 이 모델은 상담의 3대 주요 이론으로 평가되는 내담자중심이론(탐색)과 정신분석이론(통찰), 인지-행동이론(실행)에 근거하여 발달하였다. 3단계 상담모델은 말 그대로 상담을 세 단계, 즉 탐색-통찰-실행으로 나누어 진행하고자 한다. 물론 상담의 과정이 실제로 이와 같이 엄격하게 세 단계로 정확히 나누어지는 것은 아니다. 왜냐하면 내담자의 문제는 늘 새롭고 상황별로 달라지기 때문이다.

3단계 상담모델은 상담에서 중시하는 문제에 대한 자기인식과 문제의 통찰, 그리고 이에 따른 행동과 사고의 변환이라는 상담의 중요 요소를 고루 갖추고 있다. 그렇다고 해서 3단계 상담모델이 상담을 정확하게 3분하는 것은 아니다. 내담자가 제시하는 문제나 내담자의 특성에 따라 각 단계의 비중은 상호 달라진다. 이러한 비중을 결정하는 것은 상담자의 전문적 판단일 것이다.

3단계 상담모델은 다음의 가정에 기초하고 있다(주은선 역, 2001).

① 개인은 인지적, 신체적, 대인관계 영역에 있어서 다양한 잠재력을 가지고 태어난다: 개인은 같은 조건을 가지고 태어나는 것이 아니라 저마다 상이한 생물학적 조건을 가지고 태어남으로써 아동의 성장, 지능, 체격, 체질 등은 각각 차이를 보이게 된다. 아동은 환경과의 상호작용을 통해 잠재력을 실현하려는 경향이 있으며, 이러한 잠재력의 발휘는 환경에 크게 영향을 받는다. 즉 환경은 아동의 성장을 방해하거나 촉진할 수 있으며, 완벽한 환경이란 존재하지 않지만 '적절히 좋은 환경'은 존재할 수 있다. 적절히 좋은 환경이란 지나치게 만족스럽거나 결핍되지 않는 환경을 의미한다.

② 유아기의 경험은 중요하며, 성격은 끊임없이 변화한다: 생후의 초기경험은 성격형성에 중요한 영향을 미치며, 개인은 생물학적 기질과 초기경험의 제한된

범위 안에서 끊임없이 변화하고 적응한다. 그러나 초기의 경험이 매우 중요하다고 해도 초기경험이 평생 동안 고착되기보다는 다양한 노력과 환경적 조정으로써 상당 부분 변화될 수 있다. 아동기의 중요성은 인정하지만 개인의 자유의지는 이전에 결정된 성향을 변화시킬 수 있는 힘을 충분히 가지고 있다. 따라서 개인은 이전의 경험과 성향에 영향을 받지만 이를 변화시켜 나가는 능력 또한 구비하고 있는 자율적인 존재로 인식된다.

③ 정서, 인지, 행동은 개인이 지닌 성향의 중요한 구성 요소이다: 개인이 생각하는 방식은 개인이 느끼고 행동하는 방식에 영향을 미치며, 개인이 행동하는 방식은 느낌과 생각에 영향을 미친다. 이처럼 성격은 서로 연관된 감정과 사고, 행동으로 구성되어 있다. 따라서 내담자가 변화되도록 돕기 위해서는 내담자의 생각, 감정, 행동이라는 3가지 양상에 초점을 두는 것이 바람직하다.

3. 3단계 상담모델의 개요

3단계 상담모델은 탐색단계, 통찰단계, 실행단계로 구성되어 있다(주은선 역, 2001). 상담과정에서 각각의 단계는 엄격하게 분리되어 있다기보다 다소 상호 중복되어 있다.

1) 탐색단계

탐색단계는 상담의 단계 중 초기단계에 해당하며, 이 단계에서 내담자는 상담자와 공동의 작업을 통해 자신의 사고와 감정, 그리고 행동을 검토하게 된다. 탐색단계는 비판이나, 대면, 평가 등의 기법이 절제되고 내담자의 문제가 무엇인지를 파악하며, 내담자를 격려, 지지하는 방향으로 상담이 진행된다. 이 단계의 주요 과업은 상담자와 내담자의 라포를 형성하고 치료관계를 발전시키는 것이다.

탐색단계는 Rogers의 '내담자중심이론'을 많이 반영한다. 만약 상담자가 내담자를 완전히 받아들일 수 있고 공감과 존중으로 대한다면, 내담자는 자신을 보다 잘 드러낼 수 있게 된다. 이런 과정에서 상담자는 내담자의 감정과 사고를 탐색할 수 있게 될 뿐만 아니라 내담자 역시 자신의 문제를 효과적으로 탐색할 수 있게 된다. 만일 내담자가 외부의 피드백 없이 자기 홀로 문제에 관하여 생각한다면 내담자는 종종 자신의 방어와 불안으로 막힘을 경험하게 되며, 이는 통찰과 변화를 유도하기보다는 문제해결에 대한 난해한 느낌과 무력감을 조장할 수 있다.

탐색단계의 주요 과업은 다음과 같다.

첫째, 상담자는 내담자와 의사소통이 원활하도록 치료관계를 발전시킨다.

둘째, 공감과 경청, 수용 등을 통해 내담자가 자신의 이야기를 하도록 격려한다.

셋째, 내담자가 자신의 감정과 사고를 탐색할 수 있도록 용기를 북돋아 준다.

넷째, 상담자는 공감의 토대 위에서 내담자를 더 잘 알도록 한다.

탐색단계 동안 상담자가 지켜야 할 태도를 Hill과 O'Brien(1999)은 각 머리글자를 따서 ENCOURAGES라는 지침으로 설명하였다.

- Eye contact(최대한 내담자와 눈을 맞춘다)
- Nod(내담자의 진술에 고개를 끄덕인다)
- Cultural difference(문화적 차이를 인정한다)
- Open(내담자의 사고와 감정에 대해 개방된 자세를 유지한다)
- Umhmm('음'과 같은 반응으로서 내담자의 표현에 대해 동의를 보인다)
- Relax(내담자와 상담자가 최대한 편안하도록 한다)
- Avoid(상담의 진행을 방해하는 행동을 하지 않는다)
- Grammatical(내담자의 진술범위 내에서 또는 내담자의 수준에 맞는 단어를 사용한다)
- Ear(최대한 경청한다)
- Space(적절한 거리를 유지하고 앉는다)

탐색단계에서 상담자가 수행해야 하는 주요 과제는 대략 다음과 같다.

(1) 가설을 정하고 발전시키기

상담자는 내담자가 제시하는 문제의 원인과 문제에 영향을 미치는 다양한 요인을 이론적으로 정리하고 상담과정을 어떻게 진행할지에 대한 대략적인 가설을 설정한다. 이러한 가설은 내담자의 행동과 새로운 진술내용에 따라 지속적으로 변형될 수 있다. 또한 제대로 된 가설은 상담과정 전반에 영향을 미치며 상담과정의 이정표 역할을 한다.

상담자는 다음의 질문을 하면서 가설을 설정할 수 있다.

① 내담자의 문제가 얼마나 심각한가?
② 내담자의 행동은 어떠한가?
③ 내담자는 문제를 어느 정도 드러내는가, 억누르는가?
④ 내담자의 감정과 행동, 사고 면에서 모순이 발견되는가?
⑤ 문제가 발생하고 지속되는 데 있어서 내담자의 역할은 무엇이고, 환경적 요인의 비중은 어느 정도인가?

(2) 상담자 자신을 인식하기

훈련된 상담자라 하더라도 내담자에게 부지불식간에 역전이를 드러낼 수 있다. 역전이란 "상담자가 내담자에게서 내담자가 아닌 다른 사람의 모습을 보고, 그에 따라 사고하고 행동하는 것"을 말한다. 역전이와 그렇지 않은 것의 차이를 정확히 구별하는 것은 어려운 일이다. 예를 들면 내담자의 진술에 대해 상담자가 지루하게 느꼈다면 이것이 역전이에 기인하는지, 내담자의 진술이 실제로 지루한 내용이었는지를 판단하기란 그리 간단한 일이 아니기 때문이다. 상담과정에서 내담자에 대한 느낌이 역전이인지, 아닌지는 다음과 같은 질문을 해 보는 것이 도움이 된다.

① 상담자는 내담자에게서 화가 나는가?
② 내담자가 특히 더 잘되길 바란다든지 하면서 상담을 진행하고 있는가?
③ 내담자에게서 지루함이나 답답함을 느끼는가?
④ 상담자는 내담자의 문제가 나의 일상과 어느 정도 겹쳐서 느껴지는가?

⑤ 상담자는 내담자의 특정한 반응에 신경을 과도하게 쓰는가?

2) 통찰단계

내담자가 자신의 문제를 상담자 앞에서 적절하게 표현하고 탐색하는 것은 문제해결에 매우 중요한 영향을 미친다. 내담자가 호소하는 문제의 대부분은 그 뿌리가 어린 시절에 있거나 꼭 그렇지 않더라도 환경을 왜곡되게 인식하는 것과 관련이 있기 때문에 내담자는 부적절한 신념을 뛰어넘어 진정한 자아를 보는 안목이 요구된다.

통찰단계란 주의 깊은 탐색단계를 거친 내담자에게 상담자가 왜 그렇게 행동하고 느끼는가를 알려 주고 내담자가 자신의 문제해결과 관련한 다른 면을 볼 수 있도록 도와주는 작업이다. 내담자가 통찰의 작업을 통해 자신의 행동과 감정에 대해 지각한다면 내담자는 그만큼 변화하기 쉬울 것이다. 내담자가 이해한다는 것은 그만큼 변화할 가능성을 높인다. 따라서 내담자가 가진 문제와 관련하여 다른 관점을 가진 상담자로부터의 조심스런 피드백이나 직면, 해석, 조언 등을 듣는 것은 문제해결에 대한 가능성을 높인다. 이러한 통찰단계의 이론적 기초는 Freud와 많은 후속이론가들인 Jung, Adler, Erickson, Klein과 Mahler를 포함하는 다수 정신역동이론가[1]의 주장에 기초하고 있다.

통찰의 중요성에 비해 모든 내담자에게 동일한 수준의 통찰이 요구되는 것은 아니다. 특히 심리적인 준비가 안 되어 있거나 관심사를 명료하게 할 수 없는 내담자, 지적 수준이 낮아 통찰의 효과가 떨어지는 내담자, 급박한 위기상황에 있는 내담자라면 상담에서 통찰의 비중은 상대적으로 제한적이거나 전혀 적용되지 않을 수도 있다. 이럴 경우는 다음에 논의할 실행단계에 더 많은 비중을 두고 다루어 가야 한다.

다음은 통찰단계에서 고려해야 사항이다.

① 통찰의 작업은 상담관계가 안전하게 형성되고, 내담자가 상담의 중재를 충분히 수용할 만큼 충분한 관계가 형성된 후 이루어져야 한다.

1) 정신분석가와 정신역동가는 이론의 상당 부분을 공유한다. 차이점은 Freud의 원리를 엄격하게 따른다면 정신분석가 Freud의 원리를 수정하거나 다른 이론과 같이 응용한다면 정신역동가로 부른다.

② 통찰의 단계에서 상담자는 내담자와 공감적 결합을 유지하지만 내담자를 액면 그대로 수용하지는 않는다. 즉 이 단계는 탐색단계에 비해 '수용'의 정도가 상대적으로 약해진다.

③ 내담자로 하여금 더 깊은 자기이해와 그가 누구인지, 어떻게 하여 현재까지 오게 되었는지, 타인이 자신을 어떻게 보는지에 대한 통찰을 얻도록 한다.

④ 상담자는 내담자가 자신의 행동과 생각 등에서 일정한 규칙을 발견할 수 있도록 돕는다.

⑤ 상담자는 내담자 스스로가 자신을 통찰할 수 있도록 하는 것에 많은 관심을 보인다.

⑥ 상담자는 내담자와의 상담관계 자체(here & now)에 관심을 가지고 상담관계에서 발견한 관계 패턴을 내담자에게 알림으로써 내담자가 타인과 어떤 관계를 형성하는지 알릴 필요가 있다.

⑦ 상담자는 자신의 관점을 내담자에게 부여하기보다는 내담자의 관점을 존중하면서 상호 협력적이고 공감적인 관계에서 통찰을 다루어야 한다.

3) 실행단계

실행단계는 문제에 대한 탐색과 통찰을 문제의 해결로 이행하는 단계이다. 문제를 탐색하거나 통찰하는 것은 변화를 위한 중요한 조건이 된다. 그러나 통찰만으로 문제가 해결되기는 어렵다. 문제는 통찰의 수준이다. 내담자의 통찰이 피상적이거나 지적인 수준에 머문다면 새로운 것을 실행하는 데 한계가 있을 것이다. 또한 경우에 따라 통찰이 실행을 위한 동기를 제공할 수 있을지는 몰라도 통찰 그 자체로서 새로운 사고나 행동이 유발되지 않을 수도 있다. 즉 문제를 이해하고 그 문제의 원인을 파악해도 그러한 이해와 파악이 새로운 사고나 행동을 초래하지 못할 수도 있다는 것이다.

예를 들면 사회공포증으로 인해 대인기피를 보이는 20대 남성의 경우 대인기피가 아버지로부터 지속되어 온 엄한 교육과 비난 탓이라는 것을 알았지만, 이러한 통찰(insight) 자체가 곧장 대인기피 증상을 없애 주지는 못한다. 그는 사람들 앞에서 어떻게 행동하고 불안을 어떻게 다루는지에 대한 기술을 습득할 필요가 있다.

또한 내담자가 변화의 필요성을 인식하고 이에 대한 방법을 알고 있다 하더라도 변화한다는 것은 많은 두려움과 어려움을 초래한다. 왜냐하면 과거의 습관이 곤란을 초래하였다고 하더라도 내담자는 이에 오랫동안 익숙해 있기 때문에 변화에 낯설어 할 가능성이 크기 때문이다. 이는 변화에 대한 동기를 감소시키고, 변화에 저항하는 요인으로 작용할 수 있다.

실행은 통찰을 뒷받침하는 의미를 지닌다. 내담자는 새로운 사고나 행동을 실행에 옮김으로써 추상적인 수준에 있던 통찰을 보다 구체화할 수 있다. 즉 내담자가 피상적인 수준에서 문제에 대한 통찰을 획득했다고 해도 새로운 사고나 행동을 일상에 실행함으로써 통찰을 구체화할 수 있으며, 이렇게 구체화된 통찰은 실행을 보다 견고하게 해준다.

실행단계에서 상담자는 내담자가 문제해결과 관련하여 의사결정을 할 수 있도록 방향을 안내하고 내담자가 어떠한 변화를 원하는지 변화에 대한 의미가 무엇인가를 탐색할 필요가 있다. 또한 상담자는 새롭게 사고한 것을 실행에 옮기도록 격려하고 내담자의 변화된 행동에 대해 저항하는 주변 인물들을 효과적으로 다룰 수 있는 기술을 알려주어야 한다. 상담자는 내담자가 오래된 행동 습관을 버리는 데 주저하지 않도록 내담자의 지속적인 변화를 독려할 필요가 있다. 실행단계의 이론적 기초는 상당 부분 행동이론과 인지－행동이론에 기초한다.

실행은 대략 다음의 단계를 거쳐 이루어진다.

① 행동탐색

• 지금의 상황에 대해 어떻게 느낍니까?
• 당신을 힘들게 하는 것은 무엇인지요?

② 사전에 시도하였던 것을 평가하기

• 지금의 문제를 고치기 위해 어떠한 노력들을 해왔는지요?
• 어떠한 노력이 더 이루어져야 할까요?

③ 구체적 목표 설정

• 무엇이 변화되어야 할까요?

• 당신은 어떻게 변화하고 싶습니까?

④ 목표 달성 방법 토의

• 지금을 변화시키는 데 도움이 되는 행동은 어떤 것이 있을까요?

⑤ 대안 탐색하기

• 그러한 선택을 하게 된 이유는 무엇입니까?
• 무엇이 변화를 방해한다고 생각합니까?
• 지금의 방법 외에 어떤 노력을 구상하고 있습니까?

⑥ 새로운 행동 결정하기

• 어떠한 행동이 대안이 될까요?
• 선택한 방안이 당신을 어떻게 변화시킬 것이라고 느끼는지요?
• 선택한 행동을 실행하는 데 어떠한 어려움이 있는지요?

⑦ 행동실행

• 선택한 기술(이완기술, 행동수정기술, 역할극)을 구체적으로 적용하고 가르친다.

⑧ 실행된 행동 수정하기

• 실행해 본 행동 중에서 무엇이 아쉬웠나요?
• 이완훈련을 그 상황에 맞게 적용하였나요?

⑨ 피드백 주기

• 이완훈련 중에 다른 생각을 하는 것처럼 보이더군요.
• 자기주장을 할 때 일방적으로 자신의 입장만 내세우는지요?

⑩ 지지제공

• 당신은 적절하게 자기를 주장하는 것 같습니다.
• 역할극에 익숙하지 않았을 텐데 제대로 역할극을 수행한 것 같습니다.

다음은 실행단계에서 고려할 사항들이다.

① 상담자는 내담자가 대안적인 생각이나 행동을 탐색하도록 격려한다.

② 상담자는 행동을 변화시킬 수 있는 대안적 행동방안이나 사고방식을 다양하게 제시한다.

③ 상담자는 내담자의 시도된 변화에 대해 피드백을 준다.

④ 상담자는 내담자의 변화를 측정하고 내담자가 행동을 수정하도록 돕는다.

⑤ 상담자는 내담자의 문제를 직접 해결해 주기보다는 내담자가 문제해결 능력을 강화하는 데 관심을 둔다.

⑥ 변화에 대한 동기를 측정한다.

- 지금까지의 상담을 통해 당신은 무엇을 달리하고 싶습니까?
- 다른 어떠한 행동을 하고 싶습니까?

⑦ 실행단계 역시 이전 단계와 마찬가지로 변화에 대해 지지적이고 공감적인 태도가 중요하다.

⑧ 상담자는 변화에 대한 촉진자로서 내담자를 중심으로 변화의 방향을 설정해야 하며, 상담자의 입장에서 변화를 종용해서는 곤란하다.

⑨ 실행단계에서 상담자는 역할극, 새로운 사고 제안하기, 상황별대응법, 이완, 변화결정촉진기술을 구사한다.

상담단계	주 요 상 담 기 법[2)]
탐색단계	반영, 경청, 공감, 전문적 구체성, 경청, 바꾸어 말하기, 요약, 존중, 수용, 진정성, 명료화, 개방형 질문, 안심시키기
통찰단계	공감, 전문적 구체성, 해석, 바꾸어 말하기, 즉시성, 저항 다루기, 명료화, 직면, 폐쇄(개방)형 질문
실행단계	공감, 칭찬하기, 정보제공, 직접적 안내(조언, 지시), 다양한 인지-행동적 기법(강화, 모델링, 역할극, 이완법 등)

2) 각 단계에서 배타적으로 활용되는 것이 아니라 각 단계에서 상대적으로 많이 활용된다는 의미이다.

4. 3단계 상담모델과 사회복지상담

1) 절충주의 상담의 평가

지금까지 '3단계 상담모델'을 통해 절충적 상담에 대해 살펴보았다. 앞서도 언급하였듯이 3단계 상담모델이 절충적 상담의 전형이라고 하기는 어려울 것이다. 그럼에도 불구하고 이 모델을 중심으로 절충적 상담을 논하는 것은 이 모델이 가진 통합성의 장점 때문이다.

상담자가 채택하고 있는 이론에 따라 상담의 단계와 그 형태는 다양해질 것이다. 정신역동주의 상담가라면 통찰에 많은 비중을 둘 것이고, 인본주의 상담가라면 탐색을 통해 내담자의 정서표현과 공감, 그리고 자기존중감을 확대하려 할 것이다. 또한 인지-행동이론가나 행동주의 상담가라면 직접적인 정보제공과 안내, 행동교정과 같은 실행에 많은 관심을 가질 것이다. 이처럼 상담자가 채택하는 이론적 준거틀은 상담의 과정을 다양한 형태로 설정하게 한다.

분명한 것은 하나의 이론이 우수하더라도 각각의 이론은 약점이 있게 마련이다. 하나의 이론이 개발된다는 것은 전체적 요소를 포괄하였다기보다는 일정한 요소를 염두에 두고 개발되었다고 보아야 한다. 따라서 하나의 이론이 간과한 사실은 다른 이론들을 혼합함으로써 보완될 수 있다.

이러한 측면은 다양한 이론과 실제가 통합될 필요성을 제기한다. 또한 훌륭한 이론이라고 하더라도 모든 내담자에게 동일한 효과를 주지는 않는다. 어떤 내담자에게는 매우 효과적이지만 또 다른 내담자에게는 그 이론이 덜 효과적일 수 있다. 내담자의 문제해결을 중시하는 상담자의 과제는 가장 적합하다고 판단되는 이론을 통해 내담자의 문제해결을 시도하는 것이다. 이러한 맥락에서 볼 때 상담자는 하나의 이론을 고집하기보다는 다양한 이론을 통합적으로 활용하는 것이 상담에서 더 바람직한 결과를 만들어 낼 수 있을 것으로 본다. 절충성을 강조하는 '3단계 상담모델'은 이러한 측면에서 매우 효과적이라고 평가할 수 있다.

2) 절충주의 상담과 사회복지상담

1917년 Richmond 여사가 『Social Diagnosis』를 출간한 이래 사회사업은 '개별사회사업' 단일모델에 근거하였다. 그 후 1920년대에는 정신분석이론을 사회복지실천에 도입하였으며, 1930년대에는 '진단주의'와 '기능주의'가 사회복지실천을 이끌었다. 집단사회사업과 구별하고자 social case work이라는 용어가 출현한 것도 이 무렵이다. 그 후 1950년대에 와서 진단주의와 기능주의는 Perlman(1957)의 문제해결모델로 통합되었다. 1960년대에는 위기개입모델과 과제중심모델이 개발되어 사회사업의 모델이 보다 다양해지기 시작하였다. 케이스웍에는 교류상담이론과, 행동이론, 인지이론, 현실치료이론, 실존주의와 인본주의 이론이 가미되면서 점차 다양한 이론과 기법들이 활용되었다.

역사적으로 볼 때 사회복지사는 전통적으로 새로운 이론이나 모델에 대해 호기심과 열정을 가지고 검토해 왔다(Dorfman, 1996). 이러한 결과 사회복지실천은 다양한 이론과 모델이 상호 절충되는 형태를 취하면서 효율성과 효과성을 제고하는 데 많은 관심을 기울인다. 이러한 맥락에서 사회복지상담 역시도 이론과 기술 면에서 절충적이고 다양한 패러다임으로부터 나온 개입을 망라하는 경향이 있다. 물론 절충에 활용되는 이론은 사회복지실천의 가치와 철학에 충분히 부합되는 것이어야 한다.

사회복지상담의 내담자는 일반 상담에서의 내담자와 일정한 차이를 보인다. 그 차이는 이를 테면, 상담에 대한 동기, 저소득계층을 포함한 사회 취약계층의 분포가 많은 점, 비자발적 내담자가 많다는 점 등으로 고려될 수 있다. 따라서 특정 이론을 중심으로 사회복지상담을 진행하기보다는 내담자의 특성을 고려하여 다양한 상담이론이 사회복지상담에 접목되도록 하는 노력이 필요하다.

3단계 모형의 절충적 상담은 초기과정에서는 인본주의 상담을, 중간단계에서는 정신역동상담을 활용하고, 적극적으로 문제해결을 시도하는 단계에서는 인지행동모형을 활용한다. 이처럼 사회복지상담도 상담관계를 추구하는 데 주력해야 할 경우라면 인본주의 상담의 비중을 늘리고, 내담자를 탐색해야 할 경우라면 정신역동상담에 비중을 더 많이 둘 필요가 있다. 게다가 구체적인 행동변화와 변화의 일반화를 높이고

자 할 경우라면 인지행동주의 상담을 사회복지상담 장면에 활용하는 것이 바람직할 것이다.

오늘날 융합이 대세를 이루듯이 사회복지상담 역시도 사회복지상담가의 개인적 특성, 내담자의 특성, 사회복지상담을 주관하는 기관의 특성에 따라 각 상담이론의 장점을 선택적으로 활용하는 절충적 접근이 요청된다. 이러한 요청에 3단계 모형은 매우 효용가치가 크다고 판단된다.

토의사항

1. 단일한 이론을 시종 이용하는 상담접근과 여러 이론을 절충하는 상담접근에 대한 당신의 입장은 어떠하며, 단일 이론의 적용과 절충이론의 적용 중 어느 것을 더 지지하는지, 그 이유를 2가지 이상 제시해 보시오.
2. 만일 당신이 내담자로서 상담을 받게 되었다면 '상담적 접근', '지지적 접근', '상담과 지지의 혼합적 접근' 중 어떠한 접근을 더 선호하겠는가? 그 이유를 제시해 보시오.
3. 절충상담의 초기과정에서는 인본주의상담의 공감과 수용, 이해를 특히 중시하고, 중간단계에서는 역동적 접근을 강조하는데, 그 이유를 제시해 보시오.

이 론 의 실 습

4학년인 대학생 B는 최근 졸업을 앞두고 학생상담센터를 방문하여 상담을 요청하였다. 심리검사 결과 무기력, 긴장, 열등감, 공격성이 확인되었다.

B는 마땅한 스펙이 부족하고, 희망하는 직장에 들어가기 어렵다는 생각에 가슴이 답답하고 잠을 설치며 혼자 있고 싶을 때가 많다고 한다. 부모님이 기대하는 직장에 들어가야 한다는 생각에 마음이 급하지만 자신감이 없고, 우울한 기분이 들 때는 아무것도 하기 싫어지고 어딘가 떠나고 싶다고 호소한다. 가끔 안 태어났더라면 나을 것 같았다는 생각이 들고 취업이 안 될 것 같은 생각이 밀려들 때는 초라하고 한심하다는 생각에 사로잡힌다고 한다.

두 부모님은 교사이고, 위의 형은 얼마 전 공무원 시험에 합격하여 부모님을 기쁘게 해 준바 있다. 형에 대한 자격지심이 있고, 부모님이 자신에 대해 기대하는 바가 낮고 스스로 열등감이 강한 것으로 나타났다. B는 상담을 통해 자신감이 커지고 사람들과 잘 어울리면서 대인관계가 좋아지기를 기대하였다.

▶ 위의 사례가 절충적 상담에 적용될 경우 어디에 주안점을 두고 상담을 진행해 가야 할지 3가지를 제시해 보시오.

Chapter

12 집단상담

1. 개관

집단(Group)은 개인과 가족, 지역사회와 더불어 사회복지실천에서 중요한 비중을 두는 개입의 수단이자 단위이다. 대부분의 사회복지사는 집단과 직·간접적으로 관련이 있다. 사회복지사는 치료집단, 지원집단, 교육집단, 사회목표집단, 과업집단을 주도하거나 이들 집단을 원조한다(Zastrow, 1999). 오늘날 수많은 사회복지사가 다양한 세팅에서 집단의 리더로서 혹은 집단의 성원으로서 클라이언트의 문제에 개입하는 것을 보게 된다. 사회복지사에게 집단실천은 필수적이며, 보편적인 개입 수단이지만 그 종류와 범위는 매우 다양하다(Schopler & Galinsky, 1995).

사회복지사는 다양한 집단을 통해 도우미, 치료전문가 또는 상담자의 역할을 수행한다. 집단을 대상으로 하는 서비스 중에서 대표적인 것이 바로 집단상담(group therapy or counseling)이다. 본 장에서는 집단에 대한 사회복지사들의 다양한 실천형태 중에서 집단상담(치료)을 중심으로 이론과 실제를 살펴보도록 하겠다.

2. 집단의 분류

'환경 속의 개인'을 강조하는 사회복지실천의 측면에서 볼 때 집단은 개인의 성장과 발달에 중요한 환경으로 작용한다. 집단은 개인을 성숙시키기도 하지만 망가뜨리는 기능도 함께 가지고 있다. 집단사회사업에서는 집단이 가진 성장의 힘, 또는 교정적 힘을 개인이나 집단의 문제해결에 활용한다. 따라서 집단상담자는 집단이 가진 문제해결 기전을 잘 파악하고 이를 집단성원의 문제해결에 효과적으로 활용할 수 있어야 한다.

집단사회사업(social work with group)은 다양한 용어로 통한다. 그중에서 가장 보편적인 명칭은 집단상담(group counseling)이다. 그 외에도 이와 유사한 의미를 가지는 용어로는 집단지도(group guidance), 집단치료(group therapy)가 있다. 이러한 형태의 집단은 상호 중복되는 부분도 있지만 엄밀하게 보면 차이를 보인다. 이들 집단의 차이를 구분하기 위해서는 집단의 형태를 살펴볼 필요가 있다(전재일 외, 2000; 이현림, 2000; Zastrow, 1999).

1) 교육집단

교육집단(educational group)의 초점은 집단의 성원에게 지식과 기술을 제공하는 것이다. 집단리더는 관련 부분에 많은 기술과 지식을 습득한 전문가가 담당한다. 예를 들면 아동양육부모집단, 당뇨병관리집단, 정신분열병환자부모집단 등이 대표적이다. 교육집단의 리더는 사회복지사가 맡는 경우도 있으나 의사나 교사와 같은 타 영역의 전문가가 담당하기도 한다. 집단의 크기는 12~40명 정도로 큰 편이며, 다른 집단과 비교할 때 비교적 구조화되어 있으며 논의할 주제는 일반적으로 집단리더가 결정한다. 교육집단은 마치 교실에서의 수업을 연상하게 집단의 특성상 토론과 상호작용이 매우 권장된다.

2) 사회화집단

사회화집단의 목적은 집단성원이 보다 사회화되는 데 필요한 가치나 태도를 받아들이도록 원조하는 것이다. 사회기술의 개발과 자기신뢰감의 증진, 미래를 준비하는 것 등은 사회화집단의 주요 목록이다. 예를 들면 요양원에 거주하는 생활자가 요양원 내의 다양한 활동에 참여하도록 동기를 불어넣는 집단, 교정기관의 청소년이 지역사회로 복귀할 수 있도록 원조하는 집단이 대표적이다. 사회화집단에서의 리더는 집단기전이 개인의 성장과 변화에 미치는 영향이 어떠한지 이해하고 이를 체계적으로 활용할 수 있어야 한다.

3) 상담집단

상담집단은 주로 집단성원이 가진 심리적 문제에 초점을 두며, 집단의 규모는 대략 5~10명 정도이다. 상담집단은 주제가 자유롭게 정해지는 만큼 비구조적이며 논의의 내용은 각 구성원들이 원하는 행동변화와 관련된 발달적 대인관계 문제이다. 집단상담자는 집단과정을 통해 내담자가 자기를 탐색할 수 있도록 도와주고 문제해결에 대한 대안과 이를 탐색하도록 돕는다.

상담집단은 치료집단에 비해 의식적인 문제를 다루며 '여기 그리고 지금'에서 대인관계의 과정과 의식적 사고, 감정, 그리고 행동이론을 강조하는 문제해결 전략에 관여한다. 특히 이 집단은 발달을 방해하는 장애를 건설적으로 처리하고 개인이 가진 강점의 내부적 원천을 발견하여 집단성원이 보다 성장할 수 있도록 돕는다.

4) 치료집단

치료집단은 오늘날 사회복지실천 영역에서 널리 활용되고 있으며, 상담집단에 비해 비교적 심한 정서적, 개인적 문제를 가진 개인들로 집단이 구성된다. 치료집단의 리더는 집단 내에 치료 또는 교정 분위기를 만들어내는 데 보다 많은 기술과 지각력을 갖추어야 한다. 또한 인간행동과 집단역동에 대한 지식, 집단상담을 수행할 수 있는 기본적인 능력을 구비하고 있어야 한다. 집단리더는 특히 다른 기술 중에서 집단성원의 역동을 파악하고 이를 집단과정에 활용하여 개인의 문제를 교정하는 능력을 갖추어야 한다.

대개의 치료상담이 그러하듯이 치료집단의 목적 역시 성원이 자신의 문제를 탐색하고, 이를 해결하는 데 필요한 전략을 수립하는 것이다. 통상 치료집단은 내담자의 행동과 태도를 변화시키기 위해 정신분석, 현실요법, 학습이론, 합리적 치료, 교류상담, 내담자중심 상담과 관련한 기법들 중 하나 이상의 전략을 사용한다.

집단정신치료(Group Psychotherapy)는 정신치료의 한 형태로서 집단의 구성원들이 상호성과 상호작용을 통해 정서적 문제나 장애, 사회적 부적응을 자발적으로 치료하도록 하는 데 많은 관심을 가진다.

지금까지 살펴본 대로 집단의 형태와 종류는 매우 다양하다. 집단의 리더는 집단에 참여하게 될 성원의 특징이나 문제에 따라 집단의 형태를 선택하고 이에 따라 집단의 목표를 선정하게 된다. 집단의 목표와 형태가 다르더라도 이들 집단은 집단과정을 문제해결에 적극 활용한다는 공통점을 지니고 있다. 집단상담과 집단치료는 개입의 수준이나 집단성원의 특징에 따라 약간의 차이를 보이지만, 본 장에서는 '집단상담'은 상담집단과 치료집단을 포괄하는 용어로 사용한다.

3. 집단상담의 목표

앞서 보았듯이 집단의 형태가 다양한 만큼 집단상담의 목표를 한마디로 단언하기란 쉽지 않은 일이다.

집단과정을 통하여 개인의 사회적, 정서적, 행동적 적응을 촉진하고자 하는 집단상담의 목표는 집단성원이 집단과정에서 자신의 감정을 자유롭게 표현할 수 있도록 하고 스스로의 문제에 직면하여 이를 해결할 수 있도록 하며, 타인의 문제가 해결되도록 도움을 주고받는 과정에서 대인관계가 향상될 수 있도록 돕는 것이다(Zastrow, 1999). 집단상담의 목적이 잘 이루어지도록 하기 위한 집단리더의 역할을 제시하면 다음과 같다.

① 내담자의 책임감과 소속감을 강화한다.

② 집단 내에 생산적인 긴장이 유지되도록 한다.

③ 내담자가 집단에 매력을 가질 수 있도록 하고, 집단이 바람직한 분위기 속에서 운영되도록 노력한다.

4. 집단의 특성

모든 내담자에게 개인상담을 적용할 수 없듯이 집단상담도 한계가 있다. 그럼에도 불구하고 집단상담은 개인상담에 비해 다양한 장점을 지닌다. 집단상담의 장점과 한계, 치료적 기전을 간략하게 정리하면 다음과 같다(Yalom, 1970; 이현림, 2000; Zastrow, 1999).

1) 집단의 장점

① 문제를 가진 개인들이 동시에 참여할 수 있기 때문에 비용이나 시간 측면에서 매우 효율적이다.

② 도움을 받기 위해 참여한 내담자가 다른 참여자에게 도움을 줄 수 있다.

③ 집단압력(group pressure)이라는 기전을 통해 성원의 문제해결에 도움을 줄 수 있다.

④ 대인관계와 관련한 문제를 가진 개인은 집단이 가진 대인적 특성에 의해 도움을 주고받을 수 있다.

⑤ 사회의 축소판인 집단에서 개인은 변화된 새로운 행동을 실천해 볼 수 있다.

⑥ 내담자는 집단에서 자신의 문제를 탐색하고, 이를 다른 구성원의 감정, 느낌, 관심, 경험과 비교하고 피드백을 받을 수 있다.

2) 집단의 한계

① 집단과정을 수행할 수 있는 기본적인 능력을 가지지 못한 내담자에게 집단을 적용하는 것은 한계가 있다.

② 집단상담은 대개 비구조적 상황에서 이루어지기 때문에 자칫하면 내담자가 집

단에서 상처를 받을 수도 있다.

③ 집단은 집단과정의 문제에 많은 시간을 할애하지만, 정작 집단원 개인의 문제에는 관심이 적을 수 있다.

④ 경우에 따라 집단상담에 더하여 개별상담을 병행해야 하는 경우가 있다.

5. 집단의 문제해결 기전

지난 수십 년 동안 집단의 무엇이 치료(문제해결)를 하게 만드는가에 관해 많은 연구가 이루어졌다. 다음에 소개할 집단의 문제해결 기전(group mechanisms)은 집단상담이 내담자에게 어떠한 작용을 통해 긍정적인 영향을 미치는지 잘 설명해 준다. 집단리더는 집단기전을 숙지하고 이를 집단과정에 최대한 활용하도록 해야 한다(Yalom, 1970).

1) 희망의 고취

내담자는 집단의 타 성원의 호전경험을 경청하거나 호전을 목격함으로써 자신 역시 호전될 것이라는 희망을 가지게 된다. 이는 집단참여와 문제해결에 대한 동기를 강화하는 역할을 한다. 예를 들어 병원에서 운영되는 단주자조모임에 참여한 AA회원은 스스로를 '회복 중인 알코올중독자'라고 소개하는데, 이는 입원 중인 알코올중독자들로 하여금 회복에 대한 동기를 불러일으키는 데 영향을 준다. 집단리더는 호전된 경험을 가진 내담자에게 호전의 경험을 표현하도록 격려할 필요가 있다.

2) 보편성

보편성은 집단이 가진 가장 큰 장점이다. 많은 내담자는 자신만이 유일하게 외롭고 비참하며 받아들일 수 없는 충동이나 문제를 가졌다고 내적으로 확신한다. 치료집단에서 그들의 문제가 혼자만의 문제가 아니라는 것을 인식할 때 내담자는 강한 안도감을 경험한다.

예를 들면 강박증을 가진 여성이 성에 대해서 집착한다는 것 때문에 괴로워하다 타 성원들 역시 성에 대해서 고민하고 있다는 것을 듣고 한결 마음이 가벼워지는 경우가 있다. 리더는 내담자가 호소하는 문제는 참가한 성원들에서 보편적으로 제기되는 문제들이라는 것을 집단과정에 나타내도록 할 필요가 있다.

3) 정보를 나눔

"자신이 가진 문제로 인해 괴로워하기보다는 자신이 문제를 어떻게 해결해야 하는지 몰라서 괴로워한다"라는 말처럼, 집단장면에서 내담자가 자신의 문제를 해결하는 방법들에 대한 정보를 얻는다는 것은 문제해결에 많은 영향을 준다. 특히 리더로부터의 조언이나 정보 못지않게 집단성원으로부터 나온 정보나 지시 등은 매우 효과적이다. 알코올중독자를 위한 인지행동적 집단치료에서 리더는 성원에게 음주를 거절하는 기술이나 갈망을 줄이는 방법에 대해서 교육하고 성원의 경험에 대해서 이야기하도록 분위기를 조성한다.

4) 이타주의

치료(상담)집단에서 내담자는 비슷한 문제를 함께 공유하고 있고, 서로 간에 지지를 주고받으면서 공동체를 이룬다는 느낌을 받게 된다. 특히 내담자가 다른 성원을 지지하거나 조언해 주는 경험은 굉장한 보람이고, 이것은 집단치료가 성원의 자존심을 높여 주는 경험이다. 이런 이타주의의 치료적 요인은 집단치료에만 있는 유일한 경험이다. 이타주의적 행동은 자존감을 향상시켜 줄 뿐만 아니라 자신의 문제에 몰입하여 정신적인 에너지를 많이 소모하는 내담자의 마음을 분산시키는 효과를 가진다. 집단의 리더는 내담자 간에 이타주의적인 상호작용이 활발하게 일어나도록 분위기를 조성할 필요가 있다.

5) 사회화 기술의 발달

가르치는 기술의 성질이나 과정은 집단의 형태에 따라 상이하나 사회기술에 대한 학습은 모든 집단과정에 공통적으로 작용하는 치료적 요인이다. 오늘날 현대인은 사회화되는 데 필요한 수많은 기술을 습득해야 한다. 상당수의 내담자가 사회화되지 못한 결과 사회부적응에 처해지기도 하며, 이러한 측면은 개인이 집단장면에 오게 되는 요인이 되기도 한다. 예를 들면 자기주장을 잘 하지 못하는 청소년을 대상으로 상대방의 심기를 거스르지 않으면서 자기주장을 펴는 기술을 가르치는 경우가 이에 해당한다. 리더는 집단장면에서 개인이 보이는 태도나 시선처리, 목소리 등을 통해 집단성원에게 사회화에 대한 피드백을 요구할 수 있다.

6) 모델링

집단과정에서 구성원은 자신과 비슷한 문제를 가지고 있는 다른 성원의 치료를 관찰하는, 즉 '대리 학습'을 통해 문제해결에 대한 도움을 얻는다. '삶은 지속되는 학습과정'이라는 맥락에서 볼 때 집단의 리더는 내담자에게 바람직한 모델이 될 수 있도록 노력해야 한다.

7) 감정정화

감정정화(catharsis)는 보편성이나 결속력과 함께 집단의 강력한 치료적 요인이다. 심리치료는 정서적 경험이자 교정적 경험이다. 변화를 위하여 내담자는 집단장면에서 강한 감정적 경험이 수반된 감정정화의 느낌을 경험해야 한다. 이러한 감정정화의 경험은 처음에는 집단 내에서 일어나고 점차 일상에서 경험됨으로써 내담자의 정서변화에 도움을 준다.

8) 일차집단 경험의 교정

무력하고 의존적인 내담자는 집단상담자가 엄청난 지식과 힘을 가졌다고 생각하며, 반항적이고 도전적인 내담자는 집단상담자를 자율성을 차단하거나 성원의 개성을 빼앗는 사람으로 간주하고 반응한다. 이런 모든 행동 양상은 초기 가족과의 경험의 반복으로 나타나며, 집단치료에서는 집단상황을 통해 가족과의 갈등을 재현하고, 이러한 갈등이 집단과정에서 교정되도록 도와야 한다.

9) 실존적 요인

실존적 요인(existence factor)이란 인생을 살아가는 데 대한 책임이 궁극적으로 개인에게 있다고 보는 관점이다. 집단성원은 집단과정을 통해 성원 간에 가까워질 수는 있지만 그럼에도 불구하고 근본적으로 피할 수 없는 인간의 한계를 인식하고 삶에 필수적으로 동반되는 외로움이 있다는 것을 인식하게 된다. 집단상담에서 리더는 내담자가 인간에게 중요한 갈등으로 기능하는 죽음, 소외, 고독, 무의미함, 무기력함 등을 인정하도록 유도한다. 에이즈나 만성적이고 치명적인 의학질병을 가진 사람을 위한 집단과 사별집단에서는 이런 실존적인 문제가 치료의 중심적 역할을 한다.

10) 집단의 결속력

집단결속력이란 'We are on the same boat'로 잘 나타난다. 이는 성원이 집단과 다른 성원을 끌고 끌어당기는 힘으로 간주되며, 서로를 수용하고 지지하며 집단에서 의미 있는 관계를 형성하게 한다. 순수하게 성공적으로 결속된 집단의 경험은 그 자체가 치료적이다.

11) 대인관계의 학습

대인관계 기술이 결여될 경우 여러 가지의 부적응에 처해질 가능성이 커진다. 삶은 기나긴 학습의 과정이다. 집단구성원은 집단을 통해 대인관계를 재경험하거나 우수한 대인관계능력을 가진 타 성원을 모방함으로써 대인관계를 새롭게 학습하게 된다. 대인관계와 관련한 학습을 활성화하기 위해서는 안전하고 지지적인 분위기와 효율적인 현실검증이 가능하며 생산적인 피드백과 정직한 표현이 가능한 집단 분위기가 조성되도록 해야 한다.

6. 집단의 준비 및 구성

집단과정이 원만해지려면 집단형성 과정에서부터 세심한 주의를 기울여야 한다. 여기서는 집단원의 선정, 회합시간, 집단형태, 집단형성 지침에 대해서 살펴보자.

1) 집단구성원

집단구성원의 선정은 집단과정의 성공적 운영을 위해 중요하게 고려되어야 할 요인이다. 이를 위해서는 기본적으로 내담자 문제의 성격과 성별, 과거의 배경, 성격 등이 고려된다. 통상 집단은 유사문제를 가진 성원으로 구성되는 것을 원칙으로 한다. 내담자의 문제가 동일할 경우 집단의 응집성이나 집단과정에 대한 동일시가 강하기 때문에 집단의 효율성 또한 높아지게 된다(전재일, 2000).

성별의 경우 동일한 것이 좋은지, 이질적인 것이 좋은지에 대해서는 의견이 다양하기 때문에 일반적으로 단언하기란 어렵다. 성별의 선택 기준은 내담자가 호소하는 문제의 성격에 의해 결정될 사안이다. 예를 들면 이성문제로 고민하는 청소년의 경우 동일한 성으로 구성된 집단보다는 남녀 혼합 집단에서 보다 효과적인 집단 경험을 할 수 있을 것이다.

내담자가 집단 참여에 대한 동기가 뚜렷한 경우, 집단에서 능동적인 역할을 수행할 의지가 있는 경우, 집단 분위기에 대한 적응 정도가 높은 경우 집단 참여에 보다 적합하다. 반면에 지나치게 수줍어한다거나 공격적인 경우, 스스로를 노출하는 데 방어적인 경우는 집단성원으로 참여시키는 데 보다 신중해야 한다.

청소년 이전의 연령대에서는 동일한 연령대로 집단을 구성하는 것이 바람직하며, 성인일 경우는 유사한 문제를 가진 다양한 연령층이 모임으로써 서로의 경험을 교환할 수 있도록 하는 것이 바람직하다.

만일 집단의 규모가 너무 작다면 집단과정에 필요한 상호작용이 제대로 일어나지 않으며 성원 간 긴장이 발생할 수 있다. 역으로 너무 크다면 내담자의 일부가 집단에 참여하기가 어렵고 관심을 못 받을 수 있다. 또한 다른 구성원에게 상호작용을 미루는 성향이 나타나고 철수하려는 성원이 나타날 수 있다. 통상 치료(상담)집단일 경우 5~8명을, 교육집단일 경우 20명까지 구성할 수 있다. 집단의 규모가 커질수록 교육적 집단으로 운영하는 것이 바람직하다(Zastrow, 1999).

2) 회합시간 및 집단운영의 형태

발달 연령에 따라 집단의 시간이 구분되는데, 초등학생의 경우 약 40~50분 정도가 적당하고, 성인의 경우는 약 1시간 30분 정도로 설정한다. 만일 집단이 길어지면 성원이 피로해질 뿐만 아니라 지루해 할 가능성이 있으며, 짧다면 주제의 전개가 미진해질 것이다. 주 1회의 회합도 있으나 대개 주 2회의 회합을 선호한다. 회합이 잦을수록 집단 상호작용은 강렬해지며 일상이 집단에 반영될 가능성이 많아진다. 초등학생의 경우는 주 2회 정도가 적당하다. 하루 중 시간대는 내담자의 일과를 저해하지 않는 시간대를 선택하도록 한다.

1회기에 10시간에서 15시간 동안 연속적으로 이루어지는 집단을 '마라톤집단'이라고 한다. 마라톤집단은 참가자에게 자신과 타인을 탐색하고 서로의 관계를 이해하며 모험적 대인관계에 대한 반응양식을 효과적으로 습득할 수 있는 기회를 제공한다.

가능하면 집단은 정해진 시간을 준수하면서 시작하고 마치도록 할 필요가 있다. 그래야 집단성원이 집단에 안정감을 느낄 수 있다. 또한 구성원 중에 시간의 연장이나 지연된 반응을 통해 2차 이득(secondary gain)을 얻으려고 할 때도 시간을 지키는 것이 더욱 중요하다.

집단의 운영에는 개방집단과 폐쇄집단이 있다. 개방집단이란 집단상담이 이미 진행 중이라도 신규 성원이 새롭게 집단에 참여할 수 있는 집단을 말하고, 폐쇄집단이란 집단이 시작될 때 구성되었던 성원으로 집단이 끝날 때까지 밀고 가는 형태를 말한다. 개방집단은 중도 탈락한 성원을 허용 범위 내에서 중도에 신규 성원으로 보충할 수 있다는 장점이 있는 반면, 신규 성원이 기존 집단성원과 어떻게 융화하느냐가 관건이 된다.

3) 집단형성의 지침

집단의 성과를 극대화하려면 다음 사항을 고려해야 한다(Corey et al., 1977).

① 누구를 대상으로 집단을 운영할 것인가? 비행청소년, 약물중독자, 대인공포증을 가진 개인인가?
② 집단은 어떤 형태로 할 것이며 집단의 목표는 무엇인가? 폐쇄, 개방집단인가? 단기, 장기집단인가? 성장집단, 치료집단, 교육집단인가?
③ 대상자가 집단을 통해 무엇을 얻을 수 있을까?
④ 집단의 리더는 누구로 할 것이며, 선정 기준은 무엇이고 보조 리더를 둘 것인가?
⑤ 집단성원은 어떤 방식으로 선발하고 몇 명으로 하며, 그 기준은 무엇인가?
⑥ 집단의 진행 장소는 어디며, 몇 회기로 구성하고, 1회기의 시간은?
⑦ 집단 참가비는 어떻게 정할 것인가?
⑧ 집단상담에 대한 홍보 내용과 홍보는 어떤 매체를 이용할 것인가?
⑨ 집단에서 주로 채택한 이론적 배경은 무엇인가?
⑩ 집단원이 집단에 참여하기 전에 준비해야 할 사항은 무엇인가?
⑪ 어떤 평가를 준비하고 있는가, 추수지도는 어떻게 할 것인가?
⑫ 집단을 진행하면서 예상되는 문제는 무엇인가?

7. 집단과정의 단계

집단과정은 집단의 목적, 집단구성원의 특징, 집단리더의 이론적 배경 등에 따라 다양하게 구분할 수 있다. 본 장에서는 Mahler(1969)가 제시한 발달단계를 주로 하여 살펴보고자 한다(전재일, 2000).

1) 참여단계

참여단계란 집단의 초기과정으로서 집단성원이 집단과정에 적응하도록 돕고, 집단이 의도된 목표대로 나아가도록 분위기를 정하는 단계이다. 이 단계는 경우에 따라서 1~2회에서 5~6회 정도가 필요할 수도 있다.

(1) 주요 내용

① 집단성원은 집단의 분위기를 파악하고 인지한다.
② 성원은 집단이 어떻게 운영되며, 집단에 참여하는 방법을 배운다.
③ 쉽게 나서지 않으며 탐색한다.
④ 생각하고 느끼는 것을 표현하면서 집단의 응집력과 신뢰감은 점차 형성된다.
⑤ 성원은 주위를 살피면서 자신이 배제되거나 포함될지에 대해 염려한다.
⑥ 감정이 수용된다면 부정적인 감정도 표출된다.
⑦ 신뢰와 불신 속에서 주저하며 어색해 하는 시간이 있다.
⑧ 신뢰의 대상, 자기노출의 정도, 개입 수준 등에 대해 서서히 알아간다.
⑨ 성원은 타 성원에 대한 존경, 공감, 돌봄, 수용, 반응의 기본적 태도를 학습한다.

(2) 일어날 수 있는 문제

① 성원은 집단에서 수동적으로 기다리거나 애매모호한 태도를 취할지 모른다.
② 성원은 집단에 관계된 불신이나 두려움의 감정을 지녀서 상당히 저항할 수 있다.
③ 성원은 집단을 탐색하는 과정에서 긴장할 가능성이 높다.

(3) 집단상담자의 역할과 기능

① 집단의 운영지침을 지지적인 분위기에서 안내한다.

② 성원의 집단참여에 대한 양가감정을 처리하고 참여를 유도한다.
③ 성원의 집단참여와 자기노출을 격려한다.
④ 집단참여 동기를 강화하고 성원에게 개별적인 목표를 부여한다.
⑤ 성원의 관심사와 의문 사항을 개방적으로 다룬다.
⑥ 성원이 집단 내에서 안정된 역할을 수행하도록 집단을 구조화한다.
⑦ 공감, 경청, 반응하기와 같은 집단원의 바람직한 역할을 가르친다.
⑧ 집단에 참여한 개인의 욕구가 무엇인지를 파악하고 집단의 욕구를 설정한다.

2) 과도기적 단계

성원이 집단에 참여함으로써 발생하는 긴장과 저항이 고조되며 다른 성원의 기대가 명확해짐으로써 감정적으로 대립하게 되는 단계이다.

(1) 주요 내용

① 성원은 집단 내에서 자신이 수용될지 거절될지에 대해 관심을 가진다.
② 성원은 집단이 안전한지에 대해 성원과 리더를 시험하기도 한다.
③ 성원은 안전하기를 원하는 것과 수반된 위험을 무릅쓰는 것 사이에서 노력한다.
④ 성원은 통제와 권력, 다른 성원이나 지도자와의 갈등으로 갈등을 경험한다.
⑤ 다른 사람들이 경청하도록 자신을 표현하는 방법을 배운다.
⑥ 집단리더가 신뢰할 만한지를 결정하기 위해 리더를 관찰하고 시험하기도 한다.

(2) 일어날 수 있는 문제

① 성원은 문제 유형에 따라 분류될 수 있고, 혹은 자기 스스로 레벨을 붙여 자신을 제한할 수 있다.
② 부정적인 감정의 표현을 주저할 수 있고, 이 과정에서 불신이 증가하기도 한다.
③ 만약 대결이 잘 안 다루어질 경우 방어적 상태가 지속되고 이슈는 숨겨진 채로 남는다.

(3) 집단리더의 역할과 기능

① 갈등 상황을 인식하고 다루는 가치를 성원에게 가르치는 기술을 구사한다.
② 성원이 집단에서 드러내는 방어양식을 인식할 수 있도록 한다.
③ 내담자의 저항을 존중하고 저항 역시 생산적으로 활용될 수 있도록 한다.
④ 성원으로부터의 온갖 도전을 전문적으로 다룸으로써 모델로서 기능한다.
⑤ 성원을 부정적으로 분류하는 것을 피하고 문제행동의 의미를 이해한다.
⑥ 성원이 자율적이고 독립적으로 기능하도록 돕는다.
⑦ 성원이 '여기－지금'에서 일어나는 것에 적합한 반응을 보이도록 격려한다.

3) 작업단계

과도기 단계보다 진전된 단계이다. 모든 성원이 작업단계로 돌입하는 것은 아니다. 이 단계에서 성원은 집단 내의 주요 문제를 탐색하고 역동에 관심을 가진다. 이전 단계에 비해 리더의 집단 구조화가 줄어들고 성원의 자발성이 늘어난다.

(1) 주요 내용

① 신뢰와 응집력의 수준이 높다.
② 집단 안에서의 의사소통은 개방적이고 경험을 정확히 표현한다.
③ 성원의 자유로운 상호작용이 증가하고, 지도자의 기능은 집단에서 공유된다.
④ 위험을 감수하면서까지 자신을 집단에 드러내며, 자신의 개인적 화제를 집단에 가져오기도 한다.
⑤ 성원은 갈등을 인식하고 그 갈등을 다룬다.
⑥ 피드백이 자유롭게 수용되며, 이를 개방적으로 다룬다.
⑦ 대결은 타 성원에게 부정적인 낙인 없이 다루어진다.
⑧ 성원은 변화와 관련한 행동을 집단 외부에서도 수행한다.
⑨ 성원은 변화에 대한 지지를 받으며 기꺼이 새로운 행동을 시도한다.

(2) 일어날 수 있는 문제

① 성원들끼리 긴장을 풀기 위해 공모할 수도 있고 서로 도전하는 것을 피한다.
② 집단과정에 대해 관심을 가지나 이를 집단외부 활동으로 연결 짓지는 않는다.
③ 불안 등 내적인 긴장으로 타 성원에 대해 관심을 안 보일 수도 있다.

(3) 집단리더의 역할과 기능

① 적절한 모델로서 지지와 직면을 제공한다.
② 집단 내 공동의 주제를 탐색한다.
③ 변화하려는 성원의 의지를 지지하고 이를 일상생활에서 일반화되도록 원조한다.
④ 적절한 시기에 성원의 행동패턴의 의미를 해석한다.
⑤ 성원이 득한 통찰력이 새로운 행동으로 전환되도록 관심을 가진다.
⑥ 집단의 응집력과 규범을 발달시키는 일에 지속적인 관심을 가진다.
⑦ 집단의 치료적 요인을 강화하고 이를 지속시키고자 노력한다.

4) 종결단계

이전의 집단과정에서의 경험을 문제해결로 연결 짓도록 강화하고, 성원 간의 공동체적인 모임이 종료됨으로써 발생하는 이별의 감정을 다루는 단계이다.

(1) 주요 내용

① 성원은 집단이 종료되는 데에 대한 다소의 슬픔과 불안이 있을 수 있다.
② 집단이 종료된다는 생각에 집중력이 떨어지고 소극적으로 변할 수 있다.
③ 집단에서 경험한 것을 일상에 적용할 수 있을지 염려하고 이별을 두려워한다.
④ 성원은 종료에 따른 느낌을 표현한다.
⑤ 성원은 집단경험에 대한 평가에 참여하기도 한다.

(2) 일어날 수 있는 문제

① 집단에서의 경험을 집단 밖의 활동으로 일반화하는 데 어려움을 보일 수 있다.
② 분리불안으로 인해 성원 간의 친밀감이 저해될 수 있다.

(3) 집단리더의 역할과 기능

① 성원이 종결과 관련한 감정을 처리하도록 돕는다.
② 집단 내에서 미해결된 과업을 처리하고 표현할 수 있는 기회를 제공한다.
③ 성원이 변화하는 데 대한 자원과 정보를 제공한다.
④ 특정 기술을 응용하기로 결심하는 데 도움을 준다.
⑤ 집단에서의 유익한 경험을 통합하며 변화에 활용하도록 지원한다.
⑥ 집단과정에서 획득한 사실에 대해 비밀이 보장되도록 강조한다.
⑦ 집단과정에 대한 경험과 효과를 평가한다.

5) 사후관리단계

집단이 종결된 후 집단과정에서의 경험을 일상에 일반화하도록 도와주는 단계이다.

(1) 주요 내용

① 집단의 지지 없이도 집단에서의 경험을 강화할 수 있는 방법을 찾는다.
② 종결 후에도 변화를 위한 노력을 지속하도록 격려한다.
③ 가능하다면 사후 집단을 통해 종결 후의 변화에 대해서 경험을 공유하고 토론한다.

(2) 일어날 수 있는 문제

① 만약 성원이 집단에서 학습한 것을 일상생활에 적용하기가 어렵게 되면 성원은 낙담하게 되며, 집단의 가치를 낮게 평가하려고 할지 모른다.

② 성원은 지지 없이 새로운 행동을 계속하는 데 문제점을 가질 수 있다.
③ 성원은 변화를 위해서 시간, 노력, 활동, 그리고 실천이 필요하다는 것을 잊을 수도 있다.

(3) 집단리더의 역할과 기능

① 가능하다면 집단의 영향을 사정하기 위해 사후 지도집단이나 사후 개별면접을 제공한다.
② 더 많은 자문을 원하거나 자문을 요청하는 성원을 위해 구체적인 의뢰자원을 찾아낸다.
③ 집단의 종결이 자기이해를 위한 탐색의 시작이라는 것을 주지할 수 있도록 계속적인 지지와 도전의 길을 찾도록 성원을 격려한다.
④ 집단성원이 집단 외부의 자원을 이용하는 데 필요한 계약체계를 발전시킬 수 있도록 돕는다.

8. 집단지도자의 기술

집단상담 역시 개별상담에서와 같은 정신치료기술을 사용하지만 집단과정에서만 독특하게 사용되는 특수한 기술이 있다. 본 절에서는 집단리더가 갖추어야 할 기본적 역할을 제시하였다(이현림 2000; Yalom, 1970).

1) 여기-지금에서 작업하기

'여기－지금에서 작업하기'는 집단이 가진 가장 강력한 개입 기전(mechanisms)이자 집단의 운영지침으로 작용한다. 집단상담에서의 중요한 기전인 대인관계 학습은 여기－지금에서의 작업이라는 특별한 치료기술에 숙달된 집단상담자를 필요로 한다. 집단성원이 여기－지금에서의 집단과정에 집중하고, 이 과정에서 획득한 통찰과 정화, 학습 등의 치료적 경험을 집단 밖의 일상으로 일반화하는 것은 집단상담의 궁극적인 목적이다.

여기–지금을 강조한다는 것이 과거나 집단 밖의 일상을 무시한다는 것은 아니다. 집단구성원이 집단장면에서 일어나는 상호작용을 탐색하고 경험하는 기회야말로 내담자의 실제적 문제해결을 위한 중요한 단초가 된다.

이를 위해서 집단상담자는 집단구성원을 여기–지금에 몰입하도록 격려하고, 이를 강화하도록 해야 한다. 또한 집단상담자는 여기–지금에서의 자기노출을 격려하고, 각 개인이 집단 내에서 보이는 언행이나 태도가 집단 밖(일상)에서의 것과 얼마나 유사한지를 탐색하도록 격려하며, 개인의 문제나 특성이 집단성원간의 관계 내에서 어떻게 재연되는지를 여기–지금에서 탐색하도록 도와준다.

집단상담자가 여기–지금에서의 작업을 강화하기 위해서는 집단구성원이 집단장면에 대해 안정감을 느끼며 집단과정에 기꺼이 자신을 드러내고 상대방을 관찰하며 피드백을 주도록 분위기를 조성해야 한다.

2) 경청

상담자는 무엇보다 내담자의 행동과 감정 그리고 사고를 잘 이해하고 있어야 한다. 또한 내담자의 비언어적 의사소통에 반응하고 몸의 자세, 음성, 말하는 내용 간의 불일치에 대해 관심을 가져야 한다.

상담의 기본은 듣는 것이다. 집단상담에서도 경청은 상담자의 중요한 역할이다. 경청은 신뢰감을 형성하고 상담자가 내담자를 수용하고 있다는 것을 전달하는 중요한 수단이 된다. 상담자는 성원에게 세심하게 경청하는 행동을 보임으로써 타 성원 역시 상담자의 경청 행동을 모델링하도록 돕는다.

3) 지각 확인

지각 확인이란 말 그대로 상담자가 내담자의 감정을 지각하고 있다는 것을 확인시키는 것이다. 상담자는 지각된 내담자의 감정을 나타내어 자신이 파악한 것이 정확한지를 나타내어야 한다.

- 말하기를 주저하는 것 같은데 혹시 그럴 만한 사연이라도 있는지요?
- 철우씨가 말씀하실 때 인상이 구겨지는 것 같은데 비슷한 경험이라도 하셨는지요?

4) 피드백

피드백은 집단상담이 가진 매우 효과적인 변화기전이다. 피드백은 평가하는 것보다 기술(description)하는 형태를 취해야 하며, 피드백은 분명한 행동에 대해 주어져야 한다.

- 철수씨는 상대방의 말을 중간에 가로막는 것 같아요.
- 미순씨가 보인 행동은 지난주와는 사뭇 다른 것 같아요, 매우 자연스럽습니다.

5) 연계

연계는 한 성원의 문제와 진술을 집단 내의 다른 성원의 그것과 연결시키는 것을 의미한다. 이는 성원 대 성원 간의 의사소통을 격려하기 위한 의도로서, 그리고 집단성원이 가진 경험을 서로 나누고 연결함으로써 성원 간의 보편성(universality)을 제고하려는 목적을 가진다.

- 철수씨는 사람 앞에 서면 심하게 긴장한다고 하는데, 이러한 문제는 영수씨의 문제와 유사한 것 같습니다. 영수씨의 이야기를 들어보고 싶군요.

6) 개방적 유도

상담자는 개방적 질문을 통해 내담자의 감정을 자유롭고 구체적으로 표현할 수 있도록 한다. '왜'라고 묻기보다는 '무엇'이나 '어떻게'로 묻는 것이 바람직하다.

- 지난 한 주는 어떠했습니까?

- 철수씨의 이야기를 들어보니 어떠신지요.
- 오늘 집단에서의 느낌이 어떠한지 듣고 싶습니다.

7) 과정기술

집단 내 성원 간의 상호작용은 집단의 목표를 이루는 데 활용되어야 하며, 리더는 상호작용이 목표대로 이루어지도록 유도해야 한다. 또한 유능한 지도자는 집단의 과정을 관찰하여 집단 목표와 연관 지어 논평할 수 있는 능력을 지녀야 한다. 상담자는 집단원에게 집단모임에서 일어났던 일에 관해 묻고 모임의 역동성에 관해 평할 수 있다.

- 오늘은 여러분께서 자기표현을 주저하는 것 같습니다. 혹시 지난 주 영수씨가 많은 피드백을 받은 데 대해 부담을 느끼지 않았나 싶군요, 어떻습니까?

8) 직면

내담자 언행의 불일치, 집단을 방해하려는 행동에 대해 집단지도자는 직면을 통해 이를 바로잡을 수 있다. 신중하고 조심스럽게 이루어진 직면은 집단지도가가 구사할 수 있는 강력한 무기이다.

- 철수씨는 상대방의 언행에 대해서 많은 관심을 가지고 피드백을 주지만 정작 자신의 문제나 이야기는 일절 하지 않는 것 같아요. 그럴만한 이유가 있는지요?
- 미영씨는 집단에서 화제를 독점하려고 지나치게 노력하는 것 같은데, 다른 사람의 생각은 어떤지 듣고 싶습니다.

9) 요약

집단상담도 개인상담과 마찬가지로 요약을 중요한 기술로 여긴다. 이전 회기에서의 작업과 지금 이루어지는 회기과정이 요약의 대상이다. 경우에 따라 성원 개인의 집단과정도 요약해 줄 필요가 있다.

• 지난 모임에서는 학교생활에서 가장 힘든 점을 말하는 시간을 가졌습니다. 각자가 경험한 힘든 점을 잘 말해 주었습니다. 이와 관련하여 지난 한 주간의 경험에 대해 알고 싶습니다.

10) 전반적 책임

집단지도자의 가장 중요한 역할은 효과적인 의사소통기술과 적합한 집단행동의 모델이 되어 주는 것이다. 성원은 지도자의 효과적인 의사소통기술을 관찰함으로써 이를 모델링하게 되고 책임감이 증가하게 된다. 집단지도자의 역할은 위에서 열거한 것 외에도 다양하다. 집단지도자는 자신의 상담기술에 대해서 자신감을 가져야 하며 집단원이 보다 적극적으로 상담에 참여하고 자신을 드러내며 감정을 공유하도록 돕는다. 또한 문제해결을 모색함으로써 일상에서 변화되도록 하는 데 전반적인 책임을 지도록 한다.

9. 실제적인 문제들

집단(상담)치료는 개별 심리상담(치료)에 비해 과정이 복잡하다. 개별상담에서 상담자는 내담자의 전이를 포함하는 치료관계와 내담자의 사고, 행동, 감정에 초점을 두고 내담자의 심리적 스트레스를 완화시키고 부적응적 행동을 변화시키며, 인격의 성장과 발달을 촉진시키는 것을 목적으로 언어적 및 비언어적 중재를 시도한다. 이에 반해 집단상담은 무엇보다 집단과정이 일차적 관심이 된다. 달리 말하면 집단 자체가 하나의 문제해결 수단으로 작용하기 때문에 집단상담자는 집단이 안정적으로 유지되도록 하는 데 많은 노력을 쏟아야 한다.

다음은 집단상담에서 흔히 나타날 수 있는 문제들이다(Vinogradov & Yalom, 1970).

1) 구성원의 문제

(1) 결석

집단구성원의 결석은 모임의 계속성을 파괴하며 결석했던 내담자를 위해 이전 모임을 요약해 주는 데 많은 시간을 낭비하게 한다. 또한 결석은 집단구성원에게 힘을 고갈시키고 사기를 잃게 할 뿐만 아니라 집단의 가치를 의심하게 한다. 상담자는 결석이 자신의 생존을 위협한다고 인식한다. 집단상담자는 결석에 대해서 압박감을 느끼고, 결석자나 잠재적 결석자를 유혹하여 결석을 막으려 할지 모른다. 이것은 자칫 내담자의 대인관계 병리를 강화하고, 특정 내담자를 편애한다는 비난의 빌미를 낳을 수도 있다.

결석에 대해 집단상담자는 성원과 이를 공개적으로 논의하고 집단장면에서 이를 솔직하게 해석하며 결석과 관련한 집단규정을 성원에게 숙지하도록 할 필요가 있다. 만일 그럼에도 불구하고 상황이 호전되지 않고 계속된다면 결석하는 구성원을 집단에서 제거하는 것이 바람직하다.

(2) 조기탈락 및 중도탈락

탈락(drop out) 역시 결석만큼이나 집단의 운영을 어렵게 하는 요인이다. 탈락은 집단지도자를 위협하고, 성원의 참여 동기를 떨어트리는 데 기여한다. 10회에서 20회짜리 집단에서의 통상적인 탈락률은 3~10% 정도이다. 따라서 애초 집단이 시작될 때 이를 감안하여 집단성원을 모집할 것을 권한다. 결석과 탈락에 대해 개방집단은 성원을 개방적으로 더 충원할 수 있다지만 이 역시 집단의 응집성 면에서 문제가 된다.

탈락을 막으려는 여러 가지 노력에도 불구하고 계속 탈락하려고 하는 성원은 신속하게 집단을 떠나도록 하는 게 낫다. 예비치료 모임은 탈락률과 결석의 문제를 다루는 하나의 대안이 된다. 예비치료 모임에서 집단상담자는 탈락이나 결석할 만한 내담자가 누구인지를 사전에 탐색하고 이에 대한 적절한 조치를 취할 수 있다. 떠나려는 성원보다 남아 있는 구성원들에게 일차적인 초점을 둠으로써 집단을 안전하게 만드는 것이 차후의 탈락을 방지하는 데 도움이 된다.

(3) 성원의 제거

집단상담자가 최선의 노력을 했음에도 내담자의 행동이 계속적으로 집단의 과정을 파괴하거나 방해한다면, 이는 집단상담자뿐만 아니라 타 집단성원에게도 위협적인 일이다. 거칠고 파괴적인 성원은 집단의 결속력을 저해하고 타 성원의 사기를 저하시키며 불안을 증가시키고 집단의 정상적인 성숙을 방해한다. 이 경우 집단상담자는 집단성원을 집단으로부터 배제시키는 것을 신중하게 고려해야 한다. 집단성원을 제거하는 일은 흔히 있는 일이 아니지만 그리 간단하게 다룰 수 있는 일도 아니다.

집단으로부터 특정 성원을 제거하는 일은 신중하면서도 자비롭고 신속하게 이루어져야 한다. 여기에는 개별면담이 활용될 수 있다. 집단상담자는 개인이 해임된 데 대해 타 성원들이 동요하지 않도록 해임을 생산적으로 해석할 필요가 있다. 예를 들면 "이 집단에 참석할 준비가 덜 되어 있었습니다", "다른 집단이 더 잘 어울릴 것 같아서 떠나게 되었습니다"라는 멘트가 전형적이다. 해임된 성원에게는 다른 집단을 소개하거나 다른 형태의 집단치료를 권장할 수 있다.

(4) 신규 성원의 추가

일반적으로 개방집단에서 구성원이 5인 이하로 될 때 신규 성원을 집단에 추가시키는 결정을 하게 된다. 5인 이하의 집단은 효과적인 상호작용이 어렵고 집단이 정체될 가능성이 많기 때문이다. 만일 비밀스러운 이야기를 할 정도로 집단이 안정적으로 운영되는 상황이라면 신규 성원의 추가 투입은 그리 환영받기 어려울 것이다.

신규 성원은 집단에 새로운 자극(부정적, 생산적)을 줄 수도 있다. 신규 성원은 자신들이 집단에 수용될지, 배척될지에 대해 고민하며 집단성원의 허약하고 부정적인 모습을 있는 그대로 드러내는 솔직함에 압도되어 이질감을 느낄 수도 있다. 기존의 집단이 안정적인 경우, 그리고 성원의 규모가 6~7명 이상의 경우에는 거의 별다른 동요 없이 2~3명의 신규 성원을 받아들일 수 있으나, 4~5명의 경우에는 동요가 일어날 수 있으며, '우리', '그들', '구성원', '새 성원'이라는 표현을 사용하면서 분열을 드러낼 수 있다. 집단에서 일어나는 모든 자극은 집단구성원이 다양한 상호작용을 하도록 하는 데 활용되어야 하듯이 신규 성원의 유입에 따른 성원의 반응 역시 집단과정에 생산적으로 활용되도록 할 필요가 있다.

집단상담자는 도중에 참여한 신규 성원이 이전에 있었던 집단 회기의 내용을 이해할 수 있도록 집단과정을 대략적으로 요약해 줄 필요가 있다.

2) 소집단화

작은 단위로 분열되는 것을 의미하는 '소집단화'란 2명 이상의 구성원이 집단 전체와 관계하는 것보다 2~3명과의 관계에 더 치중하는 것을 의미한다. 이런 과정은 미묘하지만 강력한 방식으로 집단과정을 방해할 수 있다. 그래서 치료자는 소집단화의 출현을 경고하고, 이를 적극적으로 다루어야 한다.

구성원 간에 몰래 전화를 하거나 만남을 가지기도 하며 심지어는 애정관계로까지 발전하는 소집단화는 본인뿐만 아니라 다른 구성원에게도 많은 부작용을 일으킨다. 소집단구성원은 소집단에 충성심을 느끼고 타 구성원을 배척하거나 경쟁상대로 인식하기도 하고 자신의 생각과 감정을 억제한다. 이는 집단 내에서의 정직한 자기노출을 꺼리며, 소집단의 이익을 전체 집단의 이익보다 우선시하는 경향이 있다.

소집단화는 하나의 강력한 형태의 저항이다. 그것은 치료자를 방해할 뿐만 아니라 다른 구성원이 집단과정에 진실하게 참여하고 정직한 피드백을 주며 정직한 자기노출에 대한 노력을 우스꽝스럽게 만든다는 데에서 큰 문제가 된다.

집단상담자는 예비 집단에서 집단 밖의 모든 행동은 집단모임에서 토의되어야 한다는 것을 분명히 함으로써 소집단화를 예방할 수 있다. 또한 소집단화가 발생하면 이를 집단과정에 솔직하게 밝히고 대면하도록 집단을 이끌고 가야 한다. 집단구성원이 솔직하게 소집단화에 대해 논의할 경우 소집단의 문제는 최소화될 수 있다.

예를 들면, "철수씨와 영호씨가 다른 구성원을 배제하고 있다는 느낌을 줄만큼 서로 간에 지지적인 이유를 듣고 싶습니다. 다른 성원은 어떻게 생각하시나요?"

3) 집단의 갈등

소집단화와 마찬가지로 '갈등' 역시 집단에서 높은 위험과 동시에 이득을 준다. 즉 갈등은 집단 작업을 방해할 수도 있고 용이하게 할 수도 있다. 집단에서의 갈등은 흔히 남을 깔보는 것으로부터 무시하는 농담, 경멸적 비평에 이르기까지 다양하다. 집단 내에 갈등이 너무 적다면 집단은 정체될 뿐만 아니라 집단과정이 피상적이고 조심스럽게 전개되어 결국 집단의 효율성을 떨어뜨린다. 만일 갈등이 너무 지나치다면 성원은 긴장하게 되며, 집단이 목표를 달성하는 데 어려움을 겪게 된다.

소집단화처럼 집단상담자는 은밀하게 이루어지는 갈등상황을 분명하게 함으로써 갈등을 집단과정의 주요한 주제로 활용한다. 갈등을 다룸에 있어 집단상담자는 우선 집단의 수준을 정확히 알고 갈등의 역동적 의미를 파악하도록 해야 한다.

집단상담자는 성원들이 약간의 불편을 감수하더라도 갈등에 기꺼이 직면하고 이를 논의함으로써 집단의 목표에 도달하도록 도와야 한다. 또한 집단상담자는 갈등이 건설적인 범위 내에서 유지되도록 강력하게 중재해야 하며, 갈등상황으로부터 어떤 것을 배우도록 함으로써 모든 구성원을 돕도록 한다.

영희씨는 미영씨가 집단에서 시간을 독점하면서 자기 이야기에 몰입한다고 불평하였고 이에 대해 미영씨는 위축되며 눈물을 흘렸다. 집단상담자는 이 두 사람의 갈등을 학습경험으로 전환하기 위해 다음의 멘트를 활용한다.

"다른 사람은 화가 나지 않아 보이는 데 유독 영희씨만 화를 내는 이유는 무엇일까요?", "미영씨는 영희씨의 지적이 옳다고 느끼는 것입니까?", "다른 분들은 영희씨와 미영씨에 대해 어떻게 느끼나요?"

4) 문제 성원

집단성원들은 나름대로의 문제를 가지고 있으며, 집단을 통해 이러한 문제를 해결하고자 하는 욕구가 있다. 일부의 내담자는 자신의 독특한 집단 참여방식을 통해 집단상담자나 타 성원을 짜증나게 하거나 집단과정 자체를 방해하기도 한다. 이를 문제성원이라고 정의하고 관련한 몇 가지 유형과 대처 방안을 제시하였다.

(1) 독점자

집단상담에서 독점자란 집단의 모든 시간과 관심을 빼앗아 버리는 유형의 성원을 일컫는다. 이들은 집단과업에 무관하거나 약간만 관계되는 사건을 아주 자세히 또는 강박적으로 말하려고 고집한다. 게다가 집단상담자의 역할에까지 자주 끼어들거나 관심을 받으려는 목적으로 자극적이거나 성적인 내용을 서슴지 않고 꺼내는 경향이 있다.

집단은 독점자에 대해 처음에는 호의적이거나 경청하는 반응을 보이지만, 반복되는 독점 행위에 대해 이내 환멸이나 괴로움을 느끼게 된다. 또한 타 성원이 자신의 입장을 표출하는 것을 방해함으로써 집단과정을 가로막는다는 사실에 불만을 드러내게 된다.

집단에서 집단상담자는 우선 독점자의 '사회적 자살'을 막기 위해서, 그리고 침묵하는 것 역시 중요한 사회적 기술이라는 것을 독점자에게 학습시키기 위해서 다음의 2가지 방안을 사용할 수 있다.

첫째, 독점자가 발생될 수 있도록 용인한 집단의 구조를 탐색하고 논의한다.

구성원이 한 명 혹은 두 명에게 집단과정을 독점하도록 용인한 이유가 무엇인지를 여기-지금에서 논의한다. 예를 들면 집단구성원이 독점자에 대해 수동적인 희생자 역할을 하면서 얻는 이득이 무엇인지, 그리고 이에 대한 대응방식은 얼마나 타당한지를 논의한다.

둘째, 독점자에게 "나는 당신에 대해 보다 더 많이 듣고자 합니다"라는 메시지를 전한다.

대개의 독점 행위는 자신의 내면적인 그 무엇을 숨기면서 피상적으로 외부와 거래하려는 수단으로 풀이된다. 그렇다고 해서 이를 직접적으로 해석하는 것은 도움이 되지 못한다. 이보다는 독점자 자신을 진실하게 표현하도록 하는 것이 더 효과적이다. 경우에 따라 단기간의 개별상담을 시도할 수 있다.

(2) 침묵하는 성원

침묵하는 성원은 농담이나 활발한 상호작용 속에서도 철회되어 수동적인 자세를 견지하려는 성원을 칭한다. 독점하는 성원 못지않게 침묵 행위 역시 집단과정에서 문제가 된다. 침묵하는 성원은 파괴적이지 않다 하더라도 집단상담자에게는 또 하나의 도전으로 받아들여지기 때문이다.

침묵의 원인은 다양하다. 무엇보다 노출하는 데에 대한 두려움을 고려할 수 있다. 공격에 대한 갈등이 말하는 것에 대한 두려움으로 나타나게 되며, 이는 결국 침묵하게 하는 요인이 된다. 또한 말하는 것은 약점을 드러내는 것이라고 믿는 성원도 침묵할 수 있다. 그리고 타 성원과의 일정한 거리감을 유지하려는 수단으로 침묵을 활용하기도 한다.

다음은 침묵에 대한 대응이다.

첫째, 침묵하는 성원에 대해서는 보다 적극적으로 개입해야 한다. 침묵하는 성원이 누구냐에 따라 접근에는 차별성을 두어야겠지만 우선 집단상담자는 침묵하는 성원의 표정, 제스처 등의 비언어적 행동에 대해 논평함으로써 참여를 유도할 수 있다.

둘째, 침묵하는 성원에 대해 타 구성원원의 지각이 어떠한지를 표현하도록 격려하고, 이러한 지각에 대한 타당성을 침묵하는 성원에게 물어봄으로써 참여를 유도할 수 있다.

셋째, '돌아가면서 말하기 기법'을 사용하는 것도 침묵하는 개인의 수동성을 막을 수 있다.

넷째, 집단에서 당신이 원하는 이상적인 역할은 무엇이며, 그렇게 되는 데 대한 어려움이 무엇인지를 직접적으로 물어볼 수도 있을 것이다. 물론 침묵에 대한 지나친 관심과 압박은 내담자를 더욱 긴장하게 하여 더 많은 침묵을 부를 뿐만 아니라 타 성원을 점차 좌절시킬 수도 있다. 적극적 개입에도 불구하고 별다른 효과를 보이지 않는다면 집단으로부터 배제시켜 집단이 보다 활성화되도록 해야 한다.

(3) 경계선성격(혹은 유형)장애

경계선성격장애는 정신분열성 성격장애나 히스테리성 성격장애와 공존하기도 하고 사회에 대한 반감이 많으며 자기 확신이 부족하고 충동적이며 기분파적인 양상을 보이기도 한다. 또한 사회생활에 실패하는 수가 많지만 예술방면에서 실력을 발휘하는 수도 있다. 이는 집단장면에서 원초적인 감정과 심하게 왜곡된 지각적 경향으로 인해 많은 도전에 직면하게 된다.

경계선성격장애에 대한 집단치료의 장점은 바람직한 피드백과 관찰학습을 통해 현실감과 교정적인 경험을 제공해 준다는 것이다. 전이의 발생을 감소시키고, 집단 내에서 현실감을 유지하도록 도와준다는 점 또한 집단과정이 가지는 장점이다. 아울러 집단과정에서 다른 구성원이 자신을 진지하게 대하며 존중하고 변화를 격려하는 모습에서 안정감을 가질 수 있다.

집단의 주요 장점인 집단 결속력은 경계선성격자의 핵심 문제라고 할 수 있는 '친밀감'과 '자기－통합'의 어려움을 극복하는 데 도움을 준다. 경계선성격자는 집단이 결속되는 경험을 통해 집단을 지지처로 인식하고 신뢰감 속에서 집단작업에 솔선수범하게 된다. 이럴 경우 경계선성격자는 종종 '우리 집단'이라는 용어를 사용하며 집단에 대해 일체감을 드러낸다.

10. 집단상담과 사회복지실천

집단은 사회복지실천의 역사에서 매우 중요한 비중을 차지한다. 애초부터 사회복지실천은 인보관운동과 YMCA운동, 4-H클럽 등에 그 기원을 두고 발전하여 왔다. 환경 속의 개인을 강조하는 사회복지사에게 집단은 개인의 성장과 발달에 중요한 영향을 미치는 환경일 뿐만 아니라 개인이 지닌 문제를 해결하는 중요한 도구이자 수단이 된다. 집단사회복지실천은 사회복지실천의 3대 방법으로서 거의 모든 사회복지기관에서 다루어질 만큼 보편화된 서비스로 자리 잡고 있다.

오늘날 한국의 상황은 사회문제가 복잡해지고 그 양상이 다양해지는 만큼 집단사회사업에 대해 많은 수요가 발생하고 있다. 아동학대, 각종 약물중독, 학교폭력, 자살 방지를 포함한 지역사회 정신건강문제, 성폭력, 가정폭력 등의 문제가 그것이다. 이러한 현상은 사회복지 접근에서 집단 단위의 실천이 증가되어야 할 필요성을 지지한다. 전문직으로서 사회복지실천에 대한 위상을 확보하기 위한 방안으로서 Geap(1992)은 자조집단(self help group)에서의 전문적인 개입의 필요성을 제안한 바 있다.

집단사회사업은 향후 다양한 과제를 안고 있다(Brower & Garvin, 1989; Thyer, 1991).

첫째, 개입에 대한 다양한 측정법의 개발과 클라이언트가 가진 문제해결에 적합한 개입모형이 개발되어야 한다.

둘째, 집단사회사업의 효과성을 측정하는 다양한 방법이 개발되어야 한다.

셋째, 집단 개입에 대한 평가와 운영 그리고 측정에서의 오류를 최소화하려는 노력이 필요하다.

넷째, 집단사회사업의 실천연구 결과의 응용성을 증가시켜야 한다.

우리나라의 경우 집단사회사업은 수년 전까지만 해도 '집단사회사업론'이라는 교과목으로 대학원이나 학부 과정에서 다루어져 왔다. 하지만 '통합론'이 도입된 이후부터 대부분의 대학에서 '집단' 단독 교과목으로의 위상이 사라지고 '사회복지실천론'과 '사회복지실천기술론'이라는 과목 속에서 일부분 다루어지고 있다. 이러한 현실은 집단을 토대로 하는 사회복지실천을 위축시키는 요인이 된 것으로 판단된다. 통합론이라는 대세 속에서도 집단사회사업은 계속 발전되어야 한다. 개별사회사업이나 집단사회사업이 온전하게 기능할 수 있어야 통합론의 당위성이 지지될 수 있을 것이다.

집단사회복지실천이라는 교과목이 사회복지 교육과정에서 독자적인 과목으로 다루어질 수 있도록 하는 방안이 강구되어야 한다. 학부나 대학원 교육과정에 집단사회복지실천론을 선택과목으로 개설하는 것이 그 대안이 될 것으로 본다.

사회복지실천 장면에서 집단상담은 다음의 형태를 통해 다양하게 강구될 수 있다.

먼저, 사회복지관에서 노인을 대상으로 하는 집단상담을 고려해 볼 수 있다. 우울증 예방 집단상담, 노인의 정신건강 집단상담, 노인 실존성확립 집단상담, 치매예방

집단상담 등을 강구해 볼 수 있다.

둘째, 공황장애 집단상담, 신장투석환자 집단상담, 소아만성질환자 부모 집단상담, 알코올중독자 집단상담 등을 통해 병원 단위에서 집단상담을 통한 임상적 개입을 시도해 볼 수 있다.

셋째, 학교 장면에서도 집단상담을 활용할 수 있다. 따돌림을 학생 집단, 학교부적응자 집단상담, 스마트폰중독자 집단상담, 우울청소년 집단상담 등을 통해 학교적응에 어려움을 겪는 청소년을 지원할 수 있다.

토의사항

1. 당신이 만일 내담자라면 집단상담과 1대1 상담 중 어떠한 접근을 선호하겠는가, 그리고 그 이유는 무엇인지 제시해 보시오.
2. 집단상담자로서 당신이 지닌 강점과 보완해야 할 점 각각 2가지는 무엇이며, 이를 보완하고자 하는 방안을 각각 제시해 보시오.
3. 집단역동과 집단역할을 구분하여 설명해 보시오.

Chapter 13

가족상담

1. 개관

가족은 상호작용하는 체계로서 개인의 성장과 발달에 중요한 영향을 미친다. 예를 들어 청소년의 가출은 상당 부분 가족의 부정적인 상호작용과 관련이 있다. 만일 그 청소년이 가출하지 않았다면 그는 심신에 어려움을 겪게 되거나, 다른 가족성원이 가출과 유사한 문제를 일으키게 될지도 모른다. 가족상담은 개인의 문제를 가족 전체와 연관 지어 조망하며 개인의 문제가 가족체계와 관련이 있다고 본다.

부모로부터의 지나친 과잉간섭과 기대로 인해 자녀가 강박증을 가지게 되었다고 가정할 경우, 자녀를 대하는 부모의 태도가 선행되어 변화할 때 자녀는 강박증에서 벗어날 가능성이 높다. 부모의 잦은 부부싸움으로 인해 심한 편두통에 시달리는 아동의 경우 부모의 부부싸움이 멈추어야 편두통도 호전될 수 있다. 개인은 가족으로부터 자유롭지 못하며 가정의 문제는 가족성원들 개개인의 적응에 영향을 미친다. 이런 맥락에서 볼 때 가족은 개인의 문제를 이해하는 중요한 체계로서 의미를 지닌다고 할 수 있다.

가족을 대상으로 하는 사회복지실천에서 가장 많은 관심이 주어지는 2가지 영역은 가족사정(family assessment)과 가족치료(family therapy)이다(Zastrow, 1999). 본 장에서는 가족치료(상담)[1]에 대해서 살펴보고자 한다.

1) 가족치료(family therapy)와 가족상담(counseling)은 엄밀히 볼 때 차이가 있다. 가족치료가 가족상

집단치료 방식을 통해 가족을 지원하는 가족상담은 가족을 체계적인 관점으로 이해한다. 가족상담은 행동적, 정서적 문제를 포함한 상당수의 문제들에 적용될 수 있다. 예를 들면 고부갈등, 가정폭력, 가족 간의 불일치, 자녀양육방식, 성적인 문제, 돈 관리, 학업수행 등이 가족상담으로 다루어질 수 있다. 가족상담은 개인상담과 같은 다른 치료에 병합될 경우 치료적인 효과를 증대시킬 수 있다.

가족상담은 특히 소아나 청소년들에게 아주 효과적인 개입방법이다. 아동이나 청소년의 요구가 가족 내에서 제대로 충족되지 못할 때 이는 정서적, 행동적 문제를 일으키기 쉽다. 아동, 청소년의 문제는 단순히 그들 개인의 문제로 인해 발생하기보다는 가족체계와 관련하여 발생할 가능성이 많다. 만일 부모들이 아동의 문제를 해결하고자 상담을 받게 될 경우 많은 경우에서 역기능적인 가족체계가 아동 문제의 원인임을 알게 된다.

가족은 여러 발달 단계를 거치면서 형성된다. 가족의 발달단계가 가족 내 개인 성원의 발달단계와 불일치할 경우 개인은 가족 내에서 많은 갈등을 가지게 되며, 이는 가족을 불안정하게 하는 요인이 될 뿐만 아니라 개인에게 심리, 정서적 문제를 유발하는 요인이 된다.

> 문제행동을 가진 사람은 사실상 가족의 고통을 경감시키기 위해 자기의 성장을 희생시키고 있다(Satir, 1967).
>
> 어떤 문제나 증상은 병든 개인에게서 나오는 것이라기보다는 두 사람(남편과 아내) 혹은 세 사람(아들과 부모)의 관계에서 비롯된 것이다. 가족상담은 인간의 딜레마와 그 해결 방안을 개인치료와는 근본적으로 다른 시각에서 찾는다(Haley, 1971).
>
> 가족상담은 개인치료보다는 인간의 행동을 보다 폭넓게 본다. 가족상담은 개인치료와는 달리 '환자로 지적된 사람(IP)'을 치료의 중심으로 보지 않는다. 가족치료자는 가족들에게 IP의 문제 또는 증상이 전체 가족체계를 반영하는 것임을 알도록 한다(Minuchin et al., 1978).

담에 비해 심층적이고 정신병리에 더 초점을 둔다고도 한다. 그럼에도 불구하고 가족치료와 가족상담은 사용하는 이론이 서로 중첩되는 경우가 많고 적용원리도 거의 비슷하다. 따라서 본서에서는 중립성과 비낙인성 측면을 고려하여 가족상담으로 통일하여 사용하고자 한다.

2. 가족상담의 기본 특성

1) 인간과 문제에 대한 관점

한 인간을 이해하기 위해서는 그의 내적인 과정만 보아서는 곤란하다. 가족상담에서는 내담자를 이해함에 있어서 내담자가 맺고 있는 여러 관계 중에서 특히 가족과의 관계에 집중적인 관심을 가진다. "인간의 정체감은 가족과 같은 준거집단의 인정에 의해 형성된다"는 Minuchin(1978)의 주장처럼 개인은 가족성원으로부터의 인정을 통해 자기상을 형성하며, 이를 통해 성인이 되고 또 하나의 가정을 이루게 된다.

가족상담에서는 가족과의 갈등과 동맹이 개인의 성격발달에 지대한 영향을 미친다고 본다. 따라서 가족상담자는 내담자를 이해함에 있어서 그가 어린 시절에 가족들과 어떤 관계를 맺었는지에 대해 많은 관심을 가진다. 또한 개인이 나타내는 역기능적인 행동(불안, 우울, 중독, 성격장애, 성장애)이 가정의 그릇된 체계를 반영하는 것이라고 이해한다.

잘 파악되지 않는 개인의 문제들도 가족의 불안정한 체계와 함께 고려될 때 더 쉽게 이해되는 경우가 많다. 그러므로 인간의 역기능적인 행동이란 한 개인의 내적 갈등에서 빚어진다기보다 인간관계에서의 갈등에서 빚어진다고 함이 옳은데, 그러한 인간관계에서 매우 중요한 부분을 차지하는 것이 바로 가족관계이다.

M군은 최근 우울한 증상을 보이면서 방에만 박혀 있으려고 하자 부모의 손에 이끌려 정신과 병원을 찾게 되었다. M군의 아버지는 고졸의 회사원이고 모는 전문대학을 졸업한 가정주부이다. 이들은 외부와 관계하는 일이 거의 없고, M군의 아버지는 TV에 빠져 사는 데 비해 어머니는 독서를 즐기는 편이다. 부부는 M군을 결혼 8년 만에 낳았다. M군이 태어난 후부터 아내는 남편에 대한 관심이 급격하게 줄어들었고, M군에게 과도하게 집착하는 편이다. 부부는 말다툼이 잦고 정서적으로 분리된 채 지내오고 있다. 남편은 아내가 자신을 필요로 하지 않는 것에 대해 화를 내지만 개선되지 않고 오늘에 이르렀다. 아내는 M군을 남편의 대용물로 삼았고, M군 역시 치마폭의 아이로 성장하면서 친구들과 잘 어울리지 못했다. 결국 M군은 친구들로부터 소외되고 혼자서만 지내는 아이, 즉 '마마보이'로 전락했다.

상담자는 M군의 부모에게 M군의 증상은 가족문제와 밀접한 관련이 있으며, M군의 증상은 역기능적인 가족체계를 바로잡으려는 시도라는 것을 알려 주었다. 가족상담을 받으면서 M군의 부모가 부부관계를 증진시키려는 노력을 보이자 M군의 증상은 빠르게 호전되어 갔다.

이처럼 가족상담의 관점은 개인치료와는 많은 차이를 보인다. 즉 개인의 문제는 단지 그 개인만의 문제가 아니라 두 사람(어머니와 아이) 혹은 세 사람(부모와 아이)의 관계에서 생긴 산물로 이해한다. 문제행동을 가진 사람의 증상은 사실상 가족의 고통을 경감시키기 위해 자기성장을 희생(scape goat)시키고 있다는 Satir(1967)의 주장은 가족상담의 관점을 잘 드러낸다. 가족상담은 문제를 가진 개인을 이해함에 있어서 '구조(context) 속의 개인'이라는 관점을 유지한다. 개인의 문제를 체계 속에서 이해하고 문제를 해결하려는 가족상담의 관점은 '환경(체계) 속의 개인'이라는 사회복지실천의 관점과 같은 맥락으로 받아들여진다.

2) 가족상담과 개인상담의 차이

개인(상담)치료와 가족(상담)치료는 인간행동에 대한 이론을 기초로 문제해결을 시도한다는 점에서 유사한 면이 있다. 또한 가족상담이론의 상당 부분이 개인치료에서 발전하였다고 본다면 개인치료는 가족상담의 모태가 된다. 그럼에도 불구하고 양자는 접근에 있어서 많은 차이를 보인다(Goldenberg & Goldenberg, 1991).

개인치료에서도 내담자의 문제를 가족을 포함하는 주변 인물과의 관계에서 파악하려는 노력을 하지만 주로 개인의 정신 내적인 문제를 다루는 데 많은 비중을 둔다. 이에 반해 가족상담은 치료면담 중에 나타내는 가족들의 관계에 초점을 두며, 가족 자체가 치료자의 일차적 관심사이다. 가족상담에서는 가족의 조직화된 행동 특성이 성격형성에 영향을 미친다고 보는 반면, 개인심리치료에서는 개인의 내부적 사건(공포, 갈등, 불안)이 성격형성에 더 많은 영향을 미치는 것으로 전제한다.

개인치료에서 증상은 자아의 구성 요소 때문에 발생한다고 보는 반면, 가족상담에서는 역기능적인 가족 내의 갈등이 증상을 초래한다고 본다. 치료적 접근에 있어서도 개인치료자는 내담자에게 과거의 실패를 깨닫게 하고 통찰 또는 지지 등의 다양한 기전을 통해 내담자의 문제를 해결하고자 한다. 이에 반해 가족상담은 내담자에게 증상을 유발하는 가족의 행동유형을 탐색하고, 가족원에서 발견되는 역기능적 관계의 균형을 변화시켜 새로운 형태의 관계를 맺도록 한다.

3) 가족상담의 적용

모든 내담자가 가족상담을 필요로 할까? 아니면 특정 내담자에게만 가족상담이 필요한가? 이에 대해서는 학자마다 의견이 분분하다. 심리치료가 필요한 경우라면 가족상담이 가능하다고 주장하는 극단적인 학자도 있지만, 모든 상황에 가족상담을 적용하기란 현실적으로 곤란할 뿐만 아니라 비용 효과성을 고려해 볼 때 바람직하지도 않다고 말하는 주장도 있다.

가족상담은 가족의 기본적인 기능수행 능력이 부족할 때 실시하는 것이 좋다. 다음은 가족상담을 신중하게 고려해 보아야 하는 경우이다(Walrond-Skinner, 1978).

첫째, 가족체계에 분명한 문제가 생긴 경우에는 가족상담이 꼭 필요하다. 증상이 가족체계의 고통이나 역기능을 표현하고 있다고 생각되면 가족상담은 최선의 선택이 될 수 있다.

둘째, 도움을 구하고 있는 호소가 특정 가족성원 개인의 문제보다도 가족 간 관계의 변화에 있다고 판단되는 경우에 가족상담을 적용할 수 있다. 예를 들면 부부간의 갈등, 과잉보호하는 청소년을 둔 가족, 형제간의 경쟁으로 인한 정서장애, 고부갈등 등이 그 예이다.

셋째, 가족원간 서로 분리되는 것에 대해 어려움을 겪고 있는 경우이다. 청소년과 관련된 많은 문제행동들의 이면에는 분리불안에 대한 문제가 핵심인 경우가 많다. 이 경우 가족상담은 양육자와 청소년이 원만한 분리를 이루어 상호 독립할 수 있도록 하는 데 초점을 둔다.

가족상담은 어떠한 심리적장애에 다 적용할 수 있는 것이 아니라 치료자가 상황에 따라 추가시켜 실시할 수 있는 부수적인 방법이다. 개인치료를 시행하면서 내담자가 가진 문제를 가족적인 맥락에서 고찰하고 필요한 경우 가족상담과 개인치료를 병용하기도 한다.

개인의 문제가 가족의 구조적인 측면에서 발생하였다고 하더라도 모든 사례를 가족상담으로서 다루기란 불가능하다. 다음은 가족상담을 적용하기 어려운 상황이다.

첫째, 상담자가 전체 가족을 다룰 능력이 없을 경우.

둘째, 가족체계가 전체 가족의 변화를 원치 않을 경우.

셋째, 가족 내의 균열이 너무 심하여 가족상담 자체가 효과를 낼 수 없을 경우.

넷째, 개방적인 의사소통과 진실에 직면하는 데 심한 저항을 보이는 경우.

앞서도 언급하였듯이 개인치료와 가족상담을 이분법적으로 보는 것은 바람직하지 않다. 이 둘의 관계는 상호보완적일 필요가 있다. 가족상담이 어려운 가정일 경우는 개인치료를 중심으로 문제해결을 시도하고, 상황이 호전되면 추후 가족상담을 권유할 수도 있다. 또한 가족상담과 개인치료를 병용할 수도 있으며 가족상담을 적용하다가 필요하다면 다시 개인치료로 전환할 수도 있다.

4) 가족의 생활주기

개인은 세월의 흐름에 따라 대개 비슷한 발달과정을 겪게 된다. 가정도 개인과 마찬가지로 비슷한 발달주기를 지닌다. 약간의 차이는 있겠지만 전형적인 가정은 ① 신혼부부, ② 자녀 양육가정, ③ 학령 전기의 아동을 가진 가정, ④ 학령기의 아동을 가진 가정, ⑤ 십대의 자녀를 가진 가정, ⑥ 자녀의 출가, ⑦ 중년의 부모(자녀 출가 후 은퇴까지), ⑧ 노년기의 가족성원(은퇴에서 양 배우자의 사망까지)의 주기로 발달한다(Duval, 1977).

가족상담에서 개인이 가진 증상이란, 가족이 생활주기의 각 단계에 필요한 과업을 달성하는 데 어려움에 봉착했다는 신호로 이해된다(Haley, 1973). Haley에 따르면 정신장애는 가족의 생활주기가 정상적으로 펼쳐지지 못한데 따른 반응이다. 일례로 가족상담자에게 있어 산후우울증이란 새 가족이 태어남으로써 가족 전체가 새로운 발달단계에 대처하는 과정에서 파생하는 어려움으로 이해한다. 따라서 가족상담자의 임무는 가족들이 위기를 해소하여 새로운 균형을 되찾고, 다시 발달과정에 진입하도록 돕는 것이다.

5) 가족의 발달과업

가족의 생활주기에서 보았듯이 가족은 각각의 발달단계마다 새로운 과업과 적응기술을 익혀야 한다. 하지만 이는 그리 간단한 일이 아니다. 부모로부터 완전히 독립하지 못하여 자신의 새로운 독립 단위를 형성할 수 없었던 신혼부부는 생활주기의 다음 단계(자녀 출산과 양육)에서 상당한 고통과 혼란을 겪게 될지 모른다.

결혼이란 상이한 가문의 두 사람이 만나 하나의 가정을 이루는 것인 만큼 새로운 체계에 적응해야 하는 문제들이 부지기수로 발생한다. 신혼부부는 기존의 가정에서 독립해야 하는 과제와 새로운 가정과 기존 가정의 정체감을 유지하려는 양가적인 속성을 가지고 있으며, 부부간 상이한 성격으로 인해 마찰을 겪기도 한다.

신혼기 동안의 문제는 흔히 성적인 욕구들에 의해 가려져 있을 수도 있다. 불안전한 신혼기를 보내는 와중에 자녀가 태어나면 신혼부부는 부부–자녀라는 삼각관계 속에서 새로운 체계를 만들어 가야 하는 과제를 안게 된다. 불안전한 부부체계 속에서 태어난 아이는 자칫 부모의 체계 유지 노력에 대한 희생물이 될 수 있다.

부부가 친밀하지 못한 상황에서 자녀가 출생할 경우, 자녀는 부모의 친밀감을 강화하는 수단으로 자녀를 활용될 수도 있다. 때때로 좋은 부모처럼 보일지라도 부부관계가 좋지 않다면 아이는 성장에 좋지 않은 영향을 받는다. Glick(1974) 등이 지적한 바와 같이 부모는 자녀에게 인정과 사랑을 얻으려는 경쟁자가 됨으로써 일관된 양육에 어려움을 보일 수 있다. 심한 경우 부모는 아동에게 한쪽 부모를 위해 다른 한쪽 부모를 적대시해야 한다는 생각을 심어 주기까지 한다.

성장과정에서 부모로부터 제대로 독립하지 못한 채 성인이 된 부모는 자녀의 성장이나 독립을 가로막기 쉽다. 이러한 부모는 자녀가 독립하려고 할 때 상당한 상실감을 경험하며 정신적인 문제를 드러내면서까지 자녀의 성장을 방해하기도 한다. 물론 부모는 이러한 사실을 거의 인식하지 못한다.

자녀는 부모가 부여한 별칭(예를 들면 착한 아이, 못된 아이, 문제아, 골치 덩어리, 효자)대로 살려는 경향이 있다. 이러한 경향이 상당 부분 무의식에 잠재해 있어 본인은 잘 인식하기 어려울 수도 있다. 좋지 않은 별칭을 가진 자녀는 가정 내의 속죄양(scape goat)이 될 가능성이 높아진다. 이들 속죄양은 마치 '쓰레기통' 같은 역할을 자처하기도 한다. 속죄양의 아이와 착한 아이로 칭송받는 형제가 한 가정에 나란히 공존하는 경우가 있다. 나쁜 역할을 하는 아동이 착한 아이의 우산과 같은 역할을 하기 때문이다.

어떤 부모는 미숙하여 자녀의 의존성을 받아 주지 못하고 오히려 자녀에게 의존하려는 모습을 보이기도 한다. 부모-자녀 간에 역할이 뒤바뀐 것이다. 이런 가정의 아동은 어린이답게 행동할 기회를 갖지 못한다(parentification). 그들은 겉으로는 조용하고 착한 어린이처럼 보이지만 내적으로는 우울과 불안, 절망을 가진 개인으로 성장할 가능성이 높다. 이러한 현상은 특히 알코올중독자 자녀에서 흔하다. 최근에는 이를 상처받은 내면아이(the inner child of wounded)로 다룬다.

어떤 부모는 허용적, 민주적, 자율적이라는 미명 하에 부모의 역할을 아이에게 양도하기도 한다(방임형 부모). 또한 부부의 성적인 관계가 원만치 못할 경우 자녀를 배우자 대용으로 삼기도 하며, 심하면 공공연한 근친상간을 자행할 수도 있다. 또한 근친상간의 수준은 아니라 하더라도 완곡한 방법으로 과도한 애정을 표현하기도 한다.

자칫하면 아동은 가정의 애완물로 취급된다. 이 경우 아동은 가족으로부터 피에로처럼 행동하도록 요구받는다. 부모화된 어린이가 가정의 보호자 역할을 하고, 속죄양 아동이 말썽꾸러기 역할을 한다면, 애완물이 된 아이는 착하며 애정 많고 순응하는 어린이로서 가족의 귀감이 되기는 하나 인격을 갖춘 개인으로 여겨지지 못하기 때문에 추후 낮은 자긍심과 공허감이 많은 개인으로 성장할 가능성이 많다.

요약하면 가족 역시 개인과 마찬가지로 하나의 개체로서 흥망성쇠를 거듭한다. 가족은 각 발달단계마다 새로운 적응기술을 학습해야 하며, 각 단계는 가족에게 역기능을 일으킬 여지를 키운다. 만일 가족이 발달과업을 제대로 수행했다면 가족은 보다 적응적인 상태로 발전하겠지만, 그렇지 못할 경우는 발달이 정체되고 부적응 양상을 띠게 되며 이에 대한 적응기제로 문제를 일으키게 된다(Goldenberg & Goldenberg, 1991).

6) 기능적 및 역기능적 가족체계

대부분의 가족은 생활주기에 따라 위기에 직면할 때 공통적인 행동유형과 상호작용형태를 보인다. 따라서 가족은 정상과 비정상이라는 이분법적 차원으로 분류되기보다는 가족체계에 기반을 두고 그 기능 수준이 파악되어질 필요가 있다. 체계(system)란 공변하는 상호작용 요소로서 체계 내의 각 요소는 상호관련을 맺고 있는 다른 요소의 기능 상태에 영향을 받는다.

가족체계는 가족의 규칙에 의해 운영되는데 이러한 규칙은 공식적으로 표방된 것일 수도 있고 부지불식간에 지켜지는 것일 수도 있다. 가족은 균형을 유지하려는 속성(항상성)을 가진 유기체이기 때문에 가족규칙은 가족이 적응했던 체계를 계속 유지하려는 목적으로 나타난다(Jackson, 1967).

Minuchin(1978)의 주장에 따르면 가족은 여러 개의 하위체계(남편-아내 하위체계, 자녀 하위체계 형제 하위체계)로 구성되어 있는데, 특히 남편-아내 하위체계가 무너지면 가족 전체가 역기능(역할전도, 속죄양 초래, 부모에 저항)에 직면할 가능성이 높다. 하위체계의 경계가 무너지면 아동은 부모에게 의존하게 된다. 이 경우 아동은 부모와 건강한 의사소통을 행할 수 없게 되며 바람직한 부모상을 모델링하기 어려운 문제가 생긴다.

제대로 기능하는 가족과 그렇지 못한 가족은 ㉠ 올바른 의사소통, ㉡ 일관성 있는 부모끼리의 연합(예: 부부간에 서로 비난하지 않고 부모상을 일관되게 유지하는 것), ㉢ 분화되고 개방된 체계 등으로 구별될 수 있다.

잘 기능하는 가정은 다음과 같은 특징을 지닌다(Lewis et al., 1976).

① 가족 간에 권력을 상호 공유한다.
② 가족원은 상대방의 개성을 존중한다.
③ 분리와 상실을 현실적으로 대처하는 능력을 육성하는 구조를 가지고 있다.
④ 따뜻하고 풍부한 감정을 드러낼 줄 안다.
⑤ 세월의 흐름과 저항하기 어려운 변화를 수용하는 경향이 높다.

이에 반해 역기능적인 가정은 다음과 같은 특징을 보인다(Beavers, 1977).

① 부모끼리의 연합과 통솔력이 약하고 상호 비난적인 의사소통이 잦다.
② 자녀를 가정 안에만 묶어 두거나(구심적, 정신증의 발병에 영향을 미침) 또는 자녀를 밖으로 내모는 경향(원심적, 반사회적 성격자에 영향)이 높다.
③ 가정에 지도력이 약하고 자기권한을 행사할 줄 모른다.
④ 가족 간 개성을 인정하려 하지 않고 자주성을 무시한다.

⑤ 불투과적 가족경계로 인해 가족 외의 다른 사람과 관계를 맺지 않는다.
⑥ 의사소통이 유치하고 혼란스러우며 가족 간의 애정이 결여되어 있다.
⑦ 변화와 경쟁을 싫어한다.

7) 가족 역기능의 표현

(1) 병리적 의사소통

가족상담을 요청한 부부의 86%가 의사소통에서 가장 큰 불만을 드러내고 있다고 답할 정도로 의사소통은 가족 성원에게 많은 영향을 미친다(Beck, 1972). 그 중에서 가장 대표적인 의사소통 방식은 '이중구속 메시지'와 '위장'이다.

'이중구속 메시지(double bind message)'는 적어도 2가지 이상의 상반된 메시지를 담고 있는 의사소통 방식으로서, 이는 한때 정신분열병의 발병에 결정적인 영향을 미친다고 가정되기도 하였다(Sluzky et al., 1976). 이중구속 메시지는 어떻게 반응해도 상대의 욕구를 채워주기 어렵기 때문에 반응에 실패하게 만든다.

예를 들면 어릴 때부터 '남자의 유혹에 조심해라'라고 교육받아 온 20대 후반의 부인은 남편이 육체적으로 접근해 올 때 불안해 몸을 도사리며 피하게 된다. 움츠리는 자신을 보고 남편이 피하면 오늘밤에는 왜 이리 둔감하느냐고 남편을 다그친다. 이때 남편이 가까이 다가서면 부인은 움츠리게 되고, 멀어지면 남편으로부터 비난받기 때문에 어떤 결정도 하기 어려운 상황에 놓이게 된다.

'위장(mystification) 메시지'란 상대방에게 어떤 생각을 유발하게 하면서도 정작 상대방이 그 생각을 말로 표현하면 그 표현을 무시하거나 부정하는 의사소통 방식을 일컫는다(Laing, 1965). 예를 들어 자신이 불행하다고 불평하는 어린이는 부모로부터 "그것은 말도 되지 않는다"는 소리를 듣는다. 이때 부모는 어린이에게 "너는 고마움도 모르니, 불행한 이유가 뭐니, 그럴 리가 없어"라고 하면서 아이의 느낌이나 경험을 부정한다. 부모는 아이가 불행을 경험하고 있다는 것을 알지만 그 타당성은 박탈한다. 아이는 자신의 감정이나 생각의 타당성을 잃게 되어 점차 혼란해진다. 이러한 위장 메시지는 현실을 유지하려는 목적에서 나온다.

(2) 속박과 유리

최상으로 기능하는 가정은 가족의 경계가 분명하고 '우리'라는 집단의식을 가지고 있으면서도 자의식을 잃지 않는다. 즉, 개성을 띠고 있으면서도 가정에 대한 소속감이 강하다. 이런 맥락에서 '속박'과 '유리'는 역기능적인 가족에서 발견되는 대표적인 상호작용의 형태이다(Minuchin, 1981).

'속박(束縛, enmeshment)'이란 관계가 지나치게 밀접하고 강력하여 서로의 생활에 지나치게 관여하고 과잉 염려하는 것을 가리킨다. 속박된 가정에서는 하위체계의 경계가 미분화되고 약하며 쉽게 뒤바뀐다. 또한 지나친 일체감으로 인해 개인의 프라이버시가 잘 지켜지지 않으며 가족원의 독립을 탐탁지 않게 생각한다. 속박된 가정에서는 성원간 자주성이 떨어지며 정신증의 출현비율 또한 높다.

'유리(遊離, disengagement)'된 가정은 반대로 지나치게 자주적이고 독립적으로 기능하여 가정에 대한 충실성을 거의 찾아보기 어렵다. 유리된 가정은 가족 간 의존성이 약하고 가정의 보호기능이 마비되어 있다. 또한 경계가 부적절하고 경직되어 있어서 웬만해서는 다른 가족원에게 관심을 나타내지 않는다. 이런 사람은 가정 밖의 다른 사람과 관계를 잘 맺지 못하게 된다. 왜냐하면 가정 내에서 이런 경험을 해보지 못했기 때문이다. 유리된 가정에서는 반사회적 행동을 하는 아동의 출현이 잦다.

(3) 속죄양

'속죄양(scape goat)'이라는 개념은 가족 내에서 문제를 가진 것으로 지정된 사람(IP)의 문제를 또 다른 각도에서 이해하도록 도와주는 개념으로서 가족상담에서 매우 비중 있게 다루어진다. '인간이 죄사함을 받고자 살아 있는 양을 제사에 바치는 의식'에서 빌려 온 용어인 속죄양이라는 개념은 가족이 체계를 유지하고자 특정한 개인을 희생한다는 의미를 가진다. 이처럼 속죄양의 개인은 전체 가족을 위해 병리적인 문제를 가진 개인으로 평가받는다(Bell, 1959).

속죄양을 둔(혹은 만든) 가족원은 갈등을 특정 가족원에게 전가시키며, 이를 통해 가족관계를 안정되게 유지하려는 경향이 있다. 이와 마찬가지로 속죄양 역할을 하는 개인은 자신을 희생시키면서까지 가족이 균형되도록 한다. 속죄양이 필요한 가족은 자신의 가족 중에 누군가가 속죄양이 되어 희생하고 있다는 것을 모르고 있으며, 속죄양을 자처한 그 개인도 역시 자신이 속죄양인 것을 알지 못하는 상황에서 속죄양 게임이 계속된다는 데 문제의 심각성이 있다. 속죄양에 부여되는 별칭은 '바보', '깡패', '멍청이', '천사', '약골' 등이 있다.

(4) 정신신체적 가족

천식, 섭식장애, 두통 등과 같은 정신신체적(psychosomatic) 반응은 병의 원인이 개인보다는 가족 내부에 있다고 가정한다. 물론 개인적인 요인, 예컨대 취약한 기질 등도 정신신체성 질환의 경과에 영향을 미칠 것이다. 하지만 가족상담에서는 정서적인 스트레스가 질병의 경과에 영향을 준다고 본다. 정신신체적 질환의 유병률이 높은 가족의 특징을 보면 가족관계가 속박되어 있고 하위체계의 기능이 제대로 이루어지지 않으며 개인적 경계가 약하고 자주성이 약하다. 또한 과잉보호 경향이 높아 자녀의 독립심이나 유능감, 그리고 가정 밖의 활동에 흥미를 발달시킬 기회를 박탈당하게 된다. 따라서 어린이는 가정을 보호하려는 지나친 책임감을 느끼게 되고 가족 전체의 관심을 끌 만한 증상을 나타냄으로써 가족체계를 안전하게 보호하려고 한다.

Minuchin 등(1978)에 따르면 정신신체 가정은 자녀를 과잉보호하며 아이의 자주성과 독립심을 조장하는 데 인색하다. 또한 자녀가 가정 밖의 활동에 무관심한 특징이 있다. 이러한 가정의 아동은 가정의 안정에 지나치게 민감하며 신체 증상을 나타내면서까지 가족을 보호하려는 경향이 강하다. 아동의 신체적 증상은 가족체계를 조절하는 기능으로 이해될 수 있다.

(5) 고질적인 가족신화

가족은 옳든 그르든 자신의 체계가 계속 유지되도록 하려는 '신화'를 가지고 있다. 예를 들어 "가정 일은 여자만 하는 것이다, 밥은 조용히 먹어야 한다, 부부는 한 몸이기 때문에 의견이 같아야 한다, 우리는 화목하지만 옆집은 불행해, 힘들어도 참고 살아야 한다" 등은 대표적인 가족신화이다. 가족신화는 가족의 상호작용을 유지하고 정당화시키는 조직화된 신념으로 기능한다. 그렇기 때문에 가족신화(family myth)가 바뀌지 않는다면 가족의 체계도 바뀌기 어렵다. 가족상담자는 가족 내에 어떠한 가족신화가 있는지를 탐색하고 이를 변화시키는 데 많은 관심과 비중을 두어야 한다(Ferreira, 1953).

> 김씨 부부는 신혼 초부터 마찰이 잦았다. 2년 전에 실직한 남편은 잦은 폭음과 더불어 수시로 폭력을 휘두르기까지 한다. 평소 김씨 부부는 "집안일은 집안에서 해결되어야 한다"는 믿음을 가지고 있는 터라 아내는 남편의 폭력을 비밀로 한 채 살고 있다.

(6) 가성상호소통

역기능의 표현인 가성상호소통은 가족이 겉으로는 서로 관계를 유지하고 이해심을 가지고 상호작용하는 것 같지만, 실제로는 큰 거리감이 있는 상호소통 형태를 일컫는다. 이러한 가족은 무의미함과 공허함을 회피하려는 수단으로 가성상호소통을 활용한다.

가성상호소통이 잦은 가정에서 정신분열병 환자의 출현율 역시 높다는 연구가 있다(Wyne, 1958). 가성상호소통이 잦은 가정의 구성원은 가족으로부터 버림받지 않을까 하는 불안이 많고, 가족 간에 매우 친밀하다는 느낌에 집착하는 경향이 강하다. 이들은 가족 간에 완전한 일치가 이루어져 있다는 환상에 빠져 현실을 제대로 보지 못하는 경향이 있다. 급성정신증적 반응은 그동안 친숙했던 가성상호관계로부터의 분리 위협으로 야기된 정체감 위기에 대한 반응이라 할 수 있다.

3. 가족상담의 분류

가족상담 이론가들은 정신분열병 환자의 가정을 상담, 연구하면서 다양한 이론을 구축해 나갔다. 증상 및 갈등의 형성에 영향을 미치는 가족의 역할에 대한 임상가의 인식이 증가하고, 개인의 내면적 과정만 중시하는 전통적인 접근방식은 많은 한계를 가질 수밖에 없다는 인식은 가족상담이 발전하는 데 많은 영향을 미쳤다.

가족상담에 대한 이론적 접근은 아주 다양하기 때문에 이를 체계적으로 분류하기란 그리 간단한 일이 아니다. 가족상담자는 가족구조와 기능에 대해서 일반적인 가정을 공유하기도 하지만 가족 역기능이나 역기능의 발생 기원 등에 대해서는 각각 다른 관점을 유지하고 있다. 오늘날 많은 가족상담 이론이 존재하지만 대부분의 가족상담자는 공통적으로 가족체계이론에 기초하여 자신의 독특한 이론을 구사하고 있다(Zastrow, 1999).

Jone 등(1980)은 가족상담을 통합적 가족상담, 정신역동적 가족상담, 다세대 가족상담, 구조적 가족상담, 행동적 가족상담 등으로 분류한바 있으며, Gldenberg(1980)는 정신역동적 접근, 인본주의적 접근, 보웬학파적 접근, 구조적 접근, 의사소통적 접근, 행동주의적 접근으로 분류한 바 있다.

1) 가족정신역동적 접근

가족정신역동이론(family psychodynamic theory)의 바탕은 정신분석이론이다. 주요 관심사는 개인이며, 가족성원이 각자에 대해 어떻게 느끼고 있는지, 어떻게 서로를 다루어 나가는지에 관심을 둔다. 치료의 목표는 통찰과 자아강화, 대상관계의 안전, 그리고 심리적인 성숙, 상호 연관된 병리의 감소이다. 정신분석과 마찬가지로 치료의 초점은 과거이며, 초기경험(early experience)을 탐색하는 데 비중을 둔다. 무의식적인 과정을 강조하며 과거에 억압된 일이 현재의 갈등을 초래한다는 관점을 취한다. 증가된 병식은 많은 이해를 유발하고 갈등을 줄이고 정신내적인 변화와 대인적 기능을 증진시킨다고 본다.

주요 이론가로는 Ackerman(1966), Bell(1975), Framo(1965), Bowen(1966) 등이 있다. 특히 Ackerman은 가족성원 속에 깊숙이 뛰어 들어가 편견을 타파하고 속죄양이 된 어린이를 지원하며, 가족의 신화 또는 위선을 꼬집어 내고 침체된 가족에게 활기를 부여하는 정직하며 따뜻하고 권위 있는 실천가였다.

Ackerman은 가족원의 역할 규정에 관심을 두었으며, 스스로가 자기의 역할을 어떻게 규정하는지, 가족성원이 무엇을 기대하는지에 대해 많은 관심을 가졌다. 가족이 새로운 기대 수준에 맞추어 자신을 조절하고 가족의 역할관계에서 새로운 수준의 상보성을 발달시킬 때 과거에 맺었던 제휴의 유형이 변화하고 가족 간에 새로운 의사소통이 일어난다고 보았다. 또한 문제가족은 무엇인가 잘못되고 있다는 사실을 알 수도 있지만 무엇이 어떻게 잘못되었는지를 잘 모르기 때문에, 가족상담자는 그들에게 무엇이 잘못되어 있다는 것을 알려 주어야 한다고 보았다.

정신역동적 접근은 1주에 2시간씩 6개월에서 1년 정도의 기간이 치료효과를 내는 데 효과적이라고 보았으며, 가족상담자는 가족의 상호작용을 활성화시키고 지지, 직면, 해석을 통해 가족이 재통합하는 역할을 한다.

2) 실존적-인본주의적 접근

실존적–인본주의적 접근(Experiential-Humanistic approach)의 가족상담은 실존적, 인본주의 심리학과 현상학에 영향을 받았다. 치료자는 성장의 촉진자로서 매우 적극적인 역할을 한다.

이 접근의 치료 목표는 성장과 안전한 상호작용 패턴을 유지하는 것이며, 투명한 의사소통과 자기실현에 관심을 둔다. 정신역동적 접근과는 달리 치료에서의 초점은 현재이며 치료 시간 동안에 가족으로부터 관찰된 것을 치료의 주요 자료로 삼는다. 이 접근에서 무의식적 동기는 크게 중시하지 않으며 자기선택과 자기결정을 강조한다. 증가된 자기인식은 자유선택과 책임, 그리고 변화를 중시한다. 주요 임상가는 Whitaker(1955)이다.

3) 구조적 접근

구조적 가족상담(structural family therapy)은 구조이론과 체계이론에 영향을 받았다. 이 이론은 가족의 현재 조직과 동맹에 관심을 가진다. 따라서 가족의 동맹, 경계, 권력 등이 주로 상담된다. 치료의 목표는 관계를 변화시킴으로써 가족의 조직과 구조를 변화시키는 것이다. 치료자는 가족구조를 조종하고 역기능적 상호작용 형태를 변화시키는 역할을 한다.

초기의 거래 형태는 현재 가족구조로 옮겨와 있기 때문에 치료의 초점은 현재와 과거에 둔다. 행동은 이해를 앞서고, 상호작용 형태에 있어서의 변화는 병식보다 중요하다고 받아들여진다. 학습된 역할과 행동은 무의식적인 과정보다 가족문제의 중요한 요인이라고 주장한다. 주요 임상가는 Minuchin(1978)이다.

4) 의사소통 이론적 접근

이 접근의 이론적 바탕은 의사소통이론, 체계이론, 행동주의 이론이며, 치료의 관심은 이중관계나 삼각관계이다. 둘 혹은 그보다 많은 가족성원 간의 그릇된 의사소통이 가족문제나 증상을 유발하는 인자로 간주된다. 의사소통(Communication approach)에 기초하는 접근을 따르는 치료자는 활발하게 개입하여 문제에 초점을 맞추고, 이를 조정하고자 하며 간혹 역설적인 기법을 사용한다.

치료의 목표는 가족 간의 역기능적인 행동을 변화시키는 것과 문제와 증상을 줄이는 것이다. 치료의 초점은 현재이며, 문제와 증상은 가족성원의 계속되는 상호작용의 결과로 이해한다. 현재를 중시하며 가족규칙, 항상성, 피드백 등이 가족기능을 유지하는 데 중요한 영향을 미친다고 본다. 통찰은 그리 중시되지 않으며, 가족기능의 변화는 해석보다는 설명을 통해 가능하다고 본다. 주요 임상가는 Erickson(1962), Satir(1967), Jackson(1965) 등이 있다.

5) 행동주의적 접근

행동주의적 가족상담(behavioral family therapy)는 행동주의와 사회학습이론이 주요 이론적 근거이다. 이 이론에 따르면 한 사람의 행동은 타인에게 직접적인 여파를 미친다. 치료자는 매우 지시적이고 교사나 모델로서 기능한다. 또한 문제를 규정하고 이를 계량하여 변화를 측정하고, 이 모델의 타당성을 증명할 수 있는 조사를 시행한다.

치료의 목표는 가족성원 간의 행동을 변화시키며 증상이나 문제를 제거하는 것이다. 특히 이 모델에서 관심을 가지는 것은 문제행동을 유지하고 지속하게 하는 대인관계 환경이다. 이 접근에서 통찰은 그리 강조되지 않으며, 행동은 목표 달성을 위해 중시된다. 이 접근의 주요 가정은 문제행동이나 증상은 행동적 강화를 통해 학습된다고 보는 것이다. 주요 임상가는 Liberman(1970), Patterson(1975), Stuart(1969)이다.

4. 가족상담의 주요 이론가

가족상담은 다양한 이론가의 공헌으로 발달하였다. 각각의 이론가는 독특한 기법과 절차를 중시하지만 가족을 체계적 관점에서 이해하고 '가족 속의 개인'이라는 관점을 통해 문제를 해결한다는 면에서 공통적이라고 할 수 있다. 본 절에서는 가족상담의 발달에 매우 큰 영향을 끼친 Satir, Minuchin, 그리고 Haley의 가족상담 이론에 대해 살펴보고자 한다.

1) Satir

(1) 주요 이론

가족상담자인 Satir는 가족의 의사소통 유형을 강조한 저명한 임상사회복지사이다. 다음은 가족상담의 대가인 Satir(1967)의 주장이다.

문제를 가진 가족의 의사소통은 매우 모호하고 간접적이다. 즉 문제를 가진 부부는 자신의 욕구를 직접 드러내고 말하는 것을 꺼린다. 흔히 부모는 자신의 입장이나 욕구를 충족하는 수단으로 자신의 자녀를 활용하기도 한다. 이럴 경우 자녀는 한쪽 부모를 대변해야 하는 스트레스 외에도 자칫하면 다른 쪽 부모로부터 버림받을 수도 있는 갈등에 직면하게 된다.

부부가 자신들의 입장을 직접적으로 표현하지 못하는 의사소통, 즉 간접적인 의사소통 방식은 결혼 이전의 구애 기간에서부터 이미 나타나기 시작한다. 이러한 의사소통을 하는 개인은 자신감이 부족하고 스스로에 대해 만족하지 못하는 특징이 있다. 간접적인 의사소통 방식을 채택하는 이들 부부는 자신들이 나약하다고 느끼지만 강하고 능력 있는 사람처럼 행동하면서 자신의 약점을 숨기려고 한다. 또한 상대가 자신을 버릴지도 모른다는 두려움에 상대에게 자신의 느낌을 가능한 표현하지 않으려 한다. 또한 이 자신을 감싸 주고 돌봐 줄 수 있는 능력을 가진 사람을 배우자로 맞이하려는 욕구가 있다.

이러한 욕구를 가진 개인은 자신을 돌봐 줄 것이라고 기대했었던 상대 배우자가 막상 그러한 능력을 가지지 않았다는 것을 알게 될 때 갈등하게 된다. 이러한 부부는 각자의 입장을 드러내는 것은 갈등을 부른다고 생각하고 자신의 입장 표명을 가능하면 자제한다. 결국 이러한 부부는 차이보다는 하나가 되어야 한다는 욕구가 강하며, 그렇지 못한 경우에는 심한 스트레스 상태에 직면하게 된다.

의사소통(communication)에는 목소리, 제스처, 자세 등의 비언어적인 의사소통과 언어적 의사소통이 있는데, 언어적인 것과 비언어적인 것이 얼마나 일치하는지가 중요하다. 특히 문제가 많은 가족의 경우에는 언어적 의사소통과 비언어적 의사소통 간에 불일치하는 점이 많아서 가족원 간에 오해가 잦다.

의사소통이 불일치하는 대표적인 예는 이중구속 메시지(double bind message)이다. 이 메시지는 수신자가 어떠한 행동도 할 수 없게 만들기 때문에 송신자가 수신자의 메시지를 무시하거나 혼란스럽게 반응하도록 한다는 데 문제가 있다. 부부의 불일치한 의사소통 일례를 보자.

> 남편에게 화가 많이 남에도 불구하고 아내가 '당신에게 화가 많이 나요'라는 말을 할 경우 남편에게 거절당할 가능성이 있기 때문에 빙긋이 웃으면서 '당신에게 화나요'라고만 했다. 이 경우 남편은 아내의 말에 별로 신경을 쓰지 않게 되며, 이러한 남편의 행동은 아내를 더욱 자극하게 된다. 이때 아내는 더 화가 나게 되고, 결국 부부간에는 더 많은 긴장이 발생한다.

개인은 성장에 대해 타고난 능력을 가지고 있으며 자신의 삶과 행동에 대해 책임을 질 수 있다고 가정하는 Satir(1967)는 건강한 사람의 특징을 다음과 같이 제시했다.

첫째, 건강한 사람은 남에게 자신의 생각과 느낌을 분명하게 드러내고 전달한다.
둘째, 외부로부터 자극을 객관적으로 보고 들을 수 있다.
셋째, 다른 사람의 개성을 존중하고 유일한 개인으로 대할 수 있다.
넷째, 차이를 갈등의 신호로 보기보다는 탐색과 학습의 기회로 받아들인다.

(2) 가족상담의 목표 및 지침

Satir는 직접적이고 권위적이며, 솔직하고 정력적인 임상가로서 그가 제시한 이론의 주 특징은 무엇보다도 가족의 의사소통을 변화시키려고 하는 데 초점이 맞추어져 있다는 것이다(Okun et al., 1980). 문제 가족을 위한 Satir의 치료적 목표를 요약하면 다음과 같다.

① 가족원에게 차이를 받아들이도록 하고 가족원 자신들이 독특한 개인이라는 것을 알도록 한다.
② 가족원에게 자신의 입장을 제대로 전달하는 방법을 학습시킨다.
③ 가족원이 자신들의 가족에 대해 인식한다는 것은 건강함의 상징일 뿐만 아니라 성장에 있어서 매우 중요한 것으로 받아들이도록 한다.
④ 이중구속 메시지와 불일치하는 의사소통을 바로잡도록 가족을 지원한다.
⑤ 가족 내에서 만연하고 있지만 아직 언어화되지 않는 가정(hypothesis)들을 표현하도록 다양한 언어적·비언어적 기법(가족조각기법, I message 전달법)을 사용한다.
⑥ 가족상담자는 가족 내에 존재하는 규칙을 상담하고 이 규칙의 부정적인 역할을 탐색하며 이 규칙이 전체 가족의 협상 하에 생산적인 것으로 변화하도록 한다.
⑦ 가족성원이 자신들이 듣고 느낀 것을 직접적이고 일치되게 표현하도록 한다.
⑧ 가족 내의 의사결정은 권력에 의해서가 아니라 탐색과 협상에 의해 만들어지도록 한다.
⑨ 가족 내의 차이는 개방적으로 인정되어야 하며 성장을 위해 활용되어지도록 한다.

2) Minuchin

(1) 주요 이론

아르헨티나 출신인 Minuchin(1974)은 소아과 개업의로서 활동하다가 미국으로 본거지를 옮겨 본격적으로 가족상담자로 활동하기 시작하였다. 다른 가족상담자가 그러하듯이 Minuchin 역시 체계론적 관점에서 가족의 문제를 규명하였다. Minuchin 이론의 핵심은 개인의 문제는 가족 내의 안정을 추구하려는 목적과 관련이 있기 때문에 개인의 변화를 도모하려면 '전체로서의 가족(family as a whole)'을 변화시켜야 한다는 것이다.

Satir의 이론의 핵심이 '의사소통의 변화'에 있다면 Minuchin 이론의 핵심은 '가족구조의 재조직'에 있다. 그렇다고 해서 Minuchin이 가족의 의사소통 형태를 다루지 않은 것은 아니며, 의사소통은 가족의 구조(예를 들면 하위구조)를 가족들에게 이해시키는 수단으로 활용된다.

Minuchin은 가족의 역기능적인 구조를 재현할 목적으로 '역설적 제안(paradoxical suggestion)기법'을 가족상담 장면에 활용하기도 한다. 이 기법 역시 가족들에게 자신들의 가족에 내재된 역기능적인 구조를 입증시키고 이를 재조직하도록 독려하려는 것이다.

> 예를 들면 거식증에 걸려 있는 내담자 A(16세 소녀)를 치료하는 가족상담자는 치료장면에서 가족들에게 식사장면을 재현하도록 요구한다. 이 과정에서 가족은 내담자 A에게 식사를 요구하고 어르며 애원하는 장면을 재현하게 되는데, 가족상담자는 이를 통해 가족의 역기능을 확인할 수 있다.

Minuchin의 구조적 관점에서는 특히 배우자, 부모, 형제의 삼자관계를 중시한다. 아동, 청소년이 있는 가족의 경우 이러한 삼자관계가 제대로 작동해야 건강한 가족이라고 할 수 있다. 이중에서도 배우자 관계는 매우 중요한 단위이다.

자녀가 출생할 경우 어머니는 대개 출생한 자녀와 밀착된 관계를 유지함으로써 기존의 부부체계를 위협하기 시작한다. 형제체계 역시 매우 중요하다. 왜냐하면 형제관계는 개인이 처음으로 위계와 동료를 어떻게 다루어야 하는지를 알게 해주는 체계이기 때문이다. 자녀가 출생할수록 가족은 출생한 자녀체계에 맞추어 가족을 변화시켜 나가야 하며, 만일 그렇지 못하면 가족체계는 위협을 받게 된다.

Minuchin의 가족상담에서의 핵심은 하위체계 간의 경계에 대한 것이다. 즉 하위체계 간의 경계가 밀착되어 있는지, 혹은 너무 느슨한지를 탐색하는 일이 중요시된다. 너무 밀착되어 있다면 다른 체계는 배제될 것이고, 지나치게 느슨하다면 다른 체계를 의사소통에 활용하려 할 것이다.

(2) 가족상담의 목표 및 지침

오늘날 가족상담자 중 가장 영향력 있는 실천가로 받아들여지고 있는 인물은 바로 Minuchin이다. 그는 호방하고 적극적인 치료자로서 가족의 병리는 가족의 역기능적인 경향의 발달에 기인하는 것으로 보고 체계를 재구조화하여 가족의 기능을 강화하고자 하였다. 그의 주장을 한마디로 요약하면 "한 가족성원이 나타내는 문제나 증상, 갈등은 가족문제이지 개인적인 문제가 아니며, 가족조직을 변화시켜야 역기능적인 행동이 되풀이되지 않고 새로운 기능적인 행동이 가능하며, 가족과의 공동작업을 통해 가족을 재구조화해야 한다"는 것이다.

Minuchin이 제시한 치료적 목표를 요약하면 다음과 같다(Minuchin & Fishman, 1981).

첫째, 가족상담자는 가족의 하위체계가 명백한 경계를 유지하도록 한다.

둘째, 가족상담자는 중요한 기능을 하는 부모 하위체계가 투명한 권위에서 작동되도록 도와주어야 한다.

셋째, 가족상담자는 형제 하위체계가 배우자체계나 부모체계에 속박됨이 없이 분명한 경계 속에서 유지되도록 하면서도 형제 하위체계가 부모체계로부터 지속적인 보호와 지도를 받을 수 있는 체계로 유지되도록 조직화해야 한다.

넷째, 가족상담자는 가족의 역기능적인 구조를 직면시켜 반복되는 병인적 경향을 깨닫게 하고 가족규칙의 변화와 재정립을 꾀해야 한다.

3) Haley

(1) 주요 이론

전략적 가족상담자로 알려진 Jay Haley(1963, 1967)는 가족상담의 선구자이자 의사소통이론가였다. 그 역시 Satir나 Minuchin과 같이 가족체계론자로서 개인의 증상이나 문제는 개인 내적인 것이라기보다 대인관계적인 의미를 지니는 것으로 받아들였다. 그에 따르면 알코올중독이나 공포 등은 관계를 통제하려는 또 다른 의미를 지닌다.

가족 내의 관계를 통제하려는 수단은 절박한 상황에서 나타나며, 대개 무의식적인 과정이다. 또한 가족이 가진 문제를 대치할 만한 다른 방법이 고안되지 않는다면 이러한 통제수단은 계속 사용될 것이다. 이러한 현상은 '건강염려증'으로 알려진 신경증적 신체질환에서도 잘 드러난다.

Haley는 현재 나타나는 가족의 언어적, 비언어적 의사소통 유형이 가족의 항상성을 유지하는 데 어떠한 영향을 주는지에 관심을 가졌다. 뿐만 아니라 가족이 가족상담을 통해 없애고자 하는 문제가 무엇인지에 대해 많은 관심을 가졌다. 또한 Haley는 가족에게 가족 내에 존재하는 문제가 무엇인지를 분명하고 명확하게 규정하도록 하는 데 적극적이었다. 이를 위해 Haley는 가족이 가진 문제를 해결하는 데 '지시와 과제'를 적극 활용하였다. 김씨 가족의 예를 보자.

> 남편 김씨는 최근 치매 증상을 보이는 어머니 박씨와 아내 이씨가 마찰이 잦은 것에 대해 많은 불만을 가지고 있었다. 남편은 '아내가 이해심과 사려심이 부족하여 시어머니에게 함부로 대한다'고 불평하였다. 치매로 인한 고부의 갈등이 부부갈등으로 번진 셈이다. 이는 급기야 가족상담을 받도록 하는 수준까지 이르렀다. 전략적 가족상담모델에 입각한 가족상담자는 남편에게 하루 1시간씩 치매를 앓고 있는 어머니를 간병하는 과제를 부여하였다. 과제를 수행하면서 남편은 점차 아내의 힘든 점을 이해할 수 있었다.

위에서 본 김씨 가족의 경우 어머니와 아들 간의 체계가 배우자체계보다 더 강하다는 것을 알 수 있다. 가족상담자는 남편 김씨에게 아내의 역할을 일부 대신하게 함으로써 김씨 부부의 체계를 강화시켜 가족체계의 기능을 강화하고자 하였다.

Haley 역시 다른 여타의 가족체계 이론가처럼 증상만을 제거하는 접근은 많은 한계를 지닌다고 본다. 왜냐하면 가족체계를 고려하지 않고 개인이 지닌 증상만을 제거했을 경우, 가족항상성 유지에 동원되었던 증상을 대신할 새로운 증상이 출현할 것이기 때문이다. 그는 다른 이론가의 주장에 더 나아가 만일 가족이 가족상담을 통해 긍정적인 변화를 경험할 경우, 이러한 경험이 일상에서 일반화될 수 있다고 주장하였다.

가족 의식적으로는 문제가 해결되기를 희망하지만 만일 문제가 해결될 경우 기존의 가족균형이 깨어지기 때문에 문제가 해결되는 데 대해 무의식적으로 저항하며, 치료가 실패하도록 조종하기도 한다. 그러면서도 가족은 가족에 문제가 있다는 것을 알기 때문에 계속해서 치료를 요구한다. 이러한 점에 착안한 Haley는 가족에게 문제를 알려준 후에 문제를 계속 유지하라고 권유하기도 한다. 일명 '역설적 기법'을 통해 이러한 문제를 해결하고자 하였다.

예를 들어 부부싸움을 자주하는 부부의 경우 치료자는 지금과 같이 부부싸움을 계속할 것을 주문한다거나 지나치게 손을 씻는 여성에게는 손을 더 많이 씻으라고 요구한다. 이러한 치료자의 주문은 하나의 통제가 된다. 내담자가 치료자의 역설적인 지시에 저항한다는 것을 감안할 때, 지시에 대한 저항은 궁극적으로 가족이 가진 문제의 해결을 초래하는 결과를 낳는다. 이를 '역설적 제안'이라고 한다.

Haley 역시 의사소통이론에 무관심했던 것은 아니다. 그는 가족 내에서 권력과 동맹, 연합이 어떻게 이루어지는지, 이러한 것이 가족의 문제해결에 어떻게 활용하는지에 대해서 많은 관심을 가졌으며, 이러한 점은 타 이론가와 차별되는 점이라고 할 수 있다.

(2) 치료의 목표 및 지침

증상은 관계를 통제할 목적을 가진다고 보기 때문에 Haley가 주장하는 가족상담의 목표는 관계를 재정의할 다른 방법을 발달시키는 것이다. Haley 역시 다른 치료자와 마찬가지로 의사소통 방식이나 가족체계를 문제해결에 중요하게 고려하였으나, 전략적 접근(strategic approach)을 강조한 점은 타 이론가와 차별된다고 할 수 있다.

다음은 Haley(1963)가 제시한 가족상담의 주요 지침이다.

첫째, 치료자는 지도자로서 적극적으로 개입하여 가족의 구조를 변화시키도록 한다.

둘째, 치료자는 가족이 제시하는 문제를 가족체계와 관련하여 파악한다.

셋째, 치료자는 문제가 가진 긍정적인 면을 강조함으로써 내담자로 하여금 새로운 맥락에서 다르게 행동하게 한다.

넷째, 장기적인 접근보다는 단기간의 접근이 문제해결에 보다 효과적이다.

다섯째, 가족은 문제해결을 기대하면서도 무의식적으로 저항하기 때문에, 역설적 기법은 문제해결에 대한 가족의 저항을 처리하는 데 도움이 된다.

여섯째, 가족상담은 ① 가족 내의 문제를 정의하고, ② 문제를 해결하기 위한 새로운 행동을 촉진하며, ③ 가족관계를 변화시키는 순서로 진행된다.

5. 가족상담의 단계

변화대행자로서 가족상담자(상담자)는 가족을 체계적 관점으로 이해하면서 다양한 이론적 배경을 통해 가족문제에 개입한다. 앞서 보았듯이 가족상담에 대한 이론과 개입 모델이 다양한 만큼 가족상담의 단계를 한 가지로 나타내기란 그리 간단한 일이 아니다. 그럼에도 불구하고 가족상담의 과정을 제대로 이해하기 위해서는 개입의 과정을 단순화시킬 필요가 있다. 가족상담의 과정은 ① 정보수집, ② 문제 정의, ③ 계획, ④ 계획에 대한 계약, ⑤ 계획의 실행, ⑥ 평가, ⑦ 종결로 나누어진다(Zastrow, 1999).

1) 첫 회기

첫 회기는 불안해 보이는 가족이 자신의 문제를 털어 놓는 시간이다. 그들은 문제를 있는 그대로 내놓을 수도 있고, 과장 혹은 축소할 수도 있다. 첫 회기에서 중요한 일은 무엇보다 치료자와 관계를 확립하는 일이다. 이를 위해서는 가족이 평소의 모습대로 기능할 수 있도록 편안한 분위기를 조성할 필요가 있다. 최대한 편안한 느낌을 주도록 물리적 공간을 배치하고, 전체 가족원의 언어적, 비언어적 의사소통 방식을 관찰하기 용이하도록 하기 위해 탁자는 배제하고 의자를 둥글게 배치하는 것을 기본으로 한다.

초기 세션은 상당 부분 가족성원이 서로를 느끼고 희망을 가지게 함으로써 긴장감을 줄이는 데 비중을 둔다. 초기 세션에서 다루어지는 주요 과업의 하나는 가족력을 청취하는 것이다(Satir, 1967). 가족력에는 배우자를 만난 시기와 결혼을 선택한 이유, 결혼 후 서로에 대한 기대는 무엇이었으며 본가의 생활방식이나 형제관계, 양 가정의 분위기가 어느 정도 일치했는지, 그리고 결혼 후의 주요 사건을 알아본다. 특히 주요 사건에 대한 경청은 방문한 가족이 왜 가족상담을 선택하게 되었는지를 자연스럽게 밝혀 주는 계기가 된다. 가족이 문제해결 과정에 돌입하려는 느낌이 들 때 치료자는 가족들이 가진 문제가 무엇인지를 질문한다. 치료자는 문제를 가진 가족 구성원(identified person, IP)의 문제를 단지 IP만의 문제로 보지 않고 가족 항상성 유지와 관련하여 전체 가족 맥락에서 이해하는 자세를 유지하며 가족의 상호작용을 탐색한다.

치료에 대한 계약은 초기과정에서 중요한 비중을 차지하는 과업이다. 치료자는 가족이 변화해야 IP의 문제가 해결될 수 있다는 것을 가족에게 충분한 설명을 통해 납득시키고 가족의 의사소통이나 체계가 변화되도록 가족이 적극 노력해 줄 것을 요청하고, 가족구성원이 해야 할 과업에 대해서 구체적으로 계약한다. 이 과정에서 가족 전체가 변화해야 한다는 것에 가족이 동의하지 않을 경우, 동의되는 수준에서 계약을 하고 차후의 과정에서 계약의 수준을 변화시킬 수 있다.

가능하면 전체 가족이 참여하는 것을 원칙으로 계약한다. 하지만 전체 가족이 참여해야 하는 문제는 가족의 현실적인 여건을 고려하여 융통성 있게 조절할 수 있을 것이다. 어떤 경우에는 전 가족을 대상으로 가족상담을 시작하여 차후에는 두 명씩 혹은 세 명씩 분리하여 치료하기도 한다. 그러나 부부는 치료의 마지막까지 필수적으로 참석해야 하는 가족구성원이다.

2) 중간단계

중간단계는 가족상담의 핵심 단계이다. 이 과정은 첫 면접이나 몇 번의 간단한 면접을 바탕으로 치료자와 가족이 정기적으로 만나 한 시간에서 한 시간 반 정도 문제를 본격적으로 해결해 나가는 단계이다. 중간단계의 중요한 과업은 치료과정을 통해 나타난 변화를 가족이 받아들이고, 변화를 지속시키도록 가족을 독려하는 일이다(Framo, 1965).

중간단계에서 가족은 치료자의 역할과 가족성원의 역할 및 의무가 무엇인지를 파악하게 되며, 갈등의 원천이 드러날 때 발생할 수 있는 긴장이나 적개심의 표현을 인내할 수 있어야 한다는 사실을 배우게 된다. 또한 이 단계에서 가족은 가족성원 간의 관계가 수정되어야 하고, 기존에 유지해 오던 가족구성원 간의 병리적인 동맹이 무너져야 한다는 사실을 깨닫기 시작한다.

다음에 논의할 사항은 반드시 중간단계에 한정되는 것은 아니지만 가족상담 장면에서 실제로 발생할 수 있는 사항(김유숙, 2000)을 살펴보는 것으로서 중간단계에 대한 설명을 대신하고자 한다.

(1) 가족성원이 동시에 말하는 경우

경우에 따라서 가족이 저마다의 입장을 내세우다 보면 동시에 말하게 되는 경우가 있다. 이러한 경우 가족상담자는 각자의 의견을 존중하면서도 체계적으로 듣기 위해 나름대로의 방안을 가지고 있어야 한다.

첫째, 가족상담자가 특정 가족원을 지정해서 질문하는 방법이다.

- 아버님은 이 문제에 대해 어떻게 생각하는지요?
- 자, 그럼 철수의 생각을 들어봅시다.

둘째, 가족상담자가 가족성원을 대변해서 이야기한다.

셋째, 모자나 막대기 같은 소품을 가진 사람만이 이야기할 수 있는 규칙을 정한다.

- 자, 이제부터는 막대기를 가진 사람만 이야기하도록 하겠습니다.
- 막대기는 이야기하는 사람만 가질 수 있습니다.

넷째, 여러 가지의 시도가 효력을 가지지 못했다면 면담을 중단한다.

이에 대해 가족상담자는 의사소통의 방해는 역기능적인 항상성을 유지하려는 수단임을 알리고, 가족이 이러한 전략에 휘말리기 전에 면담을 잠시 중단시키며, 규칙이 지켜질 경우 다시 면담이 재개될 것임을 재차 알린다. 이러한 조치는 가족이 마음을 털어놓고 이야기하는 것을 배우도록 해준다.

(2) 가족이 침묵하는 경우

가족상담 장면에서 가족이 침묵하는 경우로는 ① 가족의 상호작용이 원만하지 못한 경우, ② 가족이 감정을 억압하는 경우, ③ 가족상담에 대해서 저항하는 경우로 볼 수 있다. 가족상담자는 가족이 무엇을 해야 할지 몰라 침묵하는 것인지, 대화의 기술이 부족한 건지, 항상성 유지를 위한 방편으로 침묵하는지를 우선 알아보아야 한다. 또한 가족상담에서 성원의 감정표현은 매우 중요한 치료 매개로 작용한다는 것을 알리고 가족에게 자신의 입장과 감정을 표현하도록 격려해야 한다.

치료자는 가족의 감정표현을 유도하는 데 필요한 다양한 노력을 전개해 나가야 한다. 우선 가족구성원에게 상대방의 말을 존중하고, 경청할 필요성을 강조해야 한다. 또한 가족상담 장면에서의 감정표현은 정당하며, 문제해결에 꼭 필요한 과정이라는 것을 설명하는 것이 바람직하다. 이러한 노력은 추후 가족이 자유롭고 개방적으로 자신의 감정을 표현할 수 있는 학습의 기회를 제공한다.

(3) 두서없이 떠드는 경우

이러한 경우 말이 많은 가족성원의 입장을 받아들이면서 적당하게 발언을 자제시키는 기술을 구사할 필요가 있다. 만일 한 성원이 지나치게 말을 많이 한다면, 그는 자신이 IP로 지목되는 것을 두려워하는 것은 아닌지, 또는 가족상담 내의 주도권을 쥐려고 하는 것은 아닌지 의심해 볼 일이다. 이럴 경우 "평소에도 가족 내에서 말씀이 많은가 봅니다, 다른 가족은 이에 대해 어떤 입장이신지요?"라고 질문할 수 있다. 또한 그 성원이 이야기할 기회를 가지기 전에 다른 성원에게 질문을 하거나 주제를 바꾸어 주는 방법도 있다.

(4) 한 성원이 다른 가족을 대변하는 경우

가족상담 장면에서는 한 성원이 다른 가족성원의 입장을 대변하여 전달하려고 하는 경우를 자주 볼 수 있다. 대변하는 사람은 자신의 대변 행동이 문제인지를 모를 수 있으며, 대변당하는 사람의 입장에서는 상대의 대변 행동으로 인해 무시당한다는 느낌을 가질 수도 있다. 이러한 대변 행동은 역기능적인 가족구조를 단적으로 드러내는 것이기 때문에 적극 개입되어야 한다.

- 저는 어머니가 아닌 철수가 직접 자신의 느낌을 말하기를 희망합니다.
- 영수(철수의 형)는 철수의 입장을 대신 말하는 데 익숙한 것 같아요.
- "제가 부탁하지 않는 한 어느 누구도 다른 사람의 입장을 대신해서 말하지 않기로 하는 데 모두 동의해 주시겠습니까? 이렇게 하는 것이 가족에게 더 도움이 될 것이라 생각합니다."

(5) 다른 가족성원을 비난하는 경우

가족상담 장면에서 한 성원 또는 2~3명의 성원이 다른 가족원을 비난하는 경우를 자주 볼 수 있다. 가족상담자는 이러한 현상을 통해 가족구조를 관찰하고 탐색할 수 있다. 만일 치료자가 이에 대해 적당한 조치를 조기에 취하지 않는다면 가족은 이러한 비난적 의사소통이 가족상담 장면에서 용서된다고 생각할지도 모른다. 치료자는 비난하는 방식의 의사소통이 발생할 경우 이를 즉각 제지하고, 이러한 방식의 의사소통이 왜 바람직하지 않은지를 설명하며 바람직한 의사소통 방법을 학습시키도록 한다.

(6) 가족성원이 제멋대로 면담 장소를 이탈할 경우

가족상담 장면에서 성원 간의 부정적인 의사소통(언쟁, 비난, 분노의 표현 등)으로 인해 한 성원이 가족상담 장소를 갑자기 이탈하는 경우가 있다. 이럴 경우 초보 가족상담자는 매우 당황해하고 가족에 대한 지나친 관여로써 이에 대한 책임을 면제받으려고 할지 모른다. 이탈 현상 역시 가족구조를 탐색할 수 있는 기회를 제공해 준다. 누가 떠나는지, 떠난 후 다른 가족의 반응은 어떠한지, 누가 그를 동정하며 비난하는지 등을 자세히 살펴볼 경우 가족구조를 보다 더 잘 이해할 수 있는 실마리를 얻게 된다. 중요한 사실은 가족성원의 이탈에 대해 가족상담자가 책임을 지려고 하지 않아야 한다는 것이다. 이럴 경우 가족은 자신이 지닌 문제를 해결해 나가는 학습경험을 박탈당할 수 있기 때문이다.

(7) 치료동기의 저하

가족상담에 대한 동기는 각 회기마다 차이가 나며 가족원 간에도 차이가 난다. 통상 초기에 비해 가족상담이 점차로 진행될수록 동기가 낮아질 가능성이 많다. 가족에게 가족상담에 대한 동기를 지속적으로 유발시키는 것은 치료자의 중요한 과업이다. 이와 관련하여 다음의 방안이 고려될 수 있다.

첫째, 치료자는 낙관적인 태도를 보이면서 치료가 성공리에 종결되면 가족의 기능이 긍정적으로 변화할 것이라는 설명을 부가할 필요가 있다.

둘째, 직접적인 설명으로도 효과가 나지 않을 경우에는 은유적인 방법('등산을 하는 이유에 비유')이나 역설적인 멘트('가족은 문제라고 하면서도 정작 긍정적인 변화를 원치 않기 때문에 치료를 망설이는 것 같습니다')를 사용할 수도 있다.

3) 종결단계

종결은 철저한 준비를 통해 이루어져야 한다. 종결기의 치료자는 가족상담을 통해 획득한 성과가 종결 이후에도 지속되도록 하고, 치료자와의 이별에 대해 가족이 스트레스를 적게 받도록 하는 데 관심을 가진다. 종결은 갑자기 이루어지는 것이 아니라 사전에 충분히 토론하고, 1회/주, 1회/2주, 1회/월처럼 점진적으로 회기를 줄여나가면서 이루어지도록 하는 것이 바람직하다. 가족상담을 통해 변화한 것이 무엇인지, 어떤 사항이 가장 도움이 되었는지에 대해 가족이 평가해 보도록 하는 것도 종결기의 과제이다(Zastrow, 1999). 가족상담은 가족의 특정 문제를 제거하는 데 초점을 두기 때문에 개인치료에 비해 상대적으로 회기가 짧다.

가족치료는 통상 8회에서 20회 정도의 회기로 열리며, 경우에 따라서는 연장될 수도 있다. 가족상담을 받은 가족이라고 해서 가족성원의 문제해결에 대한 진전이 동일하지는 않다. 어떤 가족성원은 가족구조가 변화하는 데 대해 저항하는가 하면, 어떤 가족성원은 가족문제가 해결됨으로써 보다 편안해 한다(Goldenberg & Goldenberg, 1991).

가족상담의 종결시점을 정하기란 그리 간단한 문제가 아니다. 가족상담 시작 무렵에 미리 회기를 정해 놓고 정해진 회기에 맞추어 종결하는 경우도 있고 문제가 해결되어 가는 것을 고려하여 종결할 수도 있다. 다음은 치료를 종결할 수 있는 시점에 나타나는 징후이다.

첫째, 가족은 대인관계상의 문제를 집에서 해결하려고 하고 치료자에게 호소하지 않는 경우가 많다.

둘째, 가족 간에 서로 불평하는 일이 줄고 만족할 만한 행동의 빈도가 늘었다.

셋째, 가족 간에 분화와 협력의 정도가 뚜렷이 증가한다.

넷째, 가족 간에 투사하는 빈도가 줄었다.

6. 가족상담에 대한 평가

오늘날 가족상담은 임상사회복지사의 중요한 개입수단으로 확고한 위치를 점하고 있다. 이는 가족이 개인의 성장과 발달, 그리고 위축에 있어서 중요한 하나의 환경으로 작용하기 때문이다. 따라서 사회복지상담가는 가족상담의 모델과 이론을 개발하고 이를 임상적으로 활용하는 데 많은 관심을 가져야 할 것이다.

앞서 언급하였지만 가족상담은 가족을 하나의 단위로 이해하고 개인의 문제를 가족의 체계 유지와 관련하여 이해한다. 가족상담은 수많은 장점을 가지고 있음에도 불구하고 다음의 측면에서 한계를 가진다.

첫째, 가족상담은 가정문제의 주범을 여성으로 몰아가는 경향이 있다. 이러한 경향은 여성주의적 관점에서 볼 때 또 하나의 불평등적인 요인이 된다.

둘째, 가족상담은 상대적으로 어머니의 역할을 강조하는데, 이는 "엄마는 문제를 해결할 수 있고 아버지는 힘들다"는 논리를 형성하게 한다. 즉 변화해야 할 사람이 엄마라고 주장하는 것은 아버지의 역할과 기능을 간과하는 결과를 낳는다.

셋째, 사회가 급속히 변화함으로써 과거에 비해 여성의 역할이 급격히 변화함에도 불구하고, 가족상담 이론에서는 이를 제대로 반영하지 못하고 있다. 어찌 보면 상당 부분의 가족갈등 요인은 여성에게 전통적인 역할을 요구하는 것과 관련이 있다.

넷째, 가족 전체를 클라이언트로 규정하기보다는 개인을 클라이언트로 규정할 필요성 역시 존재한다. 예를 들면 개인의 특성이 가족의 체계에 영향을 미침에도 불구하고 가족체계에 의해 개인의 특성이 형성된다고 일방적으로 몰아가는 것은 설득력을 확보하기가 쉽지 않다.

다섯째, 가족상담은 개인의 특성이나 증상의 형성에 영향을 미치는 사회적 요인에 대해 별다른 언급이 없다.

토의사항

1. 사회복지실천에서 가족이 정신건강에 미치는 영향에 대해 어떠한 입장을 지니고 있는지 제시해 보시오.
2. 당신의 가족이 가족상담을 받아야 한다면 당신 가족에 해당되는 문제 2가지를 제시해 보고, 당신이 가족상담가라면 그 문제를 어떻게 해결할지 방안을 간략히 제시해 보시오.
3. 만일 당신의 가정에 문제가 생겼다면 가족상담을 받으러 갈 것인가? 가야 한다면 그 이유는 무엇이고, 가족상담을 받지 않겠다면 그 이유를 간략히 제시해 보시오.

이 론 의 실 습

4학년인 대학생 B는 최근 졸업을 앞두고 학생상담센터를 방문하여 상담을 요청하였다. 심리검사 결과 무기력, 긴장, 열등감, 공격성이 확인되었다.

B는 마땅한 스펙이 부족하고, 희망하는 직장에 들어가기 어렵다는 생각에 가슴이 답답하고 잠을 설치며 혼자 있고 싶을 때가 많다고 한다. 부모님이 기대하는 직장에 들어가야 한다는 생각에 마음이 급하지만 자신감이 없고, 우울한 기분이 들 때는 아무것도 하기 싫어지고 어딘가 떠나고 싶다고 호소한다. 가끔 안 태어났더라면 나을 것 같았다는 생각이 들고 취업이 안 될 것 같은 생각이 밀려들 때는 초라하고 한심하다는 생각에 사로잡힌다고 한다.

두 부모님은 교사이고, 위의 형은 얼마 전 공무원 시험에 합격하여 부모님을 기쁘게 해 준바 있다. 형에 대한 자격지심이 있고, 부모님이 자신에 대해 기대하는 바가 낮고 스스로 열등감이 강한 것으로 나타났다. B는 상담을 통해 자신감이 커지고 사람들과 잘 어울리면서 대인관계가 좋아지기를 기대하였다.

▶ 위의 사례가 가족상담에 적용될 경우 어디에 주안점을 두고 상담을 진행해 가야 할지 3가지를 제시해 보시오.

참고문헌

고영희 외 9인(1990). 심리학. 경기: 양서원.

공계순, 서인혜(2006). 증거기반 사회복지실천에 대한 이해와 한국에서의 적용가능성에 관한 연구, 한국사회복지연구회, 31권, 77-103.

권석만(2000). 우울증. 서울: 학지사.

김계현(1997). 상담심리학. 서울: 학지사.

김기태, 김수환, 박지영, 김영호(2002). 사회복지실천론. 경기: 양서원.

김기태, 양옥경, 홍선미, 박지영, 김명민(2005). "한국사회복지실천교육모델연구". 한국사회복지교육협의회, 1(1).

김동연, 조인수, 김종순(1989). 행동수정 이론과 실제. 서울: 신아출판사.

김만두 외(1999). 사회복지실천과 임상사회사업. 서울: 임상사회사업연구회.

김성희 외 역(2003). 현대심리치료, Corsini, R., J. Wedding D.(2000). *Current Psychotherapy*. F. E. Peacock Publishers, Inc. 서울: 학지사.

김영애 역(1997). 이상심리학. 서울: 하나의학사.

김영호(2006). "복지에서의 상담". 복지상담학 연구, 1(1), 19-30.

김영희 외 9인(1993). 심리학의 이해. 서울: 학지사.

김유숙(2000). 가족치료: 이론과 실제. 서울: 학지사.

김융일 외(1995). 사회사업실천론. 서울: 나남출판사.

김인숙(2006). "사회복지실천의 정체성". 상황과 복지 제20호, 119-152.

김인자(1997). 현실요법과 선택이론. 서울: 한국심리상담연구소.

김재철(2012). "빈스방거의 현존재상담에 대한 비판적 고찰", 시대와 철학(고려대 철학연구소), 46권, 241-275.

김정기 역(2009). 실존주의 상담학. 서울: 상담신학연구소.

노 혁(2002). "사회복지상담과 심리상담의 비교연구". 나사렛 논총, 7호, 165-184.

노 혁(2006). 사회복지실천론. 서울: 학지사.

노안영 역(1997). 상담의 기본 요소. *The Element of Counseling*. 서울: 중앙적성출판사.

박민철(1996). 집단정신치료. 서울: 하나의학사.

박선숙(2015). 사회복지상담에 대한 현장에서의 인식과 활용에 관한 연구, 신라대학교 대학원 박사학위논문.

송명자(1995). 발달심리학. 서울: 학지사.

신선인, 김민지(2014). "학교사회복지현장의 가족치료적 개입에 관한 연구: 실태 및 욕구를 중심으로". 학교사회복지, 27, 299-324.

신성만, 장승옥, 유채영 역(2017). 사회복지현장에서의 동기강화상담. 서울: 박영스토리.

오세진 외 12인(1999). 인간행동과 심리학. 서울: 학지사.

이근후(1988). 정신진단사례연구집. 서울: 하나의학사.

이근후 외(1988). 아동기감정양식. 서울: 하나의학사.

이무석(1995). 정신분석의 이해. 광주: 전남대학교 출판부.

이병윤(1990). 정신의학사전. 서울: 일조각.

이상균, 박현선 역(2000). 사회복지면접의 길잡이. 서울: 나눔의 집.

이성진(2001). 행동수정. 서울: 교육과학사.

이성진, 유효순(1988). 행동수정의 기법. 서울: 교육과학사.

이인숙, 하정미(2009). "정신보건 사회복지 실천현장의 절충주의적 상담에 대한 내용상담 연구: 부산·경남지역을 중심으로." 사회과학연구(경성대 사회과학연구소), 25권 2호, 79-106.

이장호(1985). 상담면접의 기초. 서울: 중앙적성출판사.

이장호(1986). 상담심리학입문. 서울: 박영사.

이장호(1992). 상담심리학입문. 서울: 박영사.

이장호(1999). 상담면접의 기초. 서울: 중앙적성출판사.

이장호(2002). 상담심리학. 서울: 박영사.

이장호, 금명자(1998). 상담연습교본. 서울: 박영사.

이장호, 정남운, 조성호(1999). 상담심리학의 기초. 서울: 학문사.

이현림(2000). 상담이론과 실제. 서울: 원미사.

이형득(1992). 상담이론. 서울: 교육과학사.

임상사회사업연구회(1991). 임상사회사업기술론. 서울: 홍익제.

임종렬(1999). 인터뷰. 대구: 한국가족복지연구소.

임 혁(2017). "사회복지상담교육 활성화를 위한 대학교육의 개선방향." 사회복지상담연구, vol. 1, 5-20.

장혁표, 신경일(1993). 상담과 심리치료의 이론과 실제. 서울: 교육과학사.

장혁표, 신경일(1994). 상담과 심리치료의 이론 및 실제. 서울: 교육과학사.

장혁표 외(1995). 현대상담심리치료의 이론과 실제. 서울: 중앙적성출판사.

전재일, 김상규(1998). 개별사회사업. 서울: 형설출판사.

전재일 외(2002). 사회복지실천기술론. 서울: 형설출판사.

전재일, 이성희(2000). 집단실천기술론. 대구: 사회복지개발연구원.

정원철, 이정상(2017). "사회복지상담의 정체성과 발전방안." 사회복지상담연구, vol.1 , 21-37.

정지희(2012). 사회복지사의 상담서비스 기법활용 정도와 영향요인에 관한 연구, 신라대학교 대학원 석사학위논문.

주은선 역(2001). 상담의 기술. Hill, C. E., O'Brien, K. M.(1999). *Helping Skills: Facilitating Exploration, Insight, and Action*. 서울: 학지사.

최옥채(2003). 사회복지실천론. 경기: 양서원.

최옥채, 박미은, 서미경, 전석균(2006). 인간행동과 사회환경, 경기: 양서원.

하형진(2006). "복지상담에서 상담자훈련의 과제". 복지상담학 연구, 1(1), 95-106.

한승호, 한승열 역(1998). 칼로저스의 카운슬링의 이론과 실제. 서울: 학지사.

Abramovitz, M.(1998). "Social Work and Social Reform: an Arena of Struggle". *Social Work* 43(6), Nov.

Ackerman, N. W.(1958). *The Psychodynamics of Family Life*. New York: Norton.

Ackerman, N. W.(1966). "Treating the Troubled Family," New York: Basic Books. *American Journal of Orthopsychiatry*, 40, 106-118.

Adler, A.(1958). *What Life Should Mean to You*. New York Capricorn.

Allen-Meares, P., & Lane, B. A.(1987). "Grounding Social Work Practice in Theory: Eco-system, Social Case Work". *The Journal of Contemporary Social Work*, November, 512-21.

Anderson, J.(1981). *Social Work Methods and Processes*. Belmont, CA: Wadsworth.

Arlow, J. A.(1979). "Psychoanalysis". In R. Corsini(ed.), *Current Psychotherapies*(2nd ed.). Itasca, Il: F. E. Peacock.

Austin, L. N.(1948). "Trends in Differential Treatment in Social Casework". *Journal of Social Case Work*, Vol. 29.

Bandura, A.(1969). *Principles of Behavior Modification*. New York: Holt, Rinehart and Winston.

Bandura, A.(1977). *Social Learning Theory*. Englewood Cliffs, NJ: Prentice-Hall.

Bandura, A., & Walters, R.(1963). *Social Learning and Personality Development*. New York: Holt Rinehart and Winston.

Barker, R. L.(1991). *The Social Work Dictionary*(2nd ed.). Silver Spring, MD: NASW.

Barkham, M., & Shapiro, D. A.(1986). "Counselor Verbal Response Modes & Experienced Empathy". *Journal of Consulting and Clinical Psychology*, 38.

Barlow, D. H., Gorman, J. M., Shear, M. K., & Woods, S. W.(1999). "Cognitive Behavioral Treatment vs. Imipramine and Their Combination for Panic Disorder". *Primary Outcome*

Results. Published Manuscript, Boston University.

Barnes, R.(1990). "The Fall and Rise of Casework of Casework". *Community Care*, 12, July 822.

Bateman, N.(1995). *Advocacy Skills*. Adlershot: Arena.

Beavers, W. R.(1977). *Psychotherapy and Growth: Family System Perspective*. New York: Bruner/Mazel.

Beck, A. T.(1967). *Depression: Clinical Experimental, and Theoretical Aspects*. New York: Hamper & Row.

Beck, A. T.(1972). *Depression: Causes and Treatment*. Philadelphia: University of Pennsylvania Press.

Beck, A. T.(1976). *Cognitive Therapy and the Emotional Disorder*. New York: International University Press.

Beck, A. T.(1988). *Love is Never Enough*. New York: Harper & Row.

Beck, A. T., & Freeman, A. et al.(1990). *Cognitive Therapy of Personality Disorder*. New York: Guilford Press.

Beck, A. T., & Weishar, E. W.(2000). "Cognitive Therapy". In R. J. Corsini, D. Wedding(Ed.), *Current Personality Theories*. Itasca, Il: F. E. Peacock.

Beck, A. T., Epstein, N., & Harrison, R.(1983). "Cognitions, Attitudes and Personality Dimensions in Depression". *British Journal of Cognitive Psychotherapy*, 1(1).

Beck, A. T., Rush, A. J., Shaw, B. F., & Emery, G.(1979). *Cognitive Therapy of Depression*. New York: Guilford Press.

Beck, J. S.(1995). *Cognitive Therapy: Basic and Beyond*. New York: Guildford Press.

Beck, K. W.(1974). "Intervention Techniques: Small Groups". In M. R. Rosenzweig & L. W. Porter(ed.), *Annual Review of Psychology*, Vol.25. Palo Alto, California: Annual Review.

Bell, N. W.(1959). *The Impact of Psychotherapy Upon Family Relationship*. Unpublished Doctoral Thesis, Harvard University.

Bellack, L., Hurvich, M., & Gediman, H. K.(1973). *Ego Function in Schizophrenics Neurotics and Normals*. New York: John Wiley & Son.

Biestek, F. P.(1978). *The Casework Relationship*. Chicago: Loyola University.

Bisman, C.(2004). "Social Work Values: The Moral Core of the Profession". *British Journal of Social Work*, 34, 109-123.

Bordin, E.(1968). *Psychological Counseling*(2nd ed.). New York: Appleton Century Crofts.

Bowen, M.(1966). "The Use of Family Theory in Clinical Practice". *Comprehensive Psychiatry*, 7, 345-374.

Breary, J.(1991). *Counselling and Social Work*. Buckingham: Open University Press.

Brenner, C.(1972). *An Elementary Textbook of Psychoanalysis*. New York: Int. University Press.

Brenner, C.(1976). *Psychoanalytic Technique and Psychic Conflict*. New York: Int. University Press.

Brickbell, J., & Wubbolding, R.(2000). "Reality Therapy". In S. Palmer(ed.), *Introduction to Counselling and Psychotherapy*. London: Sage Publications.

British Association for Counselling(1993). *Membership Survey*. Keele: Mountain and Associates, Marketing Services Ltd.

Brower, A. M., & Garvin, C. D.(1989). "Design Issues in Social Group Work Research". *Social Work with Groups*, 12(3).

Burks, H. M., & Stefflre, B.(1979). *Theories of Counseling(*3rd ed.). New York: Mcgraw-Hill.

Burns, D. D.(1980). *Feeling Good: The New Mood Therapy*. New York: Signet.

Burns, D. D.(1989). *The Feeling Good Handbook: Using the New Mood Therapy in Everyday Life*. New York: Morrow.

Calir, M. S.(1986). *Object Relations and Self Psychology: an Introduction*. Brooks/Cole Publishing Com.

Carkhuff, R. R., & Berenson, B. G.(1967). *Beyond Counseling and Psychotherapy*. New York: Holt, Rinehart, & Winston.

Carver, C. S., & Scheier, M. F.(2004). *Perspective on Personality*. Allyn & Bacon.

CCETSW(1995). *Rules and Requirements for the Diploma in Social Work*(Revised). London: CCETSW.

Clutter, J. P.(1995). *Third Party Reimbursement for Clinical Social Work Services*. Washington, DC: NASW.

Collins, S., (2007). Social workers, resilience, positive emotions and optimism, Social work in Action, 19(4), 255-269.

Compton, B. R., & Gallaway, B.(1984). *Social Work Processes(*3rd ed.). Homewood, Il: The Dorsey Press.

Compton, B. R., & Gallaway, B.(1989). *Social Work Process*. Pacific Grove, CA: Brookes Cole.

Corey, G.(1986). *Theory and Practice of Counseling and Psychotherapy*(3rd ed.). Monterey, California: Brooks/Cole.

Corsini, R. J., & Wedding D.(2000). *Current Psychotherapies*. London: Peacock Publishers.

Coulshed, V.(1991). *Social Work Practice: an Introduction*. London: Macmillan.

Culter, J. P.(1995). *Third Party Reimbursement for Clinical Social Work Services*. Washington, DC: NASW.

Curnock, K., & Hardiker, P.(1979). *Towards Practice Theory: Skills and Methods In Social Assessment*. London: Routledge and Kegan Paul.

Curwen, B., & Ruddel, P.(2000). "Behavior Therapy". in Palmer, S.(ed.), *Introduction To Counseling and Psychotherapy*. London: Sage Publications.

Delaney, D. J., & Eisenberg, S.(1971). *The Counseling Process*. Chicago: Rand Mcnally.

Dorfman, R. A.(1996). *Clinical Social Work*. New York: Brunner/Mazel.

Duval, E. M.(1977). *Marriage and Family Development(*5th ed.). New York: Lippincott.

Ellis, A.(1962). *Growth Through Reason*. N. Hollywood, CA: Wishire Books.

NASW(1994). *Encyclopedia of Social Work*.

Erickson, M. H.(1962). "The Identification of a Secure Reality". *Family Process*, 1, 294-303.

Erikson, E. H.(1959). "Identity and The Life Cycle". *Psychological Issues*, 1. New York: International Universities Press.

Eysenck, H. J., & Wurzburg, W. A.(1972). *Encyclopedia of Psychology*. London: Search Press.

Fairbairn, W. R. D.(1952). *An Object Relations Theory of The Personality*. New York: Basic Books.

Fairbairn, W. R. D.(1952). *Psychoanalytic Studies of the Personality*. London: Poutledge and Kegan Paul.

Fanger, M. T.(1995). "Brief Therapy". In NASW(ed.). *Encyclopedia of Social Work*(19th ed.). Washington, DC: NASW Press.

Fenichel, O.(1945). *The Psychoanalytic Theory of Neurosis*. New York: W. W. Norton.

Ferriera, A. J.(1966). *Family Myths*, Psychiatric Research Reports(No.20) 86-87.

Fisher, J.(1978). *Effective Casework Practice: An Eclectic Approach*. New York: McGraw-Hill.

Framo, J. L.(1965). "Rationale and Techniques of Intensive Family Therapy". In I. Boszormenyi-Nagy & J. L. Framo(eds.), *Intensive Family Therapy: Theoretical and Practical Aspects*. New York: Harper & Row.

Frank, J.(1971). "Therapeutic Factors in Psychotherapy". *Am J Psychotherapy, 25*, 350.

Franks C. M.(1969). *Behavior Therapy: Appraisal and Status*. New York: Mcgraw-Hill.

Freud, A.(1946). *The Ego and the Mechanisms of Defense*. New York: International Universities

Press.

Freud, S.(1917). *Mourning and Melancholia*. Standard Edition, 14, 237-258. New York: W. W. Norton.

Freud, S.(1923). *The Ego and the Id*, S. E., 17.

Geap, K.(1992). "The European Groupwork Scene: Where were We? Where are We? Whera are We Going? Where are We Going?". *Group Work, 5*(1), 9-23.

Glasser, G.(2001). "Reflections of a Social Work Practioner: Bridging the 9th and 21st Centuries". *Research in Social Work Practice, 11*(2).

Glasser, W.(1984). *Control Theory*. New York: Harper & Row.

Glasser, W.(1998). *Choice Theory*. New York: Harper Collins.

Glasser, W., & Wubbolding, R.(1995). "Reality Therapy." In R. J. Corsini & D. Weddingeds, *Current Psychotherapies*(5th ed.), 293-321. Itasca, IL: F. E. Peacock.

Glasser, W., & Zunin, L.(1979). "Reality Therapy". In Corsini & D. Wedding(ed.), *Current Psychotherapies*. Itasca, Il: F. E. Peacock.

Glick, I., & Kessler, D. R.(1974). *Marital and Family Therapy*. New York: Grune & Stratton.

Goldenberg, I., & Goldenberg, H.(1980). *Family Therapy an Overview*. Brook/Cole Publishing Company.

Goldfried, M. R., Decanteceo, E. T., & Weinberg, L.(1974). "Systematic Rational Restructuring as a Self Control Technique". *Behavior Therapy, 5*, 247-254.

Gray, M., & Webb, S.(2010). *Ethics and value perspectives in social work*. Palgrave Macmillan, New York.

Granvold, D. K.(1995). "Cognitive Therapy". In NASW(ed.), *Encyclopedia of Social Work*(19th ed.). Washington, DC: NASW Press.

Green, F.(2010). "Social Work from Inside and Between Complex Systems: Perspectives on Person-in-Environment for Today's Social Work". *The British Journal of Social Work*, 40(8), 2414-2430.

Greenson, R.(1967). *The Technique and Practice of Psychoanalysis*. New York: International Universities Press.

Gunderson, J. G.(1982). "Empirical Studies of the Borderline Diagnosis". In L. Grinspoon (ed.), *Psychiatry: The American Psychiatric Association Annual Review*. Washington, DC: American Psychiatric Press.

Gustad, J. W.(1953). "The Definition of Counseling". In R. F. Berdie(ed.), *Roles and*

Relationships in Counseling. Minneapolis, MN: University of Minnesota Press.

Haley, J.(1963). *Strategies of Psychotherapy*. New York: Grune & Stratton.

Haley, J.(1967). "Speech Sequences of Normal and Abnormal Families with two Children Present". *Family Process*, 1, 81-97.

Hamilton, G.(1940). *Theory and Practice of Social Casework*. New York: Columbia University Press.

Hardiker, P., & Barker, M.(1996). *The NHS and Community Care Act 1990: Need-Led Assessment and Package of Care*. Leicestre: University of Leicester School of Social Work.

Hawtin, S.(2000). "The Human Entered Counseling and Psychotherapy". In S. Palmer(ed.), *Introduction to Counselling and Psychotherapy*. London: Sage Publications.

Haynes, K. S.(1988). "The One Hundred-Year Debate:Social Reform versus Individual Treatment". *Social Work, 43*(6).

Hepworth, D. H.(1968). "Theory and Skill". In. J. A. Larsenn(ed.), *Direct Social Work Practice*. Homewood: Dorsey Press.

Hill, C. E., & O'Brien, K, M.(1999). *Helping Skills: Facilitating Exploration, Insight, and Action*. American Psychological Association.

Holdstock, T. L., & Rogers, C. R.(1977). "Person Centered theory". In R. J. Corsini(ed.), *Current Personality Theories*. Itasca, Il: F.E. Peacock.

Hollis, F.(1967). "Explorations in the Development of a Typology of Casework Treatment". *Social Casework*(June).

Hollis, F., & Woods, M. E.(1981). *Casework: A Psychosocial Therapy*. New York: Random House.

Holmes, T. H., & Rahe, R. H.(1967). "The Social Readjustment Rating Scale". *Journal of Psychosometic Research*, 11, 216.

Hopps, J. G.(1995). "Social Work Profession Overview". In NASW(ed.), *Encyclopedia of Social Work*(19th ed.). Washington, DC: NASW.

Horowitz, M. J., Marmar, C., Weiss, D. S., Dewitt, K. N., & Rosenbaum, R.(1984). "Brief Psychotherapy of Bereavement Reactions: The Relationship of Process to Outcome". *Archives of General Psychiatry*, 41, 438-448.

http://www.kamhsw.net

http://www.youthcounselor.or.kr

Hudson, B. L.(1991). "Behavioural Social Work". In J. Lishman(ed.), *Handbook of Theory for Practice Teachers in Social Work*. London: Jessica Kingsley.

Hull, G. H.(1990). *Social Work Internship Manual*. Eau Claire: University of Wisconsin-Eau Claire, Department of Social Work.

IFSW(International Federation of Social Workers)(2000). "International definition of social work". Available from: http://ifsw.org/resources/definition of social work.

Jackson, D. D.(1967). "The Myth of Normality". *Medical Opinion and Review*, 39(5).

Jacob, M.(1985). *Swift to Hear*. London: Spck.

Johnson, L. C.(2001). *Social Work Practice: A Generalist Approach*(7th ed.). Boston: Allyn and Bacon.

Kadushin, A.(1972). *The Social Work Interview*. New York: Columbia University Press.

Karasu, T.(1986). "The Specificity vs Nonspecificity Dellema: Toward Identifying Therapeutic Change Agents". *American Journal of Psychiatry*, 143, 687-695.

Kazdin, A. E., & Wilson, G. T.(1978). *Evaluation of Behavior Therapy: Issue, Evidence and Research Strategies*. Cambridge, MA: Ballinger.

Kazdin, A. E.(1978). "The Application of Operant Techniques in Treatment, Rehabilitation, and Education". In S. L. Garfield & A. E. Bergin(eds.), *Handbook of Psychotherapy and Behavior Change*(2nd ed.). 549-590. New York: Wiley.

Kazdin, A. E.(1989). *Behavior Modification in Applied Settings(*4th ed.). Pacific Grove, CA: Brooks/Cole.

Kelley, G.(1955). *The Psychology of Personal Constructs*, Vol.1 and 2. New York: Norton.

Kernberg, O.(1974). "Contrasting Viewpoints Regarding the Nature and Psychoanalytic Treatment of Narcissistic Personalities: A Preliminary Communication". *Journal of the American Psychoanalytic Association, 22*, 255-267.

Kohut, H.(1977). *Restoration of the Self*. New York: International Universities Press.

Kohut, H.(1985). *Self Psychology and the Humanities*, Edited with an introduction by Charles B. Strozier. New York: W. W. Norton.

Krumboltz, J. D.(1966). *Revolution in Counseling*. Boston: Houghton Mifflin.

Lago, C., & Thompson, J.(1996). *Race, Culture, Counselling*. Buckingham: Open University Press.

Laing, R. D.(1965). "Mystification, Confusion, and Conflict". In I. Boszormenyi-Nagy & J. L. Framo(eds.), *Intensive Family Therapy: Theoretical and Practical Aspects*. New York:

Harper & Row.

Lazarus, A. A.(1971). *Behavior Therapy and Beyond*. New York: Mcgrow-Hill.

Lewis, J. M., Beavers, W. R., Gosset, J. T., & Phillips, V. A.(1976). *No Single Trend: Psychological Health in Family System*. New York: Brunner/Mazel.

Liberman, R. P.(1970). "Behavioural Approaches in Family and Couple Therapy". *American Journal of Orthopsychiatry*, 40, 106-118.

Liberman, R. P., Derisi, W. J., & Mueser, K. T.(1989). *Social Skills Training for Psychiatric Patients*. Permagon Press.

Loewenstein, R.(1958). "Remark on Some Variations in Psychoanalytic Technique". *International Journal of Psychoanalysis*, 39, 202-210.

Lynn, E.(1999). "Value Bases in Social Work Education". *Br. J. Social Work* 29, 939-953.

Mahler, M. S., Pine, F., & Bergmam, A.(1975). *The Psychological Birth of The Human Infant*. New York: Basic Book, Inc., Publishers.

Marsh, P., & Triseliotis, J.(1996). *Ready to Practise? Social Workers and Probation Officers: Their Training and First Year in Work*. Aldershot: Avebury.

Masterson, J. F.(1978). "The Borderline Adult: Transference Acting-Out and Working- Through". In J. F. Masterson(Ed.), *New Perspectives on Psychotherapy of The Borderline Adult*, 121-147. New York: Brunner/Mazel.

Maultsby, M. C.(1975). *Help Yourself to Happiness*. Boston: Herman Publishing.

Meichenbaum, D.(1977). *Cognitive-Behavioral Modification: an Integrative Approach*. New York: Plenum.

Miller, S.(2006). *Counseling Skills for Social Work*. London: Sage.

Minuchin, S.(1974). *Families and Family Therapy*. Massachusetts: Harvard University Press.

Minuchin, S., & Fishman, H. C.(1981). *Family Therapy Techniques*. Cambridge: Harvard University Press.

Minuchin, S., Rosman, B. L., & Baker, L.(1978). *Psychosomatic Families: Anorexia Nervosa in Context. Cambridge*. Mass: Harvard University Press.

Mowbray, R. M,, Ferguson, R. T., & Mellor, C. S.(1979). *Psychology in Relation to Medicine* (5th ed.). Edinburgh: Churchill Livingstone.

Novick, J.(1982). "Termination: Themes and Isues". *Psychonanalytic Inquiry*, 2, 329-365.

Nick C., & Peter L.(2016). Theoretical Perspectives for Direct Social Work Practice.

Okun, B., & Rapport, L.(1980). *Working With The Families: An Introduction to Family Therapy*.

North Scituate, MA: Duxbury Press.

Patterson, G. R.(1975). *Families: Applications of Social Learning to Family Life*. Campaign, Il: Research Press.

Pavolov, I. P.(1927). *Conditioned Reflexes*. London: Oxford University Press.

Payne, M.(1992). *Modern Social Theory: A Critical Introduction*. London: Macmillan.

Payne, M.(2005). *What is Professional Social Work?*(2nd ed.). Bristol: Policy Press.

Pretzer J. L., & Beck, A. T.(1996). "Cognitive Theory in Personality". In J. F. Clarkin & M. F. Lenzenweger(eds.), *Major Theories of Personality*. London: The Guilford Press.

Raskin, J. N., & Rogers, C. R.(2000). "Person Centered Theory". In R. J. Corsini & D. Wedding (eds.), *Current Personality Theories*. Itasca, Il: F. E. Peacock.

Raskin, N. J.(1996). "Person-Oriented Psychotherapy". In W. Dryden(ed.), *Development in Psychotherapy: Historical Perspectives*. London: Sage Publications.

Richmond, M. E.(1917). *Social Diagnosis*. NY: Russell Sage Foundation.

Richmond, M. E.(1922). *What is Social Case Work?* NY: Russell Sage Foundation.

Rogers, C. R.(1942). *Counseling and Psychotherapy*. Boston: Houghton Mifflin.

Rogers, C. R.(1947). "Some Observations on the Organization of Personality". *American Psychologist*, 2, 358-368.

Rogers, C. R.(1951). *Client-Centered Therapy*. Boston: Houghton Mifflin.

Rogers, C. R.(1956). *A Process Conception of Psychotherapy; In on Becoming a Person*. London: Constable.

Rogers, C. R.(1957). "The Necessary and Sufficient Conditions of Therapeutic Personality Change". *Journal of Consulting Psychology, 21*, 95-103.

Rogers, C. R.(1959). "The Essence of Psychotherapy: A Client-Centered View". *Annals of Psychotherapy, 1*, 51-57.

Rogers, C. R.(1961). *On Becoming a Person: a Therapist's View of Psychotherapy*. Boston: Houghton Mifflin.

Rogers, C. R.(1965). *Client-Centered Therapy: Its Current Practice, Implication, and Theory*. Boston: Houghton Mifflin.

Saleeby, D.(1977), *The Strength Perspective in Social Work Practice*. New York: Longman.

Satir, V.(1967). *Conjoint Family Therapy*. Palo Alto, Calif.: Science & Behavior Books.

Saul, L. J.(1972). *Psychodynamically Based Psychotherapy*. Philadelphia: Science House.

Schafer, R.(1974). "Problems in Freud's Psychology of Women". *Journal of The American*

Psychoanalytic Association, 22, 459-485.

Scharff, J. S.(1989). *Foundation of Object Relations Family Therapy*. Northavale: Janson Aronson Inc.

Schwartz, A.(1983). "Behavioral Principle and Approach". In A. Rosenblatt & D. Waldfogel (eds.), *Handbook of Clinical Social Work*. Washington: Jossey-Bass Publishers.

Seden, J.(1999). *Counselling Skills in Social Work Practice*. Philadelphia: Open University Press.

Seden, J.(2005). *Counselling Skills in Social Work Practice(*2nd ed.). Open University Press.

Shebib, B.(2006). *Choices: Counseling Skills for Social Workers and Other Professionals*. Pearson Education Inc.

Shebib, B.(2006). *Social Welfare Counseling Psychology*(Korean edition). 서울: 학지사.

Shopler, J. H., & Galinsky, M. J.(1995). "Group Practice Overview". In NASW(ed.), *Encyclopedia of Social Work*(19th ed.). Washington, DC: NASW Press.

Siporin, M.(1975). *Introduction to Social Work Practice*. New York: Macmillan.

Skinner, B. F.(1974). *About Behaviorism*. New York: Knopf.

Sluzki, C. E., & Ransom, D. C.(1976). *Double Bind: The Foundation of the Communicational Approach to the Family*. New York: Grune & Stratton.

Solomon, B.(1976). *Black Empowerment*: Social Work in Oppressed Communities. New York: Colombia University Press.

Stephen, B. K.(1987). *Learning: Principles and Applications*. New York: Mcgraw-Hill, Inc.

Stuart, R. B.(1969). "Operant-interpersonal treatment for marital discord". *Journal of Consulting and Clinical Psychology, 33*, 675-682.

Swenson, C. R.(1995). "Clinical Social Work". In NASW(ed.), *Encyclopedia of Social Work* (19th ed.). Washington, DC: NASW Press.

Szymanska, K., & Palmer, S.(2000). "Behavior Therapy". in S. Palmer(ed.), *Introduction to Counseling and Psychotherapy*. London: Sage Publications.

Thorndike, E. L.(1911). *Animal Intelligence.* New York: Macmillian.

Vera, E. M., & Speight, S. L.(2003). "Multicultural competence, social justice, and counseling psychology: expanding our roles". *The Counseling Psychologist, 31*(3), 253-272.

Vinogradov, S., & Yalom, I.(1989). *Concise Guide to Group Psychotherapy.* Washington, DC: American Psychiatric Association.

Walrond-Skinner, S.(1976). *Family Therapy: The Treatment of Family Systems.* London:

Rouledge & Kegan Paul.

Watson, J. B. B., & Rayner, R.(1920). "Conditioned Emotional Reaction". *Journal of Experimental Psychology, 3*.

Williams, R. L., & Long, J. D.(1979). *Toward a Self-Managed Life Style(*2nd ed.). Boston: Houghton Mifflin.

Wilson, G. T.(2000). "Behavioral Therapy". In J. R. Corsini, D. Wedding(eds.), *Current Psychotherapies, Current Psychotherapies.* London: Peacock Publishers.

Winnicott, D. W.(1965). *The Maturational Process and the Facilitating Environment*. New York: Basic Books.

Wolpe, J.(1958). *Psychotherapy by Reciprocal Inhibition*. Stanford: Stanford University Press.

Wolpe, J.(1976). *Theme and Variations: A Behavior Therapy Casebook.* Elmsford, New York: Pergamon Press.

Wubbolding, E, R.(1988). *Using Reality Theory*. New York: Harper & Row.

Wynne, L. C., & Ryckoff, I. M. et al.(1958). "Pseudomutuality in the Family Relationships of Schizophrenics". *Psychiatry, 21*, 205-220.

Yalom, I. D.(1970). *The Theory and Practice of Group Psychotherapy.* New York: Basic Book.

Yellory, M.(1980). *Social Work Theory and Psychoanalysis*. New York: Van Nostand.

Zastrow, C. H.(1999). *The Practice of Social Work*(6th ed.). Pacific Grove: Brooks/Cole Publishing Company.

Zastrow, C. H., & Kirst-Ashman, K. K.(2001). *Understanding Human Behavior and the Social Environment*. Wadsworth Publishing CO.

찾아보기

[ㄱ]

[ㄴ]

[ㄷ]

[ㄹ]

[ㅁ]

[ㅂ]

[ㅅ]

[ㅈ]

[ㅊ]

[ㅋ]

[ㅌ]

[ㅍ]

[ㅎ]

저자약력

정 원 철(鄭 源 哲)

대구대학교 대학원 사회복지학과 졸업(철학박사)
현)신라대학교 사회복지학과 교수
현)한국사회복지상담학회장
경남정보대학교 사회복지과 교수 역임
Loyola University at Chicago visiting scholar
의료법인 봉생병원 사회사업과장 역임
신라대학교 학생상담센터소장 역임
한국교류상담상담학회장 역임
교류상담상담 수련감독
정신보건사회복지사 수련감독
심리복지상담사 수련감독

사회복지상담 – 제5판 –

1판 1쇄 발행 2005년 8월 15일
1판 2쇄 발행 2007년 2월 15일
2판 1쇄 발행 2012년 2월 15일
3판 1쇄 발행 2016년 2월 15일
3판 2쇄 발행 2018년 1월 20일
4판 1쇄 발행 2020년 8월 1일
5판 1쇄 발행 2022년 5월 30일
5판 2쇄 발행 2024년 7월 30일

저 자 | 정원철
발 행 인 | 박철용
발 행 처 | 양서원
주 소 | 경기도 파주시 직지길 522 파주출판도시
전 화 | 031-955-8000(代)
팩 스 | 031-955-8005
홈페이지 | www.yswpub.co.kr
이 메 일 | yswgroup@naver.com
출판등록 | 1987년 11월 24일 제 406-2003-037 호

ISBN 978-89-994-1270-7

정가 23,000원